사회복지정책론

개정판

Social Welfare Policy

사회복지 정책론

개정판

노기남 · 이승현 · 정종화 공저

dm 동문사

머 리 말

급변하는 현대사회의 환경 속에서 정책과 정책학의 주요 논점과 과제도 변화되고 있다. 지구촌화(globalization)와 지방화(localization), 시민사회의 등장과 민주성의 확대 그리고 수정 자본주의의 본질적 팽창으로 특징지어지는 변화를 수용한 정책학의 발전이 이루어져 왔다. 따라서 개인의 생존권적 기본권을 보장하기 위한 사회복지수급권의 실현을 목표로 다수의 사회복지정책이 현재까지 꾸준히 실시되고 있다. 그만큼 사회복지정책이 사회복지영역의 실천과정에서 중요한 기준이 되고 있다.

사회복지정책론을 처음 시작하는 학생들은 개념을 이해하기 어려운 측면이 있다. 이에 따라 사회복지학의 필수 전공과목인 사회복지정책론도 사회복지학에 대한 경험이 부족한 사회복지학도들이 이해하기 쉽게 정리해 집필할 필요를 느끼게 되었다.

저자들은 그동안 사회복지학을 연구하고 가르치며 정리하였던 이론들과 우리나라 사회복지정책의 역사, 사회복지의 정책·제도를 정리하여 사회복지학을 공부하는 사회복지학생들에게 사회복지정책의 새로운 접근을 통해 복지국가 건설을 위한 기본 틀을 가르치고자 이 책을 출판하게 되었다.

먼저 저자들은 이 책이 나오기까지 여러 선현들과 선배 여러분의 선행 연구 자료에 크게 도움을 받아 졸고를 마무리할 수 있었음을 밝혀 둔다.

이 책은 방대한 양과 복잡한 내용을 혼자 반복적으로 읽어도 좋을 만큼 체계적으로 엮은 효율적인 교재이며, 주요 단락별로 확실하게 이해능력을 최대화할 수 있도록 하였다. 사회복지정책에 관한 중요한 핵심 이론을 중심으로 학생들의 눈높이에 맞추어 기출성향에 적합한 이론 구성으로 짜임새 있게 정리하였다. 또한 한국사회복지사협회의 교육과정에 따른 사회복지사 시험내용을 항목별 출제비율과 깊이에 따라 기초 개념부터 서술하였다. 대학교재는 물론 사회복지사 1급 시험과 사회복지전담공무원시험 등 국가시험 준비가 동시에 이루어질 수 있도록 정리하여 학습하는 데 도움이 되도록 구성하였다.

이 책은 총 12장으로 구성되어 있다.

제1장은 사회복지정책의 개요, 제2장은 사회복지정책 발달이론과 역사적 전개, 제3장은 복지국가의 이론, 제4장은 사회복지정책의 사상, 제5장은 사회복지정책의 분석틀, 제6장은 사회복지정책의 과정을 다루어 사회복지정책론에 대한 주요 핵심 이론을 체계적으로 학습하도록 서술하였다. 제7장 사회보장 기본정책의 이해, 제8장 사회보험정책(I), 제9장 사회보험정책(II), 제10장 빈곤과 공공부조정책의 이해, 제11장 사회서비스정책, 제12장 사회복지정책의 동향과 과제 등으로 구분하여 사회복지 관련 정책 영역을 체계적으로 수록하였고, 사회복지실천과정에서 사회복지 정책수립과 그 적용 및 실천과의 연계를 모색을 중심으로 서술하였다.

이 책은 앞으로 공부하는 사회복지학생들에게는 길잡이가 되고, 사회복지실천현장에서 실력 있는 인재를 양성하는 데 도움이 되고자 준비했지만, 많은 부분에서 미흡한 점이 있으리라 생각된다. 앞으로도 시대적 변화에 따른 정책론적 흐름을 담기 위해 계속하여 수정·보완해 갈 것을 약속드린다.

지금도 실업, 질병, 장애, 빈곤, 노령, 사망 등으로 인해 고통, 고독, 절망 등의 생활 속에 살고 있는 어려운 이웃과 사회복지학을 공부하는 학생, 사회복지실천현장에서 묵묵히 함께하는 실무자 그리고 항상 가난 속에 살고 있는 모든 분들께 이 책을 바치고자 한다.

끝으로 이 책이 출간되기까지 많은 분들의 관심과 배려의 도움을 많이 받았다. 그동안 오랜 강의 경험을 바탕으로 집필하고 함께한 저자들은 이 책의 출간을 흔쾌히 맡아 주고 후원해 주신 동문사 이중수 사장님, 바쁜 일정 속에서도 편집과 출간을 위해 힘써 주신 직원 여러분들께 정성이 담긴 감사의 말씀을 드린다.

2021년 8월
여름 더위와 함께 하면서
저자 일동

차 례

Chapter 01 사회복지정책의 개요
1 사회복지정책의 개념 11
2 사회복지정책의 특성과 영역 21
3 사회복지정책의 가치와 이념 30
4 사회복지정책의 모형 36
5 사회복지정책의 영역 40
6 사회복지정책과 경제정책 45

Chapter 02 사회복지정책 발달 이론과 역사적 전개
1 사회복지정책의 발달요인과 이론 53
2 사회복지정책의 역사적 전개 63
3 영국의 사회복지정책 역사 66
4 미국의 사회복지정책 역사 77
5 우리나라의 사회복지정책의 역사 84

Chapter 03 복지국가의 이론
1 복지국가의 개념과 특징 93
2 복지국가의 가치와 이념 94
3 복지국가의 유형 98
4 복지국가 위기와 변혁 105

Chapter 04 사회복지정책의 사상
1 페이비언 사회주의 112
2 케인즈주의와 국가개입주의 114
3 신자유주의 116
4 제3의 길 119
5 신마르크스주의 121

Chapter 05 사회복지정책의 분석틀

1 사회정책분석의 의미 125
2 사회복지정책분석의 유형 127
3 사회복지정책분석틀의 유형 130
4 사회정책분석의 방법 141
5 사회복지정책의 전달체계 145

Chapter 06 사회복지정책의 과정

1 사회복지정책의 분류와 과정 157
2 사회복지정책 의제설정 161
3 사회복지정책결정 166
4 사회복지정책 집행 182

Chapter 07 사회보장 기본정책의 이해

1 사회복지정책의 일반 이론 189
2 사회복지정책의 영역 198
3 사회복지정책의 목표와 유형 206
4 사회복지정책의 대상선정기준 213

Chapter 08 사회보험정책(I)

1 사회보험의 일반 221
2 국민연금정책의 이해 233
3 국민건강보험 정책의 이해 247
4 노인장기요양보험 정책의 이해 264

Chapter 09 사회보험정책(II)

1 산업재해보험 정책의 이해 285
2 고용보험 정책의 이해 298

Chapter 10 빈곤과 공공부조 정책의 이해

1 빈곤과 불평등 이론 321
2 빈곤의 측정 327
3 공공부조정책의 일반 337
4 공공부조정책 345

Chapter 11 사회서비스정책

1 사회서비스정책의 일반 379
2 아동복지정책의 이해 383
3 노인복지정책의 이해 395
4 장애인복지의 정책이해 412

Chapter 12 사회복지정책의 동향과 과제

1 사회복지정책의 동향 429
2 한국 사회복지정책의 과제와 전망 436

참고문헌 439
미주 445
찾아보기 447

Chapter

01 사회복지정책의 개요

Key word 개인주의적, 집합주의, 소득재분배, 공공재, 무임승차, 시장실패, 가치, 잔여적·보충적 개념, 경기변동과 사회복지정책

1 사회복지정책의 개념

1 정책의 개념

정책이란 말은 흔히 사용하고 있으면서도 그 개념을 정확히 정의하는 사람은 그다지 많지 않을 것이다. 그 이유는 정책이란 말은 그 사용 정도에 따라 뜻이 조금씩 달라지기도 하며, 그 개념에 대해서는 사람마다 여러 가지로 정의하고 있기 때문이다.

정책(政策, policy)에 대한 개념 정의는 접근방식에 따라 학자마다 다르게 정의하고 있어 여러가지로 차이가 있다. 이스톤(Easton)은 정책이란 사회를 위해 가치를 권위적으로 배분하는 활동으로[1] 본 반면, 티트머스(Titmuss)는 목표를 성취하기 위해 지향된 행동원칙을 정책이라 정의하였다. 또한 라스웰(Lasswell)은 목적가치와 실행을 투사한 계획이며, 이때의 계획은 정책결정과정에 나타나는 일련의 행동경로(course of action)를 의미하는 것으로 규정하고 있다.[(1)]

정책은 일정한 목표를 합리적으로 추구·실현하기 위하여 불가결한 것으로서 최

1 가치배분활동이란 자원을 어떤 원칙에 의해 배분할 것인가에 대한 문제이다.

근에는 컴퓨터의 도입으로 합리적인 장기정책의 수립이 가능하게 되었다. 국가의 정책(국책, 國策)은 사회복지정책·외교정책·농업정책·사회정책·노동정책·교육정책이라고 할 경우, 국가가 추진하는 정책으로 이해되기 쉽지만, 이 경우도 국가의 권력을 현실적으로 담당하는 정부의 정책인 것이다.

이러한 정의를 종합해 보면 정책이란 어떤 한 사회분야에서 사회적 시스템·구조·문화·가치·규범·행태·물리적 환경 등을 어떻게 바꾸며, 또 어떠한 방법으로 바꾸고자 하는 정부간여(government participation)의 수단들을 결정해 놓은 것이다. 즉, 정책이란 어떤 특정 상황에서 정부가 어떠한 사회를 어떻게 만들어 가겠다고 하는 정부간여의 행동들(actions)에 대한 상호 관련된 일련의 의사결정이다.(2)

1) 정책의 특성(3)

정책의 특성으로는 ① 목표지향성, ② 변동대응성, ③ 가치배분성, ④ 문제해결지향성, ⑤ 인과성 등이 있다. 정책의 개념을 보다 명확하게 이해하기 위해서 정책이 가지는 성격을 살펴보기로 한다.

(1) 목표지향성

정책은 어떠한 사회를 어떻게 만들겠다고 하는 것을 결정해 놓은 것이기 때문에 이상으로 설정해 놓은 사회 또는 바람직한 상태를 실현하려는 목표지향성을 내포한다. 정책은 장래의 바람직한 상태를 이룩하기 위한 의도적인 행동이다. 이 행동에는 작위(作爲)뿐만 아니라 부작위(不作爲)[2]까지 포함된다. 부작위는 의도적으로 정책을 마련하지 않겠다는 의사결정이므로 이를 특히 무의사결정(nondecision making)이라 한다. 그러나 정책에는 만들고자 하는 사회를 실현할 구체적인 수단과 방법이 내포되어 있다. 정책은 국민의 이익을 위해 '마땅히 있어야 할 것', '당연히 바람직한 것'을 찾아서 구현시키려는 의도이다.

(2) 변동대응성

정책은 바람직하지 않은 사회문화, 구조, 행태 등을 바람직한 사회상태로 창출 또는 회복하겠다는 변동대응적 성격을 지닌다.

---

2 부작위 : 마땅히 해야 할 것으로 기대되는 조치를 취하지 않는 것을 말한다. 행정부가 행하는 소극적 작용, 즉 행정청의 부작위에 대해서는 소송을 제기할 수 있다.

(3) 가치배분성

정책에 따라 혜택 또는 비혜택이라는 것이 나타날 수 있기 때문에 정책의 결정과 집행은 결과적으로 사회적 가치배분기능을 갖게 된다. 정책은 국민들에게 서로 상반되는 영향을 미치는 경우가 많다. 즉, 정책에 따라서는 그로부터 혜택을 받는 국민들이 있는가 하면, 반대로 손해를 보는 국민들도 있게 된다. 따라서 정책의 영향은 양면성을 띤다고 볼 수 있다.

(4) 문제해결 지향성

바람직하지 않은 문제를 해결함으로써 바람직한 사회로 만들어 갈 수 있다. 정책은 미래의 바람직한 사회를 목표로 하는 것이지 결코 당면한 현재 문제만을 해결하려는 것이 아니다.

(5) 인과성

정책을 원인으로 보면 정책의 집행으로 개선되거나 해결되는 사회상태는 그 결과 또는 효과라고 할 수 있다.

(6) 공식성

정책은 정부가 공식적으로 결정하여 공표하는 것이다. 정책은 그 행동의 주체가 정부 또는 공공기관이기 때문에 공식성, 정치성, 권력성을 내포하게 된다.

(7) 의사결정망의 포괄성

정책은 의사결정망(decision network)에 의하여 어떤 행동이 산출되거나 의사결정이 이루어지는 일련의 의사결정이다.

(8) 강제성과 제약성

정책이 다른 형태의 집합적 의사결정과 다른 점은 정책이 그것을 채택한 조직의 구성원들에게 강제나 제약을 가한다는 것이다.

(9) 결정수준의 상위성

정책이 다른 형태의 집합적 의사결정과 또 다른 점은 그러한 결정이 조직의 최상위층에서 이루어진다는 것이다.

2) 정책의 구성요소(4)

정책의 구성요소로는 정책이 추구하는 가치·목표·수단 등으로 구성된다.

(1) 정책목표

정책목표는 정책을 통하여 실현하고자 하는 바람직한 상태를 의미한다. 즉, 여러 가지 정책수단들 가운데에서 가장 바람직한 수단을 선택하는 기준이 되며, 정책집행과정에서는 정책집행의 지침이 되고, 집행 후에는 정책을 평가하는 기준이 된다.

(2) 정책수단(정책도구)

정책목표달성을 위한 행동방안이다.

(3) 정책대상

정책집행으로 인해 영향을 받는 개인이나 집단 또는 사회·경제·물리적 조건의 구조, 행태 등을 바꾸고자 할 때의 개인이나 집단 등을 말한다.

(4) 정책산출과 결과 및 영향(정책과 유사한 개념)

❶ 정책산출

정책의 집행으로 나타나는 일차적인 결과이다. 계량적으로 측정하기 가장 쉬우며, 단기간에 나타나는 효과이다. 예를 들면, 영세민복지 프로그램에 의하여 수혜를 받는 인원수

❷ 정책결과

정책대상자들에게 일어난 변화이다. 정책산출보다는 다소 계량화하기 어려운 효과이며, 보다 장기적인 효과이다. 예를 들면, 영세민복지 프로그램의 집행으로 영세민들의 영양상태가 좋아짐

❸ 정책영향

정책의 집행으로 사회에 나타난 변화이다. 정책결과보다 더 오랜 시간이 경과한 후에 나타나는 효과이다. 예를 들면, 영세민복지 프로그램으로 사회적 복지수준의 향상

2 사회복지정책의 개념 (5)

사회복지정책(social welfare policy)을 한마디로 정의하기는 쉽지 않다. 그 이유는 학자들마다 국가들마다 다르게 정의하고 있기 때문이다.

이처럼 복잡한 사회복지정책을 알기 쉽게 파악하기 위해서는 다양한 정의들을 단순화시키는 것이 가장 좋은 방법일 것이다.(6)

1) 가치배분활동으로서의 개념

사회복지가 인간생활의 이상상태를 유지하거나 개선하는 데 목적을 둔 사회적이고 조직적인 활동이라면, 사회복지정책이란 사회복지와 관련된 문제를 해결하는 데 있어서 사회적 동의가 이루어진 가치나 목표의 성취와 관련된 일련의 선택과 결정과정을 포함하는 정책을 말한다. 다시 말해서, 복지정책이 지향하는 바가 삶의 질 향상에 있기 때문에 물질적·정신적 측면에 관한 행동원칙을 형성하고 집행하는 과정에서 인간의 존엄성과 사회적 가치가 전제되어야 한다.

그러나 자원의 희소성이라는 현실적인 문제 때문에 항상 주어진 자원보다 배분해야 할 집단이나 부분이 많기 때문에 사람들 사이에 이해관계가 형성되고 그러한 이해관계를 가진 집단의 편익을 제한된 자원으로 조정하는 것에 대해 무수한 대안이 존재하게 되며, 이 대안들이 정책으로 연결된다.

2) 디니토(DiNitto)와 다이(Dye)의 개념 (7)

정부가 국민들의 "생활의 질"에 영향을 미치는 것을 행할 것과 행하지 않을 것을 선택하는 것이라고 정의하고 있다.

넓은 의미로는 정부가 행하는 모든 것을 포함하고(세금, 국방, 건강, 공공부조 등), 정부가 그 나라 국민들에게 서비스나 수입을 제공함으로써 국민복지에 영향을 미치는 정부의 활동이다.

좁은 의미로 사회복지정책은 노인, 질병자 및 빈곤자에게 유익한 수입보장과 서비스에 직접적으로 영향을 주는 정부의 정책에 관심을 집중시킨다.

3) '사회복지'와 '정책'의 결합으로 보는 개념(8)

정책이란 특정 목적을 달성하기 위한 행동들의 원칙, 지침, 일정한 계획, 조직화된 노력이며, 사회복지는 잔여적 개념과 제도적 개념으로 구분된다.

잔여적(residual) 개념은 개인의 욕구가 일차적으로 가족이나 시장을 통해 충족되며, 이것이 제대로 되지 않을 때 잠정적·일시적으로 그 기능을 대신하는 구호적 성격의 사회복지이다.

제도적(institutional) 개념은 사회적 욕구 충족을 목적으로 하는 사회복지가 다른 사회제도와 동등한 수준에서 일차적·정상적으로 제도화되어 있다.

참고 국가별 차이로 살펴본 사회복지정책의 개념(9)

- 독일 : 사회정책을 분배과정의 조정·수정을 위한 윤리적 조치로서 계급대립을 완화시켜 계급 간의 협조를 유도하기 위한 국가정책으로 간주함
- 영국 : 질서유지가 아니라 시민의 복지, 즉 사회복지의 향상을 위한 사회정책을 강조함
- 미국 : 사회정책보다는 사회복지정책을 선호하며, 공공정책뿐만 아니라 민간 기관의 정책도 중시함

	질서유지	사회복지 향상 지향
국가정책	독일의 사회정책	영국의 사회정책
국가정책+민간정책		미국의 사회복지정책

참고 독일·영국·미국의 사회복지정책 체계(10)

국 가	제 도	하위체계
독일	사회정책 (Social policy)	• 사회보험(국민보험)이 중심 • 공공부조와 사회복지서비스는 부차적
영국	사회서비스 (Social service)	• 소득보장(사회보험, 공공부조) • 보건의료(국민건강서비스) • 주택정책 • 교육정책 • 대인사회서비스(아동, 노인, 장애인, 여성복지)
미국	사회보장 (Social security)	• 사회보험 • 공공부조 • 사회복지서비스

4) 사회문제와 사회복지정책 수립의 전제

사회복지정책은 정부가 사회복지의 목표를 달성하기 위하여 의도적으로 선택한 행동지침으로써 정부가 다양한 사회문제를 해결하기 위해 의도적으로 선택한 행동지침이다. 즉, 우리 사회의 다양한 사회문제를 해결하기 위한 정부의 정책이 사회복지정책인 것이다.[11]

(1) 사회문제의 정의

사회문제는 어떤 사회적 현상이 사회적 가치에서 벗어나고, 상당수의 사람들이 그 현상으로 인하여 부정적인 영향을 받고 있는 것을 의미한다. 그 원인은 사회적인 것이며, 다수의 사람들이나 영향력 있는 일부의 사람들이 문제로 판단하고 있다. 사회가 그 개선을 원하고 있으며, 개선을 위하여 집단적·사회적 행동이 요청되는 것이다.

(2) 사회복지정책 수립의 전제

사회문제를 해결하기 위한 공동의 노력으로서 사회복지정책을 수립하는 과정은 이론과 지식, 가치, 정치적 과정 등 복잡한 전제들이 내재해 있다.[12]

❶ 사회문제의 이론적 관점

- 기능주의적 관점 : 사회문제가 존재하는 이유는 사회가 계속 변화하고 사회구성원은 새로운 상황에 적응해야 하는데, 성공적으로 적응을 하지 못할 때에 사회문제가 발생한다고 본다.[13]

  그 해결방법으로 개인이나 가족에 대해서 그 병리적 현상을 치료하는 서비스를 강화하고, 사회제도에 대해서 공적 교육제도의 개선, 교정제도의 개선 및 강화 등과 같이 사회제도를 개선해야 한다.
- 갈등주의적 관점 : 계급, 인종, 성별, 연령별 등 다양한 집단 간의 경쟁에서 자원의 불평등한 분배가 발생함으로써 사회문제가 발생한다. 그 해결방법은 자원의 배분에 있어 소외와 착취를 당하는 집단들의 몫을 증대해야 한다.[14]
- 상호작용주의적 관점 : 사람들이 서로 상호작용하는 과정에서 나타난 어떤 현상이나 사람들의 행동을 사회가 동의할 수 없는 것으로 규정하거나 바람직하지 않은 현상 또는 행동으로 낙인을 찍음으로써 사회문제가 발생한다. 그 해결방법은 일탈자로부터 하여금 사회가 용납하는 행동양태에 접촉을 증대시킴으

로써 재사회화를 추구하고, 사회제도의 엄격성을 유연하게 만들고, 일탈에 대한 사회규정의 완화이다.(15)

- 교환주의적 관점 : 사람 간의 인간관계에서 재산이나 부, 권력, 명예와 같은 교환자원을 주고받는 데서 불균형이 생길 때 사회문제가 발생한다. 그 해결방법은 교환자원이 부족한 부분에 교환자원을 보충해 줌으로써 교환관계가 균형을 이루도록 한다. 예컨대, 사회보장제도를 통한 노인, 빈민에게의 금품 제공 등이 있다.(16)

❷ 사회적 가치의 관점

사회복지정책의 일반적인 가치(평등, 자유, 민주주의 등)는 사회복지정책 수립의 밑바탕을 이루는 가치이며 동시에 사회복지정책의 목표이다. 즉, 사회복지정책에 영향을 미치는 갈등적 사회가치이다. 개인주의 대 집합주의, 선별주의 대 보편주의, 자유 대 평등, 효율 대 평등으로 구분하여 볼 수 있다.

한편 가치에 대한 지향은 국가와 사회에 따라 차이가 있다. 자본주의 사회는 개인주의, 선별주의, 자유, 효율에 대한 가치를 지향하고 사회주의 사회는 집합주의, 보편주의, 평등에 대한 가치를 선호한다. 사회복지정책은 사회구성원의 기본욕구를 해결하기 위한 정책이므로 사회적 가치배분기능(가치지향)이 있어야 한다.

❸ 정치적 관점

사회복지정책은 다양한 이해가 복잡하게 얽혀 있기 때문에 반드시 이상적인 방향으로 그 해결책이 강구되는 것은 아니다.(17)

사회복지정책을 항구적인 것이 아니라 다양한 이익집단들이 타협과 협상을 통해 잠정적인 합의에 도달한 상태라고 한다면 사회복지정책의 수립과정은 정치적인 과정이라고 할 수 있다.

사회복지정책의 수립과정에 대한 점증주의를 강조하는 학자들은 정책결정이란 궁극적으로 합리성을 성취하려는 것이라기보다는 참여자들 간에 합의를 도출하려는 것이라고 주장한다.(18)

사회문제 해결을 위한 사회복지정책은 이상과 현실 사이 타협의 산물이다. 그러나 모든 개인 및 이해관계 집단들에게 만족을 준다면 갈등이 없겠지만 현실적으로는 어느 한쪽은 이익을 얻고 다른 쪽은 손해를 보는 결과를 가져온다.

따라서 사회문제를 해결하기 위한 사회복지정책의 최종산물은 합의의 결과이며 이 합의에 도달하는 과정에는 상당한 힘(power)의 경쟁이 있다. 여기서 힘이라는 것은 개인 혹은 집단이 다른 개인이나 집단들의 저항에도 불구하고 자기 뜻을 관철시키는 능력이다. 이에 사회복지정책의 전문가들은 이러한 힘의 원천에 대한 파악이 중요하다. 사회복지정책에 대한 정치적 관점은 개인주의적 관점(The Individualist Perspective)과 집합주의적 관점(The Collective Perspective)으로 구분할 수 있다.

참고 사회복지정책에 대한 정치적 관점[19]

구 분	개인주의적 관점 (The Individualist Perspective)	집합주의적 관점 (The Collective Perspective)
정치적 이데올로기	보수주의(Conservative)	자유주의/진보주의(Liberal/Progressive)
사회문제에 대한 관점	문제는 잘못된 선택, 개인적 역기능, 빈곤문화를 반영한다.	문제는 근본적인 사회경제적 환경과 기회의 결손 또는 장애이다.
시장에 대한 관점	통제하지 않은 시장과 사유재산은 번영과 복지를 보장한다.	통제되지 않은 시장은 위험한 경제주기, 실업, 도시의 황폐, 빈곤과 불평등, 환경파괴를 야기한다.
정부의 책임성	정부는 반드시 작아야 하고, 사설기관에 적당하며, 분권적인 부속기관	정부는 반드시 광범위한 지역사회를 대신하여 사회복지를 향상시킬 만큼 그 크기가 커야 한다.
사회정책의 의제	민간, 자발적 혹은 종교적인 합의에 의존하며 가난한 자에 대하여 최소한의 안전망(safety net)만 제공	공적 지도력에 의존하며, 기본적인 사회적 재화, 경제적 보장 및 충분한 기회를 보장하는 광범위한 프로그램을 제공

- 사회정책은 인간의 삶을 결정하는 모든 영역에서 최종적으로 개성의 자유로운 발전, 사회정의 및 평등을 추구하는 정치적 행위임
  - 빈곤의 원인과 상관없이 자립할 수 없는 모든 사회구성원에게 인간다운 최저생활을 보장(기초생활보장)
  - 절대적으로나 상대적으로 불이익을 당하는 사회경제적 취약계층의 생활조건과 생활환경을 개선
  - 그들이 사회적 위험으로부터 안정된 삶을 적정수준에서 유지할 수 있도록 사회보험제도를 구축
  - 모든 국민에게 사회복지와 삶의 질을 개선하는 모든 제도와 수단의 총체임

정리 사회정책 또는 사회복지정책의 개념정의

정의자(학자)	정 의
H. D. Lasswell[20]	사회변동의 계기로서 미래탐색을 위한 가치와 행동의 복합체이며, 목표와 가치, 그리고 실체를 포함하고 있는 고안된 계획
D. Easton[21]	사회 전체를 위한 제 가치의 권위적 배분이며, 정치체제가 내린 권위적 결정이며, 권위적 산출물의 일종
T. R. Dey[22]	정부가 활동하기 위해서나 또는 활동하지 않기 위해서 선택한 모든 것

(계속)

정의자(학자)	정 의
C. E. Lindbloom[23]	상호타협을 거쳐 여러 사회집단이 도달한 결정으로서 과정의 산물
A. Etzioni[24]	전반적인 결정체계를 고려하면서 단편적인 일에 관한 구체적인 결정들 간의 관련성을 검토하는 데 사용되는 것
Y. Dror	매우 복잡하고 동태적인 과정을 통하여 주로 정부기관에 의해 만들어지는 미래지향적인 행동지침을 말하며, 공식적으로는 최선의 가능한 수단을 통하여 공익을 달성할 것을 목적으로 하는 것
T. Lowi[25]	조직의 권력구조와 관련하여 강제력 행사의 목적 및 방법, 그리고 주체와 대상 등에 관한 윤곽을 보이려는 표현의 일종
J. Anderson	문제 또는 관심사를 다룸에 있어 행위자 개인 또는 행위자 집단이 추구하는 의도적인 실제의 행동경로
T. H. Marshall[26]	사회정책을 시민들에게 서비스와 소득을 제공함으로써 그들의 복지에 직접 영향을 미치게 하는 조치와 관련된 정부의 정책

정리 사회복지, 사회사업, 사회보장의 개념

개 념	정 의
사회복지	사회복지는 사회구성원의 인간다운 삶을 보장하기 위한 기본적 욕구를 충족시키고 사회적 통합을 추구하기 위한 제반법률, 프로그램, 급여 및 서비스체계를 총칭하고 있다. 또한 사회복지는 인간생활의 만족스런 이상상태를 의미하는 개념인 동시에 그 이상상태를 지향하는 구체적인 실천 활동까지 포함하는 개념인 복지를 추구하기 위한 인간들의 공동체적 노력을 의미한다.
사회사업	사회사업은 인간과 사회환경 사이의 상호작용을 구성하는 사회적 관계에 초점을 두는 활동에 의해 개인 자체 및 집단 속에서의 개인의 기능을 향상시키는 목적을 갖는 전문적 활동이다. 즉, 사회복지가 상호부조의 기능을 수행하는 사회활동 영역으로서의 사회제도에 붙여진 이름이라면, 사회사업은 전문화된 직업의 이름 또는 전문직의 실천방법이라는 점이 강조되고 있다.
사회보장	사회보장이란 용어는 1935년 미국의 '사회보장법'에서 연유하며, 일반적으로 널리 사용하게 된 것은 1942년 영국의 비버리지 보고서가 공표된 이후이다. 사회보장은 시장체계의 붕괴 또는 실패로 인하여 발생하는 개인들의 소득 중단 및 상실에 대해서 직·간접적으로 보전하기 위한 제도이다.

2 사회복지정책의 특성과 영역

1 사회복지정책의 특성

1) 인간중심 지향

사회복지정책의 기본가치는 인간의 존엄성을 위한 인간지향적 정책이어야 한다. 따라서 사회의 구성원이고 관련 정책이 적용되는 범위 내에 있는 사람이면 누구나 인간으로서의 존엄성이 보장되어야 한다.

사회복지정책의 적용대상은 인간의 존엄성을 훼손받거나 환경에 위협받고 받을 수 있는 사람이나 집단이다. 인간존엄과 가치는 그 사회의 관습, 전통, 관념 등에 의해 사회복지정책으로 결정되며, 이러한 요인들이 지배적 가치체계를 형성하고 가치체계를 변화시켜 사회복지정책 내용 및 목표에 포함되어 변화시킨다.

2) 소득재분배

소득재분배란 "한 개인 또는 한 집단으로부터 다른 개인이나 다른 집단으로 이전(transfer)되는 소득 또는 소득으로 간주되는 급여"를 말한다.[27] 이는 인간의 존엄성과 정책결정에 필요한 가치의 권위적 배분도 모두 효율적인 소득재분배를 위해서이다.

사회복지정책은 소득이전(income transfer)을 내용으로 수립되며, 이 과정에서 재분배의 효과가 나타난다. 소득이전은 사적소득이전과 공적소득이전으로 구분한다.

- 사적소득이전은 민간부문 안에서 자발적인 동기에 의해 이루어지는 현금의 이전을 말한다(가족 간, 친인척 간의 소득이전, 민간보험이나 기업복지).
- 공적소득이전은 정부의 소득이전 메커니즘을 말한다(사회보험, 공공부조, 사회서비스, 조세).

웹(Webb)은 사회보장의 소득재분배 효과를 다음과 같이 수직적 재분배(vertical redistribution), 수평적 재분배(horizontal redistribution), 우발적 재분배(contingency redistribution)의 세 가지로 구분하였다.

① 수직적 재분배(vertical redistribution)
- 부자로부터 빈민으로의 소득이전을 말한다.
- 빈민에서 부자로의 소득이전인 긍정적 재분배와 빈민으로부터 부자로의 소득이전인 부정적 재분배로 구분된다.

② 수평적 재분배(horizontal redistribution)
- 유사한 총소득을 가진 가족 간의 소득이전이다.
- 사회적으로 요구의 차이가 있는 것으로 인정된 가족 간의 이전도 포함된다.

③ 우발적 재분배(contingency redistribution)
- 특정한 우발적 사고로 고통받는 자로의 소득이전을 말한다.
- 소득집단 간의 소득이전이 아니라 우발적인 사고를 당하지 않은 집단으로부터 우발적 사고를 당한 집단으로의 소득이전이다.

수직적 재분배의 효과의 한계

–소득비례제를 채택하여 소득이 많을수록 더 많은 보험료를 부담하지만, 누진적인 소득세에 비하면 그 효과가 적다(비용부담자와 수혜자 사이의 갈등).

–사회복지정책과정의 대상선정에 있어 오히려 기득권자의 의견 또는 혜택을 위해 수립하는 경우가 있다.

참고 티트머스(Titmuss, 1974)의 소득재분배의 구분(28) – 장기적 재분배

티트머스는 소득재분배가 일어나는 시간을 기준으로 하여 장기적 재분배와 단기적 재분배로 구분하였다.
- 단기적 재분배는 현재 드러난 사회적 욕구의 충족을 위해 현재의 자원을 사용하여 소득재분배를 기하는 것 (예) 공공부조
- 장기적 재분배는 생애에 걸쳐 발생하는 재분배를 말함 (예) 적립방식의 연금[3]

---

3 • 적립방식의 연금 : 개인이 젊어서 일할 때 소득의 일부를 적립해 놓았다가 정년퇴직 후 적립했던 돈을 연금으로 되돌려 받는 방식을 말한다. 또한 적립방식의 연금은 장기적 재분배인 동시에 세대 내 재분배이다. 젊은 시절의 소득을 적립해 놓았다가 노년기에 되찾는다는 것은 한 세대 안에서의 재분배이기 때문이다.
• 세대 간 재분배 : 세대 내 재분배의 반대개념으로서 한 세대에서 다음 세대로의 소득이전을 말한다. 대표적인 것이 부과방식연금(pay-as-you-go-system, PAYGS)이다. 이 연금은 현재의 퇴직자가 수령하는 연금의 재정을 현재 일하는 근로계층이 부담하는 연금운용방식으로서 청년집단에서 노인집단으로의 소득이전이 발생한다(원석조, 2004:31).

정리 소득재분배의 유형

유 형	내 용
사적 재분배	민간부문 안에서 자발적인 동기에 의해 이루어지는 현금의 이전, 가족 구성원 간의 소득이전, 친인척이나 친지 간의 소득이전, 각종 민간보험이나 기업복지
공적 재분배	정부의 소득이전 메커니즘(사회보험, 공공부조, 사회서비스, 조세)
수직적 재분배	부자로부터 빈민으로의 소득이전(고소득층에서 저소득층 소득이전, 공공부조)
수평적 재분배	유사한 총소득을 가진 가족 간의 소득이전, 사회적으로 요구의 차이가 있는 것으로 인정된 가족 간의 이전도 포함(취업자와 실업자 간 소득이전)
우발적 재분배	우발적인 사고(재해, 질병 등)를 당하지 않은 집단으로부터 우발적 사고를 당한 집단으로의 소득이전(고위험집단 대 저위험집단)
장기적 재분배	생애에 걸쳐 발생하는 재분배(적립방식연금 : 국민연금)
단기적 재분배	일시적인 사회적 욕구의 충족을 위해 현재의 자원을 사용하여 소득재분배를 기하는 것(국민건강보험제도, 노인장기요양보험, 고용보험, 산재보험)
세대내 재분배	젊은 시절의 소득을 적립해 놓았다가 노년기에 되찾는 것(적립방식연금)
세대간 재분배	청년세대에서 노인세대로의 소득이전(부과방식연금 : 노인장기요양보험)

출처 : 원석조, 2004: 32.

3) 비용과 효용의 양면성

- 어떤 정책을 결정할 때 비용과 편익의 범주를 추정할 수 있어야 한다.
- 비용과 편익을 누가 담당해야 하는지에 대해서도 결정하여야 한다.

예시 농민보호정책

• 농민들을 보호하기 위해 가격을 인상할 경우
 – 가격상승 정책으로 인해 받는 영향은 소득계층별로 다름
 – 고소득층의 경우 소득에서 식비가 차지하는 비율이 작기 때문에 부담에 있어 덜함
 – 이와는 반대로 도시빈곤계층은 비율이 높기 때문에 빈곤계층이 농산물을 구매할 때 상대적으로 더 지불함
• 결국 농민보호를 위한 가격인상의 혜택이 농민소득 증가라는 긍정적 효과도 나타내지만, 비용의 일부를 도시빈곤계층이 부담하게 되는 결과를 초래함

참고 김태성(2003)의 7가지 사회복지정책의 특성[29]

- 사회복지정책은 사람들의 기본적인 필요(욕구)를 개별적(배타적)으로 해결한다.
  - 선별주의(selection) : 사람들의 필요의 차이에 따라 사회복지급여를 달리함(예, 공공부조정책)
  - 특정한 수급자들의 존재 및 이들 수급자들 사이에도 사회복지 재화나 서비스의 양과 질에 차이가 있음
  - 그러나 현대에 와서는 보편주의(universalism) 원칙이 강조됨 : 국민이며 누구나 급여를 받을 수 있는 사회복지정책들이 등장함[예, 모든 국민에게 의료서비스를 제공하는 영국의 NHS (National Health Service) 제도]
- 사회복지정책은 사람들의 기본적인 필요를 직접적으로 해결한다.
  - 소득이 낮은 사람에게는 직접적으로 현금을 제공, 질병이 발생한 사람들에게는 의료서비스를 제공
- 사회복지정책은 기본적 필요를 비시장적으로 해결한다.
  - 자본주의 사회에서 사람들이 점유하는 경제적 위치는 일차적으로 시장 내에서 결정(일차적 분배)되고 이차적으로는 시장기제 밖에서 결정됨(이차적 분배 혹은 재분배)
  - 사회복지정책은 대부분 이차적 분배, 즉 비시장적 이차분배에 관여하는 정책으로 간주됨
- 사회복지정책은 기본적 필요를 공식적인 조직이나 제도를 통해 해결한다.
  - 전통적인 경향으로서 정부나 민간부문의 다양한 공식적인 사회복지조직들만을 말함
  - 그러나 현실적으로 사람들의 기본적 필요는 상당부분 비공식적으로 해결되고 있음
  - "가족 간 이전(inter-family transfer)" : 예, 우리나라의 경우 65세 이상의 노인복지에 대한 정책의 경우 정부보다는 가족들에 의해서 해결되는 비중이 더 높음(*조세감면제도-부양하는 경우 세금감면 정책 등)
- 사회복지정책은 기본적인 필요를 비영리적 부문에서 해결한다.
  - 전통적인 사회복지는 비영리성을 강조함
  - 그러나 최근의 복지다원주의의 추세화에 점차로 영리추구를 주된 목적으로 하는 민간부문의 조직이나 기구의 역할이 커지고 있음
  - 대표적인 사례가 기업복지(occupational welfare)임
    - ▸ 기업들은 근로자들의 은퇴 후의 소득보장을 위한 기업연금, 근로자들의 자녀들을 위한 탁아 교육비 지원 등의 다양한 사회복지활동들을 하고 있음
    - ▸ 이러한 기업에 의한 사회복지는 상당 부분 정부에 의해 세제상의 혜택을 봄
  - 오늘날 사회복지의 정의에서 영리적이냐 비영리적이냐의 기준은 점차 그 의미가 줄어들고 있음
- 사회복지정책은 기본적 필요를 일방적 이전(unilateral transfer)의 형태로 해결한다.
  - 일방적 이전이란 재화나 서비스의 제공자가 그 재화의 수급자로부터 특정한 물질적 혹은 비물질적 대가를 받지 않고 주는 것을 말함
  - 그러나 정책에 따라 일방적 이전의 성격이 다르게 나타남
- 사회복지정책은 기본적 필요 가운데 소비적인 필요만을 해결한다.
  - 소득보장 프로그램들은 대부분 수급자들의 소비능력을 높이는 데 주목적이 있음
  - 그러나 생산에의 필요를 해결함
    - ▸ 예, 인적자본 투자성격의 사회복지정책들인 저소득 아동 혹은 근로자들에 대한 교육·훈련·의료서비스를 제공하는 '기회평등정책'들임
    - ▸ 이러한 프로그램들은 수급자의 소비보다는 생산 활동의 능력을 높이는 데 주요 목표가 있음

2 사회복지정책의 역할 및 범위

1) 사회복지정책의 역할

사회복지정책의 주체는 사회복지정책을 형성하고 집행하는 기관으로서 국가, 지방자치단체, 공공복지기관, 민간복지기관, 비정부단체(NGO) 등이 포함된다. 정책의 주체를 정의하는 데 있어 정책결정과정에 직접적으로 관여하는지, 아니면 간접적으로 영향을 주는지에 따라 권위적 가치배분활동의 범위와 내용이 달라진다.(30)

사회복지정책의 객체는 사회복지정책이나 프로그램이 적용되어야 하고 정책이나 프로그램으로부터 혜택을 받아야 할 대상(target group)이다. 사회복지객체의 대상은 사회복지정책이나 프로그램의 성격과 목적에 따라 달라진다.

① 협의 : 기본생활능력이 없는 아동, 노인, 장애인 등 지원대상자를 의미
② 광의 : 현재 기본생활능력이 없는 사람들+앞으로 생활의 위협을 받을 가능성이 있는 대상까지 포함 = 모든 국민(※ 광의로 규정한 경우 정책범위를 확대함으로써 정책형성 과정에서 정책의 특성이나 목표를 퇴색시킬 수 있기 때문에 정책대상을 명확히 규정할 필요가 있음)

(1) 사회복지정책의 주체로서 공공부문의 역할(31)

사회복지정책을 국가가 반드시 주도해야 하는 이유는 바로 사회복지정책에서 제공하는 재화나 서비스가 시장에서 제공하면 비효율적이 될 수 있는 성격을 많이 갖고 있기 때문이다. 이것은 다음의 7가지의 측면에서 설명될 수 있다.

❶ 사회복지의 재화나 서비스는 공공재적 성격을 갖고 있다.

공공재는 일단 제공되면 다른 사람들이 그 재화를 소비하는 데 드는 추가비용이 없고(비경쟁적), 또한 다른 사람들이 그 재화를 사용하는 것을 막기도 어려운(비배타적) 재화를 말한다.

공공재는 사회구성원들이 원하는 것이고 또한 이득을 준다. 그러나 개인들은 공공재에 대한 수요가 있더라도, 이른바 '무임승차(free rider)'의[4] 현상으로 이러한 수요를 숨겨 일단 공공재가 제공되면 비용은 지불하지 않고 혜택을 보려고 한다. 이러한 것을 시정하기 위해 국가개입이 필요한 것이다.

사회복지 재화나 서비스도 순수한 공공재적 성격은 아니지만 재화나 서비스가

4 비용부담을 하지 않은 국민도 행정서비스 혜택을 받는 데 있어 불이익을 받지 않는다.

사회구성원 모두에게 혜택을 주기 때문에(준공공재적 성격) 시장기제에만 맡길 수가 없고 국가가 나서서 제공해야 한다.

❷ 사회복지의 재화나 서비스는 긍정적인 외부효과가 크다.

외부효과(externality)란 어떤 사람의 행위가 다른 사람의 사회복지에 시장기제 밖에서 영향을 주는 것을 말한다. 외부효과는 아무런 보상 없이 다른 경제주체를 이롭게 하는 외부경제(external economy)와 아무런 비용 부담 없이 다른 사람을 해롭게 하는 외부불경제(external diseconomy)를 포함하는 현상으로 이는 시장실패의 원인이 된다.

어떤 행위가 긍정적인 외부효과(외부경제)가 있는 경우 그러한 행위를 자발적으로 하도록 하게 되면 그것이 가지고 있는 사회적으로 바람직한 파급효과(spillover effect)에 비하여 그러한 행위는 적게 이루어진다. 왜냐하면 이러한 행위를 본인이 하지 않아도 다른 사람이 하기 때문에 자신의 효용을 극대화하려는 사람이라면 자발적으로 그러한 행위를 하지 않는다. 결국 국가가 제공하는 것이다. 이러한 의미에서와 이와 같은 현상을 '이웃효과(neighborhood effect)'라 한다.

가령, 사회복지의 재화나 서비스 가운데 어떤 것(예, 의료서비스)들은 국가가 강제적으로 세금을 거두어 공공재로서 국민 모두에게 제공을 하는 것이 바람직하다.

❸ 사회복지 재화나 서비스의 선택에는 정보가 중요하다. 이러한 정보의 불완전성으로 인해 '역선택' 문제와 '도덕적 해이' 문제가 발생한다.

재화에 대한 충분한 정보가 없는 경우 시장에서의 수요자와 공급자 사이에 결정된 그 재화의 배분은 비효율적(왜곡)이 될 수 있다(정보의 비대치성[5] 및 불완전성).

이에 재화의 소비자들보다 국가가 재화에 대한 정보를 더 많이 갖고 있다면 정보의 불균형으로 인한 비효율적인 왜곡 현상을 해결할 수 있다. 수요자나 공급자에게 동시에 제공되어야 한다.

❹ 사회복지의 재화나 서비스는 역선택의 문제를 해결해야 한다.

사회보험은 오늘날 서구 복지국가들에서 가장 중요한 사회복지정책으로 이렇게 강제적인 사회보험이 필요하게 된 가장 중요한 이유 중 하나는 역선택(adverse selection) 문제 때문이다. 여기서 '역선택'은 보험계약에서 흔히 나타나는 현상으로, 보험회사는 피보험자가 건강한 사람이라고 상정하고 계약을 체결하나, 건강하지

5 정보의 비대칭성 : 루카스(Lucas) 교수가 정리하여 노벨경제학상을 수상, '역선택'과 '도덕적 해이'의 두 가지 유형이 있다.

못한 사람이 건강한 것처럼 속이고 보험에 가입하는 경우이다(불완전 경쟁).

이는 보험가입자가 보험자보다 자기 자신의 위험발생 가능성에 대하여 더 많은 정보를 갖고 있는 경우 나타나는 현상이다.

> [사례] 보험료 책정의 어려움 → 보험회사는 이익을 위해 높은 보험료 부과 → 도리어 위험부담이 적은 사람들이 보험가입을 회피 → 위험발생 가능성 높은 사람들만 가입 → 악순환 계속 → 민간공급 중단(예, 실업보험, 질병보험) → 국가가 제공

이를 해결하기 위해서는 보험을 집단적으로 가입하면 집단적인 위험발생 확률은 어느 정도 알 수 있다. 집단의 크기가 클수록 역선택의 문제는 더욱 줄어든다. 국가가 나서서 가장 규모가 큰 집단인 구성원 전부를 강제로 보험에 가입시킨다.

그러나 국민연금은 역선택의 문제가 발생하지 않는다. 그 이유는 보험가입자들이 자신들이 언제 죽을지 정확히 모르기 때문이다.

❺ 사회복지의 재화나 서비스는 '도덕적 해이' 문제를 해결해야 한다.

'도덕적 해이(moral hazard)'는 개인들의 행위에 의하여 보험의 대상이 되는 위험의 발생 가능성과 그것의 정도가 결정되는 현상을 의미한다.

예컨대, 자동차 보험에서 보험회사는 피보험자가 보험에 가입했더라도 평소와 같이 성실한 안전운전을 할 것으로 기대하지만 현실적으로 소홀히 할 수 있는 경우를 사례로 들 수 있다.

> [사례] 보험가입자들의 도덕적 해이가 많아지면 결과적으로 위험발생의 확률은 높아짐 → 보험료 상승 → 역선택 문제 발생 → 민간제공 안 함 → 국가가 제공

- 대표적인 사회보험이 고용보험(실업보험)임
  - 자신들의 실업 가능성에 영향을 미침
  - 보험금을 받는 경우 실업상태에서 벗어날 가능성이 줄어듦
  - 근본적인 이유는 실업이라는 위험이 다른 위험(예, 질병)에 비하여 실업 상태에 있을 때의 '심리적 비용(psychic costs)'이 적기 때문임(예, 질병보험의 경우 병에 의도적으로 걸리려고 함)

도덕적 해이 문제는 국가의 사회복지정책에서도 나타나는데, 복지국가를 비판하는 하나의 논거로서 수급자들이 스스로 노력을 게을리한다거나 불필요하게 사회복

지정책들을 남용한다. 그 해결장치로는 질병수당이 기간을 줄이거나 질병에 대한 심사를 까다롭게 한다면 결국 '도덕적 해이'의 문제는 사회서비스의 제공자가 수급자의 행위에 대한 충분한 정보를 갖고 그들의 행위를 조정(monitor)하고 통제함으로써 해결할 수 있다.

❻ 사회복지의 재화나 서비스는 위험발생의 비독립성(상호의존성) 문제를 해결해야 한다.

민간보험시장에서 위험 상품에 대한 보험이 제공되기 위해서 보험회사는 재정 안정이 이루어져야 한다. 재정 안정을 이루기 위해서는 보험 수리상 어떤 보험 가입자의 위험 발생 가능성이 다른 사람들의 위험발생 가능성과는 독립적으로 결정되어야 한다.

보험가입자들 가운데 일정한 비율은 위험이 발생하고, 일정한 비율은 위험이 발생하지 않아, 후자가 전자를 도울 수 있어 전체적으로 재정 안정이 이루어질 수 있는 것이다. 여기서 위험발생의 비독립성의 문제가 가장 심각한 것은 실업보험의 경우이다.

가령 어떤 사람의 실업할 가능성은 다른 사람이 실업할 가능성과 연계되어 있다. 오늘날의 실업은 대개 개인들의 노력이나 행위보다는 기업이나 산업, 그리고 국가경제 상황에 크게 좌우되기 때문에 국가 경제가 침체기에 있을 때 사람들의 실업 가능성은 서로 연계가 되고 있다.

이런 상황에서는 민간부문에서 보험을 제공하면 재정파탄이 초래될 가능성이 높아진다. 이에 국가만이 보장해 줄 수 있다.

❼ 사회복지의 재화나 서비스는 규모의 경제가 문제를 해결해야 한다.

만일 시장에 규모의 경제(economy of scale)가 존재하면, 큰 경제 주체는 재화를 단위마다 싼 가격에 만들어 팔 수 있기 때문에 작은 경제 주체를 몰아내고 시장을 지배하게 되어 결과적으로 재화의 비효율적인 배분이 이루어진다. 이러한 경우 국가가 개입하여 규모의 경제 효과가 큰 재화를 직접 제공하는 것이 사회적으로 더 효율적이다.

(2) 사회복지정책의 주체로서 민간부문의 역할

사회서비스를 국가(정부)가 아닌 민간부문이 제공해야 한다는 것으로 '정부실패(government failure)'에서 그 원인을 찾는다.

참고 시장실패와 정부실패의 비교[32]

구분	시장실패의 원인	정부실패의 원인
원인	• 공공재의 존재 • 외부효과(외부경제와 외부 불경제) • 독점의 존재(비경쟁성을 띤 재화의 존재로 공급의 부족 현상) • 수익의 증가와 비용의 감소 • 정보의 비대칭성 및 불완전성 • 소득분배의 불공정성	• 정부조직의 내부성 심화(기관목표 ≠ 사회목표 : 시장적 판단 기준이 없으므로 자기활동의 기준으로 내부조직목표를 중시) • 파생적 외부효과(정부활동의 결과로서 나타나는 비의도적 파급효과의 부작용) • 비용과 수익의 분리 • 조직 내부의 비능률성(X의 비효율성 : 관리상의 요인으로 효율이 떨어지는 것) • 독점성(경쟁결여) • 권력과 특혜에 의한 가치배분과 불공평성 • 정보의 불충분(대리손실 : 정부와 국민의 관계를 대리인 관계로 파악하고 정보불균형으로 인한 대리손실이 발생 ⇨ 이는 국민이 대리인인 정부관료제를 효과적으로 통제할 수 없게 되어 정부실패가 일어남)
대책	정부규제 및 정부개입 필요	민영화 및 규제완화 필요

정부실패는 정부정책이나 정치과정을 거친 집단적 선택이 경제적 효율성을 떨어뜨리거나 윤리적 기준에 부합되지 않아 소득재분배의 기능을 다 하지 못하는 현상을 의미한다. 그 요인으로는 이해관계를 가진 압력단체의 로비, 정치가들의 계산된 언행, 비효율적 정부규모 등이 있다. 가령 X-비효율성은 관리상의 비효율 또는 기술상의 비효율을 의미하는 것으로 자원배분이 효율적으로 이루어진 경우에도 최선의 기술을 사용하지 못하거나 관료들의 잘못된 의식구조 또는 관리방법으로 인하여 효율이 오르지 않는 경우를 말한다. 이는 정부실패의 요인이다.

이러한 이유로 해서 정부는 공공사업의 과잉투자와 확장성으로 인해 경제적 효율성에 문제 및 자원배분의 왜곡을 발생할 수 있다(정부실패). 이에 대응하여 민간부문이 개입하여 사회문제를 해결하여야 한다.

2) 사회복지정책의 범위

사회복지정책의 본질을 알기 위해서는 정책의 내용별 범위를 살펴볼 필요가 있다. 사회복지정책 범위는 치료적 차원과 예방적 차원으로 구분할 수 있다. 치료적 차원은 현재 도움을 필요로 하는 기본생계능력이 없는 사람 또는 집단을 대상으로 한다. 예컨대 기초생활보장, 의료급여 같은 공공부조가 해당한다.

예방적 차원은 앞으로 도움이 필요하게 될 가능성이 있는 사람이나 집단들이 대상이다. 예컨대 고용보험, 국민연금, 건강보험 등과 같은 사회보험이 해당한다. 최근에는 소득상승과 더불어 삶의 질 향상을 위한 분야나 생활환경과 관련된 분야도 사회복지정책영역으로 보는 경향이 강화된다(양적 평가 → 질적 평가).

3 사회복지정책의 가치와 이념6

1 사회복지정책의 가치

사회복지정책의 일반적 가치는 사회복지정책 수립의 밑바탕을 이루는 가치이면서 목표이다. 일반적 가치에 대한 이해는 사회복지정책을 이해하기 위한 첫걸음이 된다.(33)

1) 평등

평등은 사회적 자원의 재분배를 통한 사회구성원의 삶의 질을 골고루 향상시키고자 하는 가치이다. 평등의 실현에는 "같은 것은 같게, 다른 것은 다르게"라는 원칙이 동시에 존재한다. 전자는 동일하게 대우(인간의 존엄성), 후자는 차별적인 대우(인간의 능력에 맞게)로 평등을 실현해야 한다.

여기서 기회의 평등 정책보다 결과의 평등 정책은 빈자(貧者)들의 적극적 자유를 증진하는 데 유리하며, 결과의 평등 정책은 부자들의 소극적 자유를 침해할 수 있다. 열등처우의 원칙은 형평의 가치를 반영한 것이다. 긍정적 차별(positive discrimination)은 형평의 가치를 저해하지 않는다. 비례적 평등(proportional equality)은 형평 또는 공평(equity)이라고도 한다.

---

6 가치와 이념과의 관계
- 사회복지정책의 가치란 사회복지정책이 지향하고자 하는 바람직한 객관적인 요소 혹은 당위를 의미함
  - 상위의 가치요소들 : 자유, 평등, 정의, 공익, 사회적 형평성
  - 목적지향적
- 사회복지정책의 이념이란 사회복지정책의 전문가들이 준수해야 할 행동규범을 의미함
  - 상위가치를 실현하는 수단적인 가치 : 합법성, 민주성, 능률성 등
  - 목적을 실현하는 수단적인 가치 요소들

평등의 종류(34)

① 결과(산술)의 평등(numerical equality) : 모든 사람에게 그들의 욕구나 능력의 차이에 관계없이 사회적 자원을 똑같이 분배하는 평등 → 가장 적극적인 평등

② 비례의 평등(proportional equality) : 개인의 욕구, 능력, 기여 정도에 따라 사회적 자원을 다르게 분배하는 평등 → 형평, 공평(equity)

③ 기회의 평등(equal opportunity) : 결과는 무시한 채 과정상의 기회만을 똑같이 해 주는 평등을 의미함 → 가장 소극적인 평등(공평분배) 예) 여성고용할당, 드림스타트 사업

참조 사회적 적절성(adequacy)은 모든 사람에게 사회적 자원을 충분히 분배하는 것을 말한다. 예컨대, 최저임금이 해당한다. 형평의 예는 실업급여이다.

2) 자유

자유는 18세기 이래 현대 사회를 움직여 온 사회가치로서 시민계급이 추구하였던 가장 중요한 가치이다. 자유는 크게 소극적 자유와 적극적 자유로 구분한다. 특히 소극적 자유는 타인의 간섭이나 구속으로부터의 자유를 의미하며, 적극적인 자유는 인간의 적극적인 능력을 강조한다.

벌린(I. Berlin)이 말하는 적극적 자유(positive freedom)는 국가 개입이 증가할수록 보장이 용이하다.

소극적 자유와 적극적 자유

구분	내용
소극적(negative) 자유 : 제약이 없는 상태	• 국가 권력의 간섭을 받지 않을 자유 • 개인의 기본 인권 및 정치적 자유를 의미 → 시민적 자유 • 개인의 기본 인권 : 신체의 자유, 양심의 자유, 언론과 사상의 자유, 신앙의 자유 등 • 정치적 민주주의 : 자유로운 표현의 권리, 정부의 자의적 행동으로부터의 자유, 정당 결성의 자유, 노동조합 결성의 자유 등 • 자유와 권리를 보장해 줄 수 있는 제도 : 법원(시민으로서의 평등 혹은 법 앞의 평등)
적극적(positive) 자유 : 여러 가지 중 어떤 것을 선택해서 행동할 수 있는 상태로서의 자유	• 적극적인 자유는 인간의 적극적인 능력을 강조함 • 국가 권력의 증가에 의해 보장되는 자유 • 사회적·경제적 자유를 의미 • 최저생활보장이 한 예

자유의 종류
① 기본권적 자유 : 종교의 자유, 거주이전의 자유, 직업선택의 자유 등
② 경제적 자유 : 사유재산권 향유 등
③ 정치적 자유 : 선거권, 투표권 등
④ 지적인 자유 : 진리탐구의 자유, 토론 및 발표의 자유 등

3) 민주주의

민주주의는 인간으로서의 권리를 제도적으로 보장하고 궁극적으로는 인간존중을 실현한다. 여기에는 정치적인 민주주의와 경제적인 민주주의가 포함된다.

4) 사회적 연대의식

사회적 연대의식은 사회구성원들이 사회에 대하여 가지고 있는 소속의식 및 연대감을 의미한다. 오늘날 대표적인 사회적 위험이라고 할 수 있는 출생, 양육, 실업, 빈곤, 질병, 장애, 노령, 사망 등에 국가적인 차원의 사회보험제도들은 사회적 연대의식이라는 가치의 실현이라 할 수 있다.(35)

북유럽국가들의 사회복지정책은 영미권 국가들의 사회복지정책에 비해 보편주의·연대주의적 성격이 강하다.

5) 생존권의 보장

생존권은 기본적 인권의 하나로서 인간이 인간답게 살아갈 권리이며, 국가에 대하여 인간이 생존을 유지하고 생활에 필요한 서비스를 요구할 수 있는 권리이다.(36) 이는 1919년 독일의 근대헌법인 바이마르 헌법에서 최초로 신설 규정되었다.

생존권보장이란 빈곤, 교통사고, 질병 또는 재해 등으로 최저생활수준[7]에 미달하거나 생계위협을 받는 사람들에게 생활비 지급 등을 통하여 인간다운 생활을 보장해 주는 것을 의미한다. 이는 국민 전체를 평등하게 만드는 것을 의미하는 것은 아니다.

---

7 최저생활보장이란 육체적·정신적으로 건강한 상태를 유지하면서 노동력을 재생산할 수 있는 정도의 생활 상태를 뜻한다(곽효문, 1995: 107).

6) 효율

사회복지정책에서 효율에는 수단으로서의 효율과 파레토 효율(배분적 효율)이 있다. 수단으로서의 효율이란 목표효율성과 운영효율성을 의미한다.[37] 목표효율성이란 정책이 주목표로 하는 대상자들에게 그 정책에서 사용할 수 있는 자원들이 얼마나 집중으로 할당되는가를 판단하는 기준이다. 예컨대, 저소득층의 소득향상을 목표 → 저소득층만 집중적 지원 → 공공부조의 목표효율성이 가장 높다(엄격한 조사를 통해 저소득층만 제공). 운영효율성이란 정책을 운영하는 데 있어 얼마나 적은 비용을 사용하는가를 따지는 기준이다.

파레토 효율성이란 거시적 효율의 개념으로서, 원론적으로 파레토 효율적인 사회적 자원의 배분은 완전경쟁 시장에서 개인의 효용을 극대화하려고 하는 이기적인 사람들이 충분한 정보를 바탕으로 합리적이고 자발적인 선택에 의한 교환을 통하여 이루어진다.[38] 따라서 파레토 효율적인 사회적 자원의 배분 상태는 다른 사람들의 효용을 줄이지 않고서는 더 이상 특정 사람들의 효용을 높이는 것이 불가능하다. 어떤 사회적 배분이 다른 사람들의 효용을 줄이지 않으면서도 특정 사람들의 효용을 높일 수 있다면 파레토 효율의 정의상 효율적이라고 할 수 있다.

그러나 사회복지정책은 목표를 추구하는 과정에서 특정한 사람(예, 빈곤자)들의 효용을 높이기 위해서 다른 사람(예, 부자)들의 효용을 줄여야 하기 때문에 파레토 효율의 정의상 이러한 소득재분배는 비효율적이 된다(어느 한쪽을 이루기 위해서는 다른 것을 희생). 사회적 자원의 배분이 평등적이면서 동시에 파레토 효율적이지 않는 한 사회복지정책이 추구하는 평등의 가치와 효율의 가치의 관계는 대체적(trade-off)일 수밖에 없다.

2 사회복지정책에 영향을 미치는 갈등적 가치[39]

1) 개인주의 대 집합주의

개인주의(individualism)란 사회의 중심단위를 개인으로 파악하고 개인과 개인의 권리를 우선시하는 사회 가치를 말한다.

개인주의의 특징
① 정치적으로 보수주의를 기본으로 함(민간기관을 중시)
② 낙관적인 전제를 바탕으로 함
③ 경제적인 측면에서 자유방임주의를 기반으로 함
④ 정부의 활동을 최소한의 수준에 머물러야 한다고 봄(야경국가)
⑤ 사회복지의 확대에 대한 반대(개인의 손상, 시장의 활동을 방해하므로)

집단주의(collectivism)는 사회의 중심단위로서 개인보다는 집단을 그리고 공동의 목표를 위한 공동의 행동을 중시한다.

집단주의의 특징
① 정치적으로는 좌파(사회민주주의, 급진주의)의 사상과 밀접한 관계
② 사회문제를 산업자본주의의 사회경제적인 역기능의 결과로 봄
③ 자본주의를 인정하지만 시장중심의 개인주의에 대한 비판
④ 정부의 적극적 역할을 강조

2) 선별주의 대 보편주의

선별주의(selection)는 개인적 욕구에 근거를 두고 도움을 필요로 하는 사람들에게만 급여를 제공해야 하며 도움을 필요로 하는 사람인가 아닌가의 판별은 자산조사에 의하여 결정되어야 한다는 가치이다.

장점으로는 도움을 가장 필요로 하는 사람들에게 집중적으로 제공하기 때문에 자금 및 자원의 낭비가 적고 불필요한 의존심을 키워 주지 않는다. 그 반면에 단점은 낙인효과(오명 : stigma)이 뒤따르며 행정절차가 복잡하다.

보편주의(universalism)란 사회복지 급여는 하나의 사회적 권리로써 모든 국민을 대상으로 그들에게 골고루 주어져야 한다는 가치이다.

선별주의 정책과 보편주의 정책의 특징
① 보편주의-모든 국민 대상
② 보편주의-간편한 행정 업무
③ 선별주의-빈곤의 함정 유발
④ 보편주의-사회적 통합 효과
⑤ 선별주의-사회적 낙인 유발

3) 자유 대 평등(결과의 평등)

사회복지정책을 통한 결과의 평등 지향은 일부 사회구성원의 소극적 자유를 침해하는 결과를 가져올 수 있다. 평등은 산술적 평등, 즉 결과의 평등을 의미한다.

- 자유를 중시하는 나라 : 미국, 개인주의, 보충적 모형
- 평등을 중시하는 나라 : 스웨덴, 집단주의, 제도적 모형

참고 롤즈(J. Rawls)의 사회정의론

- 개인의 기본적 자유 보장을 제1원칙으로 한다.
- 개인의 자유를 중시한다는 점에서 자유주의적 전통에 속한다.
- 최소극대화원칙(maximin rule)을 통해 평등주의적 분배의 근거를 제공한다.
- 원초적 상황(original position)에서 사회구성원 간의 합의된 사회적 계약의 원칙을 도출하고자 하였다.

사회복지정책 관련 원칙과 가치를 연결해보면 보충성 원칙－자력구제 우선, 열등처우원칙－비례적 평등, 보험수리원칙－개인적 형평성, 소득재분배원칙－능력에 따른 부담, 최소극대화(maximin)원칙－평등적 분배 등으로 할 수 있다.

4) 효율 대 평등(결과의 평등)

현실적으로 평등의 가치를 크게 구현할 수 있는 사회복지정책은 효율의 가치가 훼손되고 그 반대도 마찬가지이다.[40] 예컨대 "공공부조" 프로그램은 평등의 가치를 크게 구현할 수 있지만 효율의 가치는 크게 훼손할 수 있다.

평등추구의 사회정책은 경제적 효율의 문제가 발생할 수 있다. 사람들의 근로동기, 저축과 투자동기를 약화, 소비자 선택을 왜곡시켜 자원의 비효율적 배분을 가져올 수 있다. 따라서 평등과 효율의 갈등적 관계는 수단으로서의 효율보다 파레토 효율에서 중요한 쟁점이 될 수 있다. 사회적 자원 배분이 평등적이고 동시에 파레토 효율적(Pareto efficient)이라면 평등과 효율은 상호 대체적(trade-off)일 수밖에 없다.

4 사회복지정책의 모형

1 윌렌스키와 르보의 모형 (41)

윌렌스키(Wilensky)와 르보(Lebeaux)는 산업사회론적 입장에서 사회복지개념을 보는 학자로서 보충적(residual)이며 제도적(institutional)인 사회복지개념을 제시하였다.

1) 보충적(잔여적) 개념

잔여적 개념은 가족체계(Family system)와 시장체계(Market system)에서 제 기능을 하지 못하는 사람 또는 탈락한 사람들을 일시적·한정적·보완적(보충적)으로 보호하는 한시적 복지개념이다(공공근로, 무료급식, 노숙자 보호 등).

잔여적 개념은 경제적 개인주의나 자유시장이라는 가치의 토대인 시장논리를 강조하고 있기 때문에 노동능력이 없는 노령자나 아동, 장애인 등을 배려할 수 없는 치명적 약점을 안고 있어 사회적 약자에 대해서 최소한의 지원만을 강조하고, 사회공동체의 연대적 책임의 원칙을 무시하고 있다.

2) 제도적 개념

제도적 개념은 산업사회가 진전되는 과정에서 질병, 실업, 산업재해, 장애, 정신질환 등 다양한 크고 작은 구조적인 사회문제들이 등장하면서 오늘날의 사회문제는 전통사회처럼 시장이나 가족이 제공하는 것은 비효율적이기 때문에 국가와 사회가 개입할 필요가 있다고 본다.

제도적 개념은 시장과 가족의 실패는 임시적인 것이 아니라 피할 수 없는 지속적인 것임을 이해하고, 사회복지는 사회를 유지하는 데 필수적인 기능을 수행하기 위해서는 잔여적 개념에서 벗어나 국가 제공의 사회보장제도, 조세복지제도 등의 사회복지제도를 통해 실현 가능하다고 보아야 할 것이다.

3) 양자의 차이

제도적 개념은 그 대상을 전체 사회구성원으로 보고, 잔여적 개념은 사회적 취약계층으로 한정시킨다. 사회복지의 실천주체에서도 제도적 개념은 보다 많은 국가의 역할을 강조하는 반면, 잔여적 개념은 민간의 자발적인 활동을 장려한다.

참고 윌렌스키(Wilensky)와 르보(Lebeaux)의 사회복지분야의 한계를 극복하기 위한 기준

- 사회복지주체는 법적일 필요는 없지만 사회적으로 승인된 공식성과 조직체이어야 함
- 빈민이나 지원대상자들의 문제가 해결되거나 클라이언트가 문제를 해결할 능력을 가질 때까지 지속적·체계적으로 그들을 원조하는 사회적인 후원과 책임이 따라야 함
- 실버산업, 기업복지와 같은 교환관계(노동력제공 = 이윤추구)가 아닌 목적상 이윤을 배제한 비영리이어야 함
- 인간의 다양한 욕구에 반응하여 통합적 관점에서 다양한 전문적 서비스를 제공하여야 함
- 인간의 생존을 영위할 수 있는 소비적 욕구를 충족시켜줄 수 있는 직접적인 관심을 가져야 한다고 제시함

2 티트머스의 모형 (42)

티트머스(Titmuss)는 1974년 사회복지정책의 모형을 최초로 3분법으로 분류하였다. 그 장점으로는 2분법의 최대 단점인 이념의 과대 단순화를 어느 정도 극복할 수 있다.

1) 보충적 모형

윌렌스키(Wilensky)와 르보(Lebeaux)의 보충적 모형과 같은 것으로 일차적으로 가족과 시장을 통해 욕구충족이 안 되는 빈곤자나 지원대상자를 대상으로 그들에게 잠정적으로 최소한의 생활을 보장하는 것을 의미한다(잔여적 모형).

2) 산업 성취업적 모형

사회복지의 급여를 생산성, 즉 경제적으로 기여한 업적에 따라 결정하는 것이며 사회복지정책을 경제성장의 수단 또는 종속물로 보고 있다(시녀적 모형).

3) 제도적 재분배 모형

윌렌스키와 르보의 제도적 모형과 같은 것으로 사회복지정책을 사회의 중요한 제도로 간주한다. 인간 욕구의 원리에 입각하여 시장 메커니즘 외부에서 사회의 구조적 불평등을 해소하기 위하여 보편적 급여를 제공한다(평등추구 입장 모형).

3 조지와 윌딩의 4가지 모형

조지(George)와 윌딩(wilding)은 1976년 반집합주의 모형, 소극적 집합주의 모형, 페이비언 사회주의 모형, 마르크스주의 모형과 같이 4분법을 최초로 시도하였다.[8]

1) 반집합주의 모형

자유방임주의 이념을 바탕으로 국가의 개입은 최소한으로 국한되어야 하고 복지혜택은 주로 최저생계비 이하의 빈곤계층에 대하여 국가온정주의적 차원에서 정치적 안정유지를 위하여 최소한으로 주어져야 한다(1834년 영국의 신구빈법이 대표적 복지시책임). 즉, 반집합주의는 사회복지가 개인의 자유와 선택을 제한한다고 보고 있다.

2) 소극적 집합주의 모형

수정자유주의 이념을 바탕으로 자본주의적 기본요소는 그대로 보존한 채 지나친 불평등을 제거하기 위하여 적절한 국가 개입에 의하여 비버리지(Beveridge)가 말하는 빈곤, 질병, 무지, 나태, 불결과 같은 5대 사회악을 해결, 개선한다. 국민 최저한의 보장과 소극적인 평등을 주장한다.

3) 페이비언 사회주의 모형

사회민주주의 이념을 바탕으로 하여 평등, 자유(적극적 자유), 우애의 3가지 가

---

8 조지와 윌딩은 그 후 1994년에 사회복지정책의 이념모형을 신우파, 중도노선, 민주적 사회주의, 마르크스주의, 페미니즘, 녹색주의 등 여섯 가지로 분류하였는데, 앞의 네 가지는 기존의 4분법과 맥락을 같이하며 뒤의 두 가지는 새롭게 등장한 이념이다(남기민, 2004: 43).

치와 민주주의와 인도주의의 부수적 가치에 기초를 둔다. 복지국가의 실현을 통한 빈곤퇴치와 불평등을 해소하고 자본주의를 개혁하는 것이다.

4) 마르크스 모형

사회주의 이념을 바탕으로 하여 페이비언 사회주의와는 달리 빈곤퇴치와 불평등의 해소는 복지국가의 실현을 통해서 이루어질 수 없다. 복지국가의 대안으로서 사회주의 혁명을 제시한다.

4 사회복지정책의 모형과 갈등적 사회가치

이념의 연속상에서 극우로 갈수록 개인주의, 선별주의, 자유, 효율의 가치가 반영되고, 극좌로 갈수록 집합주의, 보편주의, 평등(결과의 평등)의 가치를 더 반영한다.

여기서 선별주의에 입각한 제도로는 ① 자활사업, ② 장애인연금, ③ 기초연금, ④ 의료급여 등이 있고 보편주의에 입각한 제도로는 누리과정이 있다.

참고 사회복지정책의 모형과 가치 연속성

구분	이념의 연속성			
	극우	중도우	중도좌	극좌
Wilensky & Lebeaux	보충적 모형	제도적 모형		
Titmuss	보충적 모형	산업 성취업적 모형	제도적 재분배 모형	
George & Wilding	반집합주의 모형 (자유방임주의 모형)	소극적 집합주의 모형 (수정자유주의 모형)	페이비언 사회주의 모형 (사회민주주의 모형)	마르크스주의 모형 (사회주의 모형)
사회가치	개인주의 선별주의 자 유 효 율	←	→	집합주의 보편주의 평 등 평 등

출처 : 남기민, 2004:44.

참고 우리나라의 사회복지정책의 이념모형(43)

경제성장 우선모형	국가복지 확대모형	
	분립복지 모형	통합복지 모형
국가정책의 최우선 : 경제성장	사회정책의 재분배기능 : 저평가	사회정책을 통한 재분배 : 적극적
개인의 욕구충족 : 가족단위, 일차적 시장에서 해결	국가복지 예산확보 : 소극적	국가복지 예산확보 : 적극적
국가복지는 근로 동기를 약화시키므로 극빈자에 한정	사회보험에 비해 공공부조에 대한 관심 미약	총체적 사회안전망에 대한 관심
경제성장에 순기능적인 복지서비스만 허용	사회보험 행정 및 재정 : 통합반대	사회보험의 통합주장 : 사회정의, 행정효율성 증대
분배정책은 시기상조	국가복지의 확대시행 연기	국가복지 확대의 조기실시
사회보험의 정책결정부는 노·사가 행사	자영자 소득파악 가능성 : 부정	자영자 소득파악 가능성 : 인정

Q George와 Wilding의 사회복지정책의 이념모형에 포함되지 않는 것은?

① 소극적 집단주의 ② 정치적 자유주의 ③ 반집합주의
④ 페이비언 사회주의 ⑤ 마르크스주의

정답 ②

Q 자산조사(Means Test)를 사용하여 보호대상자를 결정하는 운영방법은?

① 선별주의 ② 기능주의 ③ 갈등주의
④ 통합주의 ⑤ 보편주의

정답 ①

5 사회복지정책의 영역

1 사회복지정책의 영역에 대한 학자의 견해

사회복지정책의 영역에 대해 학자들의 견해를 살펴보면 다음과 같다.

비버리지(Beveridge)는 사회정책의 영역으로서 사회복지정책, 의료보장정책, 교

육보장정책, 주택보장정책, 고용보장정책 등을 제시하였다.[44]

마샬(Marshall)은 사회정책의 영역을 관례에 따라 사회복지정책, 의료보장정책, 개별사회서비스정책, 주택보장정책, 교육보장정책과 같이 5개의 정책영역으로 제시하였다.

티트머스(Titmuss)와 미쉬라(Mishra)는 사회정책을 사회봉사, 재정급여, 직업복지로 구성되어 있다고 한다. 사회봉사에는 국민의 요구를 충족하기 위한 소득유지, 교육, 보건, 주택에 대한 법적 대책이고, 재정급여는 각종의 사회보장제도와 세제에서 볼 수 있는 연금 및 수당을 말하며, 직업복지는 비법률적인 일종의 기업보장제도이다. 이것은 평생고용제도와 온정적 복지대책(보험금, 장학금, 무료사택 등)과 같은 기업의 사적 사회정책인 것이다.[45]

왓슨(Watson)은 사회정책의 개념을 광의적인 것과 협의적인 것으로 나누었는데, 그가 말하는 광의적 사회정책은 공공정책에 가까운 개념으로 해석할 수 있다.[46]

볼딩(Boulding)은 가격정책, 조세정책 및 금융정책을 극단적 경제정책의 영역이라고 한다면 공적부조 사회보장 및 의료보호 등과 같이 소위 불우계층을 정책시행의 객체로 설정할 때 그것은 극단적 사회정책에 속한다고 예시하였다.[47]

디니토(DiNitto)와 다이(Dye)는 사회복지정책을 국민의 생활의 질에 영향을 미치기 위하여 정부가 실행하기로 또는 실행하지 않기로 선택한 모든 것이라고 정의하면서 사회복지정책의 영역을 다음과 같이 제시하였다.[48] 소득유지(Income Maintenance), 영양(Nutrition), 의료(Health), 사회적 서비스(Social Services)이다.

길버트(Gilibert)와 스펙트(Specht)는 정책 내용의 범위에 따라 가장 광범위한 개념이 공공정책이고 그다음이 사회정책이며 가장 좁은 개념이 사회복지정책이라고 하였다. 결국 사회복지정책의 내용에 대한 견해는 다양하지만, 다음과 같은 일관성을 가지고 있다.

정리 사회복지정책의 내용

학 자	내 용
W. Beveridge	사회복지정책, 의료보장정책, 교육보장정책, 주택보장정책, 고용보장정책
T. H. Marshall	사회복지정책, 의료보장정책, 개별사회서비스정책, 주택보장정책, 교육보장정책
R. M. Titmuss & R. Mishra	사회봉사, 재정급여, 직업복지
D. Watson	광의적인 것(공공정책)과 협의적인 것

(계속)

학 자	내 용
K. E. Boulding	극단적 경제정책영역(가격정책, 조세정책 및 금융정책), 극단적 사회정책영역(공적부조 사회보장 및 의료보호)
D. DiNitto & T. Dye	소득유지(Income Maintenance), 영양(Nutrition), 의료(Health), 사회적 서비스(Social Services)
N. Gilbert & H. Specht	공공정책>사회정책>사회복지정책
결 론	• 빈곤정책 : 국민기초생활 보장법 시행과 관련된 국가의 시책 • 생활의 안전과 관련된 정책 : 사회보장(국민연금, 산재보험, 고용보험, 실업보험 등), 사회주택정책 • 공론화된 사회문제를 해결하는 정책 : 아동, 청소년, 여성, 장애인, 노인정책, 부랑인 및 노숙자를 위한 정책

첫째, 사회정책학자들은 사회복지정책에 대하여 협의 개념을 적용하려는 경향이 있다. 둘째, 사회, 교육, 보건의료, 고용, 사회복지와 같은 인간들의 기초적인 욕구를 국가의 차원에서 보장하려는 경향이 있다. 셋째, 사회적 서비스는 사회문제와 관련된 정책에서 다룬다. 사회복지정책은 국민의 복지증진을 위해 복지국가가 사용하는 수단이다.

2 사회복지정책의 기능

사회복지정책의 기능으로는 사회통합, 최저생활 유지, 소득재분배, 개인의 잠재능력 향상 등이 있다. 개인의 잠재능력 향상, 사회통합은 소득재분배와 함께 사회복지정책의 주된 기능이다.

사회복지정책이 지니는 기능은 크게 일반적인 기능(긍정적 기능)과 역기능(부정적 기능)으로 나누어 볼 수 있다.

1) 일반적인 기능(긍정적 기능)

(1) 사회통합(양심 이론, 음모 이론)

사회복지정책의 효시인 1880년대 독일 비스마르크 사회입법의 목적이 계급 대립과 계급투쟁을 극복하고, 분열된 여러 계급을 하나로 묶으려 하는 데 있었다는 사실에서 확인할 수 있다.

(2) 사회문제의 해결과 사회적 욕구의 충족

세계대전을 거치면서 국민의 기본권으로서의 시민권 이념이 확산, 강화되면서 인식에 변화가 왔고, 사회복지정책을 사회문제에 대한 대응책으로 보던 것을 사회적 욕구(social needs)에 대한 대응책으로 바꿔보게 되었다.

사회복지정책의 대상을 사회문제로 인식하게 되면, 사회문제는 해결되어야만 할 객체가 되어, 사회문제의 해결 주체(사회문제를 일으키지 않는 사람, 이들의 대리인으로서의 국가)와는 엄격히 분리된다. 즉, 사회복지정책의 주제와 객체를 분리시키는 입장이라고 할 수 있다.

(3) 소득의 재분배

동일한 소득계층 내에서 발생하는 수평적인 재분배(세대 내 재분배), 소득이 높은 계층으로부터 낮은 계층으로 발생하는 수직적 소득의 재분배, 특정한 우발적 사고(재해, 질병)로 고통받는 자로의 소득 이전을 의미하는 우발적 재분배와 같이 다양한 형태의 재분배가 이루어짐으로써 국민이 최소한의 생활을 유지하게 할 수 있는 발판을 마련한다.

(4) 경제성장과 안정

사회복지정책은 노동력의 이동을 원활하게 함으로써 그 자체로도 경제성장에 기여한다. 예컨대 정부가 지역개발정책을 시행하여 특정 지역을 개발하면 그 지역의 고용률은 증가하고 실업률은 하락하게 되는데, 이는 경제성장을 촉진시키는 역할을 하게 된다.

2) 역기능(부정적 기능)

(1) 경제성장의 저해

우리나라에서는 선 성장 후 분배라 하여 경제성장에 치중하면서, 사회복지가 경제성장에 저해요인의 된다고 주장하는 사람들이 많다. 이들은 얼마 안 되는 성장의 과실을 골고루 분배하다 보면 국민 최저의 복지는 보장할 수 있지만, 투자할 재원이 부족해질 것이라고 주장한다.

(2) 빈곤 함정

높은 수준의 사회보장급여가 존재할 경우 자력으로 일을 해서 가난으로부터 벗어나려 하기보다는 사회보장급여에 의존하여 생계를 해결하려는 의존심이 생겨 결국 가난에 정체되어 버리는 현상에 집중한다.

(3) 도덕적 해이

사회보험 계약이 가입자들의 동기와 행동에 영향을 끼친다고 보는 경향이 있다. 예를 들어, 어떤 사람이 보험에 가입하게 되면, 보험에 가입하기 전에 비해서 위험 발생을 예방하려는 노력을 비교적 덜 하게 되는 현상을 들 수 있다.

3) 사회복지정책의 효과

사회복지정책의 효과에 대해서는 상반된 주장들이 있다. 일부 경제학자, 신자유주의자들은 사회복지의 재분배를 강조함으로써 전반적으로 경제성장을 저해한다고 주장한다. 하지만 사회복지정책이 항상 경제에 부정적인 영향을 미치는 것은 아니며, 오히려 자동안정화 기능과 자본축적 기능을 통해 경제성장에 긍정적 영향을 미칠 수 있다는 주장 또한 존재한다.

(1) 자동안정화 기능

자본주의 사회는 호황과 불황, 경기상승과 경기침체 등의 순환을 겪게 된다. 따라서 경기가 상승하면 경기가 과열되지 않도록 막고, 경기가 하락하면 지나치게 하락하지 않도록 막아주는 역할이 중요하다. 정부는 재정정책을 통해 이러한 역할을 자동적으로 하게 되는데, 이를 자동안정장치 또는 자동안정화 기능이라고 한다.

(2) 자본축적 기능

사회복지정책의 본래 기능은 아니지만, 예를 들어 우리나라처럼 연금제도를 적립방식으로 운영하는 경우 자본축적 효과가 발생한다. 즉, 가입자의 기여금이 연기금으로 적립되어 이 기금을 재정투자에 사용할 수 있다. 특히 그 규모가 크기 때문에 국민경제에 미치는 효과가 큰데, 이를 자본축적 기능이라고 한다.

4) 소결: 사회복지정책의 필요성

사회복지정책은 기본적으로 평등가치의 구현을 추구하고 있으며, 사람들의 욕구를 해결함으로써 자유의 영역을 넓히기도 하지만, 한편으로는 사람들로 하여금 사회복지정책에 예속되게 만듦으로써 자유를 제한하게 한다는 의견도 있다. 하지만 사회복지정책은 생존권을 보장하고, 빈곤을 경감시키며, 평등의 증진을 가져오고, 사회적 배제의 극복을 통한 사회통합의 증진을 도모한다. 또한 사회적 안정과 자립성의 증진을 가져올 수 있으며, 개인이 성장과 발전을 할 수 있는 기틀을 마련한다는 점에서, 이미 그 자체만으로도 스스로의 필요성을 증명하고 있다.

따라서 사회복지는 소극적으로 문제해결에 그치는 것이 아니라 한 개인이 가진 잠재력을 개발하여, 개인적으로나 국가적으로 행복한 상태에 도달하고자 할 뿐만 아니라 그 내면에 국가에 대하여 인간의 생존을 유지할 수 있는 생활에 필요한 서비스를 요구할 수 있는 권리를 행사함에 있어 발판이 되어야 할 것이다.

6 사회복지정책과 경제정책

1 사회복지정책과 경제성장

사회복지와 경제성장의 관계에 대해서 크게 긍정적인 입장과 부정적인 입장의 두 가지로 대별할 수 있다.

1) 긍정적인 입장

긍정적인 입장은 국민들의 건강과 교육수준을 증진시켜 노동력의 질을 높이는 보건의료서비스와 교육복지정책은 경제성장에 필요한 양질의 노동력을 확보하게 만들어 경제성장에 기여한다는 견해[9]이다. 사회복지정책은 유효수요(effective de-

9 예컨대, 건강보험은 질병에 걸린 노동력을 치유시켜 노동현장에 복귀시키고, 교육정책은 청년들의 지적 수준을 향상시켜 생산성이 높은 노동력을 배출한다. 이를 인적자본론(human capital theory)이라 한다(원석조, 2004:79).

mand)를 창출하여 경제활동을 진작시킨다. 이러한 케인즈 이론은 복지국가를 정당화하는 데 결정적인 기여를 하였다. 그러나 그의 이론은 신자유주의의 득세와 함께 설득력을 상실하였다고 볼 수 있다.[49]

2) 부정적인 입장

부정적인 입장에서 보면 다음과 같다.

❶ 성장론은 '선 성장 후 분배'라 하여 경제성장에 치중하면서 사회복지정책이 경제성장에 저해요인이 된다고 본다.

❷ 신자유주의는 1970년대 두 번에 걸친 오일 쇼크로 인한 경기 후퇴와 높은 실업률이 겹치자(스태그플레이션) 그 원인으로 케인즈주의적 복지국가를 지목하고 경제정책 기조를 신자유주의로 전환하였다. 특히 신자유주의자들은 복지국가를 경제성장의 장애물로 간주하였다. 즉, 복지국가의 높은 재정지출 → 총 통화량 증대 → 인플레이션 유발 → 높은 실업률 → 경제 활력 역화(근로유인 역화)

❸ 세계은행(World Bank)은 사회보장연금의 민영화 논쟁에서 경제성장에 미치는 부정적 영향에 대한 논쟁이다. 세계은행은 기존의 부과방식연금이 국가에 엄청난 재정부담 주고, 노동생산성을 저하, 경제성장의 장애가 된다고 주장한다. 즉, 높은 사회보장세 → 낮은 가처분소득 = 높은 노동비용 → 취업률 저하[10] = 낮은 경제활동 참가율 → 경제성장 저하 순으로 이루어지고 있다. 또한 관대한 임금 → 조기퇴직 → 낮은 경제활동 참가율 → 경제성장 저하 순으로 보고 있다.

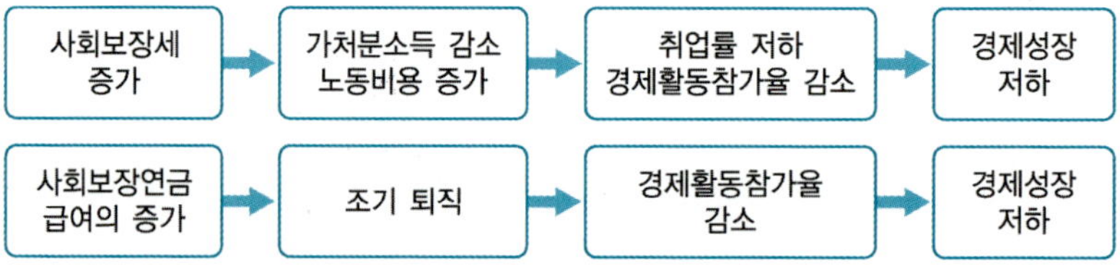

사회보장이 경제성장에 미치는 영향(세계은행의 입장)

출처 : 원석조, 2004:80.

10 일부 저개발 국가의 경우 사회보장세를 피하기 위해 비공식부분에의 취업이 증가하고, 선진국 사업자는 사회보장세 부담을 임금 인하로 대신하려 한다(원석조, 2004: 80).

2 사회복지정책과 투자

1) 부정적 입장(원론적 입장)

사회복지정책, 특히 사회보험은 기업의 투자율에 영향을 미친다. 즉, 기업의 보험료 부담으로 재정이 충당될 때 투자율은 감소한다. 기업의 입장에서 보험료는 기업의 노동비용이기 때문에 보험료 부담이 크면 클수록 투자 여력은 줄어들고 있다(기업의 보험료 부담 증가→이윤 감소→투자 여력 감소).

2) 긍정적 입장

기업의 보험료 부담이 증가하면 노동을 자본으로 대치시키려는 유인(자동화)이 발생한다. 즉, 보험료 부담이 큰 노동집약적 산업구조를 기술집약적 또는 자본집약적 산업구조로 대처하려 노력한다는 것이다.(50) 이는 곧 자본으로서 투자증대를 뜻한다. 즉, 보험료 부담증가→산업구조조정→투자 증대→경제성장→고용증대 등으로 보고 있다. 그러나 보험료 부담으로 인해 개별자본가의 장기적인 투자제고 효과는 의문시되고 있다.

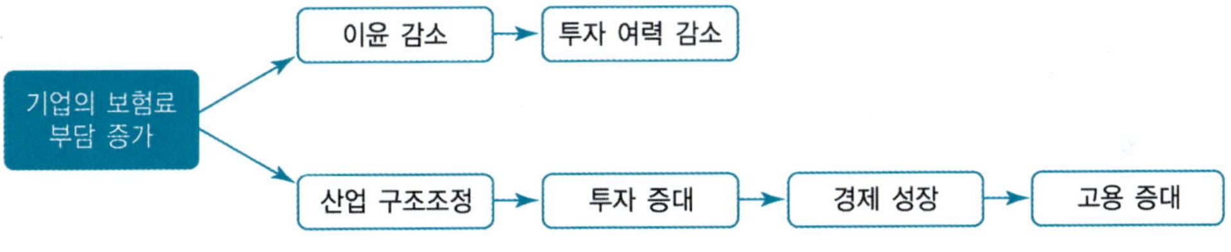

사회보장이 투자와 경제성장에 미치는 영향

출처 : 원석조, 2004: 82.

신자유주의자와 세계은행은 사회보장연금이 투자여력을 소진시킨다고 보아 부과방식의 사회보장연금을 적립방식의 사회보장연금으로 전환(민영화)하여 투자 증대를 기해야 한다고 주장한다.

이와는 반대로 국제노동기구(ILO)와 국제사회보장협회(ISSA)는 사회보장연금의 민영화가 투자증대로 이어진다는 증거가 없고, 투자 안정성을 보장할 수 없다고 주장하면서 반박한다.

3 사회복지정책과 저축

사회보장연금은 재정방식이 적립방식일 경우 엄청난 규모의 적립 기금이 형성되기 때문에 저축과의 관계가 대단히 중요하다. 또한 사회보장연금은 국민저축의 상당 부분을 차지하는데 가입이 의무적이고 완전수급을 하기 위해서는 일정 기간 이상 가입해야 하기 때문에 시민들은 보통 다른 저축 등에 가입할 여유가 없다. 즉, 사회보장연금이 유력한 저축수단이라는 것이다. 만약 이렇다면 사회보장연금의 보험료는 소비자의 가처분 소득을 줄여 민간저축을 억제하는 효과가 있다.(51)

사회보장이 저축·소비·인플레이션에 미치는 영향
① 보험료 징수 → 가처분소득 감소 → 저축 증가 → 소비지출 감소 → 인플레이션 억제
② 수급자 증가 → 연금급여 증가 → 소비 증가 → 인플레이션 야기
③ 사회보장연금은 저축과 소비를 증가시키기 때문에 인플레이션을 억제 또는 야기할 수도 있음. 즉, 사회보장연금과 저축과의 관계는 불분명함

4 사회복지정책과 경기변동

경기변동이 사회복지정책에 영향을 미치는 것으로서 사회복지정책, 특히 사회보장에 대한 경기 후퇴와 인플레이션의 영향이 그것이다.(52)

※ 디플레이션(경기후퇴)이 사회보장에 미치는 영향
① 경기 후퇴는 사회보험의 재정수입을 감소시키고, 지출을 증가시킴
② 재정수입의 감소 원인
- 소득수준이 감소하여 보험료의 수입이 감소
- 실업자 증가하여 보험료를 납부하는 사람의 수가 감소
- 자산(현금과 부동산)의 가치 하락

③ 사회보장비용지출의 증가 원인
- 실업자가 증가하여 실업보험과 실업으로 인한 가족해체 등으로 인한 공공부조 지출 증가
- 조기퇴직으로 인한 노령연금 수급자의 증가

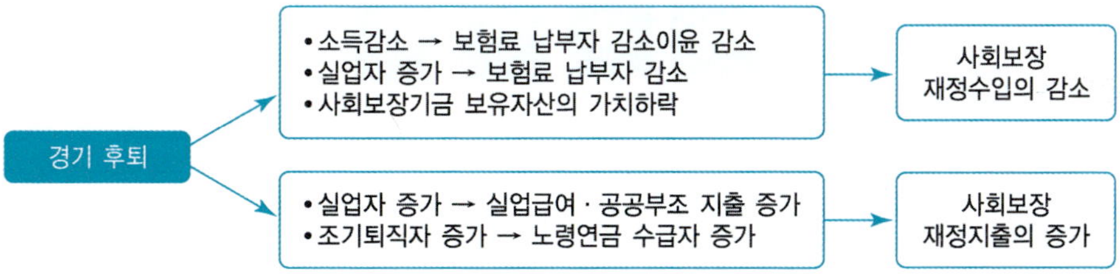

경기 후퇴가 사회보장 재정에 미치는 영향

출처 : 원석조, 2004: 89.

※ 인플레이션이 사회보장에 미치는 영향

① 인플레이션은 사회보장의 수입은 감소, 사회보장의 지출은 증가시킴

② 사회보장 수입 감소 원인

- 소득의 실질가치의 감소
- 사회보장기금의 실질가치 감소
- 장기적으로 사회보장기금 수입의 실질적인 가치 하락시킴

③ 사회보장 지출증가 원인 : 인플레이션은 최저수준에서 생활하는 인구의 소득의 실질가치를 하락시키는데, 이를 보상하기 위해 지출 증가

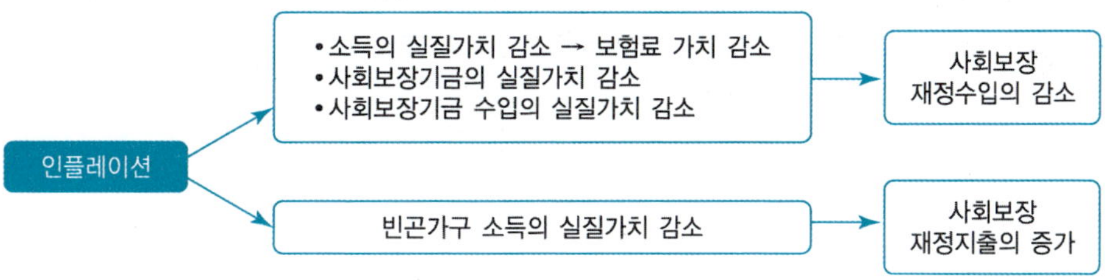

인플레이션의 사회보장 재정에 미치는 영향

출처 : 원석조, 2004:89.

예 상 문 제

01 정책의 특성 중 옳지 않은 것은?

① 수단지향성 ② 변동대응성 ③ 가치배분성
④ 문제해결지향성 ⑤ 인과성

정답 ①

02 웹(Webb)의 소득재분배 효과에 대한 설명으로 옳지 않은 것은?

① 웹은 소득재분배의 효과를 수직적 재분배, 수평적 재분배, 우발적 재분배로 구분하였다.
② 수평적 재분배는 유사한 총소득을 가진 가족 간의 소득이전이다.
③ 우발적 재분배는 사회적으로 요구의 차이가 있는 것으로 인정된 가족 간의 이전도 포함된다.
④ 장기적 재분배는 생애에 걸쳐 발생하는 재분배를 말한다.
⑤ 수직적 재분배는 부자로부터 빈민으로의 소득이전을 말한다.

정답 ③

03 사회복지정책에 대한 정치적 관점 중 개인주의적 관점에 대한 설명이 틀린 것은?

① 사회문제에 대해서 개인적 역기능 및 빈곤문화를 반영한다.
② 시장에 대한 관점에서는 사유재산을 보장한다.
③ 정부의 역할에 대해서는 축소를 주장한다.
④ 사회정책에 대해서는 가난한 자에 대하여 최소한의 안정망만을 제공한다.
⑤ 정치적 이데올로기는 자유주의다.

정답 ⑤

04 사회복지정책의 특성에 대한 설명이 틀린 것은?

① 사회복지정책은 사람들의 기본적인 필요를 개별적(배타적)으로 해결한다.
② 사회복지정책은 사람들의 기본적인 필요를 직접적으로 해결한다.
③ 사회복지정책은 기본적 필요를 비시장적으로 해결한다.
④ 사회복지정책은 기본적 필요를 공식적인 조직이나 제도를 통해 해결한다.
⑤ 사회복지정책은 기본적인 필요를 영리적 부문에서 해결한다.

정답 ⑤

05 시장실패요인이 아닌 것은?

① 공공재 ② 외부효과 ③ X-비효율성
④ 불완전 정보 ⑤ 불완전 경쟁

정답 ③

06 정부실패의 원인과 가장 거리가 먼 것은?

① 정부조직의 내부성 심화 ② 파생적 외부효과
③ 비용과 수익의 일치 ④ 조직 내부의 비능률성
⑤ 독점성

정답 ③

07 소극적 자유에 대한 설명으로 틀린 것은?

① 국가 권력의 간섭을 받지 않을 자유를 의미한다.
② 개인의 기본 인권 및 정치적 자유를 의미한다. 즉, 시민적 자유를 말한다.
③ 구체적 권리로는 신체의 자유, 양심의 자유, 언론과 사상의 자유, 신앙의 자유 등이다.
④ 소극적 자유와 권리를 보장해줄 수 있는 제도로는 법원이다.
⑤ 사회적·경제적 자유를 의미하기도 한다.

정답 ⑤

08 티트머스(Titmus)의 사회복지정책모형에 대한 설명으로 맞는 것은?

① 티트머스는 1974년 사회복지정책의 모형을 최초로 3분법으로 분류하였다.
② 보충적 모형은 사회복지의 급여를 생산성, 즉 경제적으로 기여한 업적에 따라 결정하는 것으로 파악하였다.
③ 산업 성취업적 모형에서는 빈곤자나 지원대상자를 대상으로 그들에게 잠정적으로 최소한의 생활을 보장하는 것을 의미한다.
④ 제도적 재분배 모형은 욕구의 원리에 입각하여 시장 메커니즘 외부에서 사회의 구조적 불평등을 해소하기 위하여 보편적 급여를 제공한다.
⑤ 제도적 재분배 모형은 윌렌스키(Wilensky)와 르보(Lebeaux)의 보충적 모형과 같은 것이다.

정답 ①

09 조지와 윌딩이 구분한 사회복지정책 모형이 아닌 것은?

① 반집합주의 모형 ② 보충적 모형
③ 소극적 집합주의 모형 ④ 페이비언 사회주의 모형
⑤ 마르크스 모형

정답 ②

Chapter

02 사회복지정책 발달이론과 역사적 전개

Key word 사회양심 이론, 수렴 이론, 시민권론, 합리 이론, 테크놀로지론, 사회정의론, 음모 이론, 종속 이론 정주법, 비버리지 보고서, 제3의 길, 위대한 사회, 신보수주의

사회복지정책 발달의 형태는 국가들마다 특이한 양상을 보이기 때문에 사회복지정책 발달을 일반화하려는 이론은 많은 한계를 가지고 있다. 그럼에도 불구하고 지금까지 많은 이론들이 개발되어 왔으며 학자에 따라 이를 분류하는 방법도 다양하다.(53)

1 사회복지정책의 발달요인과 이론

1 사회복지정책의 발달요인

사회복지정책의 발달에 영향을 미치는 요인을 정치적 요인, 경제적 요인, 사회·문화적 요인으로 구분할 수 있다.

1) 정치적 요인(3가지)

첫째, 정치권력의 획득·유지를 위한 것이다. 1883년 독일의 비스마르크가 실시

한 사회보험제도, 1930년대의 미국의 루스벨트 대통령의 사회보장제도가 대표적이다. 비스마르크의 경우 야당의 인기 저하를 위해 사회보험제도를 실시하였고, 루스벨트의 경우 경제대공황으로 인한 빈곤문제가 발생하면서 타운센드(Townsend)가 제시한 'Townsend Plan'[11]을 지지하는 세력들이 강화되자 이에 영향을 받아 사회보장제도를 먼저 입법화하였다.(54)

둘째, 사회불안을 피하기 위한 것이다. 영국의 경우 17세기 초에 제정되었던 구빈법들, 1960년대의 미국의 흑인폭동 등으로 인한 사회불안을 야기하는 원인들을 제거하기 위해 각종 사회복지 관련법과 제도들이 정비되었다.

셋째, 다른 정책의 영향으로 인하여 부수적으로 사회복지정책이 수립되었다.

2) 경제적 요인(2가지)

첫째, 사회문제를 완화 또는 해결하는 데 드는 사회적 비용을 감소시키기 위한 것이다.

둘째, 생산측면에서 부정적인 영향을 미치는 사회문제로 인한 실업문제를 해결하기 위한 것이다.(55) 일종의 사회복지정책을 투자로 정당화시킨 것이다.

3) 사회·문화적 요인(4가지)

첫째, 사회계층의 경직성(56)을 들 수 있다. 미국에 비해 유럽 국가들이 사회복지정책이 발달된 이유 중 하나는 엄격한 계급구조이다. 즉, 산업화 과정을 겪으면서 계급의식이 높아져 기존의 사회질서를 위협하는 존재가 되자 이를 해결하기 위해 사회복지정책에 발달된다.

둘째, 인구학적 구조의 변화에 따른 것이다. 산업화는 사회의 인구구조에 변화를 일으켰는데 경제활동인구에 비해 노령인구와 같은 사회복지 수혜자를 증가시킴으로써 사회복지정책의 발달에 영향을 미쳤다.

셋째, 도시화의 문제 발생이다. 도시화로 인한 도시빈민, 산업재해, 실업, 주택 등의 문제가 악화되면서 이를 해결하기 위한 사회복지정책이 발달되었다.

마지막으로 문화적 유산(57)측면이다. 한 사회를 오랫동안 지배해왔던 신념이나

---

11 미국의 경제적 부흥과 노인들의 빈곤을 타파하기 위한 계획안을 제시하였다. 내용으로는 60세 이상의 모든 미국인에게 매월 200달러씩 주어서 모두 그 날 안에 소비하도록 하자는 것이며, 그에 대한 재원은 판매세를 통하여 충당하도록 되어 있다(남기민, 2004: 50).

가치, 태도 등은 자원배분의 과정을 제한하는 중요한 요인으로 작용할 수 있다. 예컨대, 개인주의와 집단주의에 따른 사회복지정책의 변화가 여기에 해당한다.

2 사회복지정책의 발달 이론

사회복지정책의 발달을 설명하는 이론들은 학자에 따라 다양하게 접근하고 있다. 여기서는 사회양심 이론, 수렴 이론, 시민권 이론, 합리 이론, 테크놀로지론, 사회정의론, 음모 이론, 종속 이론의 8가지로 구분할 수 있다.

처음에는 기능주의(사회양심론, 합리 이론, 테크놀로지론) 일변도에서 시작하여 점차 갈등주의(음모 이론, 종속 이론)의 수용으로 확대되고 있다.

1) 사회양심 이론(Social Conscience Theory)

베이커(Baker)는 사회양심 이론에 대해서 다음과 같이 설명하고 있다.[58]

첫째, 사회정책이란 인간이면 누구나 갖기 마련인 타인에 대한 사랑을 국가를 통해 발현시키는 것이다.

둘째, 사회정책은 인도주의에 입각한 사회적 의무감의 확대와 욕구에 대한 국민들의 지식향상이란 두 요인에 의해 변화된다.

셋째, 변화는 축적적이며 관대함과 관심 영역의 증대 방향으로 진화한다.

넷째, 개선은 불가피하며 현행 서비스는 지금까지의 것 중 최선의 것이다.

마지막으로 역사적으로 볼 때 현행 서비스가 완전한 것은 아닐지라도 사회복지의 주된 문제는 이미 해결되었고, 사회는 안정적 기반 위에 구축되어 있기 때문에 지속적 발전을 기대할 수 있다.

사회양심 이론의 장점으로는 낙관적이고 문제해결 중심의 시각이라는 점을 들 수 있다.

하긴스(Higgins)의 시각으로 본 단점은 사회정책의 자비적 특성을 너무 강조한 나머지 국가의 역할에 관한 왜곡된 견해를 갖게 하여 사회적 과정의 정확한 이해를 방해하고 있다. 사회정책의 형성 및 변화에 미치는 압력 및 영향에 관한 분석이 너무 협소하다. 사회정책의 변천과정을 직선적 그리고 낙관적으로만 봄으로써 피상적인 국가 간의 비교가 쉽게 수렴 이론으로 비약될 여지가 많다. 선행을 가장한 위선의 존재에 대한 파악과 사회복지제도 발달사에 나타나는 진보와 퇴보의 교차현상을 적절히 설명할 수 없고 채택되지 않은 정책의 대안들이 분석의 대상에서 제외되고 있는 점들이 사회양심 이론의 큰 약점이 되고 있다.

2) 수렴 이론(Convergence Theory=산업화 이론)

수렴 이론은 산업화 이론의 대표적인 학자로는 윌렌스키(H. Wilensky)와 르보(Lebeaux)가 있다.

산업화의 맥락에서 사회복지제도의 발달을 설명을 하고 있으며, 현대사회를 이해하기 위한 중요 변수로서 산업화와 경제발전을 들고 있기 때문에 흔히 '산업화의 논리'라고도 한다. 복지국가 발전은 산업화로 인한 경제성장과 함께 이루어지는 것으로 본다.

수렴 이론은 산업사회의 사회구조를 결정짓는 핵심은 기술, 즉 산업화이며 어느 수준의 산업화를 이룬 나라들의 사회제도들은 어느 한 점으로 수렴되어 비슷하다고 주장한다. 즉, 복지국가는 산업화의 발전으로 재정적 능력이 향상되어 가능해졌다. 서로 다른 유형의 복지국가라도 시간이 지날수록 유사한 유형으로 수렴한다.

수렴 이론의 측면에서 사회복지의 발달을 설명하면 다음과 같다.(59)

첫째, 복지국가는 산업화로 발생된 사회적 욕구에 대한 대응이었다. 사회가 산업화되면 농경사회의 비교적 단순교환관계가 보다 복잡한 산업경제로 대치된다. 즉, 심각해지는 소득의 단절문제를 비롯하여 피고용자로서의 소득이 질병, 노령, 실업, 산업재해 등으로 중단될 때 그들의 삶은 위협을 받게 되어 이들의 소득을 제도적으로 보장하기 위한 소득보장 프로그램이 도입된다.

둘째, 산업사회는 보다 높은 수준의 사회해체현상을 가져온다. 이러한 사회해체현상은 산업화 초기단계에서 특히 분명하게 드러나는데, 도시화 등으로 인해 노동자들은 가족, 친족, 교회 등 그들의 전통적이고 비공식적 원조망으로부터 멀어지게 되는데, 이런 비공식적 원조망을 대체하는 공식적인 사회복지제도가 도입되는 것이다. 산업화 이론에서 산업화는 가족구조의 변화를 초래하여 복지에 대한 국가의 역할을 증대시킨다.

셋째, 산업화는 여성의 사회참여를 증가시킨다. 전통사회에서 여성들의 주요 역할은 아동양육이나 노인보호였으나 여성의 사회참여 증가로 인해 전통적인 여성의 역할을 대신할 제도의 필요성이 증가하여 주간보호(day care) 등과 같은 사회복지제도가 발달하게 된다.

윌렌스키와 르보는 산업화로 인한 사회해체현상의 결과로 노인들이 혼자 남게 되었고, 이혼율이 증가하였으며, 또한 산업적으로 분업화를 초래하여 지역 간의 이동을 심화시키고 이러한 사회현상 또한 사회복지의 발달을 조장하였다고 주장하였다.

또한 림링거(Rimlinger)도 사회복지의 발달을 산업화의 맥락에서 분석하였다. 정부는 단순히 산업화의 논리에 따라야 하는 것이며, 기술이 발전하면 발전할수록 사회복지는 따라서 발전하게 되는 것이라고 주장하였다.

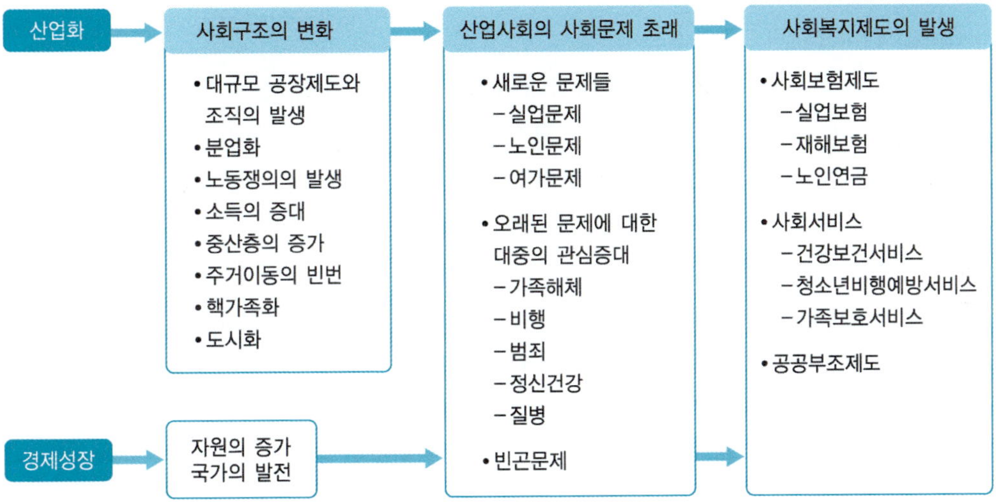

수렴 이론에 근거한 사회복지의 발달

출처 : Wilensky and C. N. Lebeaux, 1965:230.

한편 수렴 이론의 비판으로는 다음과 같다.

첫째, 선진산업사회에서는 기술 및 경제가 사회복지정책의 구조와 내용을 결정한다는 것은 지나치게 결정론적이며, 사회복지정책이 어떤 가치의 선택일 수 있는 가능성을 배제시키고 있다.[60]

둘째, 노동자의 투쟁, 집단과 계급 간의 갈등, 가치와 이데올로기, 기득권, 민주화 같은 정치적 요인 등 중요한 변수를 배제하고 있다.

셋째, 산업화 정도와 복지국가의 다양한 제도 형태와의 연계성을 잘 설명해 주지 못한다.

넷째, 경제적으로 부유한 국가와 빈곤한 국가 간의 사회복지정책 발달의 차이는 설명할 수 있지만 이미 경제적으로 부유한 국가 간의 사회복지 수준의 차이는 설명하지 못하고 있다.

3) 시민권론(Citizenship Theory)

마샬(Marshall)은 시민권을 완전한 사회구성원으로서 인정되는 지위의 향유라고 보고 있다. 일종의 기본적 평등을 의미하는 것으로 시민권의 개념은 자본주의의 경제적 불평등과 모순되지 않는 것이라고 주장한다. 그는 시민권의 요소를 법 앞에서의 자유와 평등과 같은 공민적(civil), 참정권과 같은 정치적(political), 복지권과 같은 사회적(social) 요소로 분류하면서 시민권의 변천을 진화론적 입장에서 분석하고 있다.

마샬이 말하는 현대사회는 복지국가이며, 복지국가하에서는 개인의 생활수준이 그 사람의 계급적 신분이나 경제적 교섭능력과는 무관하게 정치적 결정에 의해 합의된 일정 수준으로 보장되어야 한다는 것이다.

시민권 이론이 기여한 점[(61)]을 살펴보면 다음과 같다.

첫째, 제도적 모형에 대한 이론적 근거를 제공한다.

둘째, 사회권의 확립을 통해 사회복지제도를 제도화시킨다. 시민들을 사회에 통합시키고 사회구성원들 사이에 상호 원조를 통해 사회적 연대성을 제공할 수 있다.

시민권 이론의 한계를 살펴보면 다음과 같다.

첫째, 공산주의 사회나 개발도상국에서는 통용되기 힘들다(영국의 경험에 관한 기술적 설명).

둘째, 사회권에 대한 개념이 매우 추상적이다.

셋째, 진화론적으로 접근하고 있으나 사회복지정책의 발달에 존재하는 복잡한 인간갈등 및 행동과 같은 정치적 역학관계를 설명하는 데 한계가 있다.

4) 합리 이론(Rationality Theory)

합리 이론(rationality theory)은 어떤 형태의 사회이든 그것이 산업화되는 과정에서는 필연적으로 각종 사회문제가 파생되는데, 이때 합리적 인간이 고안해 낸 합리적 문제해결책을 사회정책이라고 가정한다. 예컨대 산업화사회에서는 인구증가, 핵가족화 그리고 평균수명의 연장 등으로 인해 전통가족 및 지역사회의 개인에 대한 복지제공의 기능이 붕괴되기 때문에, 노인 및 어린이와 같은 취약집단이 필연적으로 형성되는 한편, 합리적 인간에겐 이들의 빈곤이 불필요하고 낭비적인 것으로 인식되기 때문에 그것에 대한 합리적 해결 내지 완화책으로 사회정책이 등장·발전하게 된다는 것이다.

합리 이론의 비판으로는 다음과 같다.

첫째, 마치 문제의 인식과 해결책에 관한 합의가 그때 존재하는 것처럼 오해의 여지가 있다.

둘째, 어떻게 해서 사회문제가 특정 시점과 특정 상황에서 비로소 사회문제화 되는가에 관한 설명을 해 주지 못하고 있다.

셋째, 사회정책이 사회변화의 능동적 변수로서 발전되는 사실을 설명할 수 없다.

5) 테크놀로지론(Technology Theory)

캐리어(Carrier)와 켄달(Kendall)에 의해 테크놀로지(기술)결정론(technology determinism)이라고 불리는 이 이론은 사회정책의 변화를 조직적 분석의 맥락에서 조명하고 있다.

테크놀로지(기술)결정론은 개인활동의 수단인 테크놀로지에 관한 지식을 기초로 해서 인간 행위를 예측할 수 있고, 사회정책의 변화를 테크놀로지 특히 사회행정 및 사회사업 기술의 발달과 같은 비사회적인 힘에 의해 결정되는 것으로 설명하고 있다고 가정한다.

윌렌스키와 르보는 각종 복지서비스의 제공을 위한 공·사립 사회기관과 사회사업 전문직을 산업사회 내에서 주요 조직형태로 간주하면서 이러한 조직의 전문성을 통해 복지서비스의 특성이 결정되는 것으로 보고 있다.

테크놀로지(기술)결정론의 한계를 살펴보면 다음과 같다.

첫째, 복지국가가 계획적으로 창조될 수 있는 것으로 오해시킨다.

둘째, 정책결정의 과정에서 나타나는 지배계층의 존재나 각종 이해집단의 활동 및 그들의 가치판단이 주요 요소임을 무시해 버린다.

6) 사회정의론(Social Justic Theory)

밀러(Miller)는 사회정의를 법적 정의로부터 구별하였다.

법적 정의의 내용은 범죄와 형벌의 적용에 관한 원칙과 공정한 재판, 항소권 등의 법적용에 관한 원칙과 같은 것이다.

사회적 정의는 사회적 이득과 손실에 관한 것들로서 임금 및 이윤에 관한 규정과 법체계를 통한 개인의 권리보호, 주택, 의료, 복지혜택 등의 배분과 같은 재산에 관한 시스템 및 공공조직과 같은 주요 사회제도들을 취급하고 있다는 것이다.

또한 관련되는 주체에 따라 사적 정의와 사회적 정의로 나누어 전자는 사회적 제도와 무관한 개인적 재화 배분의 문제에 국한된다고 설명하고 있다. 예컨대, 가족이나 친구 집단 내에서의 재화 배분 문제가 해당한다.

한편 후자의 사회정의론은 다양한 윤리적 가정의 틀을 사회적 서비스의 변천에 관한 분석틀로 채택하고 있다. 사회정의와 관련된 사회정책의 다양성을 가장 잘 보여주고 있는 것이 복지모형이다.

이것의 가장 단순한 형태는 이데올로기의 좌파와 우파로 구분하는 것이다.

① 좌파는 사회주의, 평등, 사회정의가 삼위일체가 됨
② 우파는 자유와 자유경쟁적 경제시장의 불평등을 사회정의로 간주하고 있음

사회정의론의 구체적 내용은 개인의 정치적 이데올로기에 따라 다르게 되는데, 이러한 다양성을 가장 잘 반영하고 있는 쟁점이 복지국가론과 복지사회론이다.

사회정의론은 사회정책변화의 기본요소를 사회정의의 개념 변천으로 보는 입장에서 출발하여 사회정책의 발달 과정을 사회정의→자유 혹은 평등의 확대 실천의 과정으로 보고 있다.

사회정의론의 장점으로는 사회정책학이 가치판단을 배제하면 존재할 수 없다는 사실을 충분히 인정하였다는 점이다.

사회정의론의 한계로는 선언된 사회정책과 행동으로 옮겨진 사회정책 간에 존재하고 있는 괴리를 설명해 줄 수 없다. 특정의 사회정의가 유독 지배적이 될 수밖에 없었던 이유를 설명하지 못하고 있다. 즉, 실제 정책과정을 둘러싼 복잡한 정치적 역동관계 속에서 사회정의의 개념이 주요 요소가 되지 못하고 있다.

7) 음모 이론(Conspiracy Theory)

음모 이론은 사회정책의 주목적이 인도주의나 인정의 실현이 아니라 사회안정 및 질서의 유지와 사회통제라고 가정한다.

사회정책의 변화시기를 지배계층이 기존의 사회질서가 위협을 받고 있다고 느끼는 때라고 주장하면서 사회정책의 변화를 줄곧 진화의 과정을 밟아 발전만 되는 것이 아니라 개선과 악화의 양면이 언제라도 교차될 수밖에 없는 성질의 것으로 본다(사회양심론과 반대의 입장).

예컨대, 비스마르크 입법의 동기를, 당시 격화일로에 있던 노동자 계급 중심의

사회주의 운동을 저지시켜 기존 질서를 유지하기 위한 속셈으로 보는 견해이다.

조지와 윌딩은 이러한 속셈으로부터 실시되는 복지제도를 일컬어 복지국가의 마키아벨리적 관점이라고 한다. 이 관점은 지배계층이 예상되는 근로계층으로부터의 엄청난 요구를 사전에 봉쇄할 목적으로 원하든, 원하지 않든 미리 선수를 쳐서 양보하는 것이 사회정책이라고 해석한다.

마르크스주의자인 사비엘(Saville)은 사회정책을 자본주의에 절대 필요한 안정과 효율의 유지를 위한 물리적 강압책의 대안으로 보고 있고, 사회정책을 단기적으로는 폭력사태의 방지를 위한 자본주의자들의 방편으로, 그리고 장기적으로는 노동자 계급의 혁명에 대한 정열을 식히는 전략으로 보고 있다.

신마르크스주의(Neo-Marxism) 이론

① 전통적 마르크스주의에 이론적 기초를 둔 갈등주의적 시각이다.
② 국가의 자율적 역할 정도에 따라 도구주의 관점과 구조주의 관점으로 대별된다.
③ 복지국가 발전을 독점자본주의의 속성과 관련시켜 분석하였다.
④ 복지정책은 자본축적의 위기나 정치적 도전을 수정하기 위한 수단으로 본다.

음모 이론에 대한 한계에 대해서 포퍼(Popper)와 무라스킨(Muraskin)은 다음과 같이 설명하고 있다.

첫째, 정책결정자의 의도를 너무 중시한 나머지 정치적 현실을 과소평가하고 있다.

둘째, 사회 안정에 대한 위협을 조성하지 않는 집단이면서도 사회적 서비스의 확충으로 인한 혜택을 입고 있는 사례를 설명할 수 없다.

셋째, 음모가 도사리고 있음은 사실이지만 그렇게 자주 있는 것도 아니고 또 반드시 음모가 성공하는 것도 아니다.

넷째, 권력에 대한 견해가 모순적이다. 즉, 중간계층의 정책결정에 미치는 영향을 고려하지 않고 있다.

8) 종속 이론(Dependency Theory)

종속 이론은 사회정책학의 관심 영역을 제3세계까지 확대시키는 데 기여한 이론으로서 제3세계의 사회정책을 설명하는 데는 서구에서 개발된 이론이 부적절하다는 가정에서 출발한다.

맥퍼슨(MacPherson)은 사회적 조건과 경제적 성장 간의 밀접한 관계는 동일한 역동적 관계의 일부로서 인정되어야 하기 때문에 경제변화의 지배적 형태는 사회적 불의가 특징으로 되어 있는 사회정책 저개발의 주요 원인이라고 주장한다. 그 결과 제3세계의 경제성장과 사회변화는 조금도 개선되지 않고, 특히 사회부문에서는 불평등의 심화와 같이 오히려 악화일로를 걷고 있다.

종속 이론은 그 원인을 선진국의 소위 말하는 '기본 욕구 접근법'에 입각한 국가발전 전략의 무분별한 도입에서 찾고 있는 것이다. 즉, 지속적 저개발은 외국의 부적절한 정책의 지속적 억지 적용을 의미하는 것으로 이러한 정책은 대다수 국민의 욕구에 의해 결정되는 것이 아니라 외국지향적 경제와 그것과 연관된 사회형태의 불가피성에 의해 결정된다는 것이다.

미즐리(Midgley)는 식민영향이란 식민 시대의 종주국이 그들의 이익에 이바지할 수 있는 방향으로 사회정책을 실시하는 것을 의미한다고 주장하였다. 즉, 특권계층의 지위를 유지하거나 강화시키기 위한 수단으로서 사회보장제도가 운영되었던 식민 시대의 악습이 식민 시대의 종식에도 불구하고 새로 등장한 자국 내의 지배계급들에 의해 그대로 전승되고 있다는 것이다.

맥퍼슨과 미즐리의 분석은 결국 제3세계의 사회정책에 대한 정확한 이해는 식민 시대 이후에 나타난 중심국과 주변국 간의 새로운 형태의 종속관계를 파악할 때만이 비로소 가능해진다는 것으로 해석할 수 있다. 이러한 시각으로 볼 때 후진국의 경우 사회정책에 대한 국가 차원의 관심 빈약 현상은 과거 식민주의의 잔존으로 해석된다.

종속 이론의 한계를 살펴보면 다음과 같다.

첫째, 완벽한 분석개념이라 볼 수 없다. 왜냐하면 국가 간의 불평등 문제는 유독 주변국과 중심국 사이에서뿐만 아니라 한 국가의 두 지역 간 또는 중심권 내의 두 국가 간에서도 발견되기 때문이다.

둘째, 제3세계에 대한 선진국의 영향력을 과대평가하는 반면, 개발도상국 자체의 잠재력 내지 책임을 과소평가함으로써 자신들의 민족사를 정확히 이해하지 못하는 과오를 범하고 있다.

셋째, 종속 이론의 주요 가설들 중 검증되지 않는 것들이 발견되었다.

마지막으로, 종속 이론은 분석개념으로서 유용성이 없는 일종의 이데올로기라는 비판을 받고 있다.

2 사회복지정책의 역사적 전개

1 사회복지정책의 등장배경

1) 산업화

산업화(industrialization)는 소수의 정치적 엘리트가 독점하였던 폐쇄적이고 권위적인(전통적, 권위주의적) 국가에서 점점 국민이 지배력의 정당성을 위임하는 개방적, 민주주의적 및 합리적인 국가의 형태로 이동을 촉진한다. 기업에서 재화를 생산하고 시장에서 소비하는 시장제도를 발전한다. 자본축적과 함께 국가의 지배형태는 자본에 의해 지배되는 자본주의국가로 변형된다.

이와 같은 발전과정에서 자본주의 국가는 두 가지 특징, 즉 분업 및 전문화와 민주주의적 선거제도를 정착하였다.

2) 시장실패와 사회정책의 필요성

현대적 의미의 사회정책은 19세기 초 자본주의 국가에서 산업노동자의 생활상을 개선하기 위한 조치와 함께 시작되었다. 이 시기에 사회정책은 기본적 생존권과 사회권을 보장함으로써 대중을 체제에 수용하고 체제의 존립을 위한 수단으로 개발하기 시작하였다.

마샬의 의견에 따르면 사회주의 국가보다 자본주의 국가에서 사회권이 확대되었고, 이것이 복지국가로 이동하는 원동력이 되었다. 특히 시민권은 사유재산권의 보호로부터 시작하여 계약의 자유, 신체의 자유, 종교의 자유, 사상과 표현의 자유, 집회 및 결사의 자유에 이르는 자유권과 선거권 및 참정권 등의 정치권을 확립하였다.

산업혁명과 기술발전은 인간의 삶의 터전을 지역적 종속성에서 벗어나서 도시로 인구의 집중을 초래하였다.

결혼 가능성의 확대, 사망률의 급격한 하락과 출생률의 증가는 인구구조의 변화를 가져왔고 노동공급의 급증을 가져왔다.

그러나 노동시장은 이에 상응하는 노동수요를 확대할 수 있는 여력을 갖지 못하고 있었고 임금은 최저생계비 이하로 하락하면서 여성과 아동들이 노동시장으로

몰려들었다. 열악한 노동조건과 노동환경, 생존을 위협하는 임금수준에 노동력을 '상품화'하는 것에 대한 대항은 19세기에 걸쳐서 지속적인 노동운동으로 연결되었고 노동자들은 동료의식과 연대의식(solidarity)을 형성하고 노동조합을 조직하기 시작하였다.

경제성장과 사회발전을 통해 사회문제에 대한 엘리트들의 인식은 노동자보호, 사회보장, 사회서비스 등의 확장으로 전환하였다.

3) 소결

산업화와 함께 인구의 도시집중, 핵가족화, 인구구조의 변화, 자본의 축적 등의 구조변동이 발생하였고, 그 결과로서 확산되는 빈곤계층의 문제를 개인과 가족 그리고 지역중심의 복지단체와 지방정부만으로는 해결할 수 없었다. 여기에 국가가 사회정책을 통해서 개인의 삶에 일정부분 개입할 필요성이 생성되었다.

현대 복지국가로 이동하면서 공공복지시설의 확충, 정치적 참여의 확대, 노동시간과 자유시간의 균형, 주거 형태 등의 문제가 중요하게 되었고, 사회복지에 관한 새로운 이론들이 나타나면서 개인들 사이의 주관적인 만족도 비교 가능성에 관심을 갖게 되었다.

또한 대량생산과 대량소비가 가능하게 된 산업사회에서는 자본과 노동의 불평등, 지역적 불균형과 인생의 각 단계에서 발생하는 사회적 위험에 대한 대비 등과 같은 분배의 문제가 중요한 가치가 되었다.

2 사회복지정책의 역사

사회정책이라는 말이 문헌상으로 처음 나타난 것은 독일의 릴(Wilhelm Heinrich Riehl, 1823~1897)의 글에서이다.[(62)] 그는 사회정책을 전체사회와 관련되어 있는 것으로 보았고, 또한 사회해체와 재건의 핵심적 문제는 경제적 착취보다는 사회적 결속이 해이해 있다고 생각하였다. 독일에서 사회정책이라는 용어가 일반화되기 시작한 것은 1873년 Verein fur Sozialpilitik(사회정책학회)가 창립된 이후이다.[(63)]

헝가리 과학아카데미의 페르게(Ferge)는 사회복지정책의 역사를 빈민법 단계, 사회보험 단계, 복지국가 단계의 세 단계로 구분하였다.[(64)]

1) 빈민법 단계

빈민법의 대상자는 걸인과 부랑자 및 구제 가치가 있는 빈민으로 구분하고 정책의 시행 주체는 절대주의 국가, 교회, 봉건영주 등이었다.

대상자의 욕구는 최소한의 생존에 국한하였고, 정책수단으로는 부랑자와 빈민을 시설에 수용 보호하거나 구호물품을 제공(시설보호 및 거택보호)하였다.

구제는 대상자의 권리와 무관하고, 급여는 국가와 교회의 완전한 재량에 의해서 이루어졌고, 정책의 대상인 사회문제를 경제와는 무관한 주변적인 문제로 인식하였다.

2) 사회보험 단계

사회보험은 1880년대 독일 비스마르크 사회입법에서 출발하였다. 그 대상자에는 노동자계급이 해당하고 정책주체는 국가와 노동조합 등에 의해 이루어졌다. 그리고 산업화·도시화로 인한 사회적 위험(질병, 산업재해, 실업 등) 등의 문제(욕구)를 해결하기 위해 제정되었다. 1883년 독일의 질병(건강)보험은 세계 최초의 사회보험이다.

주요 제도는 사회보험(공중보건, 교육, 주택복지가 이 단계에서 시작)이 중심을 이루고 권리수준은 사회보험 가입자로서의 권리[12]로 인식되었다. 사회복지정책은 경제에 종속적(잔여적) 경향이 있었다.

3) 복지국가 단계

복지국가는 제2차 세계대전 직후 영국에서부터 시작한 것으로 대상자를 모든 국민(시민)으로 확대하고, 주체는 국가와 시민단체이며, 욕구는 국민최저 이상으로 확대(그밖에 직업보장, 즉 완전고용과 복지와의 관련성이 중시)하였다.

정책수단은 케인즈주의적 사회경제정책이고 시민들의 사회복지수급권(시민권)이 완전히 보장되었다. 사회복지정책은 경제에 종속적(잔여적) 경향이 아니라 경제와도 대등한 관계로 이루어졌다.

그러나 이러한 세 단계 이론이 완전한 것은 아니다. 그 이유는 빈민법 때문인데

12 이 당시의 권리는 구입한 권리(purchased)로서 사회보험에 가입하여 보험료를 부담함으로써 수급권을 보장받는 권리이다.

빈민법을 사회복지정책으로 간주하면 사회복지정책과 사회복지의 역사가 다를 바가 없어진다. 또한 이 세 단계 이론은 1970년대 후반 이후 나타난 복지국가의 후퇴상황을 반영하지 못하고 있다.

정리 사회복지정책의 세 단계

단 계	대상자	복지주체	대상욕구	주요제도	권리수준	경제와의 관계
빈민법	걸인, 부랑자, 빈민	국가, 교회, 영주	최소한의 생존	시설, 공공부조	무 권리/재량	주변적 관계
사회보험	노동자 계급	국가, 노동조합	사회적 위험에 대한 최소한의 지원	사회보험, 공중보건·교육·주택복지의 시작	계약에 입각한 권리(구입한 권리)	잔여적 관계
복지국가	시민, 개인	국가, 시민단체	국민최저 이상 직업보장	확대된 사회보장	시민권	대등한 관계

이에 여기서는 국가별로 사회복지정책의 역사를 살펴보고 다음 장에서 복지국가에 대해서 설명하고자 한다.

3 영국의 사회복지정책 역사

영국의 사회정책은 사회입법과 사회행정의 개념과 동일시하는 경향이 있다. 그것은 구빈법의 개정과 사회봉사의 발달 더 나아가 복지국가가 탄생에서 볼 수 있는 것처럼 꾸준히 사회입법과 사회행정을 통하여 사회정책이 발달되었기 때문이다.

1 엘리자베스의 구빈법

이 법은 14세기 이후 확립된 빈민통제와 노동통제, 그리고 빈민구제에 대한 국가의 법적·재정적 책임을 재확인하면서 빈민구제 업무의 전국적 행정구조를 최초로 통일하여 수립하였다.

엘리자베스 구빈법(The Elizabethan Poor Law, 1601년)은 전국적 수준에서 추밀원에 의해 조정을 받는 지방행정체제를 교구 단위로 갖추게 하였다. '빈민세'를 징수하고 각종 기부금을 종합적으로 관리하여 빈민구제를 위한 재원을 조달하였다.(65)

이 법에서는 빈민을 크게 세 가지 유형으로 분류하고 그 처우를 차별적으로 취급을 하였다.

1) 노동능력 있는 건장한 빈민의 처우

- 교정원 또는 작업장에서 강제로 노동을 하였다.
- 시민들이 이들에게 자선을 베푸는 것을 금지하였다.
- 다른 교구로부터 온 걸인들은 최종적으로 지난 1년 동안 거주한 장소로 되돌려 보냈다.
- 교정원에서 노역하기를 거부하는 걸인이나 부랑자들은 감옥에 투옥하기도 하였다.

2) 노동능력 없는 빈민의 처우

- 병자, 노인, 맹인 등을 이 유형으로 구분하고 구빈원(자선원)에 수용하였다.
- 거처할 집이 있는 경우 돕는 경비를 줄이기 위해 빈민감독관들은 그들에게 의복 및 연료 등을 제공하면서 원외구호(outdoor relief)를 실시하였다.

3) 요보호아동의 처우

- 고아, 기아 그리고 실제로 양육받을 수 없는 아동들을 대상으로 분류하고 양육을 원하는 시민이 있으면 무료로 위탁되었고 없을 경우에는 경매에 맡겨졌다.
- 8세 이상의 아동들은 소년의 경우 24세가 될 때까지 강제도제를 통해 기술과 상거래활동을 배우고, 소녀의 경우 21세 또는 결혼할 때까지 집안일을 돌보는 하녀로서 입양생활을 하였다.

2 구빈법의 발전

엘리자베스 구빈법의 제정으로 빈민구제에 대한 많은 개선이 이루어졌음에도 불구하고 빈민구제에 실상은 '극소한의 구제와 최악의 처우'에 머물렀다. 이러한 문제에 대해서 두 가지로 설명할 수 있다.(66)

첫째, 당시 영국 경제의 축적수준과 국가의 재정능력으로 볼 때 더 이상의 구제와 처우는 불가능하였다.

둘째, 자본주의적 산업화의 초기 단계에 있던 이 당시의 경제상황으로 볼 때 시장에서의 임금수준에 근접하거나 그것을 상회하는 구제는 시장기능을 망가뜨릴 위험이 있었기 때문이다.

그러나 17~18세기, 그리고 19세기 초에 걸쳐 빈민에 대한 이와 같은 인간 이하의 취급을 개선하고자 하는 노력이 다각적으로 전개되었다.

1) 정주법(The Settlement Act, 1662년)

정주란 모든 사람은 법적으로 일정한 교구에 소속되며, 해당교구에서만 구제 받을 자격을 갖는다는 사실을 의미한다.

정주법은 교구로 하여금 구빈의 관할지역에 새로 빈민이 들어왔을 경우 특별한 사유가 없는 한 이들을 본래의 거주지로 강제송환하는 것을 내용으로 하고 있다. 즉, 정주법은 빈민의 이동을 금지하기 위해 만들어진 것이다.

그러나 이는 거주 이전의 자유를 침해하는 것이고 노동력의 확보를 어렵게 만들고 실업의 원인이 되는 문제점을 낳기도 하였다.(67)

2) 작업장 테스트법(The Workhouse Test Act, 1722년)

작업장이라는 용어가 최초로 등장한 것은 '빈민을 위한 구치원 혹은 거주 및 노동의 집'을 건설할 수 있도록 한 법이 제정된 1597년이었으며, 본법은 '빈민의 거주, 취직 및 구조에 관한 법률수정을 위한 법령'이었다.

1696년 네덜란드의 영향으로 산업에 빈민을 투입하게 되었으며, 작업장법(The Workhouse Act)을 제정하였다.

브리스톨(Bristol)시를 비롯한 몇몇 도시에 본격적으로 작업장을 설립하고 수출품을 제조하는 작업을 시키고 그 이후 1722년 작업장 테스트법으로 개정되었다.

이 법은 빈민이 구제를 받으려면 작업장에 수용되어야 하며 작업장에 수용되기를 거부한 경우에는 구제받을 자격을 박탈하였다. 그러나 비효율적인 운영, 빈민의 혹사, 노동력의 착취 등 많은 문제를 야기하였다.

다만, 이 법은 오늘날의 직업보도적인 성격을 가진 원초적 프로그램이었다는 점에서 의의가 있다.(68)

3) 길버트법(The Gilbert Act, 1782년)과 스핀햄랜드법(The Speenhamland Act, 1795년)

18세기 후반부터 시작된 영국의 산업혁명은 영국 사회를 농업사회로부터 산업사회로 변모시키면서 이 과정에서 많은 임금노동자들이 빈민계층을 형성하였다.

종래의 구빈제도로는 이 새로운 빈민에 효과적으로 대응할 수 없었기 때문에 새로운 구빈제도가 탄생하였는데 바로 길버트법과 스핀햄랜드법이다.

(1) 길버트법(The Gilbert Act)

길버트법은 구빈행정의 합리화와 빈민처우의 개선을 목적으로 작업장보다는 원외구호를 마련하였다. 노동능력이 있는 빈민에 대한 시설 외 구호의 적용과 빈민의 작업장 개선운동을 전개하여 빈민의 인권보호를 보장해 주는 제도의 법적 기초가 되었다.

오늘날 거택구호제도의 법적 기초가 되었으며, 빈민법의 인도주의화를 추구한 제도이다.(69)

(2) 스핀햄랜드법(The Speenhamland Act)

스핀햄랜드법은 1795년 5월 버크셔의 뉴베리 근처 스핀햄랜드에서 결정되었던 임금보조제도의 일종이다. 일명 Birkshire 빵법이라고도 불렸다. 즉, 임금노동자의 임금이 생계유지에 필요한 빵의 구입에도 미치지 못하는 경우에는 그 부족분을 교구가 구빈세에서 지급하여 주는 제도이다. 노동자의 저임금을 보충하여 주는 임금보조제도의 법적 기초가 되었다.

그러나 빈곤노동자들에게 최저생활을 보장하려는 인도주의적 동기를 가지고 시작한 이 법은 빈곤이라는 사회문제를 해결하는 데 어느 정도 이바지한 것은 사실이지만, 이것이 구빈세의 급격한 증가를 가져왔기 때문에 이를 주로 부담하게 된 자본가 계층의 큰 비판을 받았다.

자본가들은 스핀햄랜드법은 근면한 자들의 희생 위에서 게으른 노동자를 양산하는 결과를 가져왔다고 비판하였다.(70)

4) 1834년 개정구빈법(The Poor Law Reform)

구빈법의 비판과 아울러 19세기에 들어와서는 공적인 구빈법 조사위원회의 발족을 보게 되었다. 이로 인하여 1834년 개정구빈법이 만들어졌다.

이 법에 의하여 확립된 구빈원칙은 20세기 사회보장제도가 성립될 때까지 영국 공공부조의 기본원리가 되었다.(71)

개정구빈법은 열등처우의 원칙, 작업장제의 원칙, 전국균일처우의 원칙이라는 세 가지 원칙을 중요시하였다.

(1) 열등처우의 원칙(principle of less eligibility)

이 원칙은 빈민법의 폐지를 주장한 자유주의자 맬서스(Malthus)의 주장을 반영한 것이다. 세계 최초로 열등처우의 원칙을 개정구빈법에서 적용하였다.

- 구제대상 빈민의 생활수준은 최하층의 독립근로자의 생활수준과 같아서는 안 되는 조건에서만 구제가 제공되어야 한다는 것을 말한다.
- 노동 가능한 빈민에 대한 구제를 국가가 거절할 수 있는 법적·논리적 근거를 갖게 만들었다.(72)

(2) 작업장제의 원칙(principle of work-house system)

스핀햄랜드법에 의해 제공되기 시작하던 임금보조와 아동수당·가족수당을 폐지하고 노동불능자를 제외한 모든 사람들에 대한 원외구제를 폐지함으로써 빈민세를 감축시켰다.(73)

(3) 전국균일처우의 원칙(principle of national uniformity)

빈민의 유형이나 거주지에 균일한 행정서비스를 받을 수 있도록 구빈행정의 전국적 통일을 기하였다. 전국적으로 구빈행정구조를 통일하였다.

3 복지국가의 태동과 확산과정

19세기 자본주의의 발전에 따라 임금노동자의 착취문제 등 자본주의적 사회조직의 구조적 문제들이 크게 부각되기 시작하였다. 특히 사회·경제공황은 기존의 자유방임주의로 자본주의 체제가 경제·사회적 불균형에 대처하기에는 역부족임이 분명해지기 시작함에 따라 19세기 말 영국에서는 구빈관행과 사회철학에 영향을 미칠 수 있는 세 가지 요소가 싹트고 있었다.(74)

1) 노동운동의 성격 변화

1870년대 대규모의 경제공황으로 인해 노동자 계급의 지도자 사이에는 점차 자유주의에 대한 환멸과 부르주아에 지나치게 의존했던 기존의 노동운동방식에 대한 자기비판의 소리가 높아졌다.

페이비언협회(Fabian Society)와 노동당(Labour Party)이 결성되었다. 노동당의 정책형성에 이론적 젓줄의 역할을 하게 되는 페이비언주의자들은 정부의 가장 큰 과제는 평등, 자유, 우애, 민주주의 및 복지의 관점에서 자유시장제도의 미비점을 수정·보완하는 기능이다.

이것이 노동당이 추구하는 복지국가주의의 이론적 바탕이 되었다고 볼 수 있다.

2) 자선조직협회사업과 인보관운동

(1) 자선조직협회사업

19세기 말엽의 영국에서는 도움이 필요한 사람들에게 구호를 제공하는 것에만 관심이 있었고 빈곤의 원인이 되는 사회적 조건과 구제의 체계적이고 합리적인 방법 등에 대해서는 관심이 없었다.

이와 같은 시대적 상황을 극복하고 서비스의 효과적인 제공을 촉진하기 위해 빈곤문제에 관심이 많았던 사회사상가에 의해서 1869년 자선구제조직 및 걸식박멸협회가 런던에서 창립되었고 1870년 자선조직협회로 개칭되었다.

자선조직협회의 원리는 개인은 자기 자신의 빈곤에 대해 책임이 있으며, 공공구호를 받는 것은 빈민의 자존심을 훼손하고 빈민을 시혜에 의존하여 살아가게끔 만든다는 찰머즈(Thomas Chalmers)의 이론에 바탕을 두고 있다. 이는 개별적인 원조로서 개별사회사업과 지역사회조직사업의 기초를 형성하였다. 이 운동은 선구적이었으나 사회복지정책의 관점에서는 반동적이었다.

(2) 인보관운동

조직적인 자선사업 이외에도 1884년 토인비 홀(Toynbee Hall)을 시초로 인보관운동이 발달하였다.

인보관운동은 민간기관에 의한 적극적인 환경개선 사업으로 도움을 필요로 하는 사람과 함께 산다는 사상인 인도주의적인 관점에서 출발하였다. 이는 집단사회사업(group work)의 기초를 형성하였다.

3) 사회조사활동: 빈곤의 재발견

사회조사는 1886년 부스(Charles Booth)에 의해 이루어졌다. 이는 사람들의 직업, 생활 및 노동조건, 작업시간 및 임금, 그리고 실업상태 등을 조사하였다.

이 시기에는 무한히 증가하는 것처럼 보였던 부와 생산력의 향상에 가려져 왔던 빈곤의 실상을 조사하였다. 따라서 빈곤문제는 개인적인 성격결함의 문제가 아니라 경제현상 문제였음을 깨닫게 하였다. 즉, 빈곤문제는 인도주의적인 자선에 의해서 해결될 성격의 문제가 아니라 보다 적극적인 국가의 개입이 필요하다는 주장을 강력하게 제기한 것이다.

세 요소의 특징

① 1870~1880년대의 경제위기에서 비롯되었다.

② 영국의 사회의식 변화를 뚜렷이 보여 주고 있다.

4) 사회보험제도의 수립

사회보험제도는 자본주의 도입으로 인한 사회문제를 해결하기 위한 대응책으로 등장하였다. 즉, 빈민법이 봉건적인 국가정책이라면 사회보험은 자본주의적인 사회복지정책이다. 사회보험은 사회적 위험에 대응하기 위해 만들어졌으며, 그 주된 대상자가 노동자(프롤레타리아)였고,[13] 재정을 자본가, 노동자, 국가 등 3자가 부

13 후에 화이트칼라와 도시·농촌의 자영업자 계층으로 확대되었지만 사회보험의 도입 초기에는 산업노동자만을 대상으로 하였다(원석조, 2004: 95).

담한다는 점에서 가장 대표적이고 전형적인 자본주의적 복지정책이다.(75)

세계 최초로 사회보험제도를 도입한 나라는 독일로, 1883년 의료보험이 세계 최초의 사회보험법 효시가 되었고, 1884년 산업재해보험, 1889년 폐질·노령연금보험 등의 순서로 제정되었다. 이와 같이 일련의 조치들은 위험한 사회주의자들을 탄압하는 한편, 선량한 노동자들을 포섭함으로써 체제를 공고히 하려는 권력정치적인 타산에서 나온 것이다.

이러한 사회보험제도는 영국에도 영향을 주어 1911년 국민보험법을 제정하기에 이른다. 1905년 자유당이 구빈법 개혁안을 의회에 제출, 왕립위원회가 구성되었다. 왕립위원회는 구빈법의 징벌적 성격을 보다 인도적인 공적 부조 프로그램으로 전환시킬 필요성을 합의함으로써 사회입법의 계기를 마련하였다. 이러한 변화의 모색은 사회보험제도의 도입으로 이어져 1906년 근로자보상법이 개정(1897년에 제정, 모든 근로자에게 확대 및 적용)되고, 1908년 노령연금법과 1911년 국민보험법이 제정(건강보험과 실업보험으로 구성됨)되었다.

영국의 사회보험제도는 독일의 영향을 받았지만 성립의 동기나 내용에 있어 차이점이 있다. 노동력의 질과 양을 개선함과 동시에 고조되어 가는 노동운동과 사회불안을 완화시키기 위한 지배계층의 의도가 작용하였다고 볼 수 있다. 노동계층의 힘이 독일보다 강하고 민주주의가 발달하였기 때문에 비스마르크의 사회보험보다 복지국가정책에 가까운 것이라 볼 수 있다.(76)

4 복지국가의 성립

복지국가라는 말이 널리 사용되었던 것은 제2차 세계대전 때부터이다. 제1, 2차 세계대전을 겪으면서 지금까지의 사회보험으로는 사회문제의 해결이 될 수 없다는 것을 깨닫고 처칠 정부는 1941년 6월 사회부흥계획의 일환으로 사회보장제도를 실시할 것을 예상하여, 비버리지 경을 위원장으로 하는 사회보험 및 그 관련 서비스에 관한 부처위원회를 만들었다. 1942년 11월 비버리지는 국회에 보고서를 제출하였다.

비버리지 보고서

① 3가지 원칙[77]

- 첫째, 과거의 경험을 바탕으로 삼되 분파적 이해는 무시함
- 둘째, 국가재건을 위해서는 5대 사회악(Five Giants)을 극복해야 함
  - 5대 사회악 : 빈곤, 질병, 무지, 불결, 나태
  - 그의 계획은 이중 우선 결핍에 초점을 맞추고 소득보장을 기하는 데 중점을 둠
- 셋째, 사회보장은 국가와 개인의 협력을 통해 달성됨
  - 국가는 단지 국민최저만을 보장하고 그 이상은 개인과 가족의 노력에 달려 있음
  - 국가는 사회보장을 자산 없이 하나의 권리로 제공, 그 외는 국민이 자유롭게 선택함

② 사회보험체계 – 5가지 프로그램[78]

- 첫째, 통일적이며 종합적이고 적절한 사회보험 프로그램
- 둘째, 사회보험급여를 통해 충분히 보호받지 못하는 사람들을 부조하기 위한 국가적 프로그램으로서의 공공부조
- 셋째, 첫 아이 후의 각각의 아이들에 대해 주당급여를 제공하는 아동수당(오늘날 가족수당)
- 넷째, 전 국민에 대한 종합적이고 자유로운 건강 및 재활서비스
- 다섯째, 경제 위기 시에 대량실업을 방지하기 위해 공공사업을 통한 완전고용의 유지

③ 6가지 기본 원리

- 첫째, 모든 시민을 포함하고 대상자집단을 경제적 곤란의 원인과 그 보호방법에 따라 분류함
- 둘째, 사회보험의 성공을 위해서는 세 가지 기본적인 전제조건이 필요함
  - 가족수당(아동수당) : 가족의 크기와 소득을 고려하여 결정
  - 포괄적인 보건서비스 : 치료적뿐만 아니라 예방적이어야 함
  - 완전고용 : 실업은 실업수당의 비용과 그에 따른 임금손실을 감안하면 가장 낭비적인 문제
- 셋째, 연금은 자산조사 없는 정액제에 최저수준 이상이어야 함
- 넷째, 재정은 피보험자, 사업자 및 국가(재정의 1/6)가 공동 부담함
- 다섯째, 소득에 관계없이 모든 국민이 정액의 보험료를 냄
- 여섯째, 사회보험으로 해결되지 않은 부분은 근대적이고 인도주의적인 공공부조가 담당함

비버리지 보고서의 이념의 핵심은 크게 두 가지[79]로서 하나는 보편주의인데, 모든 시민을 포함하고 동일한 급여를 제공하며 빈민에 대한 자산조사의 낙인을 없애자는 관념(평등정신)이다. 또 하나는 최저생계비 적용원칙인데, 사회보험이 시민들의 자조의 관념에 해를 끼치지 않으려면 급여는 단지 기본적 욕구만 충족시켜야 한다고 보았다. 또한 영국의 비버리지 보고서(Beveridge Report)에서는 아동수당, 포괄적 보건의료서비스뿐만 아니라 완전고용도 강조하였다.

한편 비버리지 보고서의 영향을 살펴보면 다음과 같다.

- 대영제국의 현대적 사회입법의 기초가 되었고, 다른 나라들에는 하나의 모델이 되었다.
- 보고서에 기초하여 1944년 사회보장청이 설치되고, 영국의 구빈법이 1948년

에 국민부조법이 제정됨으로써 폐지되었다.

- 제2차 세계대전 후에 1945년 7월에 성립한 노동당 정부의 사회입법이 단행되었다. 1945년 가족수당법, 1946년 산업재해법, 국민보험법, 국민보건서비스법, 1948년 아동법, 국민부조법이 제정되었고, 1946년 8월부터 가족수당법 실시, 그 외의 법은 1948년 7월 5일 실시하였다.

영국 복지국가의 기틀을 마련하게 되었으며 비버리지 보고서를 기초로 1601년부터 시작된 오랜 역사의 영국의 구빈법은 폐지되고 "요람에서 무덤까지"로 일컬어지는 경제적인 소득보장체계가 마련되었던 시기였다.(80)

5 복지국가의 위기와 그 대응

1970년대 선진자본주의 국가의 경제성장은 둔화되었고, 특히 1973년과 1978년의 석유파동은 서구경제에 치명적인 타격을 주었다. 물가상승과 대량실업으로 인해 국가재정이 적자에 허덕이면서 1970년대 후반부터는 복지국가 위기론이 등장하였고 복지국가는 그 정당성을 상실하였다.[14]

이와 같은 상황에서 1979년 대처정부는 신자유주의 또는 신보수주의에 입각한 복지국가 개혁을 추진하였다.

- 대처리즘

대처리즘의 핵심은 자유경제와 강한 국가의 구축으로서 케인즈적 및 비버리지적 접근방법이 급격하게 이탈하고, 케인즈적 접근방법에 대한 공격은 공공지출의 삭감, 민영화와 규제완화, 감세 등의 정책을 실시하였다. 그리고 비버리지적 접근방법에 대한 공격은 보편주의의 원칙을 포기하고 선별주의의 정책기조를 채택함으로써 제도적 접근에서 보충적 접근으로 회귀하였다.

보수당 정부는 우선 경제 전반의 탈사회화를 주도면밀하게 진행시켜 국영기업의 주식매각, 국유산업의 민영화를 단행하였다. 사회복지분야에서는 공공재정지출을 통제하고 사회보장과 복지서비스의 전달체계(구조)를 변화하였다.

14 복지국가와 관련해서는 제3장에서 자세하게 설명하였다.

주요 정책변화 내용(81)

① 연금부문에서 국가 소득비례연금체계를 수정하여 급여 수준을 저하시키고 민간 금융기관을 통한 개인연금 장려
② 아동수당과 주택수당의 급여 수준을 동결하거나 실질적 급여 저하
③ 국민보건서비스의 경우 민간병원 설립 장려
④ 의료부문에서는 내부시장 개념을 도입하여 시장원리 강화
⑤ 주택부문에서는 지방정부 소유의 공공주택을 대대적으로 매각하는 민영화 조치
⑥ 대인서비스 부문의 경우 지역사회보호 강조
⑦ 서비스전달체계의 공공부문 역할 축소, 민간부문 역할 강화

이러한 보수당의 개혁은 1997년 블레어(Blair)의 노동당이 집권함으로써 새로운 국면을 맞게 된다(기든스의 제3의 길을 슬로건으로 함).[15]

① 제1의 길 : 고복지 - 고부담 - 저효율로 요약되는 사회민주주의적 복지국가노선
② 제2의 길 : 고효율 - 저부담 - 불평등으로 정리되는 신자유주의적 시장경제노선
③ 제3의 길 : 위의 두 가지 길을 응용한 새로운 정책노선으로서 시민들의 사회경제생활을 보장하는 동시에 시장의 활력을 높이자는 신노동당의 차별화 전략임

제3의 길의 복지전략(82)을 살펴보면 다음과 같다.

첫째, 국민들에게 경제적 급여를 직접 제공하기보다는 인적 자원에 투자하는 복지국가, 즉 사회투자국가로의 개편을 시도하였다. 대표적인 예로는 노령인구대책과 실업대책으로서 일자리의 창출과 평생교육 강조 등을 제시하였다.

둘째, 복지다원주의의 이념이 바탕을 이루고 있다. 복지다원주의란 복지의 주체를 다원화하자는 것으로서 기존의 중앙정부 중심에서 지방정부, 비영리부문, 기업 등도 주체로 삼자는 것이다.

셋째, 생산적 복지의 의식전환을 시도하였다. 도덕적 해이로 야기되는 경제적 혜택을 포기하고 일자리를 찾아보려는 개인의 독립성과 진취성이 강조되어 국가에 대한 의존성을 줄였다.

이상과 같이 블레어의 복지개혁의 핵심은 '일하는 복지'라고 할 수 있다. 이는 '의존형 복지'에서 '자립형 복지'로의 전환을 의미한다. 신자유주의적 시장경제노선의 장점(경제적 효율)과 사회민주주의적 복지국가노선의 장점(사회복지)을 결합한 새로운 복지모형이라고 할 수 있다.

15 제3의 길에 대해서는 제4장 사회복지사상과 사회복지정책에서 자세하게 설명하였다.

참고 서구 복지국가의 위기 이후 나타난 흐름이라고 볼 수 있는 것

- 공공서비스의 시장화
- 계층 간 소득 불평등 심화
- 경제 활성화를 위한 법인세 인하 등
- 노동시장의 유연화 정책
- 복지의 투자·생산적 성격 강조

4 미국의 사회복지정책 역사

미국의 사회복지정책은 영국의 경우와는 달라서 개인주의적 복지정책이라 할 수 있다.[83] 존슨(Johnson) 대통령의 빈곤과 전쟁(war on poverty)이라 불리는 경제기회법(Economic Opportunity Act)에서 찾아 볼 수 있다. 빈곤전쟁은 1930년대의 시민봉사대(Civilian Conservation Corps)와 전국청년대(National Youth Administration)와 같은 뉴딜정책을 모방한 것이다. 빈곤문제는 사회보장과 실업보험과 같은 루스벨트정책처럼 위대한 개혁은 아니었다. 뉴딜정책은 결핍과 빈곤을 구제하기 위한 사회봉사대책이었다. 이것은 최저임금의 보장, 노령연금의 보장에 기반을 제공하였다. 그러나 빈곤과 전쟁은 일거리와 교육의 선택을 확대시키고, 따라서 인간적 자유를 강화시키는 것을 목적으로 한다.

1 초기 사회복지정책의 역사

1) 식민지 시대(1776년 이전)

도시에 빈곤자가 증가함에 따라서 공적구빈원에 의한 원내구호(in-door relief)가 시행되었다. 보스턴, 뉴욕, 필라델피아 등에 구빈원이 설치되었고, 1735년에 설립된 뉴욕 시립구빈원은 나태한 유랑민에 대한 징계 측면과 근로시설로서의 작업장적 측면을 함께 지니는 혼합형 작업장으로 주목받았다.[84]

2) 국가형성의 시기(1777~1860년)

미국의 독립혁명은 정치적인 독립뿐만 아니라 경제적·사회적 변혁을 가져온 시민혁명이었으며, 19세기의 미국을 이끈 정신은 개인의 성취와 자립을 강조하는 "개인주의"였다. 개인주의는 공적 및 교회나 정부의 권위로부터 개인의 가족, 이웃, 직장 등과 같은 사적인 부문으로의 전환이라고 할 수 있다. 그러나 미국의 개인주의정신이란 이기주의나 반사회적인 탐욕이 아니라 상호존중과 이웃에 대한 관용을 지닌 개인적 책임성을 의미하는 것이었다. 이러한 개인주의 정신을 바탕으로 공적인 구호는 민간보다는 활발하지 않았다.

국가형성 시기의 특징은 시설보호의 전문화, 민간자선단체의 다수 설립, 정부의 관심 증대로 민간시설에 대한 지원, 정신질환에 대한 관심이 높아짐 등을 들 수 있다.

또한 국가형성 시기의 사회복지시설과 제도로는 다음과 같이 설립되었다.

① 1790년 갤리포니아 주의 찰스톤이 최초의 주립 고아원 설립
② 1798년 미국 공중보건서비스제도 설립
③ 1822년 켄터키 주에 최초의 농아시설 설립
④ 1824년 최초의 비행소년보호시설인 사립감화원을 주정부의 기금을 지원받아 뉴욕에 설립

3) 국가의 확장 시대(자유방임주의와 자선조직협회의 시대: 1860~1900년)

이 시기는 시민전쟁(남북전쟁)이 끝나고 흑인 노예가 해방되면서 미국이 세계의 부강한 나라로 부상하게 되는 바탕이 마련된 시기이다.

정치적으로는 근대적 민주정치와 더불어 급격하게 공업화되었고 인구가 증가하고 영토가 확장됨으로써 북부의 공업이 더욱 발전하게 되었고, 독점자본주의가 성립되었다.(85)

독점자본주의는 부의 편재현상을 가져와 새로운 사회문제로 대두되었고, 두 차례의 대공황으로 인해 실업자의 증가 및 도시문제가 나타났다.

이와 같은 상황 속에서 스펜서(Spencer)와 같은 사회적 진화주의를 수용한 자유방임주의는 미국의 지배적인 사회사상으로 등장하였다.[16] 이러한 자유방임주의는

---

16 사회적 진화주의자들은 동물세계의 적자생존은 인간사회에서도 진보와 발전을 위해 필수적이라 생각하였다(Zastrow, 1990: 15; 남기민, 2004: 96 재인용).

사회복지를 매우 제한적인 자선행위로 개념화하면서 정부에서 제공하는 공적인 구호를 비난하였다.

한편 자유방임주의 사상은 이 시대의 사회문제 해결에 있어서 자선조직협회 활동과 인보사업이 등장하는 계기를 마련해 주었다. 즉, 빈곤의 원인은 사회구조상의 모순에 있는 것이 아니라 빈민의 도덕적 혹은 성격적 결함에 있다는 것이며, 빈곤의 근절은 빈민들이 자신들의 성격적인 결함을 인정하고 교정하려고 할 때 가능하며, 이런 목적의 달성은 다양한 자선단체들의 협력에 의하여 가능하다는 것이다.

구 분	내 용
1882년 미국 내 22개 자선조직협회가 설립	• 조사, 등록, 협동, 우애 방문의 원칙을 기초로 함 • 빈곤의 해결은 개인적 자활에 의해서 해결될 수 있다고 보았음 • 기본철학은 빈곤은 빈곤자의 특성을 조사하고 연구와 더불어 교육하고 개발시켜 줌으로써 제거될 수 있다는 것임 • 이 자선조직협회 활동은 이후 미국의 전문적인 케이스워크와 지역사회조직사업의 기초가 됨
1887년 뉴욕인보조합 최초로 설립	• 자선조직협회와는 달리 사회문제의 원인을 개인의 나태와 무절제에 기인하는 것으로 보지 않고 사회적인 환경에 결정적인 원인이 있다고 인식함[86] • 자본주의의 틀 속에서 사회연대의식을 기초로 한 사회개량주의 입장을 취함 • 이를 위해 인보사업은 노동조합의 결성을 조장하고 다양한 분야의 활동을 전개함 • 전문사회사업방법론인 집단사회사업과 사회복지조사, 사회복지정책 등의 기초가 움트기 시작함

4) 진보와 개혁의 시대(1900~1930년)

미국은 도시화, 산업화와 더불어 이 시기에 경제적·사회적·정치적으로 급진적인 성장을 하게 되었다. 또한 빈부의 격차가 심하고 대기업들이 부를 독점하는 현상이 나타나면서 18세기 이후 미국을 지배해 오던 자유방임주의 사상이 쇠퇴하기 시작하였다.[87]

이를 대치하는 진보주의 사상이 주창되어 법적인 규제와 보호를 통해 사회정의를 실현하는 방안이 제기되기 시작하였다. 이 시기는 사회복지정책에 대한 보충적 관점이 바뀌면서 주정부뿐만 아니라 연방정부도 빈곤문제 및 사회문제에 개입하기 시작하였다. 즉, 사회복지의 면에서 보면 빈곤에 대한 새로운 진보적 개념의 형성을 의미한다고 볼 수가 있다. 이 시대 사회개혁을 주도한 것은 '인보관운동'이었으며, 이는 서비스나 교육을 제공함으로써 빈민들을 미국생활의 주류로 통합시키려고 하였고, 사회조사를 함으로써 상류층 사람들에게 빈민들의 생활을 알리려고 하였다. 이러한 활동이 자연히 사회개혁으로 이어진 것이다.

2 현대 사회복지정책의 역사

1) 대공황과 뉴딜정책의 시대(1930~1940년)

사회복지의 역사적인 관점에서 볼 때 대공황의 결과가 뉴딜정책을 펼쳐지게 한 중요한 계기가 되었으며, 이에 따라 이 시기에 있어서 1935년에 제정된 "사회보장법"이 빈곤에 대한 새로운 사회철학의 탄생으로 볼 수가 있게 되었으며, 사회보장이라는 용어가 세계 최초로 사용되었다.

한편 사회보장법은 세 가지 부문에서 다음과 같이 접근하고 있다.[88]

① 첫째, 연방정부가 재정보조뿐만 아니라 직접 운영하는 사회보험 부문
- 제도적 관점에서 만들어졌고 실업·은퇴·사망 시 보험을 제공함
- 사회보험은 크게 실업보험과 노령·유족 및 장애보험으로 구성됨

② 둘째, 연방정부가 재정보조하고 주정부가 운영하는 공적부조 부문
- 보충적 측면으로서 급여를 받기 위해서는 자산조사를 받아야 함
- 맹인부조(AB), 장애인부조(AD), 노령부조(OAA), 요부양아동가족부조(AFDC) 등 네 가지 프로그램으로 구성됨

③ 셋째, 공공보건 및 복지서비스 부문
- 보건, 입양, 장애인서비스와 같은 각종 서비스를 제공하는 데 있어 연방정부가 재정보조하고 주정부가 운영을 담당함

한편 사회보장법 이후의 사회복지정책의 변화로는 보충적 관점에서 제도적 관점으로 사회복지정책과 공적 사회복지체계가 급격하게 강화되어 사회복지의 사회화와 국영화가 이루어졌다. 그리고 국영화, 사회화 과정 속에서 자선이 조직화되고 체계화됨으로써 그 틀 속에서 여러 가지 방법 및 기술이 새로 태어날 수 있는 계기가 마련되었다. 이는 제반 전문사회사업의 방법 및 기술이 요청되는 장이 확립되게 되었다는 것을 의미한다.

2) 안정과 번영의 시대(1940~1950년대)

1940년에서 1950년에 이르는 기간은 경제적인 번영과 안정으로 인하여 빈곤문

제가 잊어진 시절이었다. 그러나 빈곤은 존재하고 있으나 보이지 않았다.

또한 1950년대는 흑인들의 시민권 운동이 시작되었는데, 백인지배사회에서의 불평등에 대하여 항거하게 되었다. 이후로 민권운동은 1960년대까지 연결되었다. 이 시기에 공공사회복지서비스가 시작되어 공공기관에서도 공공사회복지사를 통하여 카운슬링(상담 등) 서비스를 제공하였다. 그러나 미국에는 다시 가난이 발견되고 공공프로그램에 대한 비판이 제기되었다.(89)

한편 안정과 번영의 시대(1940~1950년대)의 사회복지제도로는 ① 1950년에는 사회보장법을 개정하여 노령부조, 맹인부조, 아동부조, 중장애부조 등을 받고 있는 피보호자에 대한 의료비의 일부를 연방이 보조, ② 1952년에 사회사업교육위원회(CSWE)가 정식으로 설립, ③ 1955년 전국사회복지사협회(NASW)의 결성 등이 있다.

3) 빈곤의 재발견과 대빈곤 전쟁의 시대(1960년대)

1960년대의 뉴프론티어의 구호를 내세운 케네디(Kennedy)가 대통령으로 당선되면서 실업문제 및 흑인민권운동에 관심을 가지고 의욕적으로 개혁정책을 추구하기 시작하였다. 그러나 케네디 대통령이 암살된 후 대통령으로 취임한 존슨 대통령은 빈곤정책을 선언하고 소위 '위대한 사회'를 선언하였다. 이에 사회복지프로그램을 위한 자금은 급격히 증가하였고 많은 새로운 프로그램이 만들어졌다.(90)

참고 '위대한 사회'를 통한 사회복지프로그램

- 경제기획법 제정
- 경제기회사무처(OEO) 설치
- 비스타(VISTA, 국내 평화봉사단)
- 직업안정단(Job Corps)
- 장학사업(Upward Bound, 슬럼지역의 우수한 인재를 대학에 보내기 위한 사업)
- 근린 청소년단(Neighborhood Youth Corps, 직업이 없는 10대 청소년들을 위한 사업)
- 직업유인 프로그램(WIN, 여성들에게 직업훈련 주선 및 탁아소 운영 담당)
- 헤드스타트 프로그램(Head Start Program, 미취학 아동 훈련과 저소득 농촌가정과 이주 노동자에 대한 보조금 제공)

※ 그러나 제도적 관점의 프로그램들은 사회를 변화시키지 못하고 빈민의 변화를 시도했기 때문에 실패로 끝나고 말았다.

빈곤의 재발견과 대빈곤 전쟁의 시대(1960년대)에 사회복지분야에서는 1960년대 후반은 클라이언트로 하여금 그들의 생활환경에 잘 적응하도록 돕기보다는 클라이언트의 욕구를 충족시키기 위해 환경 또는 제도를 변화시키는 데 새로운 관심을 갖게 되었다. 사회개혁을 위한 정치적 조직가로서 사회행동가들이 적극적으로 행동함에 따라서 사회행동은 다시 사회복지방법의 중요한 부분이 되었다.

4) 신보수주의의 시대(1975년 이후)

1970년대에는 정부의 공공프로그램이 미국 사회문제의 병폐를 치료할 수 있다는 1960년대의 희망과는 대조적으로 많은 문제점들이 정부의 해결 능력 밖에 있다고 생각하는 철학이 나타났다.

따라서 사회복지 프로그램의 확장과 발달을 가져왔던 1960년대 제도적 관점의 진보주의는 1970년대와 1980년대에 좀 더 보충적 관점의 보수적인 접근방법으로 대치되었으며, 실제로 이 기간 중에는 어떤 대규모 사회복지 프로그램도 시작되지 않았다(레이건 및 부시 대통령 집권).

신보수주의 시대(1975년 이후)의 사회복지정책은 기업은 전반적으로 번창함으로써 부익부, 빈익빈 현상이 더욱 커지고 연방정부의 사회복지비용 삭감으로 가난한 사람들에 대한 재정적 급여 및 사회서비스는 대폭 감축되거나 없어졌다. 즉 건강보호의 수준의 감축, 직업훈련 및 직업알선 프로그램 미존재, 정서장애자, 정신지체자, 알코올중독자, 편부모 카운슬링 서비스도 줄었다. 예컨대, 1980년대 미국에서는 의료부조(Medicaid), 요보호아동가족부조(AFDC) 등의 공공부조 급여수준이 삭감되었다.

이와 같은 보수주의적 정책의 결과 사회문제는 더욱 더 심각해짐으로써 복지국가의 위기라고 할 수 있다.

5) 복지변화 시대(1990년대 이후)

1992년 민주당의 클린턴 대통령의 당선은 과거의 보충적 보수주의 정책으로부터 탈피하여 제도적·개혁주의적 관점을 가지고 정책을 추진하기 시작하였는데, 바로 의료보험제도였다. 미국의 의료서비스는 사보험 중심으로 되어 있는데, 의료보험개혁안은 정부가 국민 모두에게 의료보험을 보장한다는 보편적 적용의 원리에 토대를 두고 있다. 그러나 의료보험 개혁안은 보수주의자들의 반대에 부딪혀 의회의 의결을 통과하지 못해 실시하지 못하였다.

복지변화 시대(1990년대 이후)의 사회보험 프로그램으로는 실험보험과 노령·유족 및 장애보험으로 구성되어 있는데, 연방정부가 설립하여 운영하고 있다. 사회보험재원은 적립방식이 아니라 'pay as you go' 방식, 즉 세대 간 이전방식을 취하고 있다. 이 방식은 근로자 자신이 낸 보험금 자신이 연금을 받는 것이 아니라 연방정부가 현재의 근로자들에게 세금을 부과하여 현재의 수혜자에게 연금을 지불한다는 세대 간의 계약이다.

현재 사회보험으로 인한 논쟁은 바로 재원조달의 방식과 관련되어 있는 것이다.[(91)] 퇴직인구 증가, 출산율 감소 등으로 인해 사회보험수혜자의 증가율은 사회보험의 재정에 심각한 압박을 하고 있으며, 이런 현상은 앞으로 베이비붐 세대의 은퇴와 함께 더욱 악화될 것으로 예상되고 있다.[(92)]

또한, 공공부조를 중심으로 한 복지제도에 대한 개혁이 주요한 쟁점이었는데, 보수주의 입장은 현재의 공공부조제도가 빈곤을 영속화시키고 근로 동기를 파괴한다는 주장을 한 반면, 개혁주의적 진보주의 입장은 공공부조제도의 혜택이 크지 않아서 빈부의 격차가 심화되고 있다고 비판하였다.

이러한 논란 속에서 공화당이 발효한 1996년 '개인책임과 근로기회조정법'이 통과됨으로써 지금까지의 공공부조와 전혀 다른 제도가 만들어졌다. 이 새로운 법은 1996년 10월 1일에 발효되었는데, 핵심적인 연방정부의 현금지원 프로그램에 대한 권한을 주정부에 부여하도록 되어 있다.

기존에 있던 요부양아동가족부조(AFDC : Aid to Families with Dependent Children)와 직업기회·기본기술 프로그램(JOBS)을 폐지[17]하고 그 대신에 빈곤가족 일시부조(TANF : Temporary Assistance to Needly Families) 프로그램을 만들었다.[(93)] 빈곤가족 일시부조(TANF : Temporary Assistance to Needly Families) 프로그램은 빈곤가족이라도 일생에 걸쳐 최대 60개월 동안만 수급을 할 수 있고 시민권자가 아닌 경우 노인들과 취약 빈곤층에 대한 식품권 및 보충소득(SSI : Supplemental Security Income), 식품권(Food Stamp)을 제공할 수 있도록 하였다.

이로써 연방정부는 뉴딜 정책을 내세웠던 프랭클린 D. 루스벨트 대통령 시대에 확립된, 수혜자격이 있는 모든 저소득 모자들에게 복지급여를 보장한 자격 프로그램을 종결시켰다. 그리고 1992~94년의 각 주정부의 복지 지출에 기초하며 미리

17 AFDC는 자녀가 있는 가구 중에서 자격이 있는 가구는 복지혜택을 보장하던 제도이고, JOBS는 교육·직업훈련 프로그램이다.

정한 일괄 지급되는 보조금을 제공하였다.

지금까지 미국의 사회복지정책 역사에 관해 살펴보았다. 클린턴 정부의 집권에 있어도 여전히 보수주의 입장을 취해온 미국은 그 이후에도 오바마 대통령, 트럼프 대통령 등 지금까지 대체로 이전의 틀을 유지하고 있다. 더욱이 2001년 9·11 사태, 2003년 3월 이라크 전쟁 반발 이후 국가재정의 많은 부분이 전쟁과 국가안보에 쓰이고 있다. 이와 같은 상황으로 미국 사회복지정책의 전망은 그리 밝아 보이지 않는다.[94]

5 우리나라의 사회복지정책의 역사

1 근대이전 시대(1945년 이전)

한국에서 사회복지적 사상의 근원은 고대, 삼국, 고려, 조선 시대에 걸치는 약 2,000년간의 왕가의 인정에 의한 민생구휼에서 찾아볼 수 있으며, 민간차원에서 행하여진 두레, 품앗이, 향약, 계 등의 상부상조활동도 사회복지의 전사로서 의의를 지니는 활동이라 할 수 있다.

2 일제 및 미군정 시대

일제 시대의 구제사업은 근대적인 복지이념에 의해 시행되었다기보다는 악랄한 식민정책의 일부로서 우리 민족이 그들에게 충성하게끔 하려는 정치적인 목적을 갖는 시혜 또는 자선의 의미가 크다.

또한 미군정 3년간의 구호사업은 주로 북한으로부터 월남한 피난민과 해외로부터 귀환한 전재민 및 국내 거주의 요구호 빈민들에 대한 식량, 의료 및 주택 등의 공급에 치중하였다.[95]

3 정부수립과 1950년대

정부수립과 1950년대는 사회복지제도의 도입기인 1945~1961년이라고 볼 수 있는데, 정부수립 이후로부터 1961년 5 · 16 군사 쿠데타 이전까지의 시기로서, 정부수립, 한국전쟁, 4 · 19혁명으로 인하여 국가 전체가 혼란과 절대빈곤 속에 있었던 시기이다. 이 시기에 사회복지교육이 시작되었으며 이러한 진전은 한국 사회복지발전을 한 단계 높인 것이라고 할 수 있다. 1945년 대한적십자사가 창설되었고, 1952년에는 한국사회사업연합회가 창립되었고, 1961년 사단법인 한국사회복지사업연합회로 개칭되어 이때부터 사회복지라는 용어가 공식적으로 우리 사회에 등장하게 되었다.

한편 1950년 한국전쟁은 우리나라 사회복지에 두 가지 큰 변화를 가져오게 하였는데, 첫째 정부수립 후 단계적·계획적으로 준비되어 왔던 사회부의 모든 정책이 전쟁으로 무산되어 버린 채 임시적·응급적 정책으로 전락되었고, 둘째 막대한 외국 원조로 인해 우리 사회에 의존적 구제방식을 심화시켜 놓았다는 점이다.

이와 같이 1960년대 이전까지의 우리나라 사회복지는 임시·응급구호에 급급하였으며, 근대적인 사회복지제도가 제대로 자리를 잡지 못하였던 시기이다.

4 사회복지정책의 확립기(1962~1987년)

1) 제3 · 4공화국

제3공화국은 경제개발로 인한 여러 가지 사회문제들이 나타나기 시작하였다. 하지만 사회복지제공에 있어서는 소극적인 입장을 취하였다. 그 이유는 한정된 재원을 경제개발에 집중하기 위해서였다.

이 시기에는 국민의 새로운 신뢰를 얻고 이전 정부와 다르다는 것을 보여주기 위해 여러 가지 사회복지 관련법들을 제정·공포하였다.[96]

또한 제4공화국에 접어들면서 1970년 「사회복지사업법」이 제정·시행됨으로써 그간 재단법인 등에 의해 운영해 온 사회복지 사업체들이 「사회복지사업법」에 규정된 사회복지법인으로 변경됨으로써 사회복지 사회운영의 기반과 질서가 확립되었으며, 사회복지시설과 단체들이 정부의 보조를 받을 수 있게 되었다.[97]

이 시기에 제정한 사회복지법제도는 단편적 성격으로부터 벗어나 국가중심의

체계적인 사회복지제도로 자리 잡는 계기가 되었으나 제도의 시행 측면에서는 성공하지는 못하였다.

제3·4공화국 시기에 사회복지의 각종 법안을 살펴보면 다음과 같다.

① 사회보험부문
- 선원보호법(1962), 의료보험법(1963), 국민복지연금법(1973), 개정의료보험법(1976)

② 공공부조부문
- 재해구호법(1962), 의료보호법(1977)

③ 사회서비스부문
- 자활지도에 관한 임시조치법(1968), 사회복지사업법(1970)

2) 제5공화국

제5공화국은 체제의 정통성 확보를 위한 노력의 일환으로 일단의 사회복지 입법을 단행하였고 후반에는 한국형 복지모형이 등장하기 시작하였다.

한국형 복지모형이 등장하게 된 배경은 1970년 중반 이후 선진복지국가에서 복지국가 위기론이 대두되고 있었기 때문에 우리나라에서도 잘못하면 복지병을 유발할 수 있다는 정책적 판단 때문이었다.[98] 이러한 한국형 복지모형은 제6차 경제사회발전 5개년 계획(1987~1991년)과 맥락을 같이 하고 있다.

제6차 경제사회발전계획의 기본방향

① 우리의 경제, 사회발전 수준에 맞는 복지시책이어야 함
② 가족과 지역사회의 복지기능을 최대한 조장함
③ 자립정신에 입각한 복지시책을 전개함
④ 민간의 복지자원을 최대한 동원함

5 사회복지정책의 확대기(1988년~현재)

1) 노태우정부(제6공화국)

노태우정부는 제5공화국이 약속한 사회보험제도를 대부분 시행하였다. 국민연금제도의 실시(1988), 전국민 의료보험제도의 실시(1989), 최저임금제도의 시행(1988)

등이었다. 또한 1989년 「지방자치법」이 제정되고 지방화 시대가 오면서 중앙정부중심의 업무가 지방자치단체에 이양되기 시작하였다. 특히 우리나라의 최저임금제도는 1986년에 「최저임금법」이 제정되어 1988년에 시행되었다.

제6공화국 정부에서 제정 또는 개정된 사회복지 관련법은 다음과 같다.

「모자복지법」(1989) 제정, 심신장애자복지법을 「장애인복지법」으로(1989), 「노인복지법」(1989) 등을 개정하였다.

제6공화국의 사회복지제도 발전의 특징[99]을 살펴보면 다음과 같다.

- 국민연금제도, 최저임금제도, 그리고 모든 국민 의료보험제도의 실시 등 소득 및 의료보장의 확대가 이루어지기 시작하였다.
- 1988년 장애인 올림픽 이후 장애인 종합대책을 수립하였고 「장애인 고용촉진 등에 관한 법률」을 제정하여 장애인복지에 변화를 시도하였다.
- 지역복지의 중추적인 서비스전달체계인 사회복지관 운영의 전국적으로 확대 실시하였다.
- 「영유아보육법」이 「아동복지법」과는 별도로 제정되면서 영유아보육사업이 크게 부각되었다.
- 재가복지를 중시하여 재가복지봉사센터가 급격하게 증가하여 1987년부터 사회복지요원을 영세민 밀집 지역의 동사무소에 배치하기 시작하였다.

2) 문민정부와 국민정부 이후

1993년 등장한 문민정부(김영삼 대통령)는 사회복지와 관련하여 소극적으로 대처하다가 1995년 초에 와서야 성장 위주의 정책에서 벗어난 삶의 질과 생산적인 국민복지에 적극적인 관심을 가지기 시작하였다.

더구나 1997년 말 환율위기(IMF체제)로부터 기인된 경제위기가 도래한 후 결국 IMF체제하로 들어감으로써 산업화 이후에 경험하지 못한 대량실업, 빈곤의 문제에 직면하게 되었다. 우리나라의 건강보험과 국민연금 중 적용범위가 농어민으로까지 먼저 확대된 것은 건강보험이다.

이에 1998년 출범한 국민정부(김대중 대통령)는 빈곤 및 실업대책, 사회보험통합의 노력을 기울였으며, 민간부문에서 시·도 사회복지협의회의 독립법인화가 이루어지고 사회복지공동모금정책이 이루어져 민간 사회복지의 자율성이 강화되었다.

문민정부 이후 국민정부에 걸쳐 제정 또는 개정된 사회복지 관련법들은 다음과 같다.

구 분	내 용
사회보험부문	고용보험법 제정(1993), 국민연금법 개정(1995, 1998, 2000), 국민의료보험법 제정(1997), 국민건강보험법 제정(1999), 산업재해보상보험법 개정(1999)
공공부조부문	생활보호법을 폐지하고 국민기초생활 보장법 제정(1999), 의료보호법을 의료급여법으로 전문 개정(2001)
사회서비스부문	정신보건법 제정(1995), 사회복지공동모금법 제정(1997), 아동복지법 개정(1997, 2000, 2002), 모자복지법을 모·부자복지법으로 전면 개정(2003), 과거의 사회보장에 관한 법률을 폐지하고 사회보장기본법을 제정(1995), 최저임금법 개정(1999, 2000)

사회복지제도의 확대기(1988년~현재)에는 많은 사회복지제도가 변화를 꾀하였는데, 첫째 사회보험제도의 정비를 들 수 있다. 이는 모든 국민을 대상으로 한 국민연금제도의 확대실시, 모든 사업장에 대한 고용보험제도 적용, 의료보험의 통합으로 인한 국민건강보험제도의 출발(기존의 산재보험과 더불어 4대 보험이 정착됨)이 되었다.

둘째, 공공부조제도로서 국민기초생활보장제도의 도입인데, 기초생활보장 및 국민최저생활 보장이 있다.

셋째, 사회서비스의 지속적 확대·발전, 특히 민간사회복지의 자율성이 강화되었다.

그러나 최근 다시 악화되고 있는 경제 위기로 인해 외형적으로 정착되기 시작한 시화복지제도의 내실화에 어려움이 예상되고 있다.

예 상 문 제

01 사회복지정책의 발달요인 중 사회·문화적 요인에 대한 설명으로 틀린 것은?

① 사회계층의 경직성
② 인구학적인 구조
③ 도시화
④ 문화적 유산
⑤ 사회문제 해결함에 있어 사회적 비용 감소

정답 ⑤

02 다음의 설명에 맞는 사회복지정책의 이론은?

> • 산업화의 맥락에서 사회복지제도의 발달을 설명하고 있으며, 현대사회를 이해하기 위한 중요 변수로서 산업화와 경제발전을 들고 있기 때문에 흔히 '산업화의 논리'라고도 불린다.
> • 이 이론에서는 산업사회의 사회구조를 결정짓는 핵심은 기술, 즉 산업화이며 어느 수준의 산업화를 이룬 나라들의 사회제도들은 어느 한 점으로 수렴되어 비슷하다고 주장함

① 사회양심 이론 ② 수렴 이론 ③ 시민권론
④ 합리 이론 ⑤ 테크놀로지론

정답 ②

03 사회복지정책 이론 중 음모 이론에 대한 내용이 아닌 것은?

① 음모 이론에서는 '사회정책의 주목적은 사회안정 및 질서의 유지와 사회통제가 아니고 인도주의나 인정의 실현이다'라고 주장한다.
② 이 관점은 지배계층이 예상되는 근로계층으로부터의 엄청난 요구를 사전에 봉쇄할 목적으로 원하든 원하지 않든 미리 선수를 쳐서 양보를 하는 것이 사회정책이라고 해석한다.
③ 비스마르크 입법의 동기를, 당시 격화일로에 있던 노동자 계급 중심의 사회주의 운동을 저지시켜 기존 질서를 유지하기 위한 속셈으로 보는 견해이다.
④ 조지와 윌딩은 이러한 속셈으로부터 실시되는 복지제도를 일컬어 복지국가의 마키아벨리적 관점이라고 하였다.
⑤ 사회양심론과 반대의 입장이다.

정답 ①

04 다음의 사건들을 순서대로 나열한 것은?

㉠ 길버트법	㉡ 신구빈법	㉢ 스핀햄랜드법
㉣ 엘리자베스 구빈법	㉤ 정주법	

① ㉡-㉠-㉢-㉣-㉤
② ㉠-㉡-㉢-㉣-㉤
③ ㉣-㉤-㉠-㉢-㉡
④ ㉣-㉢-㉡-㉠-㉤
⑤ ㉢-㉠-㉡-㉣-㉤

정답 ③

05 세계 최초로 사회보험이 도입된 국가는?

① 영국
② 독일
③ 미국
④ 스웨덴
⑤ 프랑스

정답 ②

06 영국의 신구빈법에서의 균일처우의 원칙에 대한 설명으로 맞는 것은?

① 빈민법의 폐지를 주장한 자유주의자 맬서스(Malthus)의 주장을 반영한 것이다.
② 구제대상 빈민의 생활수준은 최하층의 독립근로자의 생활수준과 같아서는 안 되는 조건에서만 구제가 제공되어야 한다는 것을 말한다.
③ 노동 가능한 빈민에 대한 구제를 국가가 거절할 수 있는 법적·논리적 근거를 갖게 만들었다.
④ 스핀햄랜드법에 의해 제공되기 시작하던 임금보조와 아동수당·가족수당을 폐지하고 노동불능자를 제외한 모든 사람들에 대한 원외구제를 폐지함으로써 빈민세를 감축시켰다.
⑤ 빈민의 유형이나 거주지에 균일한 행정서비스를 받을 수 있도록 구빈행정의 전국적 통일을 기하는 원칙이다.

정답 ⑤

07 영국의 사회조사활동에 대한 설명으로 틀린 것은?

① 사회조사는 1886년 부스(Charles Booth)에 의해 이루어졌다.
② 사람들의 직업, 생활 및 노동조건, 작업시간 및 임금, 그리고 실업상태 등을 조사하였다.
③ 이 시기에는 무한히 증가하는 것처럼 보였던 부와 생산력의 향상에 가려져 왔던 빈곤의 실상을 조사하였다.
④ 빈곤문제는 개인적인 성격결함의 문제였음을 깨닫게 하였다.
⑤ 빈곤문제는 인도주의적인 자선에 의하여서 해결될 성격의 문제가 아니라 보다 적극적인 국가의 개입이 필요하다는 주장을 강력하게 제기한 것이다.

정답 ④

08 비버리지 보고서에 대한 설명으로 틀린 것은?

① 비버리지 보고서에는 3가지 원칙을 주장하였다.
② 국가재건을 위해서는 5대 악(Five Giants)을 극복해야 한다.
③ 그의 계획은 우선 소득보장에 중점을 두었다.
④ 5대 악은 빈곤, 질병, 무지, 불결, 나태이다.
⑤ 모든 시민을 포함하고 대상자집단을 경제적 곤란의 원인과 그 보호방법에 따라 분류하였다.

정답 ③

09 비버리지 보고서에서의 5가지 프로그램에 속하지 않는 것은?

① 통일적이며 종합적이고 적절한 사회보험 프로그램
② 사회보험급여를 통해 충분히 보호받지 못하는 사람들을 부조하기 위한 국가적 프로그램으로서 공적부조
③ 아이들에 대해 주당급여를 제공하는 아동수당
④ 종합적이고 자유로운 건강 및 재활서비스
⑤ 경제위기 시에 대량실업을 방지하기 위해 민간사업을 통한 완전고용의 유지

정답 ⑤

10 미국의 '위대한 사회'를 통한 사회복지프로그램에 대한 설명으로 옳지 않은 것은?

① 경제기회사무처(OEO) 설치
② 비스타(VISTA, 국내 평화봉사단) 구성
③ 장학사업 결정
④ 헤드스타트 프로그램
⑤ 이러한 제도적 관점의 프로그램들은 사회를 변화시켰다.

정답 ⑤

Chapter

03 복지국가의 이론

Key word 복지국가, 페이비언 사회주의, 비스마르크 사회복지정책, 스웨덴 모델, 코포라티즘(조합주의), 에스핑-앤더슨

1 복지국가의 개념과 특징

1 복지국가의 개념

복지국가(welfare state)란 무엇인가에 대해 한 마디로 설명하기란 매우 어렵다. 그 이유는 복지국가라 칭하는 각 나라의 상황과 특징이 모두 다르기 때문이다.[100]

현대적 의미로 복지국가라는 말은 1942년 영국의 비버리지 보고서에서 사용되었다. 그 후 제2차 세계대전이 종료되고 나서 집권당인 노동당이 이러한 논의를 구체화하였으며, 북구 유럽 등도 이와 같은 역사적 흐름에 따라 서서히 복지국가로 변모하고 있다.

복지국가의 개념과 관련한 학자들의 견해를 살펴보면 다음과 같다.

마취(D. C. March)는 "복지국가는 사회적 서비스를 제공하고 경제체제를 주도하면서 모든 국민이 인간다운 생활수준 및 기회의 균등을 달성하도록 정책적으로 지향하는 국가"로 규정하고 있다.

티트머스(R. M. Titmuss)는 "복지국가는 시장경제 원리에 따라 제공될 수 없는 서비스를 국가가 모든 국민에게 제공하는 국가"로 규정하고 있다.

마샬(T. H. Marshall)은 "복지국가의 기본적 특징을 강력한 개인주의와 집합주의로 간주"로 규정하고 있다. 이러한 학자들의 복지국가에 대한 개념을 정리하면 다음과 같다.[101]

복지국가란 개인의 일상적 생활보장과 사회적 위험 및 사회적 문제를 해결하고 자유와 평등을 포함한 인간의 행복을 추구하기 위한 권리를 정부와 민간조직이 보장하기 위해 적극 노력하는 국가, 즉 소득의 상실로부터 가족의 최저생활수준을 보호하기 위해 고안된 사회서비스를 제공하는 나라를 말한다.

2 복지국가의 특징

- 사회복지정책의 형성과 집행에서 국가의 역할이 중요하다.
- 정치적 제도로서 민주주의를 복지국가 성립의 수반조건으로 한다.
- 사회복지정책의 일차적 목표를 모든 국민의 최소한의 생활보장에 둔다.
- 복지국가는 궁극적으로 '결과의 평등'을 추구한다. 기회의 평등을 추구하는 것은 아니다.

2 복지국가의 가치와 이념

1 복지국가의 가치

퍼니스(Furniss)와 틸톤(Tilton)은 저서 「복지국가론」에서 복지국가의 기본적 가치를 6가지로 선정하고 있다.

1) 평등(equality)

평등은 교육, 법, 개인, 경제 등 다양하고 구체적인 의미를 포괄한다. 복지국가에서의 평등이란 모든 인간이 충분하고 만족스러운 삶을 영위할 수 있는 권리를 의미한다.

2) 자유(freedom)

사회생활에 연관된 구체적인 자유를 의미한다. 복지국가에서 개인의 자유란 무한정 인정되는 것이 아니고 사회 전체에 중대한 해악이 되지 않을 경우에만 정당화된다.

3) 민주주의(democracy)

모든 시민이 의사결정에 참여해 개인의 이익을 보장받을 권리 등을 의미한다. 사회구성원의 욕구를 합리적으로 충족할 수 있는 정치제도이다. 복지국가에서 민주주의란 시민들의 복지증진을 위해 노력하는 체제를 의미한다.

4) 연대의식(solidarity)

사회구성원이 협동과 박애의 원리를 바탕으로 공동체를 구성하는 것이다. 개인주의적 가치에서부터 지역사회를 중심으로 하는 공동체 의식을 지니며 안정된 수준의 사회생활보장, 사회적 곤경의 분담 등의 가치를 바탕으로 사회보장과 공공서비스를 확대한다.

5) 안정성 및 보장(security)

사회생활에서 어려움이나 문제로부터 보호하며, 출생에서 사망에 이르기까지 생활이 안정되고 보장받는 것을 의미한다.

6) 경제적 효율성(economic efficiency)

사회정책 수행을 위한 자원 활용은 가능한 한 최소한으로 사용되어야 한다.

2 복지국가의 이념

길버트(Gilbert)는 저서 「자본주의와 복지국가」에서 복지국가의 이념을 6가지로 제시하고 있다.[102]

1) 사회적 다윈주의(Social Darwinism)

사회적 다윈주의는 순수한 자본주의가 인간의 완성과 문명의 진보에 기여한다고 인식한다.

복지국가에서 빈곤한 사람에게 원조를 제공하는 등 도움을 주는 행위는 인간의 궁극적인 번영이나 개화를 위협하고, 대자연의 섭리를 거역하는 활동으로 간주한다. 즉, 사회의 자연적인 진화 과정을 방해하는 것으로 판단한다.

1859년 다윈(Darwin)의 저서 「종의 기원」이 출판되면서 진화론은 단지 과학에만 국한된 주제일 수 없었다. 왜냐하면 과거에 진화가 일어났다고 믿는다면, 그 사람은 진화 역사의 연장선을 통해서 현재와 미래를 바라보는 시각에 영향을 받게 되기 때문이다. 이와 같은 진화론의 믿음을 통해 사회를 바라보고 적용하려는 시도를 '사회적 진화론' 또는 '사회적 다윈주의'라고 한다.

2) 마르크스주의(Marxism)

이상적인 사회란 생산, 분배, 소비에 있어서 '각자의 능력에 따라 일하고, 욕구에 따라서 분배받는 방식'으로 조직되어야 한다고 본다.

모든 경제 문제가 공동의 급여를 제공하고자 하는 사회시장(social market)을 통해서 해결되는 복지사회를 구상하고 있지만, 사회적 다윈주의와 마찬가지로 복지국가에 대한 부정적인 시각을 갖고 있다(여기에는 두 가지 이유가 있다).

첫째, 복지국가에서 실행하는 소규모적 개혁으로는 사회의 불평등 구조나 자본주의적 생산양식을 변화시킬 수 없다고 인식한다.

둘째, 사회적 불만이 복지국가에서 제공하는 국가의 연금이나 보조급여 등 물질적인 회유를 통하여 무마되기 때문에 사회의 근본적인 개혁이 어렵다고 인식한다.

복지국가에 대한 부정적 인식

① 사회적 다윈주의자 : 자본주의를 건설하는 데 방해가 된다고 인식한다.

② 마르크스주의자 : 사회주의로 이행하는 과정의 방해물로 인식한다.

3) 고전적 자본주의(Classical Capitalism)

사회복지서비스 제공에 있어 자유방임주의보다는 정부의 역할을 한 층 더 인정한다. 빈곤자에 대한 원조는 일에 대한 유인을 갖도록 하기 위해 최소한으로 이루어져야 한다. 이를 위해서는 개인이 소유한 재산이나 금전의 사용도 자신의 선호에 따라 이루어져야 하고, 개인의 생활에 대한 정부개입은 최소화하여야 한다.

4) 신디칼리스트 사회주의(Syndicalist Socialism)

시장경제에 있어서 사적 소유를 인정하는 정도가 매우 낮다. 산업민주주의의 원리에 따라 조직화된 사회를 선호하는데, 그 사회 내에서의 노동자들은 생산수단에 대한 직접적인 통제를 받고 있다. 즉 이 원리는 노동자 경영을 중시하고, 지방분권적인 사회주의 형태를 강조한다. 이러한 경향은 영국 대처행정부의 보수적인 성향과 잘 맞아 떨어지는 복지정책의 기본이 되었다.

5) 이익집단 자유주의(Interest Group Liberalism)

미국에서 복지국가의 개념을 정책에 도입하도록 만든 지배적인 세력이다. 사회조건을 개선하기 위한 인간주의적 희망과 공공의 이익을 위한 조직화된 요구를 수용하려는 실용주의적 특징을 인정한다. 자본주의 논리를 인정함과 동시에 집단적인 경향을 더 인정하는 혼합경제체제를 인정한다.

6) 페이비언 사회주의(Fabian Socialism)[18]

집단주의적 이상과 개혁을 확산한다면 사회주의적 원리를 대중이 수용하게 될 것으로 믿고 있다.

복지국가란 개인이 지닌 특정의 욕구를 충족시키는 동시에 전체 사회의 이해관계에도 도움이 되는 범위 내에서 모든 집단적인 개입을 포함할 수 있다고 본다.

자본주의체제가 지닌 부정적이고 해체적인 요소를 해결하는 복지자본주의의 혼합경제체제를 인정한다. 사회서비스 욕구와 혼합경제체제는 사회시장의 점진적인 확대를 통해 실용화될 수 있으며, 이러한 과정을 통해 유토피아적인 사회주의 사회 건설이 가능할 것으로 인식한다.

---

18 제4장에서 구체적으로 설명하였다.

3 복지국가의 유형

1 퍼니스와 틸톤의 유형

퍼니스(Furniss)와 틸톤(Tilton)의 유형은 역사적으로 보면 적극국가모형 → 사회보장국가모형 → 사회복지국가모형으로 구분한다.(103)

1) 적극국가 모형(The Positive State)

적극국가모형은 사회복지정책의 가장 초보 단계의 국가모형이다. 경제성장을 위해 국가와 기업 간에 일정한 연계관계를 유지한다. 정부는 높은 수준의 소비와 기업활동을 보장하기 위해 완전고용을 요구하지 않으며 개인의 재산소유를 중요시한다.

공공부조보다 사회보험을 중요시하며, 이러한 정책은 노동자들의 생산성을 향상시킬 수 있다고 인식한다. 사회복지정책은 티트머스(Titmuss)가 말하는 보충적 모형에 가까우며 시장체계의 기능을 강화하기 위한 사회통제적 기능을 수행한다. 퍼니스와 틸톤은 적극국가를 복지국가로 보지 않고 미국을 적극국가의 한 모형으로 예시한다.

2) 사회보장국가(The Social Security State)

적극국가에서처럼 모든 사람의 사유재산을 보장하고, 국가와 기업 간의 협동을 유지하되, 사회복지정책을 통해 국민생활에 대한 최저수준을 보장한다는 목표를 가지고 있다.(104)

공공부조나 보편적 서비스의 제공과 같은 기타의 방법을 채택한다. 최저수준의 보장은 사회보험으로 충당하고 부족한 부분만 국가가 보조한다. 누구에게나 생존의 권리를 인정한다. 그러나 국민최저수준보장의 원칙은 평등주의와는 다르다. 기회의 평등과 특정 수준까지 보장되면 그 이상의 부분에 대해서는 개별화의 원칙이 적용된다. 사회보장을 하는 데 있어 국가는 개인의 동기, 기회, 책임을 억제해서는 안 된다고 강조한다. 퍼니스와 틸톤은 영국의 복지제도가 사회보장국가의 모형에 가장 가깝다고 주장한다.

3) 사회복지국가(The Social Welfare State)

정부와 노동조합의 협동을 강조한다. 사회보장국가에서 모든 시민에게 최저수준만 보장하고 이 이상은 경쟁원리에 맡겨 버리는 것을 비판한다.(105) 평등, 협동, 연대의식에 기초를 두고 전반적인 삶의 질의 평등을 추구한다.

환경계획은 연대적 임금정책, 각종의 공익사업이 강조되는데, 환경계획은 쾌적한 환경을 유지하고 공해, 도시계획, 재개발 등으로 인한 폐해를 적극적으로 예방하여 삶의 질을 높인다. 연대적 임금정책은 기존의 임금체계가 부의 편중을 가져왔기 때문에 노동자들 간의 임금격차를 줄이고 저임금의 근로자들의 소득 수준을 높이자는 것이다. 공익사업은 경제적 평등을 이룩하는 하나의 방법으로서 시민의 생활에 편익을 제공하는 각종 공익사업을 대폭 확대하자는 것이다. 과거의 정치과정에서의 소외되었던 개인이나 집단을 적극적으로 정책결정 과정에 끌어들이는 노력을 함으로써 시민의 민주적 참여를 증진시켜야 한다. 퍼니스와 틸톤은 스웨덴의 복지제도가 사회복지국가의 모형에 가장 가깝다고 주장한다.

정리 퍼니스와 틸톤의 복지국가 모형

국가모형	국 가
적극국가	미국
사회보장국가	영국
사회복지국가	스웨덴

참고 복지국가 유형화 연구의 연구자와 유형

학 자	유 형	특 징
미쉬라 (Mishra)	분화적 복지국가	• 사회복지는 경제와 구분되고 대립됨 → 잔여적 역할 • 미국, 영국
	통합적 복지국가	• 사회복지와 경제는 구분되지 않고 상호 의존적 관계 → 집합적 책임 강조 • 완전고용정책, 사회적 포괄정책 • 오스트리아, 스웨덴
에스핑-앤더슨* (Esping-Andersen)	자유주의적 복지국가	• 시장 메커니즘의 기본적 역할을 인정하며 그 보호 대상이 가장 취약한 계층에 한정 → 엄격한 선발주의, 자산조사, 시장 의존적 관계 • 탈상품화 최소화, 불평등, 대립적 관계 • 미국, 영국, 캐나다

(계속)

학 자	유 형	특 징
에스핑-앤더슨* (Esping-Andersen)	보수조합주의적 복지국가	• 시장의 효율성과 노동력의 상품화 문제는 중요하지 않음 • 국가가 주된 사회복지 제공자 • 사회보험 중시 • 오스트리아, 프랑스, 독일
	사회민주주의적 복지국가	• 보편주의 원칙과 사회권을 통한 탈상품화 효과가 가장 큼 • 국가 대 시장, 계층 간의 갈등을 최소화 • 최고수준의 평등을 추구 • 시장기능은 최소화, 사회통합이 중요한 목표 • 평등지향적 체제 • 노동과 복지가 긴밀한 관계 → 완전고용정책 • 스칸디나비아국가들

* 노동력의 탈상품화의 정도, 국가와 사회계층제의 형태, 시장 및 가족과의 관계의 세 가지 기준을 가지고 분류

2 에스핑-앤더슨의 복지국가유형론

1) 개념

에스핑-앤더슨(G. Esping-Andersen)은 탈상품화 정도(노동자가 자신의 노동력을 상품으로 팔지 않고도 살 수 있는 정도를 의미하는 것으로, 자신이 노동시장에서 일을 할 수 없는 상황에 처했을 때, 국가가 어느 정도 수준의 급여를 제공해 주는가의 정도를 말하는 것이다. 즉, 탈상품화 정도가 높을수록 복지선진국가를 의미하는 것이다) 등을 기준으로 자유주의적 복지국가, 조합주의적 복지국가 그리고 사회민주주의적 복지국가로 대별하여 복지국가유형론을 제시하였다.

먼저 자유주의적 복지국가(welfare state of liberalism)는 미국, 캐나다, 오스트레일리아 등에서 나타나는 유형으로서, 공공부조를 활용하여 저소득층에 초점을 두고 있으며, 이에 대한 집행은 엄격한 선별 과정을 통해 낙인을 부여하는 방식으로 이루어지고 있어 탈상품화 효과는 가장 낮은 수준을 보인다. 이에 따라 본 유형은 가장 낮은 수준의 사회복지정책을 나타내고 있는 것이다.

그리고 조합주의적 복지국가(welfare state of corporatism)는 오스트리아, 프랑스, 독일 등 유럽대륙 국가가 이 유형에 속한다. 사회보험을 활용하여 직업별·계층별로 다른 종류의 복지급여가 제공되므로 사회적 지위에 있어서 차이가 그대로 유지되는 행태를 보인다. 따라서 탈상품화 효과는 낮은 수준을 보이며, 사회복지정

책 역시 낮은 수준을 나타내고 있는 것이다. 에스핑－앤더슨의 복지국가 유형 중 조합주의적 복지국가는 사회복지 급여는 계급과 사회적 지위에 밀접하게 관련되어 있으며, 사회보험원리를 강조하는 복지정책을 주로 활용한다. 가족의 중요성을 강조하는 종교와 문화적 신념의 영향력이 강하다. 다만 여성의 노동시장 참여를 강조하지는 않는다.

한편, 사회민주주의적 복지국가(welfare state of social democracy)는 스웨덴, 덴마크, 핀란드 등 스칸디나비아국가에서 나타나는 유형으로서, 보편주의적 원칙에 따라 복지급여는 취약계층뿐만 아니라 중간계층까지 포함하고 있고, 복지의 재분배적 기능을 활용하여 최저생활 이상의 평등을 추구하고 있다는 점에서 탈상품화 효과는 높은 수준으로 파악된다. 따라서 본 유형은 높은 수준의 사회복지정책을 나타내고 있는 것이다.

참고 에스핑－앤더슨의 복지국가유형론

구 분		복지국가		
		자유주의적 복지국가	조합주의적 복지국가	사회민주주의적 복지국가
세부기준	탈상품화 정도	공공부조를 활용하여 저소득층에 초점을 두며, 엄격한 선별과정을 통해 낙인을 부여하는 방식이므로 탈상품화 정도는 가장 낮은 수준	사회보험을 활용하여 직업별·계층별로 다른 종류의 복지급여가 제공되므로 사회적 지위의 차이가 유지되어 탈상품화 효과는 낮은 수준	보편주의적 원칙에 따라 복지급여는 취약계층뿐만 아니라 중간계층까지 포섭하고 있고, 복지의 재분배적 기능을 활용하여 최저생활 이상의 평등을 추구하고 있기 때문에 탈상품화 효과는 높은 수준
해당국가		미국, 캐나다, 오스트레일리아 등	오스트리아, 프랑스, 독일 유럽대륙국가	스웨덴, 덴마크, 핀란드 등 스칸디나비아국가

2) 평가와 전망

에스핑－앤더슨의 복지국가유형 이론은 탈상품화 정도와 계층화 등을 세부기준으로 제시하여 명확하게 자유주의적 복지국가, 조합주의적 복지국가, 사회민주주의적 복지국가로 구분했다는 점에서 의미를 가진다. 다만, 탈상품화 정도에 따른 복지병 등을 간과한 점은 한계로 남는다. 결과적으로 현대사회가 전반적으로 후진국, 개발도상국, 선진국으로 전개되면서 탈상품화 정도는 높아질 것으로 전망하지만, 미국이나 프랑스 등과 같이 그들의 국가체제 상황에 따라 예외적인 상황도 충분히 있을 수 있다는 점도 보여주고 있다.

참고문헌 Esping-Andersen, G.(1990), The Three World of Welfare Capitalism, Princeton Univ. Press.

3 스칸디나비아 복지국가 (106)

스칸디나비아 또는 노르딕 국가의 사회복지정책은 그 진보성과 관대함 때문에 전 세계 사회복지의 절정 또는 복지국가의 최고 단계로 간주되고 있다. 스칸디나비아 사회복지정책은 비스마르크 사회복지정책과 상당한 차이점을 보이고 있다.

① 비스마르크 사회복지정책
- 직업주의에 따라 블루칼라, 화이트칼라, 각 자영업자로 집단별로 분리함
- 사회보험방식에 의해 자본가와 노동자가 재정을 분담함

② 스칸디나비아 사회복지정책
- 직업불문하고 모든 시민이 대상임
- 평등한 정액의 급여 제공함
- 조세의 의존함

또한, 일반적으로 조세가 보험 갹출보다 더 누진적이기 때문에 진보적이라고 하고 있다. 이들 국가의 보편주의적 조세방식연금의 출현배경을 살펴보면 철저히 계급 이기적이고 진보성과는 거리가 멀다.(107) 즉, 노르딕 국가의 보편주의는 특정 계급(농민)의 이기적 요구가 관철된 결과였다.

이러한 과정에서 농민들과 주로 대립한 계급이 바로 노동자 계급이다.

노르딕의 사회보험

① 19세기 말에 입법화되었으며 정치적 투쟁의 시기에 사회보험이 도입됨(예, 1891년 덴마크와 1913년 스웨덴의 무갹출 연금)

② 양국의 조세방식연금은 스웨덴의 경우 1946년, 덴마크의 경우 1964년에 자산조사를 폐지하고 부유층까지 그 대상을 확대함으로써 보편주의제도로 자리 잡음

그리고 스웨덴의 사회복지정책을 논할 때 가장 중요한 것이 '스웨덴 모델'이다.

① 스웨덴 모델
- 자본과 노동 간의 역사적 대타협이라고 하는 1938년 '살쯔요바덴 기본 협정'에 그 기원을 두고 있음
- 동 협정의 핵심은 생산관련 결정은 자본가계급에게 일임하되 정책결정 환경은 국가와 노조가 강력하게 통제하는 체제를 만드는 것임
- 생산 환경에 대한 통제로서 단체협상을 통한 실질임금의 보장 및 완전고용 및 소득재분배를 지향하는 사회복지정책이 수용됨

② 렌-메이드네르 모델(Rehn-Meidner Model)
- 스웨덴 복지국가의 또 하나의 특징으로서 수요관리에 중점을 둔 케인즈주의적 경제관리방식을 넘어 수요와 공급을 보다 포괄적으로 관리하는 모델임
- 다음의 정책들이 주요 핵심임
  - 제한적 재정정책 : 수익성이 현저히 낮은 한계기업의 도태 인정
  - 동일노동·동일 임금정책 : 고임금 기업의 임금 상승을 억제
  - 적극적 노동시장정책 : 통상적인 실업억제 정책 이외에 직업훈련과 재훈련에 대한 정부 보조나 노동자의 이동성 증대를 통한 일자리 보장 등을 포함
  - 높은 수준의 사회복지정책 : 임금 억제 대신 보장

4 복지국가와 코포라티즘(협동체주의)

코포라티즘(corporatism)이란 다원주의(pluralism)의 변종으로서 거대한 노조가 출현하여 사용자와 대등한 수준에서 임금·근로조건 등 노사 간의 주요 현안을 협상, 정부가 이를 중재, 나아가 정부와 노사 간의 현안인 물가와 복지 등의 문제를 상의·결정하는 삼자협동주의(tripartism)가 정착된 제2차 세계대전 이후 서구 사회의 특징을 지칭한다(우리나라의 노사정위원회).[108]

코포라티즘의 논의는 20세기 초 뒤르껨(Durkheim)과 뒤펭(La Tour Du Pin)의 직능조합론으로 소급된다.

직능조합(corporation)

① 직능조합 또는 직능단체란 전국적으로 조직, 기능적으로 분리됨
② 민주적인 대표성, 자율적, 회원가입의 강제성, 중앙의 권위에 의한 조합들의 우선순위 결정
③ 법에 의해 설립

코포라티즘에 대한 논의는 1970년대 들어 서유럽 각국에 복지국가가 확대되면서 재개되었다.

슈미터(Schmitter)는 코포라티즘을 두 가지로 구분하였다.

- 사회적 코포라티즘 : 국가로부터 이익단체의 자율성이 보장되고, 아래로부터의 진화 발전을 특징으로 한다(민주적 복지국가).
  - 사회 코포라티즘은 정부·노동·자본 삼자가 현안인 물가와 복지 등의 문제를 상의·결정하는 삼자협동주의가 핵심이다.
  - 복지국가의 확대를 가져온다.
  - 노동조합의 힘이 강할 때 나타난다.
- 국가 코포라티즘 : 이익단체들이 국가에 종속되고, 위로부터의 권위적 권력에 의한 강제적으로 운영되는 체제를 말한다(반자유주의적·신중상주의적 체제, 즉 파시즘 체제).

참고 코포라티즘의 유형

학자	유형	내용
Forder et al.	고전적 코포라티즘	• 사회를 여러 직능단체의 집합체로 간주함 • 의회에 대해 부정적임 • 중세의 길드 사회주의가 대표적이고, 이탈리아 파시즘의 기원이 됨
	19세기 코포라티즘	• 새로이 부상하는 노동자계급의 힘을 억제하기 위해 등장함 • 자본주의체제가 제대로 작동하지 않을 때 국가가 나서서 사회단체들을 조직하여 사회안정을 기함 • 시장을 통한 지배라는 정통적인 방법이 통하지 않을 때 일시적으로 나타남(비스마르크 사회입법)
	계약 코포라티즘	• 자유민주주의 사회의 코포라티즘으로서 현대의 복지국가가 전형적임. 자본가와 노동단체는 자율성을 견지함 • 삼자협동주의라 하여 국가, 노동, 자본의 대표가 참여함 • 임금·물가·복지 등 각 계급들의 핵심적 관심사를 절충·타협·결정하는 메커니즘으로 작동함
Wilensky	분절된 코포라티즘	• 미국, 영국, 캐나다, 호주 • 대부분의 이익집단들이 기득권을 유지하는 데 매달려 있음 • 편협한 이해관계에만 매달림 • 국가적인 과제를 놓고 협상하고 타협할 여지가 별로 없음
	노동자계급의 완전한 참여 없는 코포라티즘	• 일본, 프랑스, 스위스 • 정책결정 과정에서 기업가 단체가 우월한 지위를 갖음 • 경제여건이 악화되면 노동을 배제함 • 대중들의 사회적 평등 요구를 억합하는 권위주의 통제로 대응함
	민주적 코포라티즘	• 네덜란드, 벨기에, 스웨덴, 노르웨이, 서독 • 조직력이 강하고, 중앙집권화 된 노동, 사업자, 전문직 조직과 정부가 경제성장, 물가, 임금, 조세, 실업 및 사회복지정책과 같은 주요 과제를 협의·결정함

출처 : 원석조, 2004: 133.

4 복지국가 위기와 변혁

1 복지국가의 정당성과 그 상실

서구 복지국가들은 1960년대 말까지 꾸준한 성장을 계속하여 왔지만 1973년과 1978년 석유파동을 계기로 선진 복지국가의 확대 경향은 크게 둔화되었고 복지국가의 위기 증상이 나타났다. 결국 1970년대 말에 이르러 복지국가는 큰 혼란에 빠지게 되었다.(109)

복지국가 위기의 원인으로는 ① 경기침체와 국가재정위기, ② 관료 및 행정 기구의 팽창과 비효율성, ③ 포디즘적 생산방식의 비효율성, ④ 독점자본주의의 축적과 정당화 간의 모순 조정 등으로 볼 수 있다.

1) 정당성 부여의 원천

첫째, 복지국가는 자본주의를 완전하게 해 준다. 국가개입(케인즈 사상)과 사회적 급여(비버리지 보고서)는 자본주의를 근본적으로 변화시키지 않으면서 시장경제를 보완해 주며 자본주의를 완전하게 해 준다.

둘째, 전후에 지배적인 사회 이론들에 비추어 볼 때 복지국가의 필요성과 필연성이 드러난다. 기능주의 이론은 복지국가를 산업화의 필연적 산물로 인식하고, 수렴 이론은 산업화로 인해 다양한 욕구가 나타났고 이러한 욕구를 충족시키기 위해 복지정책들이 필연적으로 나타난다.

셋째, 복지를 통한 사회주의 실현을 한다. 페이비언주의자들은 자본주의 국가는 점진주의를 통해서 스스로 개혁될 수 있다고 본다.

넷째, 사회과학의 약속으로서 경제학, 사회학, 심리학이 하나의 과학으로 등장함에 따라 사회과학의 발전은 사회문제의 효과적인 해결을 약속함으로써 국가개입이 지적으로도 정당성을 갖게 한다.

2) 정당성의 상실

자본주의 경제의 퇴조 현상으로서 경제의 침체로 인한 복지지출의 감소와 사회

이론의 설득력을 상실한다. 서구 세계 및 미국에서의 각종 갈등적 사회문제의 발생으로 비판을 받는다.

사회과학의 비판으로서 경제학이 퇴조함으로써 사회에 대한 믿을만한 과학과 기술의 존재를 믿지 않는다. 이로써 사회문제에 대한 복지국가 개입의 정당성을 상실한다.

계층 간의 불평등은 특히 마르크스주의자들의 인식인데, 복지국가의 사회복지는 계층 간의 자원의 재분배가 아니고 계층 내의 수평적 재분배에만 기여하고 있다.

2 복지국가의 재편과 복지사회

1) 복지국가의 재편

에스핑－앤더슨은 복지국가의 구분기준을 탈상품화와 계층화, 주요 복지국가 유형의 재편 과정을 다음과 같이 요약하고 있다.(110)

(1) 자유주의 방식 채택

미국, 영국, 캐나다 등과 같은 앵글로-색슨 국가들로 완전고용과 건전재정을 유지하기 위해 노동시장을 유연화하고 사회복지제도를 후퇴시켰다. 자유주의 복지국가는 시장의 효율성과 근로의욕 고취를 강조하고 시장규제 완화와 복지 축소를 통해 복지국가 위기 타개를 모색하였다.

노동시장의 유연화는 저임금을 가능케 함으로써 고용은 증가되고, 사회복지제도의 후퇴의 경우 사회보장세 등의 축소를 통해 생산비용을 절감할 수 있기 때문에 고용의 증가에 기여하였다.(111)

자유주의 방식의 문제점으로는 불평등과 빈곤을 증대시키고, 일하는 빈곤층은 저임금의 불안정한 고용, 저임금 노동시장은 공공부조와 같은 더 높은 소득이전 프로그램을 요구하게 되어 낮은 임금으로 인해 노동 인센티브가 약해지며 기업 복지의 전통적 특별급여 패키지가 침체되는 결과를 보인다. 특히 어린이가 있는 가정, 즉 미숙련－편부모 가정은 더 큰 어려움을 겪고 있다.(112)

(2) 보수주의 방식 채택

보수주의는 보수조합주의적 복지국가라고도 하는데 국가가 주된 사회복지 제공자로서 시장의 효율성과 노동력의 상품화 문제는 중요하지 않는다. 보수조합주의적 복지국가는 사회수당을 중시하는 것이 아니라 보편적 사회보험을 핵심정책으로 하고 있다. 독일, 오스트리아, 프랑스와 같은 유럽대륙의 복지국가들에서 추구된 것으로서 건전재정과 소득평등을 유지하기 위해 노동공급의 감소를 추구하는 것(완전고용의 포기)과 노동시장의 유연화와 사회복지제도의 후퇴는 최소화하는 것, 노동시장의 유연화를 최대한 자제하기 때문에 직종이나 산업과 무관하게 비교적 높은 임금이 유지될 수 있다.

저숙련 저생산성 부분의 임금을 상대적으로 높게 유지할 수 있기 때문에 소득불평등의 증가를 방지[113] 할 수 있다.

보수주의 방식의 문제점으로는 조기퇴직 등의 부작용이 발생하는 문제이다. 이는 남성 가구주의 조기퇴직 등으로 인한 사회보험 급여수준이 기여금보다 더 높아진 이유로 주된 사회보장 수단인 사회보험의 재정 압박이 심해졌다.

(3) 사회민주주의 방식 채택

사회민주주의 복지국가는 스칸디나비아국가들의 재편 전략으로서 흔히 스웨덴모형으로 불린다. 사회민주주의 복지국가는 공공부문의 고용확대로 복지국가 위기타개를 모색하고 시민권에 기초한 보편적이고 포괄적인 복지체계를 특징으로 한다. 보편주의 원칙과 사회권을 통한 탈상품화 효과가 가장 크다. 국가 대 시장, 계층 간의 갈등을 최소화하고, 최고수준의 평등을 추구한다. 그리고 시장기능은 최소화, 사회통합이 중요한 목표·평등지향적 체제, 노동과 복지가 긴밀한 관계를 통해 완전고용정책을 실시한다.

완전고용과 소득평등을 유지하기 위해 노동시장을 유연화하는 반면, 복지제도의 후퇴를 최소화한다. 완전고용은 두 가지 수단을 통해 이루어진다. 즉, 노동시장을 유연화하여 민간부문에서의 고용 극대화와 민간부문에서 고용될 수 없는 상황에 처한 집단들을 위해 공공부문의 고용 증가 등이 이루어진다.

사회민주주주의 방식의 문제점으로는 공공부문의 저숙련 노동자들에게 시장가격 이상의 임금을 지급함으로써 재정적자에 직면할 가능성이 크다. 그리고 전통적 복지국가의 원칙, 즉 사회연대와 평등의 지향이 상대적으로 강하게 유지된다.[114]

2) 복지사회

복지사회의 개념은 복지국가에 대한 불만과 비판의 대안적 산물로 등장한다. 즉, 국가와 시민사회 간의 새로운 균형을 강조한다. 복지국가와 복지사회의 구별을 시도한 대표적인 학자로는 티트머스(Titmuss)와 로브슨(Robson)이 있다.

복지국가로부터 벗어나서 그것과는 다른 복지사회를 지향하는 것이 현대국가의 사명이라고 주장한 점에서 의견의 일치를 보이고 있다. 그러나 구체적으로 어떠한 것이 복지사회인가에 대해서는 견해 차이를 보이고 있다.[115]

(1) 티트머스

- 복지사회를 복지국가의 후속적 확대개념으로 파악한다.
- 보편주의와 예방적 성격을 띤 공공복지서비스가 확대되는 국가를 복지사회로 인식한다.
- 국제적 시각에서 국가 간의 불평등이 없는 균형적 발전의 개념인 복지세계를 제시한다.

(2) 롭슨

- 복지사회를 복지국가의 전제조건으로 파악한다.
- 복지국가의 도덕성 결핍현상이 초래된 원인을 복지사회의 기반 없이 맹목적으로 복지국가를 추구하였기 때문이라고 보고 있다.
- 따라서 이타주의와 같은 도덕성이 충만한 복지사회의 기반이 갖추어질 때 진정한 복지국가가 도래한다는 결론을 도출한다.

1980년대 말부터 서구 학자들 사이에서는 복지다원주의에 입각한 롭슨류의 복지사회론이 본격적으로 등장한다.

다원주의에 의하면 복지국가는 정부의 역할을 지나치게 강조함으로써 복지국가의 비대화에 따른 지나친 관료주의와 재정팽창의 극복을 위해 정부의 시장경제에 대한 과도한 개입을 줄이기 위해 정부의 복지기능을 축소, 비공식적·자발적·상업적 부문의 기능을 강화한다.[116]

복지사회는 다원적인 복지주체의 협동적인 참여를 통해 최저한의 소득보장뿐만 아니라 사회구성원 개개인의 성장을 극대화함으로써 '사회의 인간화'를 추구한다.

예 상 문 제

01 퍼니스와 틸톤의 복지국가의 기본적 가치에 속하지 않는 것은?

① 평등 ② 자유 ③ 연대의식
④ 경제적 효율성 ⑤ 사회적 형평성

정답 ⑤

02 에스핑과 앤더슨의 복지국가 모형을 모두 고르시오.

> ㉠ 자유주의적 복지국가
> ㉡ 보수조합주의적 복지국가
> ㉢ 사회민주주의적 복지국가
> ㉣ 분화적 복지국가
> ㉤ 통합적 복지국가

① ㉠, ㉢, ㉣ ② ㉠, ㉡, ㉢ ③ ㉠, ㉡
④ ㉣, ㉤ ⑤ ㉡, ㉢

정답 ②

03 슈미터가 구분한 코포라티즘의 유형은?

① 사회적 코포라티즘 ② 계약 코포라티즘
③ 분절된 코포라티즘 ④ 노동자계급의 불참여 코포라티즘
⑤ 민주적 코포라티즘

정답 ①

04 스웨덴 모델의 특징을 모두 고르시오.

> ㉠ 자본과 노동 간의 역사적 대타협이라고 하는 1938년 '살쯔요바덴 기본 협정'에 그 기원을 두고 있다.
> ㉡ 렌-메이드네르 모델(Rehn-Meidner Model)이 대표적 모델이다.
> ㉢ 제한적 재정정책
> ㉣ 동일노동·동일 임금정책 : 고임금 기업의 임금 상승을 억제
> ㉤ 적극적 노동시장정책 : 통상적인 실업억제 정책 이외에 직업훈련과 재훈련에 대한 정부 보조나 노동자의 이동성 증대를 통한 일자리 보장 등을 포함

① ㉠, ㉡, ㉢, ㉣, ㉤ ② ㉠, ㉡, ㉢, ㉤
③ ㉠, ㉣, ㉤ ④ ㉡, ㉢, ㉣, ㉤
⑤ ㉡, ㉢

정답 ①

05 복지국가 정당성 부여의 원천과 관계가 적은 것은?

① 복지국가는 자본주의를 완전하게 해 준다.
② 기능주의 이론과 수렴 이론의 영향
③ 복지를 통한 사회주의의 실현
④ 사회과학의 발전에 따른 국가개입의 정당성
⑤ 자본주의 경제의 퇴조 현상

정답 ⑤

06 복지사회에 대한 설명으로 틀린 것은?

① 복지사회의 개념은 복지국가에 대한 불만과 비판의 대안적 산물로 등장하였다.
② 국가와 시민사회 간의 불균형을 강조하였다.
③ 복지국가와 복지사회의 구별을 시도한 대표적인 학자로는 티트머스(Titmuss)와 롭슨(Robson)이다.
④ 티트머스는 복지사회를 복지국가의 후속적 확대 개념으로 파악하였다.
⑤ 롭슨은 복지사회를 복지국가의 전제조건으로 파악하였다.

정답 ②

Chapter

04 사회복지정책의 사상

Key word 페이비언 사회주의, 케인즈주의, 국가개입주의, 신자유주의, 제3의 길, 마르크스주의

사회복지사상은 매우 다양하지만 페이비언 사회주의, 국가개입주의(케인즈주의), 신자유주의(자유방임주의), 마르크스주의 등 네 가지로 대별할 수 있다.

- 페이비언 사회주의와 마르크스주의는 사회주의로서 궁극적으로 자본주의의 지양(극복 혹은 폐절)을 지향한다는 점에서 입장이 같다. 그러나 페이비언 사회주의가 자본주의 안에서의 사회개혁 가능성을 수용하여 사회복지정책의 확충에 적극적인 반면, 자본주의 자체를 인정하지 않는 마르크스주의는 부르주아적 사회복지정책에 대해서 매우 부정적이다.
- 국가개입주의와 신자유주의는 자본주의를 가장 바람직한 경제사회체제로 인정하고 자본주의의 발전과 번영을 지향한다는 점에서 같은 입장이지만 국가개입주의가 자본주의의 유지 발전과 위기극복을 위해 사회복지정책이 반드시 필요하다고 주장하는 반면, 신자유주의는 사회복지정책을 경제발전의 걸림돌로 간주한다.(117) 이러한 네 가지 사회복지사상의 특징을 요약하면 다음 표와 같다.

정리 네 가지 사회복지사상의 특징

구 분	자본주의에 긍정적	사회주의를 지향
사회복지정책에 대해 긍정적	국가개입주의	페이비언 사회주의
사회복지정책에 대해 부정적	신자유주의	마르크스주의

출처 : 원석조, 2004: 135.

1 페이비언 사회주의

1 의의

페이비언 사회주의(Fabian socialism)는 영국의 독특한 실용주의적·인도주의적·점진적 사회주의로서 1884년 설립된 영국 페이비언협회에 기원을 두고 있다.[19]

페이비언 사회주의는 사회적 선을 추구하고 달성하는 데 있어 국가가 매우 긍정적인 역할을 수행한다고 믿는다는 점에서 다음에 살펴볼 국가개입주의와 유사하다. 즉, 페이비언 사회주의는 국가 등 공식부문의 역할이 상대적으로 중요하다고 본다. 그러나 궁극적으로 자본주의를 수정의 대상이 아니라 극복의 대상으로 간주한다는 점에서 국가개입주의와 다르다. 이 점에서 페이비언 사회주의는 마르크스주의와 입장이 유사하다. 하지만 프롤레타리아트 독재와 계급혁명을 부정하고 평화적(입헌적)이고 점진적인 방법으로 사회주의를 지향한다는 점에서 입장이 갈린다.

2 내용

- 계급전쟁보다는 윤리와 공리주의를 더 중시한다. 평등, 자유, 우애(fellowship), 그리고 민주주의와 인도주의와 같은 프랑스혁명(1789년) 후 등장한 시민사회의 기본적인 가치를 신봉한다.
- 사회적 통합을 중시한다. 즉, 불평등은 비효율을 초래한다고 보고, 불평등이 비효율을 초래하는 이유를 다음과 같이 주장한다.

---

19 페이비언이란 이름은 포에니전쟁(기원전 2~3세기에 걸친 로마와 카르타고의 세 차례 전쟁) 때 카르타고의 한니발을 격파한 로마의 파비우스 장군의 이름을 딴 것으로서, 막강한 한니발과의 전쟁에서 로마를 구한 것은 전면전보다는 신중한 태도와 접전의 회피였다는 사실에서 보듯이 사회주의에로의 진전을 위해서는 기회가 오기를 기다리는 지연전략이 필요하다는 것을 의미한다(원석조, 2004: 136).

① 첫째, 자유시장체제는 요구가 없는 수요에 응함으로써 불필요한 생산을 초래함[20]
② 둘째, 지배계급이 세습적이고 자기 영속적이 되고 재능 있는 자의 지위 상승을 막아 능력의 낭비를 가져오기 때문임

또한 불평등은 사회정의 이념에 손상을 준다고 보고, 그 이유는 다음과 같이 주장한다.

① 첫째, 교육기회의 불평등이 아동의 자연적 재능에 따라 자신의 사회적 지위를 결정한 자연권을 파괴함
② 둘째, 불평등 자체가 비도덕적 보상과 특권체제의 산물임(우연적인 출생과 가문의 산물)
③ 셋째, 한 집단이 다른 집단에게 거대한 권력을 행사하기 때문임

- 소득의 평등보다는 부의 평등을 주장한다. 부의 불평등은 세 가지 이유에서 불공평하다고 주장한다.

① 첫째, 불평등이 노력이 아닌 상속된 재산으로부터 발생
② 둘째, 능력의 차이보다는 기회의 차이를 반영
③ 셋째, 조세제도에 의해서 불평등하게 취급되는 경우임. 특히 세습된 부로부터 생기는 불평등은 가장 비난받아야 함

- 자유를 신봉한다. 그런데 이들의 자유는 자유주의자들의 자유와 달리 정부의 적극적인 활동의 결과라고 본다.
- 우애도 강조한다. 경쟁보다는 협동, 권리보다는 의무, 개인의 요구보다는 공동체의 선, 자조(self-help)보다는 이타심을 더 중시한다.

복지국가에 대하여 페이비언 사회주의자들은 열렬한 찬성과 지지를 표명한다. 이를 복지국가주의(welfare statism)라 한다. 이들의 복지국가관은 기본적으로 실용주의적이다.

티트머스(Titmuss)는 사회복지정책의 기능으로 사회통합, 공동체의식의 강화, 이타주의 의식의 유지를 들었다. 특히 사회통합은 그의 중심사상이었다. 사회복지정책의 기능으로 소득재분배도 매우 강조되었다.

20 (예) 모든 사람을 위한 빵보다는 특정인을 위한 고급 과자와 서민을 위한 주택보다는 부유층을 위한 요트와 롤스로이스를 생산한다.

2 케인즈주의와 국가개입주의

케인즈 경제 이론은 1929년에 시작된 세계적인 대공황 이후 20세기 내내 경제학자는 물론 정치인과 공공정책 수립자의 사고에 엄청난 영향을 미쳤다. 자본주의 경제는 국가가 적절히 개입해야만 그 건강성을 유지할 수 있다는 그의 경제관념은 제2차 세계대전 후의 복지국가에 대한 이론적 기반이 되었음은 물론 정치적 지지를 이끌어 내는 데도 결정적인 역할을 했던 것이다.(118)

개인들이 채권이나 주식보다는 화폐나 은행예금 등 현금을 선호하는 이른바 '유동성 선호'가 투자 감소와 대량실업의 증대와 같은 반사회적 결과를 가져올 것이라고 확신하였고, 그것은 1929년 대공황으로 증명되었다. 따라서 일정한 고용수준을 유지하기 위해서는 이 간격을 줄이기 위한 국가정책, 즉 실질적인 투자 증가를 위한 정책이 반드시 필요하다. 이는 자유방임주의에 대한 완전한 부정하는 입장이며, 케인즈주의는 시장실패에 대해 국가가 적절히 개입해야 한다고 주장한다.

1 주요 내용

- 부와 소득의 불평등도 부정적으로 보았다. 즉, 불평등은 도덕적 측면이 아니라 경제적 측면에서 국가에 큰 해악이 되는 문제였다.
- 또한 케인즈는 인플레이션과 디플레이션 모두를 반대했지만, 적당한 인플레이션은 비교적 해악이 덜하다고 인식하였다.

  인플레이션, 즉 화폐가치의 하락은 과거에 축적된 부(은행예금 등)의 가치를 하락시키고 항상 새로운 투자를 자극하기 때문이다.

  디플레이션, 즉 화폐가치의 상승은 금리생활자에게만 유리할 뿐 사회 전체의 복지를 위협하는 것이다.
- 고용증진 : 케인즈가 제시한 고용증진을 위한 일자리 창출 국가정책이다.
  - 사회의 소비성향을 증대시키기 위한 누진과세(소득재분배정책)를 지지한다.
  - 민간투자의 부족을 채우기 위한 공공투자(인플레이션을 다소 유발해도 좋다)이다.
  - 화폐공급을 통제하고 이자율을 인하시키기 위한 화폐당국 등이다.

- 소득재분배정책 : 위의 국가정책 중 사회복지정책과 직접 관련된 것이 소득재분배정책이다.
- 사회보장제도 : 자본주의에서 누진과세와 함께 소득재분배를 기하기 위한 가장 대표적인 제도가 사회보장이다. 사회보장지출의 증가는 유효수요를 증대시키고, 또 그 수준을 유지하는 데 매우 효과적인 국가정책이다. 바로 이러한 주장이 복지국가를 '경제학적으로' 정당화하는 근거가 있다. 이로써 보수적인 사람들도 사회복지정책을 사회주의가 아닌 자본주의를 강화시키는 제도로 수용하게 되었던 것이다.
- 국가개입주의(state interventionism) : 케인즈사상을 국가개입주의라고도 한다. 케인즈사상은 시장실패에 대해 국가가 적절히 개입해야 한다. 국가개입주의란 자유주의와 같이 자본주의의 기본 가치인 자유, 개인주의, 경쟁적 사기업에 대한 신념을 신봉하되, 자본주의의 자기 규제적이지 못한 결함을 직시하고 이의 해결을 위해 일정한 수준에서의 국가개입이 불가피하다고 보는 실용주의적 입장을 말한다.(119)

  이를 소극적 집합주의(reluctant collectivism)라고도 하는데, 비버리지와 갤브레이스 등이 여기에 속한다.

> ① 소극적 집합주의자들의 국가관의 핵심은 국가의 이성적인 활동을 신뢰한다는 데 있다.
> ② 이들은 경제사회체계가 간섭을 전혀 받지 않을 때 가장 잘 운영되는 신비롭고 자율적인 원리에 지배된다는 관념(자유방임주의)을 배격한다.
> ③ 이성적인 사고와 계획에 의해서 문제가 해결된다고 믿는다.
> ④ 국가는 공공의 이익에 관심을 두어 당면한 문제에 대해 독자적인 견해를 가질 수 있는 조직체이다.

  이들은 복지를 위한 국가의 역할이란 제거할 수 있는 병폐를 제거하는 것이고, 문제에 대해 조장적(supportive)이기보다는 반응적(reactive)이며 문제 중심적이다.
- 최저수준의 보장 : 국가의 사회복지정책에 있어서 특히 중요한 것은 최저수준의 보장이다. 비버리지는 국가가 최저수준 이상을 제공하는 것은 절대 정부의 책무가 아니며, 개인이 돈을 자신에게 최선이라고 생각한 데 사용하는 자유를 침해한다고 보았다. 최저수준의 보장을 위한 비버리지의 방법은 사회보험이다.

1929년 미국에서 시작된 세계적인 대공황 이후 한 시대를 풍미했던 케인즈주의와 국가개입주의는 1973년과 1978년 오일 쇼크로 인한 스태그플레이션 앞에서 무너지고 말았다. 그리하여 신자유주의적인 통화주의 경제학이 힘을 얻게 되었다.

통화주의 이론에 따르면 실업률이 높은 상황에서 인플레이션이 발생할 때 장래의 예상 인플레이션도 뒤따라 상승하게 되는데, 재정·금융정책에 의한 긴축으로 이것을 억제하여 현재의 인플레이션을 떨어뜨려도 예상 인플레이션이 그 뒤를 따르기 때문에 안정되기까지는 높은 실업률과 높은 인플레이션이 공존하는 스태그플레이션이 된다.

신자유주의자들은 스태그플레이션의 극복을 위해서는 케인즈주의 경제사회정책을 포기하고, 화폐공급을 억제하여, 경제의 자율성을 회복시키는 방법밖에 없다고 보았다. 결국, 대처의 등장과 함께 케인즈주의는 통화주의로 대체되고 말았다.(120)

3 신자유주의

신자유주의(neo liberalism) 또는 반집합주의(anti-collectivism)란 아담 스미스와 데이비드 리카도 등 고전파 경제학자들의 자유주의사상을 이어받은 오스트리아학파의 거두 하이예크(F. A. Hayek)와 그의 제자 프리드맨(M. Friedman) 그리고 영국의 보수 정치인 포웰(E. Powell)의 자유방임주의적·반복적 사상을 말한다.

신자유주의가 지향하는 정책적 특성으로 국가의 사회복지정책은 국민들을 국가에 예속시키고 시민적 자유를 박탈한다는 것으로 요약된다. 신자유주의는 자본주의에 대해서는 긍정적이며, 시장개방, 노동의 유연성, 탈규제, 민영화 등의 정책을 선호한다. 다만 사회복지정책에 대해서는 부정적이다.

1 자본주의 시장의 신봉

신자유주의는 시장의 자율적 경쟁을 강조한다. 시장은 억압의 원천인 정치적 권위와 강제력의 제동장치이며, 자유로운 경쟁, 수요와 공급, 이윤, 자유로운 임금교섭 등과 같은 시장의 힘은 사회적 평등의 신장에도 크게 기여한다.

2 국가개입에 대한 혐오

신자유주의는 '작은 정부'를 지향한다. 국가에 대해 혐오하는 이유는 시민의 사회생활에 개입하는 국가의 사회복지정책이 사회적 분열을 가져오고, 자원 낭비적이며, 경제적 비효율을 조장하고, 개인의 자유를 억압하기 때문이라는 데 있다.

이를 자세히 설명하면 다음과 같다.

① 사회적 분열 : 사회적 욕구를 하나의 권리로 인정함으로써 잠재적인 수혜자층과 재정을 부담하는 사람들 사이에 적대감이 조성된다.
② 자원 낭비 : 사회복지정책에 필요한 자원은 한정된 반면 그에 대한 수요는 무한한데, 무상의 사회복지정책은 가수요를 조장하고, 수혜자의 자존심을 손상시키며, 서비스의 질을 하락시킨다.
③ 경제적 비효율 : 국가의 사회복지정책의 비용이 시장의 이윤과 가격 메커니즘의 효율성을 도저히 따라잡을 수 없다.
④ 전제와 독재의 초래 : 민주주의 사회에서 완전한 합의란 있을 수 없기 때문에 집합주의적 계획은 개인의 자유를 억압하는 전체주의를 가져오고, 그 형태는 파시즘, 사회주의, 공산주의 등으로 나타난다.

3 국가개입의 의미

시장을 통해 조정될 수 있거나 매우 큰 비용이 소요되어 정치적인 경로를 통하면 더욱 바람직한 세 가지 영역을 제시한다.

첫째, 규칙 제정자 또는 심판 규칙의 제정은 자유사회에서 정부의 기본적인 역할이며, 규칙에 따라 집단 간의 견해차를 조정하고 게임에 불응하려는 자들을 규칙에 순종시킨다.

둘째, 자발적인 교환의 비용이 너무 들거나 불가능한 경우

① 시장의 불완전성으로 인한 독점 : 원칙적으로는 독점에 반대(특히 정부독점)하지만, 기술적 효율성 때문에 독점이 필요한 경우가 있다. 이를 기술적 독점(technical monopoly)이라고 하는데, 전화나 우편이 여기에 해당된다.
② 이웃효과(neighborhood effect) : 개인의 행동이 타인에게 해를 끼쳤음에도 그에 대해 책임을 지우거나 보상을 할 수 없는 경우나 개인의 사회로부터 어떤 혜택을 보았음에도 그 효과를 정확히 측정할 수 없는 경우가 있는데, 이때는 국가가 불가피하게 개입한다.[21]

21 예컨대, 공장폐수로 인해 피해가 발생했을 때 그 원인 제공자를 명확히 구분해 낼 수 없을 때 국가가 대신 보상한다(이를 외부불경제(externality)라고 한다). 도시의 공원이나 도로도 그렇다. 공원과 도로는 그로부터 직 · 간접으로 혜택을 받는 사람을 정확히 가리기가 매우 어렵다(공원의 숲이 공기를 정화하고 쳐다보기만 해도 마음의 안정을 얻는다 하여 그 주변에 거주하는 사람들에게 공원관리비를 징수할 수는 없다).

셋째, 자신의 행동을 책임질 수 없는 사람에 대한 온정주의

심한 정신질환자와 정신장애인이 대표적인데, 이들을 방치하면 대다수 사람들이 불안해하므로 국가가 대신 책임진다.

4 대처리즘

대처리즘(Thatcherism)은 신자유주의가 정치적으로 가장 분명하게 표현되는 것이다. 대처리즘은 1979년, 영국 경제의 쇠퇴와 사회민주주의의 퇴조 속에서 대처가 이끈 보수당이 집권하면서 출현한 이래 거의 같은 시기에 등장한 레이거노믹스(1980년 미국 대선에서 공화당의 레이건이 승리함으로써 출현)와 함께 전 세계를 신자유주의 이념으로 휘몰았다.

개인과 국가, 그리고 경제와 복지에 관한 신념체계로서의 대처리즘은 대략 다음과 같은 여덟 가지로 정리된다.

① 정부는 사회적 선(good)을 지속시키는 데는 그 능력에 한계가 있지만, 사회적으로 해로운 것을 행하는 데는 큰 힘을 발휘한다.
② 개인의 책임이 중요하고, 선과 악은 존재한다(대처는 사형제도의 부활을 주장한 극소수의 보수당 각료 중 하나였음).
③ 국가의 가장 중요한 임무는 법과 질서의 유지와 국방에 있다.
④ 국민들은 자신의 문제를 스스로 해결해야 하며, 정부에 미루어서는 아니 된다.
⑤ 경제성장 없는 공공지출의 증대는 세금 부담을 증대시키고 선택의 자유를 축소할 뿐이다.
⑥ 시장은 경제성장과 자유선택을 촉진하고 개인의 자유를 수호하는 가장 좋은 수단이다.
⑦ 한 부분의 지출 증가는 다른 부분의 지출 감소를 가져온다. 그렇지 않으려면 부채 증가와 인플레이션이 불가피하다. 그리고 그 비용은 납세자가 부담해야 하며, 납세자의 상당수는 그 수혜자보다 가난할 수 있다.
⑧ 국가개입은 사회변화에 대한 사회의 적응능력을 저하시킴으로써 비생산적이다. 제대로 된 대책은 사회의 약자, 실업자, 병자 등에 대한 동정심의 표출을 보다 유용하다.

대처의 복지국가에 대한 관념은 다음과 같은 세 가지로 정리될 수 있다.

첫째, '작은 정부'를 지향한다. 요람에서 무덤까지의 복지국가는 비용이 너무 많이 든다. 사회복지비용의 증가는 그 재원이 되는 국민소득의 증가를 상회한다. 이제는 복지비를 줄여 조세감면을 기하고 복지자원에 꼭 필요한 사람에게만 집중시켜 효율성(이는 보편주의에서 선택주의로의 선회를 의미한다)을 기해야 한다. 복지제공에서 선별주의를 주장한다.

둘째, 국가책임의 과잉은 개인의 책임의식, 가족과 공동체의 연대의식, 사적 자원의 가치를 약화시킨다. 국민 개개인은 자신의 문제는 스스로 책임져야 하며, 국가 지원은 극빈층에 대한 사회안전망에 한정되어야 한다. 복지국가는 국민의 책임보다 권리를 강조한다고 비판한다.

셋째, 복지윤리는 시장의 위험을 제거하고, 실패에 대한 완충을 제공하며, 열망에의 인센티브를 약화시킴으로써 기업에 해롭게 된다.

이렇게 국가복지를 부정적으로 본 대처는 민간복지에 대해서는 매우 우호적이었다.

대처의 반복지주의는 사회복지의 각 부분에서 후퇴와 변화를 가져왔다. 그럼에도 대처는 복지를 양적으로 줄이는 데는 실패하였다. 실패한 가장 큰 이유는 1986년까지 예상 밖의 높은 실업률로 인한 복지 수혜층의 급증과 NHS(국민보건서비스)에 대한 시민들의 높은 지지로 사회복지비용의 규모를 줄이는 것은 사실상 불가능했기 때문이었다.

결국 대처는 복지국가를 축소해야 한다는 상징적 의지(symbolic nature)만큼은 강력히 표출했으나, 실제적으로는 복지국가를 부분적으로만 변화시켰을 뿐이었다.[121]

4 제3의 길

1994년 영국 노동당 당수로 선출된 토니 블레어(Tony Blair)는 노동당의 실패를 구식의 유권자와 유리되고, 경제에 무능하며, 노조가 지배하는 극단적인 좌파에 취약한 정당이라는 데서 찾았다. 그 대안으로 블레어는 당의 현대화론(moderniation thesis)을 제시하였다.

그에 따르면 노동당은 자본주의 축적체제의 변화(포스트 포디즘)로 인한 유권자의 의식 변화에 대한 전략적으로 대응해야 하며, 노동당의 정책은 당의 지지 대상을 넓히고 그간 보수당에 빼앗겼던 노동자계급의 지지를 회복하는 데 초점을 두어야 했다.

블레어는 친기업적 성향을 분명히 하였다. 그는 대처의 노동정책(노동시장의 유연화 정책)과 기업정책을 그대로 유지할 것을 천명하였다. 그리고 블레어는 1995년 임시전당대회에서 당헌 4조, 즉 생산, 분배, 교환수단의 공공 소유를 당의 목표로 명시한 사회주의 조항을 공식적으로 폐기함으로써 당을 더욱 우경화시켰다. 이러한 상황에서 블레어가 내건 슬로건이 '제3의 길'이었다.

영국의 대표적 사회학자 기든스(Anthony Giddens)가 이론적으로 체계화했고, 이를 정치인 블레어가 자신의 기본적인 정치노선으로 채택하였다.

고복지－고부담－저효율로 요약되는 사회민주적 복지국가노선(제1의 길)과 고효율－저부담－불평등으로 정리되는 신지유주의적 시장경제노선(제2의 길)을 지양한 새로운 정책노선으로서 시민들의 사회경제생활을 보장하는 동시에 시장의 활력을 높이자는 신 노동당 프로젝트, 즉 구식의 시민주의와 신자유주의로부터의 차별화 전략이었다.

제3의 길이 내세우는 대안, 즉 적극적 복지(active welfare)는 대략 세 가지로 압축된다.

첫째, 국민들에게 경제적 혜택을 직접 제공하기보다는 인적 자원에 투자하는 복지국가, 즉 사회투자국가(social investment state)로 개편하자는 것이다(사회투자 전략의 대표적 예가 노령인구대책과 실업대책임). 제3의 길은 근로와 복지가 연계될 필요가 있다.

둘째, 복지다원주의(welfare pluralism)이다. 복지다원주의란 복지의 주체를 다원화하자는 것인데, 기존의 중앙정부 중심의 복지공급을 지양하고 비영리부분(제3부문), 기업, 지방정부 등도 그 주체로 삼자는 것이 요지이다.

셋째, 의식전환이다. 기든스에 따르면 복지국가는 자원보다는 위험성을 공동 부담하는 것이다. 복지를 개혁하려면 위험성에 관하여 분명히 인식해야 한다. 적극적인 위험의 수용은 기업가들이 중시해 왔고(벤처기업가 정신이 좋은 예) 이제는 이런 위험을 두려워하지 않는 정신이 노동자에게도 필요하다는 것을 지적한다.

사회복지에 대한 블레어식 접근의 이면에는 사회복지비용 지출이 경제적 경쟁력, 즉 성장에 직접적인 부담일 뿐이라는 신자유주의적 가정이 깔려 있으며, 블레어가 강조하는 복지국가의 재편이란 비용 삭감 이외에도 수혜자의 의존성향을 줄이고 개인의 책임을 더 강조하는 의지가 함축되어 있다.

여기서의 사회정의는 재분배와 불균등 교정을 강조한 평등주의적 성향이 아니라 최소 기준과 기회 균등을 확보하는 데 초점을 둔다. 자유시장에 대한 무조건적 신뢰는 아닐지라도, 공공부문과 공공지출 또는 혼합경제에 대한 뿌리 깊은 불신이 엿보인다.

결국 제3의 길에서 말하는 적극적인 복지는 비버리지의 보고서를 지양한다.

- 기든스는 비버리지의 5대 악(빈곤, 질병, 무지, 불결, 나태)에 대한 전쟁이 소극적인 복지를 중시한 것이라고 보았다.
- 적극적인 복지는 비버리지가 제기한 이러한 소극적 요소들을 적극적인 것으로 대체시키는 것이다.
- 빈곤 대신에 자율성을, 질병 대신에 건강을, 무지 대신에 교육을, 불결 대신에 안녕을, 나태 대신에 진취성을 강조하자는 것이다.

제3의 길에 대한 반론

① 첫째, 블레어 정부가 평등에 무관심하다는 것이다.
② 둘째, 블레어 정부가 복지(welfare)보다는 근로(work)를 너무 중시한다는 비판이다.
③ 셋째, 블레어 프로젝트가 실천력이 없다는 것이다.
제3의 길은 '새로운 종류의 정치'라고 과대 선전되어 왔을 뿐이라는 지적이다. 결국, 블레어 프로젝트는 대처의 신자유주의와 별 차이가 없다는 것이다.(122)

5 신마르크스주의

자본주의는 프롤레타리아트에 의해 지양되어야 할 착취체제였으며, 자본주의 국가는 부르주아의 계급적 이해를 수호하기 위한 위원회에 불과하였다. 따라서 자본주의 국가가 행하는 일체의 활동은 사회주의 혁명에 이로울 수가 없다. 사회복지정책도 예외가 아니다. 그러나 그렇다고 해서 이들이 무조건적으로 사회복지정책을 거부한 것은 결코 아니었다(당시 무조건적으로 사회보험을 반대했다면 상당수의 노동 대중으로부터 사민당은 외면당했을 것이다). 그들은 위로부터 주어지는 개량주의적 사회복지정책은 단호히 반대했지만, 노동자계급이 자주적으로 얻어내고 또 내용적으로 진보적인 사회복지정책은 분명히 요구하였다.(123) 반집합주의인 사회주의자들은 사회복지가 개인의 자유와 선택을 제한한다고 본다.

사회주의자들은 사회보험에 대한 노동자들의 재정부담을 특히 반대하면서 국가와 자본가계급만의 부담을 요구했는데, 그 이유는 다음과 같다.

① 첫째, 노동자의 임금은 겨우 생계를 유지할 정도에 불과하기 때문에 보험료를 부담할 능력이 없다.
② 둘째, 노동자 생계의 불안정은 자신의 잘못이 아니라 자본가의 이익에 봉사하는 자본주의체제의 잘못에 기인하기 때문에 노동자는 보험료를 낼 필요가 없다.
③ 셋째, 재정이 노동자의 임금에서 충당되어야 한다면 급여의 수준은 결코 충분할 수가 없다.
④ 넷째, 사용자의 부담이 커지면 커질수록 자본주의는 빨리 붕괴할 것이다.

사회보험의 핵심 대상자인 노동자계급에 대한 마르크스의 입장은 매우 긍정적인데, 마르크스는 자본주의 생산과정에 진입하지 못한 과잉인구 또는 산업예비군으로서 부랑자, 범죄자, 매춘부로 구성된 룸펜 프롤레타리아트(Lumpen proletariat)를 프롤레타리아트와 구별해 매우 부정적으로 평가하였다.

마르크스는 그의 생전에 유럽에서 크게 유행했던 이른바 사회개량주의에 대해서도 매우 부정적이다. 마르크스가 자본주의의 국가와 사회복지정책에 대해 무조건 부정적으로만 본 것은 아니라는 견해도 있다.

19세기 중반에 있었던 영국 노동자계급의 노동시간 단축투쟁, 즉 공장법 투쟁에 대한 마르크스의 생각을 그 근거로 들고 있다. 마르크스주의는 복지국가를 자본과 노동계급 간 갈등의 결과로 보고 있다.

그는 「자본론」에서 공장법에 대해 절대적 잉여가치의 생산부문에서 상당 부분 할애하여 기술하였는데 공장법을 “생산과정의 자연발생적 모습에 대한 최초의 의식적이며 계획적인 사회적 반작용”으로서 “자본의 착취권에 대한 간섭”이자 “자본에서 쟁취한 최소의 빈약한 양보”라고 주장함으로써 공장법은 노동자계급이 치열한 계급투쟁을 통해 자본의 논리를 굴복시키고 얻어낸 양보로 보고 있다.

예 상 문 제

01 페이비언 사회주의에 대한 설명으로 맞는 것은?

① 윤리 또는 공리주의보다는 계급전쟁을 더 중시하였다.
② 사회적 통합을 중시한다.
③ 정책과 프로그램들은 여성이 남성을 지배하기 위한 것이라고 보았다.
④ 부의 평등보다는 소득의 평등을 강조하였다.
⑤ 국가개입주의라고도 한다.

정답 ②

02 다음 괄호 안에 들어갈 말로 올바른 것은?

- 1929년 미국에서 시작된 세계적인 대공황 이후 한 시대를 풍미했던 (   )와 국가개입주의는 1973년과 1979년 오일 쇼크로 인한 스태그플레이션 앞에서 무너지고 말았다. 그리하여 (   )적인 통화주의 경제학이 힘을 얻게 되었다.
- 통화주의 이론에 따르면 실업률이 높은 상황에서 인플레이션이 발생하면, 장래의 예상 인플레이션도 뒤따라 상승하게 되는데, 재정·금융정책에 의한 긴축으로 이것을 억제하여 현재의 인플레이션을 떨어뜨려도 예상 인플레이션이 그 뒤를 따르기 때문에 안정되기까지는 높은 실업률과 높은 인플레이션이 공존하는 스태그플레이션이 된다.

① 페이비언 사회주의, 마르크스주의
② 케인즈주의, 국가개입주의
③ 페이비언 사회주의, 케인즈적 사회주의
④ 케인즈주의, 신자유주의
⑤ 마르크스주의, 신자유주의

정답 ④

03 케인즈주의에 대한 설명으로 맞는 것은?

① 부와 소득의 불평등에 대해서 긍정적으로 보았다.
② 국가정책 중 사회복지정책과 직접 관련된 것이 조세정책이다.
③ 정책과 프로그램들은 여성이 남성을 지배하기 위한 것이라고 보았다.
④ 적극적 집합주의(reluctant collectivism)라고도 한다.
⑤ 케인즈 사상을 국가개입주의라고도 한다.

정답 ⑤

04 대처리즘에 대한 설명으로 틀린 것은?

① 신자유주의가 정치적으로 가장 분명하게 표현되는 것이 대처리즘이다.
② 대처리즘은 1979년, 영국 경제의 쇠퇴와 시회민주주의의 퇴조 속에서 대처가 이끈 보수당이 집권하면서 출현하였다.
③ 정부는 사회적 선(good)을 지속시키는 데는 그 능력에 한계가 있지만, 사회적으로 해로운 것을 행하는 데는 큰 힘을 발휘한다.
④ 국가의 가장 중요한 임무는 법과 질서의 유지와 국방에 있다.
⑤ 국가복지를 부정적으로 본 대처는 민간복지에 대해서도 매우 부정적이었다.

정답 ⑤

05 '제3의 길'에 대한 설명으로 틀린 것은?

① 영국의 대표적 사회학자 기든스(Anthony Giddens)가 이론적으로 체계화했고, 이를 정치인 블레어가 자신의 기본적인 정치노선으로 채택하였다.
② 시민들의 사회경제생활을 보장하는 동시에 시장의 활력을 높이자는 구식의 시민주의와 신자유주의로부터의 차별화 전략이었다.
③ 광복 및 6.25 이후에는 외원단체를 통해 응급구호사업이 실시되었으며, 전쟁고아 지원 및 이재민 물자지원 등 현물공급 및 시설중심의 보호사업을 통해 활동해 왔다.
④ 국민들에게 경제적 혜택을 직접 제공하기보다는 인적 자원에 투자하는 복지국가, 즉 사회투자국가(social investment state)로 개편하자는 것이다.
⑤ 결국 제3의 길에서 말하는 적극적인 복지는 비버리지의 지향이다.

정답 ⑤

06 마르크스주의에 대한 설명으로 틀린 것은?

① 사회주의자들은 사회보험에 대한 노동자들의 재정부담을 반대하였다.
② 국가와 자본가계급만의 부담을 요구하였다.
③ 사회보험의 핵심 대상자인 노동자계급에 대한 마르크스의 입장은 매우 긍정적이다.
④ 마르크스는 그의 생전에 유럽에서 크게 유행했던 이른바 사회개량주의에 대해서는 긍정적이다.
⑤ 노동자 생계의 불안정은 자신의 잘못이 아니라 자본가의 이익에 봉사하는 자본주의체제의 잘못에 기인하기 때문에 노동자는 보험료를 낼 필요가 없다고 주장한다.

정답 ④

Chapter

05 사회복지정책의 분석틀

Key word 정책분석, 정책분석틀(산출분석, 과정분석, 성과분석), 목표체계, 급여체계, 재원체계, 자발적 기여, 비용편익분석, 전달체계

1 사회정책분석의 의미

1 개념

정책분석의 개념은 오늘날 매우 다양한 의미를 지닌 채 사용되고 있어서 정확히 정의하기 어려운 실정이다.

일반적으로 정책분석에 대해서 드로(Dror, 1971)는 "복잡한 정책문제와 관련하여 바람직한 대안을 식별, 고안하기 위한 방법론"이라고 규정한 정책분석은 문제해결을 위한 대안의 탐색과 개발, 그리고 최선의 대안을 선택하는 데 도움을 주는 방법론으로 보고 정책의 중요성을 강조하고 있다.(124) 같은 맥락에서 퀴드(Quade, 1982)가 "사회기술적 문제에 대한 이해를 심화시키고 보다 나은 해결방안을 찾기 위해 수행되는 응용연구의 한 형태"로 그리고 스토키(Stokey)와 젝하우저(Zeckhauser)가 "합리적 정책결정자가 정책문제를 구조화하고 목표를 설계하며 그것을 달성하기 위해 최선의 수단을 발견하는 논리적 과정"이라고 정의하고 있다.

정책분석은 정책이 가져올 사실상 혹은 잠재적인 영향력을 체계적으로 식별, 검토 및 평가함으로써 정책의 형성, 결정, 집행, 평가과정에서 야기되는 여러 가지

어려움을 정치, 행정체계가 스스로 극복하는 데 필요한 객관적이고 합리적인 지식을 제공하는 것이다.

그러므로 정책분석은 최선의 정책대안을 창출하기 위하여 수행되는 체계적인 활동을 의미한다. 이러한 점에서 정책분석은 정책과정 전체에 연관되는 체계적인 노력이기도 하다.

그러므로 사회복지정책에 있어 정책분석을 설명하면, 사회복지정책분석이란 최선의 사회복지정책대안을 제시하기 위한 체계적인 활동이다. 즉, 사회복지정책결정자가 어떤 사회복지문제나 정책문제와 연관하여 기존의 사회복지정책을 변경하거나 폐지 혹은 새로운 정책을 창안할 수 있도록 과학적인 조사연구를 바탕으로 그 대안을 제시하는 활동이다.

사회복지정책분석은 일반적으로 정부 관련 부서나 민간의 사회복지기관에서 사회복지정책전문가에게 특정 프로그램이나 문제를 의뢰함으로써 이루어진다. 그리하여 그 프로그램이나 문제에 관련된 몇 가지 선택 대안들이 정책분석을 통하여 제안되어 관련 정책결정과정을 거쳐 실행되는 것이다.

2 정책분석의 특성

정책분석은 다음과 같은 특성을 지니고 있다.(125)

첫째, 정책목표와 정책수단의 관련을 명확하게 하려는 점에서 목적지향적이고, 둘째, 정책현상이 사회과정의 여러 가지 요인의 상호 의존을 전제로 하고 있다는 의미에 있어서 체계적인 것이다. 셋째, 정책분석은 정책실시의 예측이나 서술뿐만 아니라 필요한 행위의 제언에 이르기까지 관련된다는 점에 있어서 행위지향이며, 넷째, 정책주체가 정책목적을 실현시키기 위한 수법의 탐구라는 의미에 있어서 조작성이 강조된다. 또한 정책과정에 있어서 정책과제의 분야에 대응하며, 또 관여하는 주체의 성질에 대응하며, 다섯째, 다양한 성격을 가지며, 여섯째, 문제의 접근법도 학제적 성격이 강조된다. 여기서 행위지향성이란 성격은 불확실성을 고려하도록 요청하며, 사회적 행위는 통상가치에 기초를 두고 있기 때문에 정책분석은 당연히 윤리적인 함의를 가진다.

2 사회복지정책분석의 유형

사회에는 사회복지정책을 포함하여 다양한 정책들이 존재한다. 이러한 많은 형태의 정책을 분석하는 데는 여러 가지 분야에서 저마다의 필요에 의하여, 그리고 여러 가지 방법과 이를 이용하려는 다양한 소비자들로 말미암아 참으로 많은 정책분석의 접근방법이 존재하고 있다.

다음은 미국의 정책분석 전문가인 와이너(Weiner)와 비닝(Vining)이 정책분석의 접근방법 유형을 간략하게 요약한 것이다.(126)

정리 정책분석의 다양한 접근방법

정책분석의 접근방법	목 적	이용자	방 법
학술적 사회과학연구	사회를 이해하기 위한 이론 구축	학술연구 집단	엄격한 경험적 계량 방법
응용정책연구	공공/민간 프로그램에 의해 변동될 수 있는 변화의 효과에 대한 예측과 평가	정책 영역의 의사결정권자	정책관련 질문에 응용되는 공식적 조사방법
사회계획	사회문제를 해결하고 바람직한 미래 상태를 달성하기 위한 방법의 개념 규정과 구체화	이사회, 기금조성 기관, 관심 있는 시민	데이터베이스, 경영기술(PERT, flow의사결정분석), 공적 포럼, 전문가 혹은 시민판넬
저널리즘	사회복지문제에 관한 공중의 관심에 초점을 맞춤	일반 공중	기존의 자료, 전문가자료(그 문제에 영향을 받는 전문가, 학자, 시민)
실무자정책분석	개인사회사업가가 활동하는 범위 내에서 정책맥락의 이해	분석작업을 시도하는 사회사업가	기존문헌, 큰 도서관, 전문가 자원의 마이크로필름, 문헌 등으로 된 정부 및 기타 문헌
시민정책분석	민주주의에 관여된 시민으로서 참여하기 위한 쟁점 분석	시민이 영향을 미치기를 원하는 선거로 뽑힌 공무원의 분석에 관여하는 시민	기존 문헌, 선거로 뽑히거나 임명된 공무원

출처 : Popple & Leighninger, 1998 : 42.

1 길버트와 테렐의 사회복지정책의 분석 유형(3P)

길버트(Gilbert)와 테렐(Terrell)은 사회복지정책의 분석을 3가지로 분류할 수 있다고 하면서, '3P' 분석이라고 이름 지었다. 과정(Process), 산출(Product), 성과(Performance) 분석이 그것이다.

1) 사회복지정책의 과정분석

사회복지정책의 과정분석은 사회복지정책의 전체 혹은 부분적인 과정과 연관한 분석으로서, 여기에는 사회복지정책과 관련된 다양한 변수들의 영향력과 관계를 알아보려는 작업이다.

길버트와 스펙트의 과정분석은 계획자료의 투입, 사회 내의 다양한 정치, 정부와 다른 조직화된 집단 간의 관계와 상호작용이 정책 형성에 어떻게 영향을 미치는가 하는 점에 관심을 가진다.

2) 사회복지정책의 산출분석

사회복지정책의 산출분석은 사회복지정책이 계획되고 수립되는 것은 일련의 정책적 선택과정을 거친다는 전제에서 출발한다.

따라서 산출분석은 이러한 일련의 정책선택과 연관된 다양한 쟁점에 대한 분석을 말한다.

3) 사회복지정책의 성과분석

사회복지정책의 성과분석은 정책선택의 프로그램적 결과에 대한 설명과 평가에 관심을 가진다. 프로그램의 결과에 대한 분석은 과정이나 산출분석에 비하여 한층 객관적, 체계적인 관찰이 가능한데, 그것은 프로그램의 범위가 더욱 명확하게 설명될 수 있기 때문이다. 성과분석은 질적·양적 자료의 수집을 통하여 광범위한 학문의 방법론 응용을 통하여 측정될 수 있다.

2 포플과 라이닝거의 사회복지정책의 분석 유형

포플(Popple)과 라이닝거(Leighninger)는 사회복지정책의 분석 유형을 크게 세 가지 범주로 나누고, 그 하위 유형으로 다시 정책분석을 세분하였다.(127)

1) 서술적 분석(Descriptive Analysis)

서술적 분석은 내용분석, 선택분석, 비교분석, 역사분석 등이 있다.

2) 과정분석(Process Analysis)

과정분석은 정책의 내용보다는 정책이 어떻게 형성되는가에 관심을 가진다.

과정분석은 수많은 정치적 행위자(actors)의 의도에 초점을 가지는데, 이들 중에는 특정 정책에 의하여 긍정적으로나 부정적으로 영향을 미치기 쉬운 사람들을 대표하는 공무원, 매스미디어, 전문가 집단, 특별한 이익집단 등이 포함된다.

3) 평가

(1) 논리적 평가

논리적 평가는 사회복지의 내용을 상세하게 살핀다는 점에서 내용분석과 유사하다. 하지만 논리적 평가는 정책의 내적 엄밀성과 일관성을 평가한다는 점에서 내용분석과는 다르다.

논리적 평가는 일반적으로 세 가지 차원에서 정책을 다음과 같이 평가한다.

첫째, 정책은 보통 한 가지 이상의 목적을 가지고 있으므로, 복잡한 정책적 목적이 가지고 있는 내적 일관성을 평가한다.

둘째, 정책의 목적과 그것을 달성하려는 수단 사이의 일관성을 평가한다.

셋째, 의도적 결과와 비의도적 결과의 상이성을 평가한다.

(2) 양적 평가

양적 평가에는 결과(outcome) 평가와 효율성 평가(efficiency evaluation)의 두 가지가 있다.

이들 평가는 흔히 사후 평가로서 정책의 실행 후 결과를 평가하는 것이다.

(3) 윤리적 평가

포플과 라이닝거의 정책분석은 이론적으로 거의 탈가치적(value-free) 특성을 지닌다. 반면에 사회복지정책은 사실 거의 가치 판단적인(value-laden) 성향을 띤다.

사회복지정책이 취급하는 쟁점은 그 핵심에 있어 좋고 나쁜 쟁점, 옳고 그름의 쟁점, 당위성과 비당위성의 쟁점이다. 그러므로 윤리적 정책평가란 사회복지정책의 분석에서 극히 공통적이고 중요한 형태라 할 수 있다. 그러나 가치체계 사이에는 날카로운 상이성이 있어 윤리적 정책평가라는 논쟁을 불러일으킨다.

3 사회복지정책분석틀의 유형

1 프리그모어와 아서톤의 분석틀 (128)

사회복지정책 분야에 있어서 정책분석은 이미 여러 학자에 의하여 다양한 형태로 제안되어 왔다. 먼저, 프리그모어(Prigmore)와 아서톤(Atherton)은 사회복지정책의 분석틀로서 4개 영역 13개 항목으로 구분하여 다음 표와 같이 제시하고 있다.

프리그모어와 아서톤의 분석틀

구 분	내 용
첫째, 문화적 가치와 관련되어 고려해야 할 사항	• 고려하는 정책이 현재의 방식(style)과 양립하는가? • 그 정책은 평등과 정의에 기여하는가? • 그 정책은 사회사업 가치와 일관성이 있는가? • 그 정책은 사회의 다른 중요한 가치와 일치하는가?
둘째, 영향과 의사결정의 차원	• 그 정책은 정치적으로 수용 가능성이 있는가? • 그 정책은 합법적인가? • 그 정책은 관련되는 이해집단들을 만족시키는가?
셋째, 지식에 관한 고려사항	• 그 정책은 과학적으로 건전한가? • 그 정책은 합리적인가?
넷째, 비용과 수익에 관련된 사항	• 그 정책은 경제적으로 실현 가능성이 있고, 경제적인 면에서 다른 어떤 대안보다 나은가? • 그 정책은 현실성(workable)이 있는가? • 그 정책은 효율적인가? • 그 정책은 다른 사회문제를 야기시킬 가능성이 있는가?

출처 : C. Prigmore & C. Arherton, 1979 : 41–42.

이 분석틀은 현재의 정책들뿐만 아니라 수립하고자 하는 정책의 대안들을 평가하는 데 하나의 기준이 된다.

2 길버트와 테렐의 분석틀

길버트(Gilbert)와 테렐(Terrell)에 의하면 사회복지정책의 분석방법으로 크게 과정분석, 산물(산출)분석, 성과분석 등 세 가지로 구분하였다(3P 분석).[(129)]

1) 기본 전제

길버트(Gilbert)와 테렐(Terrell)은 사회복지정책은 시장 외부에서 기능하는 급여와 할당의 메커니즘이라는 맥락에서 분석틀을 구상하였다.

다만 이 경제적 시장의 외부에서 일어나는 급여와 할당의 메커니즘이 경제시장에서 이루어지는 교환관계와는 다르지만, 그 나름의 원리와 내용을 가지고서 급여와 할당이 이루어진다는 점에 동의하고 있다.

즉, 경제시장과는 다르게, 사회복지의 급여와 할당은 직접적이기보다는 간접적이고, 구체적이기보다는 추상적이며, 경쟁적이고 선택적이기보다는 비경쟁적이고 선택의 여지가 없다는 측면을 강조한다.

2) 산출분석의 네 가지 질문

사회복지정책 분석은 이러한 독특한 특징을 지닌 급여와 할당의 메커니즘인 사회복지정책 현상을 어떻게 분석할 것이냐에 관심을 가진다.

이러한 맥락에서 사회복지정책은 급여와 할당의 틀 내에서 어떤 급여를 누구에게 제공할 것이며, 이들 급여는 어떻게 전달될 것인가를 결정하는 원칙 혹은 지침들 사이의 선택으로 간주된다.

그리하여 사회복지정책의 분석틀은 이러한 선택의 차원들에 대한 분석으로 구성된다.

이러한 분석은 다음과 같은 네 가지의 질문 형태로 표현된다.

첫째, 누구에게 급여할 것인가? (할당체계 또는 대상체계)

둘째, 무엇을 급여할 것인가? (급여체계)

셋째, 어떻게 급여할 것인가? (전달체계)
넷째, 어떻게 재원조달을 할 것인가? (재원체계)

3) 세 가지 입체적 분석

위의 네 가지 질문은 이론, 가치, 대안이라는 세 가지 측면에서 입체적으로 분석되어야 한다고 주장한다.

(1) 이론과 대안의 차원

이론은 경험적으로 검증 가능하며, 어느 정도 법칙적인 일반화의 성격을 갖는 체계적으로 관련된 일반의 논술이라고 말할 수 있다.

이론은 일반적으로 어떤 현상을 설명하고 예측할 수 있게 하는 기능을 가지고 있다.

사회복지정책의 선택에 있어서 이론적 차원의 배려는 사회복지정책의 선택과 연관된 다양한 사회복지현상에 대한 설명과 예측을 바탕으로 한 이론적 측면을 고려해야 한다.

(2) 가치의 차원

사회복지정책의 분석에서 기본적으로 검토되어야 하는 3가지의 가치(평등성, 형평성 및 사회적 적절성)와 실제적으로 4가지 각 영역(할당, 급여, 전달, 재원)을 실천하는 과정에서 발생할 수 있는 상대적·대항적 가치 지향을 개인주의적 가치 지향과 집단주의적 가치 지향으로 대비하여 분석한다.

4) 사회복지정책 분석틀의 종류

다음에서는 주로 길버트(Gilbert)와 테렐(Terrell)의 분석틀에 기초하되 그들이 포함시키지 않는 목표체계(대상체계)를 포함하여 급여체계, 재원체계, 전달체계 등에 관하여 살펴본다.(130)

(1) 목표체계

정책분석과정에서 가장 먼저 요구되는 것은 다음과 같다.[22]

첫째, 정책의 목표를 명확히 밝히는 작업이다. 사회복지정책의 구체적 목표는 그 정책대상 집단을 구체적으로 기술하고 그 정책이 의도하는 결과를 명확히 해야 한다. 정책이 추구하는 목표를 달성할 수 있는 기간, 그 정책이 의도하는 결과가 계량화될 수 있어야 한다.

둘째, 정책분석 시 정책의 목표와 수단은 명확하게 구분되어야 한다.

셋째, 정책분석 시 그 정책의 장기적 목표와 단기적 목표를 명확히 구분하여 그에 따라 정책을 평가하여야 한다.

넷째, 정책의 목표는 의도한 목표와 의도하지 않은 목표로도 구분할 수 있다.

수급자 선정의 구체적 기준을 살펴보면 다음과 같다.

- 개인적 속성 : 특정한 연령집단이나 직업집단 또는 특정 거주지에 속해 있는 것이 수급자 선정기준이 된다.(131)
- 보상 : 사회적 보상과 개인의 경제적 기여에 대한 보상이다.
- 전문가의 진단적 판단 : 기능별로 전문가의 진단적 판단에 의존(장애인에 대한 진단)한다.

> ① 사회적 보상 : 사회나 국가에 대한 공로 또는 희생을 기준(예, 상이군경, 독립유공자)
> ② 개인의 경제적 기여에 대한 보상 : 경제적 교환 원리에 제일 가깝지만, 피보험자의 개인적인 능력에 따라 기여금을 내고 개인별 욕구에 따라 동일한 수급을 받기 때문에 시장원리와는 근본적으로 다름(예, 사회보험)

- 자산조사에 의한 욕구 : 가장 많이 사용되는 방법으로서(선별주의 방식) 소득이나 재산과 같은 조사를 통해서 일정한 자산 이하의 사람들에게만 급여를 제공하는 것이다. 그 형태로는 절대적 결정과 상대적 결정이 있다.

(2) 급여체계

사회복지정책의 급여체계란 정책의 급여형태에 대한 문제이다. 전통적으로 현금급여와 현물급여의 논쟁이 있어 왔으나 그 후 급여형태를 확장하여 기회, 서비스, 증서, 권력과 같은 다양한 급여의 형태가 제시되고 있다.(132)

22 수급자를 선정하는 데 필요한 기준을 정하는 원칙에는 보편주의와 선별주의가 있다.

❶ 현금급여와 현물급여

- 현금급여

  – 현금급여(cash benefit)는 수급자에 대한 급여를 현금으로 지급하는 것을 말한다.

  – 사회복지가 발달할수록 그 비중이 가장 커지는 것이 현금급여이다.

> 현금급여가 선호되는 이유
> ① 현물급여에 비하여 수급에의 권리를 인정하여 인간의 존엄성을 살릴 수 있다.
> ② 현물을 수급할 때 발생할 수 있는 치욕감을 줄인다.
> ③ 선택의 자유와 소비자 주권을 높일 수 있다.
> ④ 자유, 자기결정권 신장, 보호자주의로 인한 소비 강제화로 나타나는 침해를 막을 수 있다.

  – 현금급여에 대한 비판 : 수급자의 합리적 선택이 전제되어야 한다(예, 복잡한 의료서비스). 현금이 수급자의 욕구충족에 필요한 재화의 구입에 사용되지 않고 다른 곳에 사용될 위험이 있기 때문에 제대로 사용되었는지 확인이 어렵다.

- 현물급여(물질적 재화와 서비스)

  – 현물급여(kind benefit)는 현금 대신 재화나 서비스 등으로 수급자에 대한 급여를 지급하는 것이다.

  – 미국의 경우 현물급여 비중이 크다.

  – 현물급여의 형태로는 의료와 교육(가장 큰 비중), 음식, 주택, 에너지, 직업훈련, 상담 등이 있다.

  – 현물급여의 필요성[133]

> ① 사회복지정책의 목표효율성을 높일 수 있다.
> ② 현물을 직접 제공하면 수급자들의 소비를 통제할 수 있어 정책목표를 달성할 수 있다.
> ③ 경제적 필요가 매우 높은 사람들을 선별할 수 있다.
> ④ 현물급여로 인한 낙인(스티그마)으로 인해 꼭 필요한 사람들만 수급 신청 → 대상효율성 증대
> ⑤ 프로그램을 관리, 운영하는 정부관료들에 의해 선호된다. → 조직, 권력이 커진다.

  – 현물급여에 대한 비판 : 수급자 개인선택의 자유를 확보하기 어렵고 현물관리에 비용이 든다.

❷ 다양한 급여형태

길버트와 테렐은 급여형태를 다음과 같이 기회, 서비스, 재화, 증서, 현금, 권력 등 여섯 가지로 제시하고 있다.[134]

- 기회 : 기회(opportunity)는 수급자들에게 시장에서의 경쟁에서 불이익을 받지 않도록 경제적 능력을 높일 수 있는 기회를 제공한다. 불이익집단(소수인종, 여성, 노인, 장애인)을 대상으로 진학, 취업, 진급 등에 유리한 기회를 제공한다. 예컨대, 저소득층 주민에게 영구 임대아파트 입주 기회를 제공한다.

  사회복지정책의 급여형태 중 기회의 예로는 빈곤층 자녀의 대학입학정원 할당, 장애인 의무고용제 등이 해당한다.
- 서비스 : 서비스는 클라이언트의 이익을 위해 교육, 카운슬링, 계획 등과 같은 어떤 기능을 수행하는 것을 말한다. 서비스는 그 자체가 수급자에게 즉각적인 시장가치를 부여하지는 않는다.
- 현물 : 재화는 식품, 의복, 주택 등과 같은 구체적인 물품을 의미한다. 이는 제한된 교환가치를 지니며 일반적으로 교환의 경로도 한정되어 있다. 목표효율성(target efficiency)이 가장 높은 급여형태로 평가받는다.
- 증서 : 증서(바우처, voucher)는 현금급여와 현물급여의 장점을 살릴 수 있는 제3의 급여 형태이다. 선택의 자유를 제한적으로 실현, 비합리적 선택 문제를 해결할 수 있다. 즉, 수급자가 일정한 용도 내에서 원하는 재화나 서비스를 선택할 수 있다. 이는 재화나 서비스 공급자들 사이의 경쟁을 유발시켜 질적으로 향상이 가능하다. 예컨대, 교육증서(학교 간 경쟁유발)가 있다.

  현물급여에 비하여 관리, 운영에 비용이 적게 든다. 하지만 실제로는 이상적인 속성에도 불구하고 거의 찾아보기 힘들다(미국에서나 일부 사용).
- 현금 : 현금은 공공부조, 아동수당, 사회보험과 같은 사회복지정책 프로그램에서 주로 사용되고 있다. 보편적 교환가치를 지니며 소비자 선택의 자유를 적극적으로 보장한다.
- 권력 : 권력은 재화나 자원을 통제하는 영향력의 재분배에 관한 것이다. 이는 정책을 결정하는 과정에 적극적으로 수급자들이 참여하여 그들의 입장을 유리하게 반영한다. 시민참여를 강조한다(지역사회운동 프로그램 등). 수급자가 직접 급여에 대한 결정이나 그와 관련된 정책결정에 참여한다. 수급자들의 이익을 가장 적극적이고 진보적으로 높이는 형태이다.

참고 급여형태와 가치 및 이론[135]

- 급여형태는 가치에 영향을 받음
  - (예) 소비자 주권을 중요하게 생각하고 시장경제의 우월성을 신봉하는 개인주의 지지자들은 현금급여를 지지
  - 반대로, 정부가 경제에 개입하는 것이 필요하다고 생각하는 집단주의 지지자들은 현물급여를 지지
- 그러나 현금 및 현물 이외의 급여형태 중 어떤 것들을 택하는가 하는 것은 정책목표에 따라 크게 결정됨
- 사회복지정책의 목표는 사회문제를 해결하기 위한 이론적 관점에 기초하여 설정됨
  - 따라서 사회복지정책 목표에는 사회문제 이론이 반영, 그 반영된 이론은 급여를 결정하는 데 그대로 영향을 미치게 됨

(3) 재원체계

사회복지정책을 실시하려면 그 비용이 따른다. 그러한 비용은 국가와 공공단체가 부담할 수 있지만, 사회서비스의 수혜자도 부담할 수 있다. 이러한 비용의 부담(수입)과 지출 및 그 운영을 사회복지정책의 재정이라 한다.[136]

사회복지정책에는 재원이 필요하며 아무리 정책의 내용이 좋아도 재원이 불충분하면 그 정책은 성공하기 어렵다. 사회복지정책을 분석하는 데 있어 재원의 분석이 중요한 이유는 사회복지정책이 어떤 재원에 의존하느냐에 따라 그 정책의 내용이나 목표가 달라질 수 있기 때문이다.

공공부문의 재원은 정부의 일반예산, 사회보장을 위한 조세, 조세비용의 세 가지로 나눌 수 있으며, 민간부문의 재원은 사용자부담금, 자발적 기여금(개인, 재단, 기업), 기업복지, 그리고 가족 내 혹은 가족 간 이전으로 나눌 수 있다.

❶ 공공부문 재원

- 정부의 일반예산
  - 정부의 일반예산의 필요성[137] : 정부의 일반예산을 통한 재원은 다른 재원에 비하여 사회정책이 추구하는 가장 중요한 목표인 평등, 소득재분배나 사회적 적절성을 이루기가 수월하다. 정부의 일반예산 재원은 다른 재원들에 비하여 대상을 넓힐 수 있고 급여내용의 보편성을 이룰 수 있다. 재원의 안정성과 지속성의 측면에서도 정부의 일반예산이 다른 재원에 비하여 유리하다.
  - 일반예산을 구성하는 조세 : 일반예산을 구성하는 조세는 법령에 의하여 개인과 기업에 대한 강제 징세이고 정부가 징수한다. 조세는 소득세와 법인세,

상속세, 자본이득세와 같이 가계와 기업의 소득에 대하여 징수되는 직접세가 있고 소비세, 유통세, 관세와 같이 가계와 회사가 지출하는, 즉 상품의 거래에 과세하는 간접세가 있다. 직접세율이 높아야 소득재분배 효과가 있다. 즉, 간접세는 모든 소비자와 생산자와 관련되어 있지만 직접세율이 낮으면 고소득자가 이득을 보는 것이다.

–조세의 종류

- 소득세 : 일반예산을 구성하는 조세들 가운데 일반예산의 누진성을 높이는 데 가장 크게 기여하는 것은 소득세임
- 소비세 : 소비에 대한 조세는 개인 소득세에 비해 고소득층의 조세부담률이 저소득층보다 상대적으로 적음(이유 : 개인소득세와 달리 부담능력을 고려하지 않고 상품을 소비할 때 부과하기 때문임)
- 부(富)세 : 재산세

사회보장성 조세 : 목적세

–사회보장 프로그램을 보험방식으로 운영하는 경우 사회보험의 가입자는 기여금을 낸다.

–기여금은 소득이 있는 경우 이타심 또는 동정심에 의하여 소득의 일부(대부분 소득비례제임)를 기여하고, 자기가 필요한 경우(주로 사회적 위험에 직면하였을 때) 급여를 받는 것이다.

–기여제도의 사회보험은 소득이 있는 자 또는 건강한 자가 그렇지 못한 자를 도와주는 것이다.

사회보험의 가장 중요한 목표는 자본주의 사회의 시장에서 결정된 사회계층상의 위치를 변화시키지 않으면서 사람들이 어떤 위험(노령, 실업, 장애 등)에 당면하여 소득이 상실될 때 각자의 이전의 시장소득 수준을 유지하고자 하는 데 있다.

일반적으로 사람들은 자기들이 낸 세금이 어떻게 사용되는가에 관심이 있는데 일반예산처럼 다양한 정부지출에 사용되는 것과 달리 특정한 목적을 위하여 사용되는 조세에 대한 거부감이 적다.

조세비용

–조세비용(tax expenditure)은 조세를 거둬들여 직접적인 사회복지급여를 하지 않는 대신 사람들이 내야 할 조세를 감면시켜 사회정책의 목표를 이룰 수 있는 방법이다.[138]

–세금을 거두어 아동이 있는 가족에게 아동수당을 주는 대신, 아동이 있는 가족이 부담하는 조세에서 그만큼을 면제시켜 주는 것이다. 이것을 조세비용이라고 부르는 이유는 정부의 입장에서 보면 조세비용만큼 세수가 감소되기 때문이다.

–조세비용의 형태와 규모

조세감면

- 노인, 장애인, 아동들에 대한 공제나 의료비, 교육비, 주택비 등에 관한 공제
- 경제적 효율의 목표를 이루기 위한 것으로 각종의 경제활동 활성화(예를 들면 투자나 근로동기 강화)에 필요한 비용들을 공제하는 것임
- 기술개발이나 일정한 산업에 대한 투자는 세금부과 대상에서 면제하거나 근로동기의 강화를 위하여 어떤 사람들의 근로소득의 일부를 세금대상에서 면제시켜 주는 것임

참고 조세부담률과 사회복지재원[139]

- 국민총생산의 규모가 크면 다른 조건이 같을 경우 비교적 낮은 조세부담률에서도 조세수입이 커지기 때문에 사회정책에 사용할 수 있는 재원이 커진다.
- 조세수입이 쓰이는 행태에 따라서도 다르다. 조세수입이 국민총생산을 증가시킬 수 있는 사회정책에 많이 사용되면 조세부담률은 커질 수 있으나 총생산을 감소시킬 수 있는 정책에 많이 사용하면 조세부담률을 높이는 데 한계가 있다.
- 정치적 혹은 이념적 측면에서 보면 평등과 분배의 가치 혹은 국민연대감을 강조하는 국가에서는 국민총생산이 어느 정도 줄더라도 조세부담률은 높아질 수 있다.
- 사회적 혹은 문화적 측면에서 국민들의 근로동기나 저축동기가 강하게 나타나는 국가들에서는 비교적 높은 조세부담률에도 불구하고 국민총생산량은 줄지 않을 수 있다.
- 시각적인 측면에서 보면 조세부담률이 높아도 단기적으로 볼 때는 국민총생산량이 크게 줄지 않을 수 있다. 왜냐하면 단기적인 시간에서는 조세부담률의 변화로 인한 사람들의 근로나 저축동기의 변화가 크지 않을 수 있기 때문이다.

❷ 민간부문 재원

- 이용자부담 : 이용자부담(user charge)이란 사회복지기관과 시설의 서비스를 이용한 사람이 부담하는 비용을 말한다.[23]

23 이용자부담금(user charge)은 수익자부담금, 사용자부담이라고도 불리는데, 이는 특정한 공공시설 또는 공공서비스를 이용하는 대가로 일정한 요금(fee)을 지불하는 것을 말한다. 즉, 이용자부담이란 이용자가 자의적으로 필요에 따라 서비스 이용을 결정하며 요금은 서비스를 사용한 데 대한 대가로 간주된다.

– 이용자부담의 필요성
- ▸ 이용자부담을 통하여 사회복지서비스의 남용을 막는다(요금을 부담하여 필요한 사람만이 서비스를 이용함).
- ▸ 이용자부담은 단순히 과대한 정부부담의 한계를 극복하는 방법으로도 필요하다(재원확보).
- ▸ 사회서비스의 질을 높일 수 있다(비용부담만큼 서비스의 질도 높아짐).
- ▸ 서비스를 이용할 때 본인이 일부라도 비용을 부담하게 되면 치욕을 줄이고 자기존중을 높일 수 있다.

– 이용자부담의 문제점[140]
- ▸ 이용자부담은 기본적으로 역진적이어서 똑같은 비용부담이라 할지라도 저소득층의 부담이 고소득층에 비하여 상대적으로 커 소득재분배를 악화시킬 수 있다.
- ▸ 이로 인해 비용 자체가 저소득층에게 부담이 되어 기초적이고 필수적인 서비스의 이용이 억제될 수 있다.

● 자발적 기여 : 자발적 기여(voluntary contribution)란 민간의 자발적인 기부금을 말한다. 자발적 기여의 형태로는 개인, 재단, 법인, 유산의 기여가 있다.[141]

– 자발적 기여의 필요성
- ▸ 정부재원과는 달리 대개 소규모로 이루어지기 때문에 수요자들의 이질성에서 오는 수요의 다양성 문제가 상대적으로 심각하지 않다.
- ▸ 다원화한 사회 속에서 특정한 지역이나 집단의 특수한 욕구를 해결할 수 있다.
- ▸ 자발적 기여를 통한 사회복지정책은 새롭고 창의적인 서비스의 개발이 용이하다.

– 자발적 기여의 문제점
- ▸ 소득재분배의 역진성 : 중상위계층이 자발적 기여에 보다 열심이고 그에 따라 조세감면의 혜택도 주로 이들에게 돌아가기 때문에 조세비용의 경우와 같이 소득역진성이 발생한다.[142]
- ▸ 국가정책과의 마찰 : 자발적 기여에 의한 집단적 혹은 지역적인 특수한 욕구를 해결하려는 정책이 발전하다 보면 국가 전체적으로 포괄적이고 통합적인 정책발전에 장애가 될 수 있다.
- ▸ 체계적인 정책의 어려움 : 자발적 기여에 의한 지원은 불안정하여 지속적이

고 체계적인 정책의 수립과 집행이 어렵다.[143]

- 기업복지의 재원 : 기업복지란 기업의 사업자들이 그들의 근로자들의 복지향상을 위하여 지출하는 사회복지성 급여를 말한다.

  일반적으로 기업복지에 속할 수 있는 프로그램에는 소득보장의 영역에서는 기업연금, 의료서비스의 영역에는 기업의료보험, 교육에서는 근로자 자녀들의 학비보조, 주택에서는 사원주택, 개별사회적 서비스에서는 보육프로그램 등이 있다.[144]

  - 기업복지 재원의 필요성
    - ▸사업자의 입장에서 보면 피고용자들에게 직접적인 임금 대신 기업복지 형태의 지급이 우선 세제상 유리하다(세금감면).
    - ▸사업자는 양질의 근로자들을 고용, 유지하기 위한 동기강화를 위해서도 기업복지가 필요하다.
    - ▸국민들의 총 사회복지(국가복지 + 민간복지)를 책임지고 있는 국가의 입장에서는 기업복지의 확대로 국가복지에 사용될 재원을 줄일 수 있다.
    - ▸근로자의 입장에서도 임금 대신 기업복지의 형태로 보상받는 것이 유리하다. 일반적으로 기업복지 형태의 급여는 과세대상에서 제외되기 때문에, 특히 선진 산업사회와 같이 개인소득세의 높은 누진적인 조세율에서는 기업복지 형태의 급여가 임금보다 순이득의 측면에서 유리할 수 있다.
  - 기업복지 재원의 문제점[145]

    기업복지를 통하여 소득재분배가 악화될 수 있다. 이는 조세감면의 혜택으로 인해 만일 기업복지 대신에 세금을 거두어 조세수입을 늘려 국가복지의 적극적인 소득재분배 정책에 사용한다면 소득재분배 효과를 높일 수 있다.

    기업복지의 급여가 대부분 고소득층에게로 집중된다는 점이다. 기업복지의 대상이 기업의 정규근로자들을 대상으로 하고 또한 급여도 중간 혹은 고임금 근로자들에게 집중되어 있다(임시직 및 실업자 배제 → 소득역진성).

(5) 비공식부분 재원

비공식부분의 재원에는 가족, 친척, 이웃 간 소득이전 등이 있다.

4 사회정책분석의 방법

사회복지정책의 분석은 목적과 초점 그리고 방법에 따라 여러 가지 형태로 이루어진다. 일반적으로 사회복지정책의 분석에 있어서 사용할 수 있는 방법론은 사회과학방법론이나 조사방법론에서 사용하는 모든 방법을 거의 원용할 수 있다고 해도 과언이 아니다. 다만 정책의 특성과 분석의 목적에 비추어 보다 적절한 방법론을 선택적으로 활용할 수 있을 것이다.(146)

여기서는 에인빈더(Einbinder)가 분류하고 설명한 사회복지정책 방법론을 요약하여 제시하고자 한다.

1 욕구분석

사회복지정책은 사회문제를 규명하는 데 사회문제를 합리적으로 규명하거나 개선하고자 하는 노력들의 결과물을 산출하기 위해서는 정책분석가는 먼저 문제의 성격 범위, 그리고 범주를 규명해야 한다. 다양한 측면에서 욕구의 범위에 대한 평가작업을 상이한 방법론을 통해 수행한다.

욕구분석(need analysis)은 발행 혹은 미간행 문헌에 수록되어 있는 현존하는 정보, 미국 인구통계 혹은 최근 인구 조사, 기관의 기록, 개인 혹은 가구에 대한 특별 조사, 전문가와의 면접 등의 자료에 대한 분석 등을 이용한다. 정책분석가는 그와 같은 정보를 이용해서 현재 욕구의 상태를 설명하고 미래에 발생 가능한 욕구를 예견해야 한다.

2 비용편익분석 24

비용편익분석(cost benefit analysis, CBA)을 위해 정책의 비용과 편익은 모두

24 비용편익분석은 한 대안에 대해 그것의 투입비용과 그 대안이 초래할 편익을 추정하여 비교하는 것을 말한다. 여러 대안 간에 비용과 편익에 차이가 존재할 경우, 편익이 큰 쪽을 택하도록 유도하는 데 그 의의가 있다. 비용편익분석은 원래는 경제학의 영역에서 개발되었으며, 따라서 화폐가치를 대상으로 하였고, 시장경제를 전제로 하여 출발하였다. 그러나 오늘날에는 같은 기법을 공공영역의 행정에도 적용하는 경우가 많다. 행정에서도 기업적 성질을 가진 사업이나 영역에 대해서는 이윤의 이론을 적용할 수 있기 때문이다.

화폐의 형태로 계산되어야 한다.

비용편익분석 실행상의 난점 이유는 정책분석가들이 인명 구조, 가족 지원, 우울감에 빠진 어린아이를 위로하는 것 등을 화폐가치(양적으로)로 환산하는 것이 불가능하기 때문이다.

3 비용효과분석[25]

비용효과분석(cost effectiveness analysis, CEA)은 원하는 정책결과를 얻고자 할 때 상이한 정책들 간의 비용을 비교·검토한다. 비용편익분석과는 다르게 이러한 방법론은 각 정책의 급여를 화폐로 환산할 필요가 없다.

비록 정책분석가들이 특정 급여의 화폐가치를 알 수 없다고 할지라도 예상되는 급여의 화폐가치와는 무관하게 어떠한 정책 혹은 프로그램이 동일한 결과를 얻기 위해 더욱 적은 비용을 소요하게 되는지 비교할 수 있다.

4 결과물 연구

정책의 비용 혹은 급여의 화폐가치에 관한 정보가 없더라도 정책의 효과성은 평가될 수 있다. 결과물 연구는 상이한 정책적 대안들의 효과성에 관해 비교·검토할 수 있도록 도와준다. 관례적인 유사실험설계 혹은 실험조사설계의 방법을 사용하며 정책분석가들은 특정 정책의 개입이 그것이 관여하도록 고안된 문제에 얼마만큼 많은 영향을 미쳤는지에 관하여 평가할 수 있다.

개인에 관한 심리적·사회적 측정, 특정 인구계층의 빈곤, 범죄, 사망률과 같은 사회적 지표의 변화 경향에 대한 검토, 집단 및 조직의 행동에 관한 연구 등을 포함하며 결과물들은 다양한 측면에서 측정될 수 있다.

25 비용효과분석은 프로젝트에 투입되는 비용은 모두 금전적 가치로 환산하나, 산출되는 편익은 금전적 가치로 환산하지 않고 산출물 그대로 분석에 활용하는 기법이다. 이 기법은 산출물을 금전적 가치로 환산하기 어렵거나, 비교하는 대안들의 산출물들이 동일한 사업의 평가에 주로 이용되고 있다(노화준, 2003: 255).

5 사례 연구

사례 연구(case study)는 특정 사회복지정책의 형성, 적용, 평가에 관한 체계적이고 상세한 분석을 수행하는 것이다. 사회복지정책에 관한 많은 연구들은 사례 연구 혹은 비교사례 연구방법을 통해 수행된다.

6 메타분석

메타분석(meta-analysis)은 선행 조사결과 분석에 관한 양적 방법론으로서 새로운 정보를 수집하는 방법이라기보다는 오히려 선행하는 조사문헌 혹은 연구를 비교하고 분석하는 체계적인 방법을 일컫는 것이다.

이 분석방법은 일반적으로 심리치료 개입의 효과성에 관한 방대한 문헌을 요약하는 데 사용되며, 정책 혹은 프로그램 개입의 결과 검토를 위해 방대한 분량의 양적 조사가 수행되어야 할 때 매우 유용하다.

메타분석을 선행하는 양적 조사연구를 요약함으로써 정책 형성의 초기단계에 많은 지침을 제공하며 일련의 정책결과 연구가 진행된 후 보조할 수 있도록 한다.

| 정리 | Charles S. Prigmore and Charles R. Atherton의 분석과 준거틀

준거틀	항 목
문화적 가치와 관련된 사항	• 고려되고 있는 정책이 이른바 현대적인 스타일과 양립하는가? • 정책은 형평(equity)과 정의(justice)에 기여하는가? • 정책은 사회사업의 가치와 양립하는가? • 정책은 사회의 다른 중요한 가치와 양립하는가?
영향력의 차원과 정책결정	• 정책은 정치적으로 수용 가능한가? • 정책은 합법적인가?
영향력의 차원과 정책결정	• 정책은 관련이익집단을 만족시키는가? • 지식에 관한 고려사항은 무엇인가? • 지식은 과학적으로 온전한가? • 정책은 합리적인가?
비용과 급여에 관련된 요소	• 정책은 경제적으로 실현 가능하고 다른 대안보다 더 경제적인가? • 정책은 시행 가능한가? • 정책은 효율적인가? • 정책은 그 밖의 다른 사회문제를 야기시키지 않을 것인가?

출처 : Prigmore and Atherton, 1979: 43-44.

참고 사회복지정책의 분석목표

모 델	내 용
효율모형	정책의 실시와 필요한 자원들의 비용 그리고 정책이 가져오는 편익 사이의 관련에서 착안한 모형이다. 이 모형에서 효율이란 비용과 편익 혹은 비용 대 효과에 의해 측정되는 것이다.
효과모형	정책의 효과를 결정하기 위한 모형이다. 이 모형은 바람직한 목적을 달성하기 위해서는 어떠한 수단의 배열이 바람직한가 하는 점을 명확히 하기 위한 것이다.
실행가능모형	바람직한 목적을 달성함에 있어서 수단의 실행 가능성의 평가에 관한 모형이다. 즉, 선택된 수단의 효과 내지 그 목적으로 하는 것이 정책결정자가 선택한 다른 정책목적과 부합하는가의 여부에 관한 것이다. 이 정책수단의 실시는 정치적 지지를 얻을 수 있는가의 여부에 관한 것이다.
윤리모형	정책의 윤리적 기반을 평가하려고 하는 모형이다. 즉, 선택된 정책목표가 사회의 가치체계에 미칠 영향 또한 그 역으로 사회의 가치체계가 정책목표에 미치는 영향의 상호작용을 다루는 것이다.

출처 : Mayer and Greenwood, 1980: 41.

7 사회복지정책의 분석 문제점 (147)

정책의 목표·전략·전술·변수들은 확인·입증·계량화하거나 측정이 곤란하다. 상황이나 흐름의 불연속성과 상호연계성을 처리하기 힘들다.

과학적 분석에서 산출되는 수치들이 과학적 진리를 절대적으로 나타내는 것은 아니다. 즉, 판단기준의 설정과 연구설계 그리고 자료의 유형과 수집방법 등에서 연구자의 주관이 도입되며, 측정량 또는 예측량이 절대적이 아닌 상대적으로 정의되는 경우가 많다. 한편 정책담당관들이 '자기 분야는 계량화되거나 측량될 수 없다'라고 강력히 저항한다.

과학적 분석은 초기단계에 있어서 원가가 많이 들며 전문가의 확보가 어렵다. 정책과정의 여러 단계 가운데 정책의 효과와 정책결정자의 가치관, 동기 그리고 정책문제의 성격 등에 관한 명확한 증거나 사실 또는 자료들을 수집하기가 매우 어렵거나 경우에 따라서는 불가능하다.

과학적인 분석은 정책형성이 공식적인 정부기관이라는 틀 속에서 이루어진다는 전제와 가정을 가지고 출발하는 경향이 많다. 그러나 실제로 정책활동이 공식기구 밖에서 이루어지는 경우가 적지 않으므로 이 점을 파악하여 어떻게 감안하느냐가 문제가 된다.

정부의 역할이 공익의 제공과 신장이라고 볼 때, 공직자 행동의 준거(reference)로서 공익이란 개념과 인식의 애매모호함이다. 이러한 문제점과 제한점에도 불구하고 현재 선진국의 정부들에서는 과학적이고 체계적인 정책정보분석이 크게 발전되고 있다. 특히 전통적인 분석방법에 과학적인 정보분석방법을 접목시킬 수 있는 현대적인 새로운 혼합방법이 주목될 만큼 개발되고 있다.[148]

이러한 새로운 방법은 정책전문가들의 분석에 능률성과 효용성 그리고 효과성을 증대시키고 일반학자와 정책전문가 사이의 분석방법의 격차를 축소시키며 정책결정자를 위한 보다 나은 기반을 제공해 준다.

5 사회복지정책의 전달체계

전달체계의 문제란 어떻게 급여를 제공할 것인가? 하는 문제로서 전달체계는 급여대상자에게 선택된 급여를 전달하는 조직적 장치이다. 운영주체에 따라 공공전달체계와 민간전달체계로 구분할 수 있다.

1 전달체계의 평가기준

전달체계의 평가기준은 급여속성의 측면과 전달체계의 측면에서 제시할 수 있다.

1) 급여속성의 측면

- 공공재적 성격이 강한 급여는 정부에서 제공한다.
- 합리적 선택에 있어 정보가 필요하고, 많은 비용이 드는 급여는 정부에서 제공한다.
- 위험발생의 가능성이 높은 사회보험서비스의 경우에도 정부가 제공한다.
- 보완적으로 급여를 제공하는 경우 정부와 민간의 혼합적 전달체계가 바람직하다.

2) 전달체계의 측면

- 평등성 : 모든 국민에게 사회서비스를 차별없이 제공되어야 함
- 적절성 : 수급자의 욕구충족과 정책목표설정
- 포괄성 : 수급자의 다양한 욕구를 해결하기 위해서는 서비스가 필요함
- 지속성 : 필요한 급여들이 단절 없이 지속적으로 제공되어야 함
- 통합성 : 수급자의 문제가 복합적일 경우 이 문제들을 해결하기 위한 서비스들도 서로 연관시켜 제공함
- 전문성 : 효율성과 효과성을 높이기 위해서는 핵심적인 주요업무는 전문가가 담당함
- 책임성 : 급여 제공에 대한 책임
- 접근용이성 : 수급자들이 급여에 대한 접근성이 쉬워야 함

2 우리나라 사회복지전달체계

현재의 우리나라 사회복지전달체계를 살펴보면 다음과 같다.

- 사회보험의 관리·감독은 중앙집권적이다.
- 지방자치단체는 사회복지시설 위탁 및 지도·감독의 주체가 될 수 있다.
- 분권화 이후 지방자치단체의 역할이 과거에 비해 확대되고 있다.
- 사회보장정보시스템에는 보건복지부 외 다른 부처 복지사업도 포함되어 있다.

1) 정부와 민간기관

전달체계란 서비스 제공자들 사이 또는 서비스 제공자와 수급자 사이에 존재하는 조직체계(organizational arrangement)를 의미한다. 서비스 제공자, 즉 사회복지전달체계의 주체는 크게 볼 때 두 가지이다. 하나는 정부(지방정부 포함)이고, 다른 하나는 민간기관이다. 정부가 시행하는 사회복지정책을 공공복지(public welfare)라 하고, 민간기관이 운영하는 사회복지를 민간복지(voluntary welfare)라 한다.(149)

공공복지는 정부가 주체가 되어 시행하는 각종 사회복지정책들을 말하는데, 소득보장, 보건의료복지, 주택복지, 교육복지, 퍼스널 사회서비스 등을 포함한다. 그

핵심은 소득보장, 즉 사회보험과 공공부조로 구성된 사회보장이다. 사회보험은 산업재해, 질병, 장애, 노령 등으로 인한 소득의 중단 및 상실에 사회적으로 대응하기 위한 제도로서 산재보험, 건강보험, 실업보험(고용보험), 국민연금을 포함한다. 최근에는 5번째 사회보험으로 장기요양이 필요한 환자를 위한 개호보험(long term care insurance)이 도입되기 시작하였다. 퍼스널 사회서비스는 우리나라의 사회복지서비스에 해당하는 것으로 지방정부가 주체가 되어 시행하는 아동복지, 장애인복지, 노인복지, 여성복지 등을 의미한다.

민간복지는 개인이나 비영리 사회단체 및 기업과 같은 민간부문이 주체가 되어 행하는 비정부(non-government) 사회복지활동을 말한다. 박애사업·자선사업, 민간사회복지기관과 시설, 기업복지가 여기에 속한다. 기업복지란 기업이 주체가 되어 자신의 종업원들 복지를 위해 시행하는 기업복지 프로그램을 말한다.

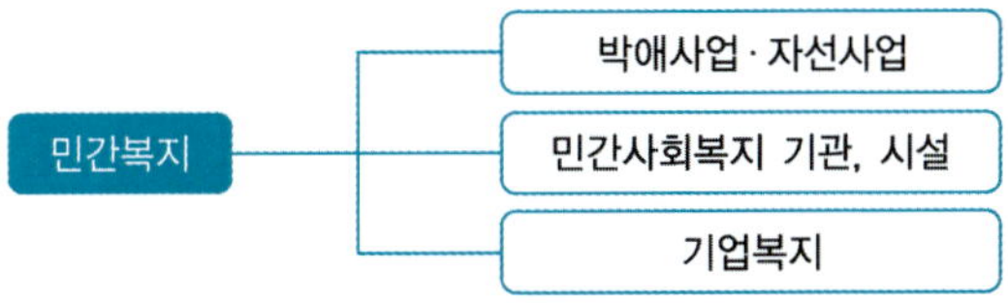

민간복지의 체계

출처 : 원석조, 2004: 52.

2) 민영화

민영화란 공공기관이 직영하던 사회서비스를 민간기관에 이양하는 것과 일정한 계약 아래 민간기관 및 비영리단체에 운영을 위탁하는 것을 말한다. 1980년대 이후 영국과 미국에서는 복지개혁이라는 이름하에 이런 형태의 민영화가 광범위하게 이루어졌다. 민영화는 자유시장 이데올로기의 확산과 시민참여의 확대라는 두 가지 요인의 영향을 받았다. 따라서 민영화에는 시장에서의 경쟁이라는 장점과 공공기관에서의 관료제라는 약점이 내재되어 있다.

한편 서비스 공급 부분에서 경쟁력이 확보된다 하더라도 문제가 여전히 남는데, 계약비용이 대단히 높다는 점이 그것이다. 이유는 구매되는 여러 서비스의 단위비용을 산정하는 절차가 매우 복잡하여 거기서 비용이 발생하고, 제공되는 서비스의 질을 담보하기 위해 지속적인 모니터가 필요한데 여기서도 비용이 발생하기 때문이다. 계약은 효율성 제고와 효율적인 전달체계를 만드는 수단이 될 뿐만 아니라 사회서비스의 민주화를 진작시키는 메커니즘이 될 수 있다.

그리고 지역에 존재하는 민간기관으로서 시민들에게 서비스를 제공하는 지역사회복지기관은 개인과 국가 사이에서 시민사회의 완충 역할을 수행하는 일종의 중재기관(mediating institutions)이라 할 수 있다. 사회서비스의 전달에 있어서 정부의 역할을 최소화시킬 수 있는 민간기관은 중재기관으로서 시민사회를 활성화시키는 중요한 역할을 수행하는 공간이 된다. 1990년대 중반 이후 시민사회는 지역의 공동체 구조를 강화시켜 민주주의, 지역 네트워크, 책임 있는 원조기관을 촉진시키는 데 필요한 '사회적 자본(social capital)'을 구축하는 데 결정적인 역할을 하고 있다.

(1) 종교단체

사회복지의 민영화와 함께 종교단체의 사회복지 역할이 크게 부각되고 있다. 정부가 운영하던 공공복지서비스를 민간기관에 위임하고자 할 때 정부 입장에서는 종교단체가 가장 신뢰할 만하고, 종교단체가 보유한 인적·물적 자원이 운영의 인프라로 활용될 수 있다고 믿기 때문이다.

(2) 상업화

1960년대까지만 해도 사회서비스는 공공기관과 민간 비영리단체의 배타적인 영역이었다. 그러나 최근 들어 사회서비스 전달에 영리기관들의 참여가 확대되는 추세에 있다. 그에 따라 영리를 목적으로 하는 기관이 사회복지 목적에 얼마나 잘 봉사하는가라는 문제가 제기되고 있다.

사회복지 주창자들은 비영리기관의 부상에 대해 편견을 가지고 보고 있다. 영리동기와 사회복지 정신(ethos)이 양립할 수 없다는 것이다. 이런 도덕적 거부감은 영리기관이 사회복지전달체계의 효율성을 증대하고 또 효과적인 수단이 된다는 사실을 인정하기 어렵게 만든다.

사회복지전달의 효율성과 효과성을 계량적으로 측정하기는 어렵지만(사회서비스의 목적이 복합적이고, 때론 모호하기 때문에 그렇다), 비영리기관과 영리기관의 효과성을 비교한 연구를 보면, 비영리기관이 클라이언트의 욕구에 보다 민감하다는 연구보고가 있는 반면에, 영리기관이 일에 최선을 다하고 있다는 연구보고가 있으며, 양자 사이에 별 다른 차이가 없다는 것도 있다. 총괄적으로 말해 서비스 공급자로서 영리기관과 비영리기관은 큰 차이가 없는 것 같다.

3) 사회복지전달체계의 발전전략

사회복지전달체계를 발전시키고자 할 때 반드시 고려해야 할 사항들이 있다. 서비스의 분열성(fragmentation), 불연속성(discontinuity), 무책임성(unaccountability), 비접근성(inaccessibility) 등이 그것이다.(150)

서비스의 분열성은 조직의 성격과 관계, 특히 조정(coordination), 위치, 전문성, 중복 등과 관련이 있다. 예컨대, 서비스가 한 장소에서 다 이루어지는가, 기관이 그들의 활동을 조화시키기 위해 노력하고 있는가 하는 것이다.

불연속성의 문제는 개인이 서비스 네트워크에 들어가는 데 있어서의 장애물과 기관이 보유한 욕구충족에 필요한 자원과 욕구 간의 차이와 관련이 있다. 예컨대, 의사소통과 후송에 필요한 채널이 충분한가 하는 것이다.

무책임성의 문제는 클라이언트와 기관의 의사결정자 간의 관계에 관련이 있다. 예컨대, 원조에 필요한 것들이 그 환경에 영향을 주는 의사결정에 영향을 미치는가, 의사결정자가 클라이언트의 욕구와 이익에 무감각하고 무책임한가 하는 것이다.

비접근성의 문제는 서비스 네트워크에 들어가는 데 장애가 있는가 하는 것이 핵심이다. 예컨대, 클라이언트의 소득, 연령, 성공의 잠재능력 등에 따라 서비스 이용에 제한을 두는가 하는 것이다.

(1) 정책결정 권한과 통제력의 재구조화 전략

의사결정의 권한 및 통제를 재구조화하는 전략으로는 조정 및 협조체제의 구축(통합성과 포괄성)[26]과 시민참여제 도입(책임성, 적절성, 접근용이성) 등이 있다.

❶ 조정

조정(coordination)은 사회서비스의 통합성과 포괄성을 발전시키기 위한 전략이다. 조정을 위한 접근방법에는 집중화(centralization), 연합(federation), 사례수준의 협력(case-level collaboration) 등 세 가지가 있다.

- 집중화 : 집중화의 좋은 예로는 1970년 영국의 지방정부·사회서비스법(the Local Authority and Social Service Act)을 들 수 있는데, 집중화는 가장 강력한 조정절차 중 하나이다.

---

26 통합성과 포괄성을 가져오기 위한 방법으로는 행정적으로 중앙집권화 방법과 연합화 방법이 있다. 연합화는 서비스 조직 간 그들의 기술, 자원, 인력 등을 협조체제로 활용한다.

- 연합 : 서로 다른 기관들의 자원을 지리적으로 집중화하되 기관을 행정적으로 통합하지는 않는 것을 말한다. 연합은 제휴(coalition)와 다르다. 연합이 공식적인 직원구조들(의사결정 권한을 가진) 간의 협력관계를 구축하여 일부 의사결정 권한을 맺는 기관들의 비준(승인)의 대상으로 삼는 데 비해, 제휴는 보다 임기응변적인 성격을 갖고 있어 협력관계를 맺은 기관의 의사결정 권한을 공유하거나 변경시키지는 않는다.
- 사례수준의 협력 : 사회복지기관과 기관의 직원들 간의 상호작용을 분산시키는 것을 말한다(서비스의 통일과 연합을 위해 조직을 재구성하는 것이 아니다).

  케이스매니지먼트(case management)가 다양한 도움이 필요한 클라이언트에게 서비스가 전달되도록 기획하는 좋은 방법이 되고 있다. 협력관계를 맺은 기관들 사이에서 한 기관이 대표하는 위치에 있는 케이스매니저(case manager)는 클라이언트와 지속적인 관계를 맺어 클라이언트에게 가장 적합한 계획을 수립하고, 서비스에 대한 접근성을 제고하며, 서비스전달체계를 모니터하고, 서비스의 결과와 클라이언트의 개선 상태를 평가한다. 서비스를 연결시키는 것이 케이스매니저의 가장 큰 임무지만 클라이언트의 대변인 역할과 자원 개발자 역할도 매우 중요하다.

❷ 시민참여

시민참여(citizen participation)는 의사결정 권한을 기관과 클라이언트에게 재분배하는 데 목적이 있다. 시민참여의 전제는 클라이언트가 영향력을 행사해야 보다 책임있고 효과적인 서비스가 보장된다는 데 있다.

- 비분배적 참여 : 가짜의 참여(pseudo participation)라고도 한다. 시민들이 교육이나 치료의 형태로 참여하거나 단지 명목적으로만 참여하는 것으로 기존의 의사결정 권한에 실질적인 변화가 없는 경우를 말한다.
- 정상적인 참여 : 의사결정과정에 시민이 실질적으로 참여한다. 그러나 시민의 참여로 의사결정에 결정적인 변화가 일어나지 않는다.
- 재분배적 참여 : 시민이 의사결정과 서비스전달체계에 실질적인 영향을 미치는 경우를 말한다. 시민참여는 민주주의의 가치에 입각해 있다.

(2) 업무부담을 재조직하는 전략

업무부담을 재조직하는 전략으로서 전문가에게 역할을 부여하고 전문가의 조직적 상황에서 업무를 분리한다. 즉, 관료제적인 특성으로 인해 전문가로서의 능력발휘나 자율성 발휘를 저해할 경우 전문가로 하여금 그 조직을 떠나 개업을 하도록 한다.

❶ 역할연결

역할연결(role attachment)이란 사회복지사와 사회복지수급자를 연결시키는 역할을 만드는 것이다.

❷ 전문가의 철수

사회복지사로서의 전문적 윤리와 기관의 정책 사이에서 갈등을 겪는다(이는 사회복지사의 높은 이직률과도 관련이 깊다). 이 경우 서비스전달을 확대하기 위해서는 사회복지사가 기관의 관료조직을 개혁하기보다는 그로부터 철수하는 것이 더 효과적일 수 있다. 사회복지사가 조직 관료에서 기업가로 역할을 바꾸는 것이다. 이를 전문가의 철수(professional disengagement)라 한다.

(3) 전달체계 조직 구성(단위조직의 수와 형태)의 변화전략

접근 가능성을 높이기 위한 전략으로서 서비스의 접근을 촉진하는 방법과 의도적으로 같은 전달체계를 중복시키는 방법이 있다.

❶ 접근구조의 전문화

접근구조의 전문화(specialized access structures) 전략의 목적은 전달체계의 역할구성(role composition)을 변화시키는 것도 집중화 또는 연합 전략을 통해 권위관계를 변화시키는 것도 아니다. 전문화된 전문적－관료적 서비스(specialized professional-bureaucratic services)는 전달메커니즘상의 취약점에도 불구하고 대신 새로운 요소를 가미함으로써 전달체계의 구성(composition)을 변화시키길 원한다. 다시 말해서, 접근성(access)이 사회서비스의 하나로 제공된다는 것이다.

❷ 의도적인 중복

의도적인 중복(purposive duplication)은 기존 서비스의 일부 또는 정부를 재창조하는 것을 말한다. 의도적인 중복은 유사하지만 서로 다른 두 가지 형태, 즉 경쟁(competition)과 분리(separatism)의 형태로 나타난다.

- 경쟁 : 경쟁은 기존의 전달체계 안에서 기관들이 서로 경쟁하도록 기관을 중복(duplicate agencies)시키는 것을 말한다. 이런 전략은 선택을 확대시킨다. 서

비스를 중복시킴으로써 경쟁을 야기하는 전략에는 직접적인 방법과 간접적인 방법이 있다. 직접적인 방법은 새로운 기관을 창설함으로써 재구조화하는 것이다. 간접적인 방법은 사회적 공급의 형태를 바꾸는 전략을 말하는데, 예컨대 현금급여를 증서(바우처) 형태로 변화시키는 것이다.

- 분리 : 분리란 구조와 목적에서 경쟁과 다르다. 분리는 기존의 전달체계 외부에 새로운 기관을 조직하는 것이다.

(4) 전달체계의 운영주체에 관한 전략

공공조직과 민간조직에 대한 운영전략이 있다.

(5) 서비스 배분방법에 관한 전략

제한된 자원을 가지고 어떻게 많은 사람들의 사회적 욕구를 만족시킬 수 있는 배분방법에 관련되어 있다.

공급억제전략과 수요억제전략(151)

① 공급억제전략은 클라이언트에 대한 자격제한 강화와 서비스 희석화를 통하여 이루어짐[27]

② 수요억제전략은 서비스 접근에의 각종 장애를 제거하지 않거나 장애를 생기게 하는 것 (예, 서비스 이용 촉진활동을 하지 않고 알아서 찾아오도록 하는 것 등)

27 자격제한강화란 클라이언트의 수급자격요건을 강화하여 클라이언트의 서비스 이용률을 저하시키는 것이고, 서비스 희석화는 서비스의 양과 질을 감소시키는 것이다(예, 클라이언트의 접촉시간 단축, 전문가를 자원봉사자로의 대치 등).

예 상 문 제

01 길버트와 스펙트의 사회복지정책 분석유형에 대한 설명으로 옳은 것은?

① 길버트와 스펙트는 사회복지정책의 분석을 4가지로 분류하였다.
② 사회복지정책의 과정분석은 사회복지정책이 계획되고 수립되는 것은 일련의 정책적 선택과정을 거친다는 전제에서 출발한다.
③ 사회복지정책의 산출분석은 사회복지정책의 전체 혹은 부분적인 과정과 연관한 분석으로서, 여기에는 사회복지정책과 관련된 다양한 변수들의 영향력과 관계를 알아보려는 작업이다.
④ 사회복지정책의 효과분석은 정책선택의 프로그램적 결과에 대한 설명과 평가에 관심을 가진다.
⑤ 과정분석은 정책의 내용보다는 정책이 어떻게 형성되는가에 관심을 갖는다.

정답 ④

02 다음 괄호 안에 들어갈 말로 올바른 것은?

> 포플과 라이닝거는 사회복지정책의 분석 유형을 크게 3가지 범주로 나누고 그 하위 유형으로 다시 여러 가지 정책분석으로 세분하였다.
> • (   ) 은(는) 내용분석, 선택분석, 비교분석, 역사분석 등이다.
> • (   ) 은(는) 정책의 내용보다는 정책이 어떻게 형성되는가에 관심을 갖는다.
> • (   ) (으)로 구분하였다.

① 서술적 분석, 과정분석, 평가
② 서술적 분석, 평가, 과정분석
③ 과정분석, 서술적 분석, 평가
④ 과정분석, 평가, 서술적 분석
⑤ 평가, 서술적 분석, 과정분석

정답 ①

03 사회복지정책 분석대상 중 대상체계에 대한 설명으로 옳은 것은?

① 대상은 정책분석과정에서 가장 먼저 요구되는 것이다.
② 정책의 목표를 명확히 밝히는 작업이다.
③ 수급자 선정의 구체적 기준이다.
④ 정책의 급여형태에 관한 것이다.
⑤ 급여는 현물급여와 현금급여로 구분한다.

정답 ①

04 사회복지 재원체계에 대한 설명 중 다음의 내용과 부합되는 재원은?

> • 이 재원은 조세를 거둬들여 직접적인 사회복지급여를 하지 않는 대신 사람들이 내야 할 조세를 감면시켜 사회정책의 목표를 이룰 수 있는 방법이다.
> • 세금을 거두어 아동이 있는 가족에게 아동수당을 주는 대신 아동이 있는 가족이 부담하는 조세에서 그만큼을 면제시켜 주는 것이다.

① 소득세 ② 소비세 ③ 재산세
④ 목적세 ⑤ 조세비용

정답 ⑤

05 길버트(Gilbert)와 스펙트(Specht)는 급여형태 중 현금급여와 현물급여의 장점들을 살릴 수 있는 제3의 급여 형태는 무엇인가?

① 기회 ② 서비스 ③ 재화
④ 증서 ⑤ 권력

정답 ④

06 사회복지 재원체계에 대한 설명 중 자발적 기여의 내용에 틀린 것은?

① 자발적 기여란 민간의 자발적인 기부금을 말한다. 자발적 기여로는 개인, 재단, 법인, 유산의 기여가 있다.
② 정부재원과는 달리 대개 소규모로 이루어지기 때문에 수요자들의 이질성에서 오는 수요의 다양성 문제가 상대적으로 심각하지 않다.
③ 다원화한 사회 속에서 특정한 지역이나 집단의 특수한 욕구를 해결할 수 있다.
④ 자발적 기여를 통한 사회복지정책은 새롭고 창의적인 서비스의 개발이 용이하다.
⑤ 중상위계층이 자발적 기여에 보다 열심이고 그에 따라 조세감면의 혜택도 주로 이들에게 돌아가기 때문에 소득재분배의 효과가 크다.

정답 ⑤

07 다음 중 정책분석(Policy Analysis)의 본질과 가장 관련 깊은 것은?

① 정책과정 중 가장 많은 갈등이 수반되는 과정이다.
② 권력적 관계를 중시한다.
③ 협상과 타협을 중시한다.
④ 전문가만이 할 수 있다.
⑤ 이성과 증거를 중시한다.

정답 ⑤

08 다음 중 비용편익분석에 대한 내용이 틀린 것은?

① 정책결정이 형평성의 기준에 맞게 이루어질 수 있도록 하는 데 유용하다.
② 공공사업을 평가하는 최종적 도구는 아니다.
③ 경제적인 합리성이 중요시된다.
④ 종류가 다른 여러 분야의 정책을 동일한 기준에 의해 비교한다.
⑤ 비용과 편익이 함께 공통적인 기준인 화폐가치에 의하여 표시된다.

정답 ①

09 사회복지전달체계의 발전전략에 대한 설명으로 옳은 것은?

① 사회복지전달체계를 발전시키고자 할 때 반드시 고려해야 할 사항들로서 서비스의 분열성, 불연속성, 무책임성, 접근성 등이다.
② 서비스의 분열성은 조직의 성격과 관계, 특히 조정(coordination), 위치, 전문성, 중복 등과 관련이 있다.
③ 무책임성의 문제는 서비스 네트워크에 들어가는 데 장애가 있는가 하는 것이 핵심이다.
④ 불연속성의 문제는 개인이 서비스 네트워크에 들어가는 데 있어서의 장애물과 클라이언트가 보유한 욕구충족에 필요한 자원과 욕구 간의 차이와 관련이 있다.
⑤ 접근성의 문제는 클라이언트와 기관의 의사결정자 간의 관계에 관련이 있다.

정답 ④

10 정책결정 권한과 통제력의 재구조화 전략과 관련이 있는 것은?

① 조정　② 역할연결　③ 전문가의 철수
④ 접근구조의 전문화　⑤ 의도적인 중복

정답 ①

11 에인빈더(Einbinder)가 분류하고 설명한 사회복지정책 방법론은?

㉠ 욕구분석	㉡ 비용편익 분석
㉢ 사례연구, 결과물연구	㉣ 메타분석

① ㉠, ㉡, ㉢　② ㉠, ㉢　③ ㉡, ㉣
④ ㉣　⑤ ㉠, ㉡, ㉢, ㉣

정답 ⑤

Chapter

06 사회복지정책의 과정

Key word 정책과정, 의제설정, 정책대안, 정책결정, 무의사결정론, 공공선택론, 정책집행, 순응과 불응

1 사회복지정책의 분류와 과정

1 사회복지정책의 분류

1) 기능별 분류

정부조직이 담당하는 기능별 분류로서 정책을 외교정책, 안보정책, 노동정책, 보건정책, 복지정책, 산업정책 등으로 분류하는 것이다. 기능별 분류는 정부의 기능 또는 정책목표나 이를 달성하여 얻고자 하는 효과를 기준으로 분류한 것이기 때문에, 이러한 측면에서 실질적인 차이가 있을 뿐만 아니라 이를 달성하기 위한 정책수단 면에서도, 특히 실질적 정책수단에서 커다란 차이가 있다.

2) 알몬드와 파웰의 분류 (152)

알몬드와 파웰(Almond & Powell)은 정책을 정치체제의 산출물로 파악(체제 이론에 입각한 분류)하여 설명하고 있다.

(1) 추출정책

조세와 병역 등과 같이 국내 및 국외 환경으로부터 물적·인적 자원을 추출해내는 산출활동으로 이루어지는 정책을 의미한다.

이 정책에서 고려할 점은 정부의 추출한 자원의 양, 부담의 소재가 문제, 자원동원방법, 절차와 구조도 다루어져야 한다. 즉, 추출정책의 내용은 추출물의 종류, 그리고 그러한 추출에 의해 영향을 받는 집단의 특성을 고려하여야 한다.

(2) 규제정책

개인이나 집단의 행동에 대하여 정부의 통제와 관련된 정책을 말한다. 고려할 점은 규제대상과 규제내용 및 강도이다.

(3) 분배정책

추출정책과는 반대로 정부가 각종의 물품, 서비스, 명예, 지위, 기회 등을 사회 내의 개인이나 집단에게 배분하는 문제와 관련된 정책이다.

(4) 상징정책

정치체제가 환경으로 하여금 여타 정책에 보다 효과적으로 순응하도록 하기 위해 정치체제의 정당성에 대한 심리적 신뢰감을 증진시키는 산출활동으로 이루어지는 정책(전쟁, 홍수, 에너지, 정치적 국면)을 말한다.

3) 로위의 분류(정책유형론) (153)

로위(T. Lowi)는 정치체제의 특성 자체에 초점(의사결정론에 입각한 분류)을 맞춰 다음과 같이 분류하고 있다.

(1) 구성정책

정부기관 신설, 선거구 조정 등 정부기구의 구조와 기능상의 변화를 목적으로 하는 정책이다.

(2) 배분정책

창조적 행정서비스를 제공(보조금 지급 등)하는 정책이다.

(3) 규제정책

개인·집단행동 제약을 가하는 통제와 관련된 정책(직접규제 또는 간접규제)이다.

(4) 재분배정책

사회적·경제적 보상의 기본관계를 재구성(예, 누진과세 등)하는 정책으로서 계급대립적 성격으로서 가진 자와 못 가진 자, 노동자계급과 자본가계급의 대립으로 이 정책의 결정은 계급정치의 전형적인 것이며, 따라서 계급정책(class policy)이라고 부를 수 있다. 규제정책이나 분배정책에서와는 달리 재산권의 행사에 관련된 것이 아니라 재산 자체들 그리고 평등한 대우가 문제가 아니라 평등한 소유를 문제로 살고 있는 것 등의 특징을 지닌다.

4) 리플리와 프랭클린의 분류(154)

리플리(R. Ripley)와 프랭크린(G. Franklin)은 로위의 규제정책을 세분화하여 분류하고 있다.

(1) 분배정책

사회정책에 유익하지만 정부의 보조없이는 착수될 수 없는 성질의 사업을 실시하기 위해 정부가 민간행동에 현물이나 현금 등을 지원하여 활동을 증진시키는 것과 관련된 정책이다.

(2) 경쟁적 규제정책

다수의 경쟁자 중에서 특정한 개인이나 집단에게 특정한 서비스나 물품을 제공하는 것과 관련된 정책이다.

(3) 보호적 규제정책

각종 민간활동이 허용되는 조건을 인정함으로써 국민을 보호하는 것이 목적인

정책이다. 예컨대, 최저임금제, 철도요금의 책정 등을 들 수 있다.

(4) 재분배정책

사회 내의 개인이나 집단에 부, 재산, 관리, 기타 가치를 재분배하는 것과 관련된 정책이다. 사회적 형평을 증진시키는 방향에서 불우계층에 이익이 되게 자원을 재배분하는 것을 의미한다. 불우계층을 위한 직업교육사업, 영세민 취로사업, 의료보호, 공공부조 등을 예로 들 수 있다.

2 사회복지정책의 과정

정책은 복잡하고 동태적인 과정을 거쳐 이루어지며 또한 몇 단계의 연속적인 과정으로 이루어진다.

사회복지정책의 과정(process of social welfare policy)은 다음의 표에서 보듯이 칸(Kahn)은 기획의 선동, 탐색, 기획과제의 정의, 정책형성, 프로그램화, 평가 및 환류의 6단계로, 디니토(DiNitto)는 정책문제의 확인, 정책대안의 형성, 정책의 정당화, 정책의 집행, 정책의 평가라는 5단계로, 프리만(Freeman)과 셔우드(Sherwood)는 기획, 프로그램 개발과 집행, 평가라는 3단계로, 길버트(Gilbert)와 스펙트(Specht), 테렐(Terrell)은 문제확인, 문제분석, 공중홍보, 정책목표의 개발, 공중지지의 형성과 정당화, 프로그램설계, 집행, 평가와 사정이라는 8단계로 구분하고 있다.[155]

정책과정의 단계

Kahn 기획과정	DiNitto 정책형성과정	Freeman & Sherwood 정책개발과정	Gilbert 외 2인 정책형성과정
1. 기획의 선동 2. 탐색 3. 기획과정의 정의 4. 정책형성 5. 프로그램화 6. 평가 및 환류	1. 정책문제의 확인 2. 정책대안의 형성 3. 정책의 정당화 4. 정책의 집행 5. 정책의 평가	1. 기획 2. 프로그램 개발과 집행 3. 평가	1. 문제확인 2. 문제분석 3. 공중홍보 4. 정책목표의 개발 5. 공중지지 형성과 정당화 6. 프로그램설계 7. 집행 8. 평가와 사정

출처 : 남기민, 2004: 132.

합리적 사회정책분석의 절차는 ① 사회문제의 분석과 정의, ② 정책대안의 결과 예측, ③ 정책대안의 비교와 평가, ④ 최적대안의 선택 등 순서로 이루어진다.

정책형성과정

1. 일반적인 정책과정

정책의제 형성 → 정책 분석 · 결정 → 정책 집행 → 정책 평가 → 정책 종결

문제인지 → 정책목표의 설정 → 정보의 수집 · 분석 → 대안의 탐색 · 평가 → 최선의 대안 선택

(정보의 수집 · 분석) ↓ MIS기법활용

(대안의 탐색 · 평가) ↓ 정책분석, 체제분석, 관리과학 등 이용

2. 드로(Dror)의 3단계
   상위정책결정단계 ⇨ 정책결정단계 ⇨ 후정책결정단계

3. 라스웰(Lasswell)의 7단계
   정보의 수집 및 처리 ⇨ 동원 ⇨ 처방 ⇨ 행동화 ⇨ 적용 ⇨ 종결 ⇨ 평가

2 사회복지정책 의제설정 28

1 정책의제의 설정

사회문제가 존재한다고 해서 모두 다 곧바로 사회복지정책으로 연결되는 것은 아니다. 이와 같은 사회문제의 해결을 정부에 대하여 요청하는 구체적인 행동, 즉 요구가 있어야 한다.

28 아젠다(Agenda)란 일련의 정치적인 논쟁거리로 특정한 시기에 대중의 관심을 끌만하다고 인식되는 문제 또는 기존 정부기구의 합법적인 관할권에 속하는 문제이며, 정치체계 구성원들에 의해 간주되는 문제[1]들로서 공적인 대응조치(public action)가 필요한 이슈들의 목록인 동시에 정책결정부자들이 적극적으로 신중하게 고려하는 것들이라 정의할 수 있다.

정부당국에 사회문제의 해결에 관한 요구가 성공적으로 투입되면 그것은 정책담당자들의 관심을 받으면서 그 해결방법들이 논의되는데, 이때 정책담당자들의 논의가 이루어지는 이슈가 된 정책문제를 정책의제라 한다. 의제설정(議題設定, agenda setting)은 정부가 사회문제를 해결하기 위해 공식적 정책문제로 채택하는 과정 또는 행위를 말한다. 즉, 사회문제가 정책문제 또는 정책쟁점으로 전환되는 과정이나 행위를 말한다. 콥(Roger W. Cobb)과 엘더(Charles D. Elder)는 사회문제가 사회적 이슈의 단계를 거쳐 공중의제로 발전되며, 궁극적으로 정부의제의 지위를 얻게 된다고 말한다.

이와 같이 우리 사회의 다양한 사회문제 중에서 정부가 해결해야 할 공적인 정책문제로 채택되는 과정을 정책의제형성(agenda setting 또는 agenda building)이라 부른다.

사회문제가 정책의제에 논의되도록 하기 위해서는 정치적 논점으로 부각시킬 필요가 있다. 이때 정치적 논점으로 부각된 문제나 요구를 이슈라 부른다.(156) 사회문제가 이슈화되면 일반 국민들의 관심을 끌기 때문에 쉽게 정책의제로 설정될 수 있다. 그러나 많은 경우 사회문제는 이슈화되지 못한다. 그 이유는 사회문제는 정치적으로나 경제적으로 힘이 약한 사람들의 문제이기 때문이다.

따라서 사회문제를 이슈화하여 정부당국의 정책의제에 오르도록 하기 위해서 사회문제의 이슈화 전략이 필요한데, 첫째, 사회문제를 제기할 때 국민들의 감정에 호소하는 보다 강력한 상징을 사용, 둘째, 사회문제를 제기할 때 현저하게 이슈로 등장한 다른 문제와 연계, 셋째, 이슈화하려는 사회문제와 관련된 사건이 일어났을 때, 때를 놓치지 않고 그 사회문제를 제기한다.

사회문제의 이슈제기자는 클라이언트 자신, 사회복지사, 언론, 정치인 등이 있다. 특히 사회복지사는 사회문제의 이슈제기자로서 가장 중요한 역할을 담당해야 하는 사람이다.

참고 정책의제 형성과정(콥과 엘러의 이론)

사회문제 ⇨ 사회적 이슈 ⇨ 공중의제(=체제의제) ⇨ 공식의제(=정부의제)

- 사회문제(Social problem) : 개인문제가 불특정 다수인에게 장기간에 걸쳐 반복적으로 일어나는 문제
- 공중의제(Public agenda) : 정부에 의하여 공식적으로 채택되기 이전이지만 많은 개인이나 집단의 관심이 집중되어 있으며, 정부에 의하여 해결되어야 한다고 여겨지는 의제

참고 정책의제 형성의 세 가지 모형

1) 외부주도형

- 외부집단에 의하여 문제가 제기되고 확대되어 공중의제로, 마지막으로 공식의제로 되는 유형 즉, 사회문제 ⇨ 사회적 이슈 ⇨ 공중의제 ⇨ 공식의제의 과정을 말하는 것으로 다원화된 선진국에서 많이 보인다.
- 이 모형은 정책과정 전반을 외부집단이 주도하고, 진흙탕 싸움(muddling through), 즉 외부집단간의 경쟁으로 인하여 점진적인 해결에 머무르는 수가 많다는 특징을 갖는다.

2) 동원모형(내부주도형)

- 정부조직 내부에서 주도되어 자동적으로 공식의제화하고, 행정 PR을 통하여 공중의제로 되는 경우를 말함. 즉, 사회문제 ⇨ 공식의제 ⇨ 공중의제로 되는 경우로 후진국에서 많이 보인다.
- 동원형은 전문가의 영향력이 크고, 정책결정과정과 내용이 좀 더 분석적이라는 특징을 갖는다.

3) 내부접근형(음모형)

- 정부조직 내의 집단에 의하여 문제가 제기되고 공식의제가 되도록 충분한 압력을 가하는 경우로 일종의 음모형임
- 사회문제 ⇨ 공식의제로 되는 경우로 후진국에서 주로 나타나지만, 무기구입계약과 같은 주로 외교·국방 등 정부가 어떤 문제를 다룰 때 일반 대중이 그것을 사전에 알면 곤란하거나 시간이 급박할 때 이용하는 의제화 방법

참고 정책의제설정에 영향을 미치는 변수

Cobb & Elder

- 전례의 유무
- 복잡성 또는 단순성
- 사회적 유의성
- 시기적 적합성
- 구체성 또는 일반성

Hogwood & Gunn

- 주도집단
- 위기
- 감정적 측면
- 임팩트
- 특수성
- 권력과 정통성 문제의 개입 여부
- 유행성

Walker

- 많은 사람에게 영향을 미치는 문제
- 해결책의 유무
- 심각한 문제
- 제안자의 유력성·영향력

Crenson

정책문제의 특성 강조

- 배분정책보다 재배분정책이 비용부담자 저항으로 인하여 의제설정 곤란
- 전체적 문제가 의제설정 곤란 : 공해, 대중교통, 정부조직 등

참고 정책의제 설정과정 모형들의 종합

구 분	내 용
사회문제	사회의 많은 사람들이 바람직하지 못하다고 여겨 그것을 해결하려는 욕구를 느끼게 되는 상태 또는 상황, 즉 사회의 부적응과 불평등, 사회해체를 의미한다. • 이미 배운 사회문제에 대한 시각, 분석, 원인론, 정의를 알아볼 것
사회적 이슈	문제의 성격이나 문제의 해결방법에 대해서 집단들 사이의 의견의 일치를 보기 어려운 사회문제로서 집단들 간에 논쟁의 대상이 되고 있는 사회문제를 말한다. 문제의 해결은 특정 집단에게 혜택을 주면서 타 집단에게는 피해를 주는 것이 일반적이다. 그리고 이러한 피해와 혜택을 받는 집단이 누가 되느냐는 해결방법에 따라서 달라진다. 그런데 문제의 핵심적 성격을 무엇으로 정의하느냐에 따라 어떤 해결방법을 채택하느냐가 결정되는 경우가 많다. 모든 사회문제가 사회적 쟁점이 되는 것은 아니다. 그 사회문제를 쟁점화시키려는 주도가 있어야 하고 점화장치가 있어야 한다. (예) 청소년문제를 쟁점화하는 사건들을 생각해보자–지존파사건, 라이브호프집화재, 수원직업기술학교화재, 남북정상회담
공중의제	사회적 이슈가 공중의제가 되려면 세 가지 전재조건이 필요하다. ① 많은 사람들이 관심을 가지고 있거나 알고 있고, ② 어떤 방식이든 정부의 조치가 필요하다는 사람들이 상당수 있고, ③ 문제가 정부의 적절한 고려대상이 될 뿐만 아니라 그 문제해결이 정부의 권한에 속한다고 많은 사람들이 믿을 것 등이다. • 이미 배운 의제에 대하여 연구할 것
정부의제	정부의제는 정부의 공식적인 의사결정에 의하여 그 해결을 위해서 심각하게 고려하기로 명백히 밝힌 문제들이다. 공중의제가 정부의제로 변화하는 과정이야말로 정부의제설정 이론의 핵심부분이다. 공중의제까지는 공식적 정부기관의 외부에 존재하는 것들이지만 공중의제 중에서 정부기관으로 침투하게 된 것이 정부의제, 이때 어떠한 공중의제는 정부의제이고 어떤 것은 그렇지 못하는가를 밝히는 것이 정책의제 설정 이론의 핵심이기 때문이다. • 이러한 논리적 틀에 의거한 사회복지정책개발 사례를 찾아볼 것

2 정책대안의 형성

정책대안의 형성과정이란 정책문제와 문제를 둘러싼 상황을 파악하고, 정책목표를 세우고, 그 목표를 달성할 수 있는 정책대안들을 탐색하고, 개발하며, 어떠한 정책대안이 가장 바람직한 것인가를 비교하고 분석하는 과정을 의미한다.

1) 정책문제와 상황의 파악

정책문제화된 사회문제와 그 문제를 둘러싼 상황을 정확하게 파악하기 위해서는 다음과 같은 다섯 가지 사항이 고려되어야 한다.(157) 첫째, 다루고자 하는 사회문제의 원인이 그 문제로 인해 고통받고 있는 사람들에게 있는지, 아니면 사회제도에 그 원인이 있는지를 파악해야 한다. 둘째, 그 사회문제가 미치는 영향이 관련 당사자들에게만 국한된 것인지 아니면 다른 사람들에게도 영향을 미치는지, 그리고 영향을 미친다면 어느 정도 미치고, 영향을 받는 사람들이 이를 심각하게 인식하고 있는지를 파악해야 한다. 셋째, 그 사회문제를 인식하고 있는 사람들은 얼마나 되며 어떤 해결방법을 원하는지를 파악해야 한다. 넷째, 그 사회문제가 개인의 힘으로 해결할 수 있는지 여부와 해결에 드는 비용이나 자원조달방법은 무엇인지를 파악해야 한다. 다섯째, 그 사회문제가 어느 정도 사회적 중요성을 띠고 있으며, 어느 정도의 정치적 성향을 가지는가에 관한 판단이 필요하다.

2) 정책목표의 설정

사회문제와 상황을 파악한 후에 해야 할 일은 미래예측을 통한 사회복지정책목표의 설정이다. 이 목표설정의 과정은 세워진 사회복지정책의 일반적 목표를 구체화하는 과정을 말한다.

사회복지정책의 목표설정에서 고려해야 하는 주요 요인은 ① 클라이언트와 비용부담자 및 국민들의 이해관계, ② 정책문제의 특성, ③ 목표의 종류 및 성격, 단일목표 또는 복수목표, ④ 다른 목표와의 관계, ⑤ 목표가 기초하고 있는 가치 등이다.

3) 정책대안의 탐색 및 개발

사회복지정책의 목표가 설정되면 그 정책수단으로서의 해결방법들, 곧 정책대안들을 만들어 내야 한다. 정책대안을 만들기 위해서는 문제, 상황, 미래에 대한 정보를 수집하여 종합적으로 검토·분석하여야 한다.(158)

사회복지정책대안을 개발하는 방법으로서는, 첫째 사회문제와 관련된 과거의 정책이나 현존 정책을 검토하는 방법, 둘째 외국의 정책사례를 검토하는 방법, 셋째 사회복지학, 사회학, 경제학, 정치학 등 사회과학적 지식이나 이론으로부터 대안을 추론해 내는 방법, 넷째 주관적인 판단하에 만들어 내는 직관적인 방법이 있다.

4) 정책대안의 비교분석 기법

정책대안들이 형성되면 이들은 여러 가지 기준에서 분석되고, 대안이 시행할 때 나타날 결과를 예측하며 다른 대안들과 비교·평가된다. 본격적인 분석 이전에 예비분석을 통하여 본격적으로 검토할 대안을 찾아내는 추리기 작업이 이루어진다. 추리기 과정에서 일반적으로 많이 사용하는 기준은 실현 가능성(feasibility)과 바람직성(desirability)이다. 실현 가능성에는 기술적 실현 가능성과 정치적 실현 가능성의 두 가지 의미가 다 포함된다.

참고 이슈유발장치(triggering mechanism)[159]

- 이슈유발장치는 정치적 과정 속에서 일상적인 문제를 국민들에게 널리 인식시켜 국민적 반응을 끌어내는 데 작용하는 기제임
- 이는 문제가 환경 속에 방치되어 있는 것을 정치적으로 인식시켜 주는 데 중요한 구실을 하며, 궁극적으로는 공공정책의 형성에 대한 압력을 촉진시켜 주는 촉매 역할을 함
  따라서, 새로운 문제를 정의내리고, 뒤따르는 그 반응으로서의 정책 대안 형성에 영향을 미침
- 이러한 점에서 보았을 때, 이전에는 비정치적인 상황이었던 것을 정치적인 하나의 이슈로 전환시켜 준다고 할 수 있음

3 사회복지정책결정

정책결정이란 '바람직한 상태를 달성하기 위하여 하나 이상의 대체안 중에서 하나를 선택하는 의식적 과정'이다. 특히 조직에서의 정책결정은 문제를 확인하고 해결하는 과정이다.

정책결정단계(policy-making stage)는 앞서 언급한 사회적 문제가 공공 아젠다로 이전되어 사회에 영향력이 있는 집단 또는 관계정부기관의 관심을 공식적으로 다루게 되며, 문제와 그 원인 및 배경에 관한 경험적·이론적·정치적인 분석을 통하여 목적 및 대안들을 선택하여 의사결정을 하는 과정이라 할 수 있다.[160]

1 정책결정의 특성

첫째, 정책결정은 아무나 하는 것이 아니라 정책결정을 할 수 있는 권한을 가진 사람만이 할 수 있다. 둘째, 정책결정은 제안된 여러 정책대안들 가운데 사회 여러 세력들의 이해관계 속에서 정책결정자가 최종 해결대안을 선택한다는 점에 그 특성이 있다. 셋째, 정책결정은 정책결정자가 여러 정책 대안들 가운데 하나를 선택할 때 사회 전체적인 공익을 기준으로 삼아야 하기 때문에 공익성을 띤다. 넷째, 정책결정이 공익성을 띠긴 하지만 문제를 둘러싼 사회세력들 사이의 타협의 산물이기 때문에 해당 문제의 해결만을 고려하는 것이 아니라 다른 정책과의 관계 및 장래의 사회적 상황변화 등 사회 전체적인 입장에서 거시적 시각이 필요하다.[161]

2 정책결정의 이론모형[162]

정책결정 이론 모형은 산출지향적 모형(정책결정기준으로서의 '합리성' 중심)과 과정지향적 모형(정책과정에의 주된 참여자로서의 '권력성' 중심)으로 대별할 수 있다.

산출지향적 모형과 과정지향적 모형의 비교

산출 지향적 정책결정 모형	과정지향적 정책결정 모형
• 행정학의 영역 • 정책중심적 모형 • 처방성이 강함 • 합리 모형·만족 모형·점증·혼합·최적모형	• 정치학의 영역 • 참여자 중심 • 설명성이 강함 • 엘리트·집단·체제·제도모형

정리 정책결정의 이론모형

구 분	이론모형	합리성	특 징	주장자 등
산출지향적 모형	합리·포괄모형	절대적·경제적 합리성	인간의 전지전능함을 전제, 이상적 모델, 비현실적인 모델	Ostrom의 공공선택론
	만족 모형	주관적 합리성, 제약된 합리성	정책결정자의 현실적 만족수준 중시, 현실적·보수적	Simon, March
	점증 모형	정치적 합리성	현재보다 약간 향상된 정책중시	Wildavsky, Lindbloom

(계속)

구 분	이론모형	합리성	특 징	주장자 등
산출지향적 모형	혼합관조모형	경제적 합리성 +정치적 합리성	합리 모형과 점증 모형의 절충	Etzioni
	최적모형	초합리성	직관·통찰력 등의 초이성의 힘 강조	Y. Dror
과정지향적 모형	체제모형	투입에 대한 산출량이 정책임		
	집단모형	대립되는 특수이익이 조정·균형된 결과가 정책임		
	엘리트모형	엘리트의 주관·가치관·선호사상이 정책임		
	게임 이론	경쟁적 상황하에서 객관적 확률에 의해 결정되는 것이 정책임		
	제도모형	권위 있는 기관·제도의 활동내역이 정책임		

1) 합리 모형

(1) 의의

❶ 인간을 전지전능하다는 가정하에 정확한 예측능력이 있고 합리적 행동을 하는 경제인으로 전제한다. 합리 모형－주어진 상황 속에서 주어진 목표를 해결하기 위해 최선의 정책대안을 찾을 수 있다고 가정한다.

❷ 최적화 기준에 따라 목표와 문제를 완전하게 파악하며, 가능한 모든 대안을 포괄적으로 탐색·평가하여 최적의 합리적 대안을 선택할 수 있다고 보는 총체적·연역적·규범적·이상적·합리적 접근방법이다.

(2) 전제조건

❶ 전체 사회가치의 가중치가 정해지고, 인간의 전지전능성에 기인한다.

❷ 대안의 결과를 정확하게 예측할 수 있는 예측능력이 존재한다.

❸ 비용·편익비율을 계산할 수 있는 지적능력이 있다.

❹ 정책결정이 합리적으로 이루어지는 정책결정체제가 존재해야 한다.

(3) 특성 및 기법

❶ 목표·가치와 수단·사실을 엄격히 구분하는 "목표수단분석"을 실시한다.

❷ 목표나 가치가 고정되어 있다고 가정한다.

❸ 정해진 목표나 가치를 가장 완전하게 달성할 수 있는 대안(기준 : 완전한 합

리성이나 경제적 합리성)을 추구한다.

❹ 총체적인 문제의 인지와 목적을 가정한다.

❺ 모든 대안을 총체적·체계적으로 검토한다.

❻ 제 대안 간의 비용효과 및 편익을 분석한다.

❼ 합리적인 최적대안의 선택 등이다.

(4) 효용

❶ 합리 모형은 보다 나은 정책형성에 기여한다.

❷ 합리성에 대한 저해요인을 밝혀 줌으로써 정책의 분석에 용이하다.

❸ 대안의 선택결과에 대한 보다 현실적·객관적인 평가가 가능하다.

❹ 발전도상국가에서는 투입이 매우 빈약하여 엘리트가 국가발전사업을 주도해야 하므로 합리 모형을 과소평가할 수 없다.

(5) 한계

❶ 인간의 인지능력과 문제해결능력의 한계가 있다.

❷ 자료·정보가 부족하며 불확실, 시간·비용이 많이 소요된다.

❸ 목표의 합의 곤란, 모든 대안의 탐색이 불가하다.

❹ 계량화할 수 없는 질적 요인 분석곤란과 미래의 정확한 예측이 곤란하다.

❺ 다양한 이해관계의 정치적 조정이 불가하다.

❻ 비현실적인 이상형 이론이다.

❼ 매몰비용을 무시한다.

2) 만족 모형

(1) 의의

❶ 사이먼(Simon)과 마치(March)에 의해 행태론적 의사결정론의 입장에서 주장된 것이다.

❷ 사이어트(Cyert)와 마치(March)의 연합모형에 의해 개인적 차원에서 조직차원으로 발전된 모형이다.

❸ 행태론적 의사결정론에서 제기된 것으로 사회심리학적 측면을 중시하며 제한된 합리성 기준에 입각한다.

❹ 최적수준에 의한 "최적대안"보다는 현실적으로 만족할 만한 "만족대안"의 선택에 타당성을 두는 현실적·실증적·경험적·귀납적 접근방법이다.

(2) 특징

❶ 합리 모형의 한계를 보완한 것으로 완전무결한 합리성이 아닌 "제한된 합리성"에 기초를 둔다.
❷ 수단·목적 분석을 통해 목표를 비교적 상위목표와 하위목표로 나누는 합리적인 작업을 거친다.
❸ 습득 가능한 몇 개의 대안을 우선적으로 검토하여 현실적으로 만족한다고 생각하는 선에서 대안을 채택(현실적·실증적 접근방법)한다.

(3) 평가

실제 의사결정에 대한 비교적 정확한 설명, 의사결정에 있어서 비용의 중요성을 지적한다.

(4) 한계

❶ 만족화 기준이 지나치게 주관적·보수적 성격을 띠므로 쇄신적 문제해결을 요하는 경우 적용할 수 없다.
❷ 개인적 차원에 치중하므로 조직적 차원을 설명하기 곤란하다.
❸ 인간의 만족화 기준이 상이하고 주관적이다.

3) 점증 모형

(1) 의의

❶ 린드블룸(Lindbloom), 윌다브스키(Wildavsky), 스나이더(Snyder) 등에 의해 주장된 것이다.
❷ "계속적·제한적 비교접근법 또는 지분법"으로 선진국 등 다원적 사회를 배경으로 한 이론모형이다.
❸ 점증 모형은 합리 모형보다 혁신적이고 진보적인 정책결정이 이루어진다. 실제정책을 결정하는 데 있어서는 언제나 규범적이고 합리적인 결정을 하는 것

이 아니라 현실을 긍정하고 그것보다 약간 향상된 결정에 만족하여 현재의 정치나 행정보다 크게 다른 쇄신적·창의적인 결정을 기대하지 않는다는 것이다.

❹ 이상적·규범적 합리성보다는 많은 이해관계에서 적절한 조정·타협을 할 수 있는 다원주의, 즉 시민과 정치인의 지지를 얻을 수 있는 정치적 합리성을 중요시한다.

(2) 특징

❶ 정책에 관련된 대안을 완전히 평가·분석하기보다는 현 정책에 비해 약간 향상된 정책에만 치중한다.

❷ 한정된 수의 정책대안을 검토·분석한다.

❸ 각 대안에 대하여 한정된 수의 중요한 결과만 평가한다.

❹ 종래 정책을 점진적·부분적·순차적·계속적으로 수정한다.

❺ 정책결정과정을 비합리적·비포괄적·무계획적 과정(그럭저럭한 과정)으로 간주한다.

(3) 한계

❶ 다원주의 사회에만 적합하고, 보수적 성격으로 신생국이나 쇄신이 요구되는 사회에는 부적합하다. 따라서 급격한 사회변동에 적응하기가 곤란하다.

❷ 정책결정의 기본방향 및 평가기준이 결여된다.

❸ 단기 정책에만 관심을 가지며 임기응변적인 정책 모색은 무사안일을 조장한다.

❹ 압력·영향력이 큰 강자에게만 유리하다.

❺ 장기적이고 근본적인 방향이 잘못되어 나갈 때 이를 바로 잡기 어렵다는 비판이 수반된다.

정리 합리 모형과 점증 모형의 비교

정책결정의 구성요소	합리 모형	점증 모형
정책선택의 범위	합리적 세계, 현실무시	정치적 세계, 현실존중
대안의 범위	수는 무한정, 포괄적	수는 한정, 제한적
정책집행결과의 범위	넓다	좁다

(계속)

정책결정의 구성요소	합리 모형	점증 모형
목표와 수단의 상호작용	수단은 목표에 합치되도록 선택(목표의 명확한 정의)	목표는 수단에 합치되도록 수정(뚜렷한 목표의식 없이 최선의 대안을 선택하는 경우의 기준은 정책에 대한 동의)
문제의 구성	재구성·정의가 거의 없음	재구성·재정의가 빈번
분석·평가과정	단발적	계속적
정책의 평가기준	목표의 달성도(경제적 합리성)	바람직하지 않은 상황 수정(정치적 합리성)
분석·평가주체	소수의 의사결정자, 분석적, 통일적, 포괄적, 집중적	다양한 이해관계집단, 비분석적·비통일적
변화·쇄신 추구 여부	변화·쇄신 추구 가능	변화·쇄신 추구 곤란

출처 : 김중규, 2004: 267.

4) 혼합 모형

(1) 의의

❶ 에치오니(A. Etzioni)가 주장한 것이다.

❷ 규범적·이상적 접근방법인 합리 모형(고도의 합리성 추구)과 현실적·실증적 접근방법인 점증적 모형을 절충한 제3의 접근법이다.

❸ 이 모형에서는 정책결정을 기본적 결정과 부분적(지엽적)·절차적 결정으로 나누어 서로 다른 모형을 탄력적으로 투사·적용한다.

(2) 특성

❶ 불안·유동적·급변상황 : 기본적 결정, 합리 모형을 적용한다.

❷ 안정·고정적인 상황 : 부분적 결정, 점증 모형을 적용한다.

(3) 한계

❶ 이론적 독창성이 없어 독립된 모형으로 보기 곤란하다.

❷ 합리 모형과 점증 모형의 결함을 사실상 극복하지 못한다.

❸ 현실적으로 정책결정은 기본적 결정과 점증적 결정 간에 신축성 있게 투사되기가 곤란하다.

5) 최적모형(Optimal model)

(1) 의의

❶ 드로(Y. Dror)가 제시한 것이다.

❷ 린드블룸(Lindbloom)의 세부적 점증 모형의 타협적·보수적 성격과 합리 모형의 비현실성에 대한 비판으로 대두(정치적 실현 가능성과 경제적 합리성의 조화 촉구)된다.

❸ 이 모형은 제한된 자원, 불확실한 상황, 지식 및 정보의 결여 등으로 비정형적 정책결정을 하는 경우에는 합리성 및 경제성이 많은 제약을 받게 되므로, 합리적 요소 이외에 정책결정자의 주관·직관·판단력, 창의력과 영감 혹은 육감 등과 같은 초합리적 요소도 중요하게 여겨야 한다는 것이다. 최적모형은 체계론적 시각에서 정책성과를 최적화하려는 정책결정모형이다.

(2) 특성

❶ 기본적으로는 경제적 합리성(경제적 이익의 극대화)을 중시한다.

❷ 계량화가 곤란한 복잡하고 불확실성하에서는 직관·영감·육감 등의 초합리성을 동시에 다룬다.

❸ 합리 모형에 비하여 가치적 기준을 더 중시한다.

❹ 결정능력의 향상을 위해 평가와 환류기능을 강조한다.

❺ 양적이라기보다는 질적 모형에 가깝다.

(3) 주요 단계

❶ 초정책결정단계

정책결정지식, 방법, 체제에 대한 가장 중요한 정책결정으로 고도의 초합리성을 적용한다.

❷ 정책결정의 단계

본래 의미의 정책결정으로 합리성은 그 기준이 된다.

❸ 정책결정 이후의 단계

작성된 정책을 실제에 적용하기 위해 정책집행을 거치게 되는 환류차원의 정책결정 단계이다.

(4) 평가

초합리성의 개념을 도입, 합리 모형을 더 한층 체계적으로 발전시켰다.

사회적 변동상황하에서의 혁신적 정책결정이 거시적으로 정당화될 수 있는 이론적 근거를 제시한다.

(5) 한계

❶ 기본적으로 경제적 합리성을 중시하므로 정책결정에 있어 다원화된 사회적 과정에 대한 고찰이 불충분하다.
❷ "초합리성"과 "합리성"의 본질 및 구체적인 달성방법과 내용이 불명확하다.
❸ "최적"의 기준이 불분명하고 너무나 유토피아적인 모형이다.
❹ 여전히 합리 모형의 틀 속에 있다.

6) 쓰레기통 모형

(1) 의의

1971년 올센(Olsen) 등은 사이먼(Simon)의 바늘 이론을 비판하면서 실제 조직의 의사결정은 그보다도 훨씬 비합리적으로 이뤄진다고 주장하며, 소위 쓰레기통 모형(garbage can model)을 발표하였다.

현대 조직이 겪고 있는 상황은 무정부상태의 혼돈처럼 불확실한 상태이며, 이런 상황에서는 제한된 합리성을 가진 인간으로서는 문제조차 파악할 수 없다는 것이다. 즉, 조직구성원들은 결정행동의 단계적 순서를 밟지 않으며 쓰레기통이라고 불릴 정도로 중구난방식의 결정이 행해진다는 것이다.

쓰레기통 모형은 정책결정이 일정한 규칙에 따라 이루어지는 것이 아니라 ① 문제, ② 해결책, ③ 선택기회, ④ 참여자의 4요소가 쓰레기통같이 뒤죽박죽 움직이다가 어떤 계기로 교차하여 만나게 될 때 이루어진다고 보는 정책결정모형을 말한다. 코헨, 마치, 올센 등이 주장한 이 정책결정모형은 조직화된 혼란 상태(organized anarchy)에서의 결정을 다루고 있다. 이러한 모형에 해당하는 조직의 예로는 대학사회, 친목단체 등을 들 수 있다.

(2) 전제조건

❶ 우선순위의 불명확성

문제와 해결대안 및 목표가 무엇인지 불명확하고 어떤 기준으로 대안을 선택해야 할지도 모른다.

❷ 해결자에 대한 지식과 경험 부족

목표달성을 위해 어떻게 접근해야 하는지 어디에서 정보를 수집하는지 아무것도 모른다.

❸ 임시적 결정자들(fluid participants)

의사결정자들의 교체와 이동이 심하고 모두 바빠서 한 문제를 차분하게 해결할 사람이 없다. 이와 같은 이유들로 인해 의사결정과정이 문제의 발견에서 해결까지 순차적인 절차를 밟지 않게 된다.

(3) 의사결정의 네 가지 구성요소

❶ 개요

의사결정이 이루어지려면 결정해야 할 문제, 문제의 해결책, 참여자, 의사결정의 기회가 구비되어야 하는데, 이 네 가지 요소들은 아무런 관계없이 독자적으로 움직인다.

❷ 의사결정의 네 가지 요소

- 문제의 흐름 : 합리 모형에서는 문제가 있으면 바로 의사결정 기회를 만들어 정책결정을 하나, 쓰레기통 모형에서 문제는 의사결정 기회와는 별도로 자체적으로 등장해 변화한다.
  즉, 사회문제가 등장하지만 정책 의제화에 시간이 많이 걸려 사회문제는 의사결정 기회를 만날 때까지 독자적으로 흘러가는 것이다.
- 해결책의 흐름 : 사회문제가 심각해지면 여러 가지 정책대안들이 제시되고 이에 대한 비교, 평가가 이루어진다. 그리고 정책결정의 기회가 올 때까지 기다리는데 그동안 해결책은 혼자 흘러간다.
- 참여자의 흐름 : 참여자가 없으면 의사결정이 이루어질 수 없다. 그런데 참여자들은 의사결정의 전 과정을 계속해서 참여하는 것이 아니고, 정책결정의 기회가 와도 그때까지 참여자는 문제를 모르거나, 정책결정의 순간까지 해결책

을 모르고 있기도 하다.

- 의사결정 기회(선택기회)의 흐름 : 정책결정의 기회는 무수히 많다. 그러나 이러한 기회가 있어도 사회문제가 정책의제화되지 않았거나 해결책으로서의 정책대안이 마련되어 있지 않으면 문제해결을 위한 결정을 하지 못한다.

(4) 의사결정 과정 및 결과

결정할 일은 많고 대안을 검토할 시간은 없고 무엇이든지 해야 하다 보니 조직이라는 쓰레기통 속에서 뒤엉켜 굴러다니다 문제(A), 대안(B), 결정자(C), 타이밍(D)이 우연히 만나는 순간 결정이 이루어진다. 이때 문제에 알맞은 대안이 선택될 수 없고 합리적 결정은 더욱 일어날 수 없다.

따라서 문제와 해결책은 서로 관련이 없을 수 있으며 그렇기 때문에 문제도 없는데 대안이 선택될 수 있으며, 아직 때가 아닌데도 의사결정자가 강제로 밀어붙여 결정을 내릴 경우가 있다.

즉, 조직의 의사결정 질서는 무질서하게 이루어지며, 합리적 과정보다는 예기치 않은 상황에 의해 해결될 수도 있다.

(5) 평가

❶ 공헌

기존 이론들이 조직화된 무정부 상태를 단지 병리학적 현상으로 인식했으나, 이 모형은 이를 긍정적 측면에서 체계적으로 분석·시도하며, 현실의 결정문제를 좀 더 적실성 있게 분석할 수 있다는 장점을 가지고 있다.

❷ 비판

그러나 조직적 혼란 상태는 조직의 일부에서 일시적으로 나타나는 특수한 경우이므로 설명의 한계가 있고, 정책 결정사항을 우연으로만 설명하려는 경향이 강하여 결정자의 의지를 잘 설명하지 못한다는 비판을 가할 수 있다.

(6) 시사점

❶ 많은 결정들이 정식적인 의사결정과정이 아닌 운, 우연, 자의로 이루어진다.

❷ 어느 대안이 선택되고 괜찮기 때문에 결정자들이 자기 이익을 위한 정치적 동기를 가지고 참여할 수 있다.

❸ 문제마다 해결안을 찾는 데 시간이 걸리기 때문에 문제가 너무 많으면 문제로 그냥 남게 된다.

❹ 급한 문제는 아니지만 일단 커다란 이슈가 될 중요한 문제라면 무조건 먼저 결정될 가능성이 크다.

❺ 정책결정과정에는 정책대안의 흐름, 문제의 흐름, 정치의 흐름이 존재한다.

❻ 정책전문가들은 지속적으로 특정 사회문제에 대한 정책대안들을 연구하고 있으며, 정책대안들이 정치적 흐름과 문제 흐름 등 각각에 의해 정책의제(아젠다, agenda)로 등장할 때까지 기다린다.

❼ 이들 세 개의 흐름이 연결되면 정책의 창(policy window)이 열려 정책대안이 마련되고, 그렇지 않으면 각 흐름은 다시 제각각 본래의 흐름으로 돌아간다.

참고 공공선택론

개념

- 경제학에서 확립된 이론으로, 합리 모형의 일종으로 1960년 J. Buchanan, G. Tullock이 중심이 되어 연구한 것으로서 정책에 대한 정치경제학적 연구이며 V. Ostrom에 의하여 체계화됨
- 행정을 근본적으로 공공재의 공급과 소비로 파악(정부는 공급자, 국민은 소비자)하여, 국민 개개인의 선호를 표출시키고 공공재를 시장에서처럼 그들 스스로 선택할 수 있도록 하는 공공선택을 중시함

성립배경

- 공공부문의 시장경제화
- 전통적인 정부관료제의 한계
- 시민개개인의 선호 중시 – 투표를 통한 개인의 선호표출이나 관할구역의 중첩을 통한 개인의 선택 중시

가정

- 방법론적 개인주의
- 홉스의 인간관(합리적·이기적 경제인관)
  – 개인은 합리적이고, 자기 이익을 추구하려 하며, 자신의 효용을 극대화하려는 목표로 행동함
- 공공재의 효율적인 생산과 공급은 제도적 장치의 마련을 통해 가능함

내용

- 공공이 정책적 대안을 선택함을 강조하면서 공공정책을 공공재와 공공서비스의 합리적 배분수단으로 파악함
- 개인은 각기 다른 선호를 가지며 합리적이며 자기이익적 개인으로서 극대화 전략을 추구하는 것을 전제함
  – 정치인은 득표극대화, 관료는 예산극대화, 이익집단은 이익(효용)극대화를 추구함

(계속)

- 정책은 궁극적으로 다원화된 집단과 개인의 민주적 결정에 의하여 등장함
- 방법론적으로 개체주의를 채택함
- 공공재와 공공서비스의 생산은 분권화된 시장체제에 의하여 이루어지도록 하며 그 배분점은 파레토의 최적점에 의거하여 결정되어야 한다고 파악함
- 공공재의 성격인 비배제성·비배타성 등의 성격을 강조함

평가

- 효용성 : 공공재와 공공서비스의 효율적 공급을 가져올 수 있는 연역적 설명을 제공함으로써 행정의 분권화와 민주행정의 실현 및 자원 배분상 효율성을 달성할 수 있게 함
- 비판 : 현실세계에서 인간의 가치(인본주의 추구 등)를 경시하고 효용 극대화에 입각한 경제적 선택만을 고려하고 있는 것은 비현실적임

참고 사이버네틱스(Cybernetics) 모형

의의

- 인공두뇌학으로서 인간의 두뇌도 계산기와 같이 정보와 환류에 의한 제어장치임
- 합리 모형과 극단적으로 대립되는 적응적·관습적 의사결정모형임

특징

- 적응적 의사결정
  - 명확하게 정해진 목표를 추구하거나 미리 결과를 예측하는 것이 아님
  - 고도의 불확실성 속에서 정보를 지속적으로 제어하고 환류해 나가는 결정시스템임
  - 어떤 중요변수를 바람직한 상태로 유지시키고자 하는 끊임없는 비목적적 적응모형 ⇨ 실내자동온도조절장치 등
- 불확실성의 통제
- 집단적 의사결정
- 도구적 학습
  - 결과를 미리 예측한 후 합리적 대안을 선택하는 '인과적 학습'이 아닌 '도구적 학습'에 의존함

참고 앨리슨(Allison) 모형

의의

국가의 정책결정이 이루어지는 상황은 획일적이지 않아 정책결정이 전개되는 상황적인 특성에 따라 그에 적합한 결정모형을 복합적으로 적용해야 한다는 모형임

모형의 분류

모형 I	합리 모형	조직 전체 계층에 적용(합리적 행위자 모형)
모형 II	조직 모형	하위계층에 적용 가능(SOP를 추구하는 회사모형과 유사)
모형 III	관료정치 모형	정치적 협상이나 흥정에 따라 결정(쓰레기통 모형과 유사, 상위계층에 적용)

참고 과정지향적 모형[163]

엘리트모형

- 공공정책은 엘리트의 가치관·이해관계에 따라 결정된다고 보는 이론임
- 엘리트모형의 특징
  - 정책은 엘리트로부터 대중으로 내려감
  - 사회는 권력을 가진 자와 갖지 못한 자로 구별됨
  - 엘리트는 대중과 다른 가치관을 가짐
  - 현재의 정책은 현상유지에 중점을 두는 엘리트의 입장을 반영시키고 있는 것으로 파악함
  - 엘리트는 대중의 무관심 속에서 피동적인 대중을 지배함

집단모형-다원론

- 정책결정이 집단 간의 상호작용 내지 균형관계에 따라서 이루어진다는 이론임
- 대표적 학자는 벤틀리(Bentley)이며 다원화된 선진국에 적용되는 점증 모형의 원리와 유사함
- 행정기관이 압력집단의 영향을 받게 됨으로써 행정인의 공익에 부여되는 정책과 이익집단의 이익이 되는 정책을 구별하기가 곤란함

체제모형

- 정책을 체제의 산물로 인식하는 이론임
- 정책결정체제의 중요한 변수·구조에 관심을 가지며 투입·전환·산출·환류 등 정보 이론의 개념에 의존하면서 결정과정이 순환적이라고 주장함

제도모형

정책결정을 정부기관의 활동으로서 파악하고 헌법, 정부조직법, 행정법규, 직제의 내용 등을 중시함

게임모형

정책이란 서로 이익이나 전략이 상충되는 경쟁적 상황하에서 객관적·계량적 확률분포에 의해 고도의 합리적 대안이 선택된다는 관리과학적 이론임

3 합리적 정책결정의 제약요인

1) 정책결정인에 대한 제약요인

- 결정인의 가치관과 태도의 차이, 인지의 차이
- 권위주의적 사고방식
- 정책결정에 대한 이해 부족 및 전문지식의 결여
- 미래예측의 곤란
- 병리적 관료행태 : 변동에의 저항, 형식주의, 무사안일주의
- 자신의 경력 및 선입관의 지나친 의존

2) 정책결정구조에 대한 제약요인

- 집권적 조직 구조
- 의사소통의 장애 및 왜곡
- 정책전담기구의 결여
- 조직의 규범 및 행정선례·표준운영절차의 답습
- 정보·자료의 부족과 부정확성
- 계선과 막료의 갈등

3) 정책결정환경에 따른 제약요인

- 문제와 목표의 다양성과 무형성으로 선택곤란
- 투입기능의 취약성
- 매몰비용(이미 투입된 경비 및 노력과 시간)의 존재로 선택범위 제약
- 사회적·문화적 규범 및 관습의 영향
- 자원 및 시간상의 제약
- 외부통제의 미약으로 인한 자의적 결정
- 경제발전 낙후성
- 대내외 참여자 간의 이해관계 대립

참고 정부기관의 정책결정과정(process of policy-making of government) – 행정부

개별부처 정책결정과정

• 개별부처 단독으로 정책결정이 이루어지는 과정은 대체로 다음과 같이 과에서 기안책임자인 사무관이 정책을 기안하고 과장이 결재한 후 국장, 차관, 그리고 최종적으로 장관이 결재함으로써 정책이 결정된다.

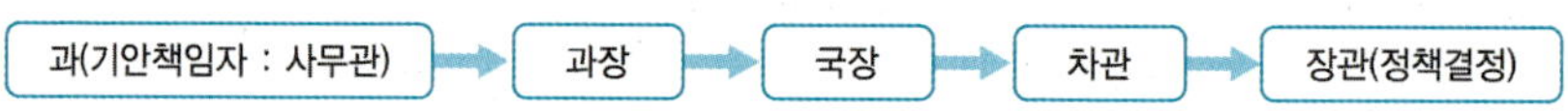

둘 이상 원·부·처 관련 정책의안 결정과정

• 기안부처발의 → 관련부처 합의 → 경제차관회의 → 경제장관회의 → 관계부처협의 → 당정협의 → 국무회의

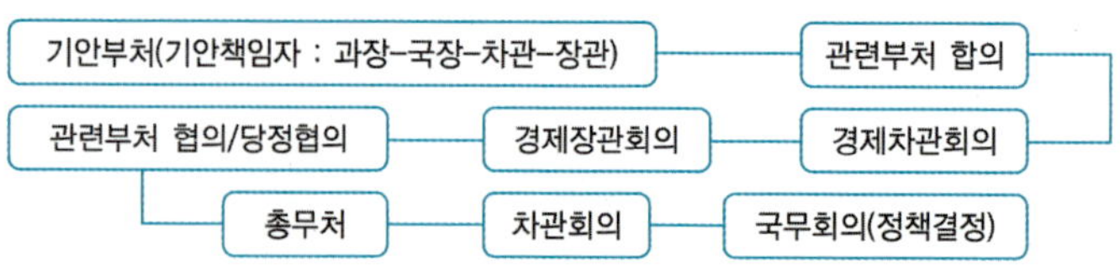

참고 사회복지정책의 결정과 전문가의 역할

카테고리	내 용
결정사항	• 외부세계에 있어 어떤 특수한 상황이 사회문제를 구성하는가의 여부(sources of problems) • 어떤 특정의 사회문제가 얼마나 큰 문제이며 또한 중요한 문제인가의 여부(priory of conduct) • 어떤 개인의 전략이 채택되어야 하는가의 여부(choosing the strategies) • 어느 사회복지 수급자가 사회복지프로그램의 급여나 서비스를 받아야 하는가의 여부(target group) • 어떻게 사회복지프로그램이 설계되며, 재원이 조달되어야 하는가의 여부(approaches & its funds) • 이와 같은 프로그램의 결정에는 누가 참여해야 하는가의 여부(participant of policy-making) • 정책과 프로그램의 상대적 성과는 어떻게 평가되어야 하는가의 여부(outcome evaluation)
역할	• 분석적인 역할(analysis)이 요청된다. 왜냐하면 사회복지정책형성의 주된 부분이 가능한 정책선택과 그 선호를 입증하는 것으로 되어 있기 때문이다(analyzer).
역할	• 실질적으로 사회복지정책형성의 측면에서는 사회사업가는 정치적인 역할을 담당한다. 정책형성의 기간 가운데 많은 점에 있어 정치적 대리인의 역할을 인정하지 않는 정책형성의 모형은 적절하지 않다는 것이다(politician). • 행정적이며 조직적인 역할이 요청된다. 왜냐하면 정책은 궁극적으로 조직의 구성원이 정책을 시행함으로써만이 성공하기 때문이다(administrative organizer). • 조사와 프로그램 평가의 역할은 정책형성과정의 여러 측면에 있어서 수행된다. 사회과학과 관련된 조사는 개입전략의 구성과 더불어 평가에 있어서도 도움이 된다(researcher & evaluator). • 직접적 서비스를 하는 사회사업가의 경우 - 충족되지 못한 needs 발견자 - 프로그램 설계자 - 집행자 - 평가자 - 변화담당자 등의 역할을 수행함으로써 정책형성과정에 참여하는 것이다. 이와 같은 일련의 사회복지와 관련된 역할이란 - 직접적 서비스의 실천 - 사회조사 - 지역사회조직 - 행정 - 계획 등의 역할을 수행한다. 이러한 역할은 왕왕 동일한 사회사업가에 의하여 수행된다는 것이다. 예컨대, 계획담당자가 사회조사와 더불어 지역사회조사도 다룰 수가 있다는 것이다.

출처 : Bruce S. Jansson, 1984: 19.

4 사회복지정책 집행

사회복지정책이 결정되면 그것은 사회문제를 해결하기 위하여 일선기관을 통해 구체화된다. 일반적으로 볼 때 정책집행이란 의도된 정책목표를 달성하기 위하여 결정된 사항들을 구체화시키는 활동을 의미한다. 사회복지정책의 집행은 정책집행자이 관료들과 클라이언트의 직접적인 상호작용을 통하여 정책목표를 구체화시켜 나가는 과정이다.

정책집행과정은 주어진 목표를 구체화시키는 데 그 목적이 있다. 따라서 이 과정은 정책의제형성과정이나 정책대안형성과정 또는 정책결정과정과는 달리 관리기술적 성격을 띤다.

그러나 한편으로는 결정된 정책이 그대로 다 집행되는 것은 아니다. 사회복지정책은 정책형성단계와 정책결정단계뿐만 아니라 정책집행단계에서도 이념적 논쟁과 의견의 불일치가 지속되며 재분배적 목적에 대한 정치적 반대도 심하다. 이러한 정치적 과정으로서의 사회복지정책의 집행과정 속에서 클라이언트인 사회적 약자들은 불리한 입장에 서는 것이 보통이다.

따라서 사회복지사는 사회복지정책이 의도한 원래의 목표가 변질되지 않고 실현될 수 있도록 클라이언트들을 압력집단으로 조직화하고 이들이 정책집행과정에 적극적으로 참여하여 자신들의 권익을 보장받을 수 있도록 도와줄 필요가 있다.(164)

울먼(Wolman)은 정책프로그램의 성과를 설명하거나 이해할 수 있는 포괄적인 분석틀을 제시하였는데 여기에서 정책집행이 성과를 거두기 위한 요인으로 다음과 같은 다섯 가지를 제시하고 있다. 첫째, 자원의 적절성이다. 여기서 자원이란 재정적 자원 및 인적 자원을 모두 포함한다. 둘째, 관리 및 통제구조이다. 셋째, 관료제적 규칙 및 규제이다. 넷째, 정치적 효과성이다. 다섯째, 환류 및 평가이다. 정책프로그램의 집행결과를 되돌아보고, 평가해 보는 장치는 정책집행의 성공에 영향을 미치는 주요 요인이다.(165)

1 정책집행의 과정(R. B. Ripley와 G. A. Franklin)

- 정책지침의 개발 : 집행전략 및 규칙의 작성·시달

- 자원확보 : 인적·물적 자원
- 조직화 : 집행을 위한 기구 설치 및 절차의 정형화
- 실현 : 수혜집단에게는 혜택과 이익을 전달, 규제대상집단에는 제한과 규제를 가하는 단계
- 감시와 환류 : 집행과정의 점검, 평가 및 시정조치

참고 정책집행의 접근법 유형

구분/유형	하향적·정형적 집행(고전적 입장)	상향적·비정형적 집행(현대적 입장)
• 정책상황	• 안정적·구조화된 상황	• 유동적·탈구조화된 상황
• 정책목표 수정의 필요성	• 목표가 명확하여 수정 필요성 적음	• 수정 필요성 높음
• 관리자의 참여	• 참여제한, 충실한 집행이 중요시됨	• 참여 필요
• 집행자의 재량	• 집행자의 재량 불인정	• 재량권 인정
• 정책평가의 기준	• 집행의 충실성 또는 성과	• 환경에의 적응성 중시, 정책성과는 2차적 기준

2 정책집행의 유형

1) 나카무라와 스몰우드(Nakamura & Smallwood)의 분류

결정자와 집행자의 역할관계를 다음의 다섯 가지로 나누고 고전적 기술관료형에서 관료적 기업가형으로 나아갈수록 정책결정자의 통제는 약해지고 정책집행자의 재량적 역할이 커진다고 본다.(166)

(1) 고전적 기술관료형

❶ 정책결정자의 역할

구체적인 목표를 설정한다. 정책집행자에게 기술적인 권한을 위임한다.

❷ 정책집행자의 역할

정책결정자의 목표를 지지하고 그 목표를 달성하기 위한 기술적 수단을 강구한다(재량권 없음).

(2) 지시적 위임자형

❶ 정책결정자의 역할

구체적인 목표를 설정한다. 정책집행자에게 행정적 권한을 위임한다.

❷ 정책집행자의 역할

정책결정자의 목표를 지지하며 목표를 달성하기 위해 집행자 상호 간에 행정적 수단에 관하여 교섭을 벌인다(어느 정도의 재량권이 있음).

(3) 협상자형

❶ 정책결정자의 역할

목표를 설정한다. 집행자가 목표 또는 목표달성을 위한 수단에 관하여 협상한다.

❷ 정책집행자의 역할

목표달성에 필요한 수단에 관하여 정책결정자와 협상을 벌인다.

(4) 재량적 실험형

❶ 정책결정자의 역할

추상적 목표를 지지한다. 집행자가 목표달성수단을 구체화시킬 수 있도록 광범위한 재량권을 위임한다.

❷ 정책집행자의 역할

정책결정자를 위해 목표와 수단을 명백히 한다(상당한 재량권 보유).

(5) 관료적 기업가형

❶ 정책결정자의 역할

집행자가 설정한 목표와 목표달성수단을 지지한다.

❷ 정책집행자의 역할

목표와 그 목표달성을 위해 필요한 수단을 형성시키고 정책결정자로 하여금 그 목표를 받아들이도록 설득한다.

3 정책집행에 영향을 미치는 요인

목표의 명확성 정도, 자원의 충분성 정도, 의사소통, 집행자의 정책에 대한 호의성, 집행자의 능력과 리더십, 집행기관의 상호관계, 표준운영절차(SOP) 등이다.

1) 내용적 요인

정책에 제시된 이익들, 집행기관과 집행자, 편익의 유형, 달성하려는 변화, 약속된 자원들(예산규모 등)이 있다.

2) 환경(맥락·외적)적 요인

정치행정적 분위기, 사회경제적 조건과 정책집행에 필요한 기술, 언론의 관심, 대중의 지지 등이 있다.

4 정책집행의 순응과 불응

1) 의의

- 순응이란 정책집행자나 정책대상 집단이 정책결정자의 의도나 정책 또는 법규의 내용에 일치되는 행위를 하는 것을 의미(이와 상반된 행위를 불응)한다.
- 불응의 구체적 형태로는 의사전달에 대한 고의적 조작, 지연, 정책의 임의 변경, 부집행, 형식적 순응, 정책 자체의 취소 등이 있다.

2) 순응·불응의 원인과 확보방안

순응 요인	정책목표의 명확성, 보상과 편익의 제공, 설득과 유인, 제재수단의 제공, 결정자의 리더십, 의사전달의 활성화, 집행기간의 장기화
불응 요인	정책의 모호성 및 불명확성, 지도력 부족, 정책의 정통성 결여, 다수기관 관련성 및 의사전달의 부족이나 비효율성, 집행자의 소극적 성향이나 재량권의 남용, 인적·물적 자원 및 정보의 부족, 기술적 제약성, 기존가치체계와의 대립, 정책결정자의 권위에 대한 신념이나 믿음 결여
순응의 확보방안	교육과 설득 활동, 선전에 의한 호소, 정책 수정 또는 관행의 채택, 제재수단의 사용, 적극적 편익 제공

예 상 문 제

01 정책의제 설정모형에 대한 다음 설명 중 틀린 것은?

① 콥과 로스는 이슈의 제기－구체화－확장－진입 순으로 의제설정이 이루어진다고 보았다.
② 외부주도형은 내부주도형보다 의제설정이 용이하지 않다.
③ 내부접근형과 동원형은 의제설정이 용이하게 이루어진다.
④ 외부주도형은 의제설정이 더 전문적이고 분석적이다.

정답 ④

02 점증 모형에 대한 다음 설명 중 틀린 것은?

① 직관이나 습관에 의한 결정보다는 더 분석적·정치적인 접근방법이다.
② 점증주의의 가장 큰 공헌은 현실에서 이루어지는 정책결정의 실상을 가장 정확하게 기술하여 많은 사람에게 알렸다는 점이다.
③ 점증 모형은 기술적(descriptive)·실증적(empirical) 모형으로서만이 아니라 처방적·규범적 성격도 지니고 있다.
④ 가치의 상대주의, 분권적 사고방식과 더불어 미국식 다원주의에 의미를 부여하는 결정이다.
⑤ 사이먼(Simon)의 만족 모형이 인간의 인지과정(cognitive process)의 제약에 관심을 가지나 점증 모형은 정책결정 자체에 초점을 둔다.

정답 ①

03 정책결정의 다양한 이론 모형에 대한 설명이 옳은 것은?

① 합리 모형은 사회적 무차별곡선이 존재한다는 가정에 입각하고 있다.
② 조합주의 모형은 이익집단이 국가로부터 자유롭다.
③ 점증 모형은 제한된 합리성을 인정하지 않는다.
④ 점증 모형은 매몰비용에 대한 인식이 없다.
⑤ 엘리트 모형은 일반대중으로부터 권력이 나온다고 본다.

정답 ①

04 다음 중 정책대안의 실현 가능성의 기준으로 볼 수 없는 것은?

① 재정적 실현 가능성
② 행정적 실현 가능성
③ 관리적 실현 가능성
④ 정치적 실현 가능성
⑤ 기술적 실현 가능성

정답 ⑤

05 다음의 설명에 일치하는 것은?

> • 정치적 과정 속에서 일상적인 문제를 국민들에게 널리 인식시켜 국민적 반응을 끌어내는 데 작용하는 기제이다.
> • 이는 문제가 환경 속에 방치되어 있는 것을 정치적으로 인식시켜 주는 데 중요한 구실을 하며, 궁극적으로는 공공정책의 형성에 대한 압력을 촉진시켜 주는 촉매 역할을 한다. 따라서 새로운 문제를 정의내리고, 뒤따르는 그 반응으로서의 정책 대안 형성에 영향을 미친다.
> • 이러한 점에서 보았을 때, 이전에는 비정치적인 상황이었던 것을 정치적인 하나의 이슈로 전환시켜 준다고 할 수 있다.

① 무의사결정론　② 이슈 유발장치　③ 엘리트론
④ 정책의제　⑤ 사회적 이슈

정답 ②

06 정책의제설정 이론 중 이익집단 역기능론과 관련이 적은 것은?

① 하위정부론　② 이익집단 자유주의론
③ 공공이익 집단 이론　④ 고전적 다원주의론
⑤ 조합주의 이론

정답 ⑤

07 정책결정모형 중 산출지향적 모형을 설명한 것이 아닌 것은?

① 정치학의 영역　② 정책중심적 모형
③ 처방성이 강함　④ 합리성을 중시
⑤ 합리 모형, 만족 모형

정답 ①

08 앨리슨(Allison)의 의사결정모형에 대한 설명으로서 타당하지 못한 것은?

① 정책결정모형을 합리적 행위자모형, 조직과정모형, 관료정치모형 등 세 가지로 나누었다.
② 하나의 정책에 대해 세 가지 모형이 다 적용될 수 있다.
③ 관료정치모형에서 정책결정자는 조직의 목표나 하위조직의 목표는 전혀 고려하지 않고 정책결정자 개인의 목표만 고려한다.
④ 합리 모형은 조직의 상하계층별로 큰 차이 없이 적용 가능하다.
⑤ 과정 모형은 기능적 권위가 높은 조직의 의사결정을 설명하는 데 유용하다.

정답 ③

09 사이버네틱스 모형에 관한 적절한 설명으로 볼 수 없는 것은?

① 끊임없는 적응적 의사결정을 한다.
② 복잡한 의사결정 상황에 잘 대응할 수 없다.
③ 앨리슨(Allison)의 제2모형에 유사하다.
④ 목표나 대안의 결과를 전혀 고려하지 않는다.
⑤ 합리 모형과는 상반된다.

정답 ②

10 정책집행에 있어 순응의 요인이 아닌 것은?

① 정책목표의 명확성
② 보상과 편익의 제공
③ 설득과 유인
④ 결정자의 리더십
⑤ 정책의 모호성

정답 ⑤

Chapter

07 사회보장 기본정책의 이해

Key word 사회보장, 최저기준, 4대 사회보험, 위험군 선택, 크림 떠내기, 실업의 덫(실업 함정)

1 사회복지정책의 일반 이론

1 사회보장의 정의

사회보장에 대한 정의는 나라마다 상이하기 때문에 사전적으로 표준화된 정의를 찾아보기 힘들다.

사회보장이라는 용어가 처음으로 사용된 시기에 대해서는 대체적으로 의견이 일치하고 있다. 1935년에 미국이 「사회보장법(Social Security Act)」을 제정하면서 법률명으로서 처음 사용되었다. 이후 사회보장이라는 용어는 세계적으로 통용되기 시작하였다. 사회보장이라는 용어는 「사회보장법(Social Security Act of 1935)」에서 노령, 사망, 장애 및 실업의 위험에 대처하는 프로그램이라는 한정적 의미로 처음 공식으로 사용되었다. 그러나 사회보장 용어가 세계적으로 파급되어 사용하고 있음에도 불구하고, 사회보장의 개념에 대해서는 국가적·시대적·학문적 관점에 따라 매우 다양하게 개념·정립되고 있다. 사회복지정책의 개념과 범위는 각 국가마다 다르다.

제2차 세계대전 후 국제노동기구(ILO)의 「사회보장의 길」과 영국의 비버리지

(W. H. Beveridge)가 작성한 보고서 「사회보험과 관련 서비스」 및 프랑스의 라로크(Pierre Laroque)가 책정한 「사회보장계획」의 영향으로 각국에서 구체적인 사회정책으로 제도화되기 시작하였다.

ILO에서는 사회보장이라는 용어를 즉각적으로 받아들여, 1952년 국제적으로 영향력 있는 사회보장의 최저기준에 관한 조약(102호)을 제정하여 국제적으로 확산시키는 데 공헌하였다.

ILO에서 1984년에 발간한 『사회보장개론』에서는 사회보장을 "질병, 출산, 고용, 재해, 실업, 폐질, 노령과 사망으로 소득이 중단되거나 상당히 감소됨으로써 나타나는 경제적·사회적 고통에 대처하기 위해 일련의 공적 조치를 통하여 사회가 그 구성원에게 제공하는 보호, 현물의료, 그리고 아동이 있는 가족에게 보조금을 지급하는 것"을 의미하는 것으로 정의하고 있다.

비버리지(W. H. Beveridge)가 1942년에 발간한 『사회보험 및 관련 서비스』에서는 사회보장을 "실업, 질병 혹은 사고에 의해 소득이 중단될 경우 또한 퇴직 이후나 타인의 사망으로 인한 부양상실의 경우 그리고 출산이나 사망, 결혼 등과 같은 예외적인 지출에 대처하기 위한 소득의 보장"이라는 의미로 사용하여, 주로 사회보장을 소득보장의 의미로 정의하고 있다.

영국에서는 사회보장의 범주에서 국민보건서비스(National Health Service, NHS)를 제외시키고, 현금급여를 제공하는 소득보장제도의 의미가 강하게 내포되어 있다.

미국에서는 사회보장을 "퇴직자, 장애노동자 및 사망노동자의 유족에게 경제적 보장을 해 주는 연방정부의 일련의 사회보험 프로그램"으로 지칭하며, 이 제도에서는 현금급여와 현물의료급여를 제공한다. 구체적으로 연방정부가 실시하는 노령유족보험(OASI), 장애보험(DI), 메디케어(Medicare) 3개 프로그램을 지칭하는 것으로 통용된다.

우리나라의 경우는 1962년 제5차 개정헌법 제30조 제2항에서 처음으로 '국가는 사회보장의 증진에 노력하여야 한다'고 규정하여 국가적 의무로서 사회보장을 천명하였고, 이에 따라 1963년 「사회보장에 관한 법률」(전문 7개조)을 제정하였다. 그 후 1980년 제8차 개정(5공화국 헌법)에서는 사회보장이라는 용어와 사회복지라는 용어를 병기하고 있다. 1995년 「사회보장기본법」을 제정·개정하여 시행하고 있다.

현행 「사회보장기본법」에서는 사회보장이란 출산, 양육, 실업, 빈곤, 질병, 장애, 노령, 사망 등의 사회적 위험으로부터 모든 국민을 보호하고 국민 삶의 질을 향상시키는 데 필요한 소득·서비스를 보장하는 사회보험, 공공부조, 사회서비스 등으로 정의하고 있다(제3조 제1호). 사회복지정책의 형태에는 사회보험, 공공부조, 사회서비스가 있다. 현행 우리나라 「사회보장기본법」에서 정의하는 사회보장의 영역: 사회보험, 공공부조, 사회서비스 등으로 구분한다.

2 사회보장의 목적과 신자유주의

사회보장의 전통적 목적은 다음과 같다.(167)

첫째, 빈민구제이다. 비버리지 보고서가 5대 사회악 중의 하나로 지목한 결핍에 대한 대책을 말한다(예, 공공부조).

둘째, 욕구충족이다. 사회적 욕구가 큰 집단(노인, 아동, 장애인)을 위한 사회적 대책(주로 공공부조와 사회서비스)으로서의 사회보장을 말한다.

셋째, 소득유지와 소득보전으로서 국민연금과 건강보험이 여기에 해당된다.

넷째, 보상이다. 노동자보상법이나 산재보험이 해당된다.

다섯째, 소득재분배이다. 공공부조는 소득계층 간 재분배(수직적 재분배)를, 가족수당은 수평적 재분배(소가족에서 대가족으로)를, 국민연금은 세대 간 재분배를 목적으로 하고 있다.

한편 1980년대 이후의 사회보장의 목적(신자유주의의 영향)을 살펴보면 다음과 같다.

첫째, 적극적 목적을 강조한다. 즉, 적극적 복지(사회보장의 생산적 측면 강조)가 강조되고 있다.

둘째, 근로유인을 강조한다. 즉, 근로조건부 복지가 강조되었다.

셋째, 행동의 변화에 초점을 둔다. 사회보장이 사회적으로 바람직하지 않은 시민의 행동은 억제하고, 반대로 바람직한 행동은 고무하는 기능을 수행한다는 것이다.

3 사회보장과 사회안전망

최근에는 국제통화기금(IMF)과 세계은행(World Bank)을 중심으로 사회보장 대신 사회안전망이라는 용어가 많이 사용되고 있다. 즉, 신자유주의 경제학자들이 서구 복지국가의 사회보장을 고비용－고복지－저효율－관료주의적이며, 정부의 과도

한 재정지출이 시장경제를 해치고, 삶에 대한 개인의 책임을 약화시키는 주범이라고 생각하여 새로이 사용한 용어이다.(168)

사회안전망은 구조조정을 위한 경제개혁조치(신자유주의적 재편)가 사회적 취약계층에게 미치는 역효과를 최소화하기 위한 조치(주로 단기적 사회복지정책)를 말한다.

사회안전망의 가장 큰 목적은 빈곤의 예방과 제거에 있다. 우리나라 「사회보장기본법」에서는 평생사회안전망이란 생애주기에 걸쳐 보편적으로 충족되어야 하는 기본욕구와 특정한 사회위험에 의하여 발생하는 특수욕구를 동시에 고려하여 소득·서비스를 보장하는 맞춤형 사회보장제도를 말한다.

4 사회보장의 원칙

사회보장의 원칙은 국가 혹은 시대, 제시한 기관의 성격에 따라 다양하게 나타난다. 사회보장분야에서 가장 널리 인용되는 사회보장의 원칙으로는 비버리지가 1942년 영국의 사회보장 모형을 구상하면서 제시한 원칙과 ILO가 '사회보장의 최저기준에 관한 조약(제102호 조약)'을 채택하는 과정에서 제시한 원칙, 그리고 1961년 세계노동조합연맹에서 사회보장헌장을 채택하면서 제시한 원칙 등이 있다.

1) 비버리지 보고서 사회보장의 원칙

사회복지정책이 영국에서 사회정책 이름의 학문으로 자리매김하였다. 영국의 사회복지정책의 선구자인 비버리지 보고서에 의하면 사회보장이란 실업, 질병 또는 재해로 인해 소득이 중단된 경우에 대처하고 노령에 의한 퇴직이나 본인 이외의 사망에 의한 부양의 상실에 지원하며, 또한 출생, 사망, 결혼 등과 관련된 특별한 지출을 대비하기 위한 일정한 소득의 보장으로 구성되어 있다. 이와 같은 개념에 따라 오늘날은 모든 국민이 건강하고 문화적으로 최저수준의 생활을 보장하는 것을 원칙으로 한다.

영국의 비버리지 보고서는 영국뿐만 아니라 각국 사회보장의 기본원칙과 이념을 제공하고 사회보장법을 크게 발전시킨 요인이 되었다. 영국의 「1942년 비버리지 보고서(Beveridge Report)」 내용을 살펴보면 5대 사회악(빈곤, 질병, 무지, 불결, 나태) 중 '빈곤으로부터의 자유'를 지향하며, 모든 국민을 대상(보편주의)으로,

최저한의 소득을 보장해 주기 위한 제도라고 규정하고 있다.

① 5대 사회악[결핍(빈곤), 질병, 무지, 불결(비위생), 나태]의 퇴치 강조
- 사회 5대 악의 해결하기 위한 정책
  - 빈곤(want, 결핍, 궁핍) → 소득보장(연금)정책
  - 질병(disease) → 의료보장정책
  - 무지(ignorance) → 의무교육정책
  - 불결(squalor, 비위생) → 주택 환경정책
  - 나태(idleness) → 노동정책

② 기본 목적은 국민의 최저생활 수준을 보장하는 것(요람에서 무덤까지라는 새로운 생활보장의 원리)
③ 강제가입의 사회보험제도 도입(영국의 사회보장의 근간)
④ 전제조건으로 가족(아동)수당제도, 국영의료서비스, 완전고용
- 사회보험제도의 6대 원칙
  - 균일한 생계급여 지급
  - 균일한 기여금
  - 급여의 적절성(최저생계)
  - 행정체계의 통일
  - 대상자의 포괄성
  - 대상자의 분류 및 구분

비버리지 보고서에 따른 사회보장의 성공조건은 가족(아동)수당제도, 국영의료서비스, 완전고용 등이다. 각종 사회보장제도 중 우리나라에 도입되지 않은 제도는 가족(아동)수당제도였으나, 2018년 9월부터 만 6세 미만(0~5세)에 대한 아동수당 금액 월 10만 원씩 지급하고 있다.

제2차 세계대전 이후 영국 복지국가의 초석을 놓는데 기여한 비버리지 보고서에서 비버리지는 국가는 사회보장제도를 통해 국민의 기본적인 욕구를 충족시키고, 기본적인 욕구 이상은 개인들이 책임지는 복지국가모형을 제시하였다. 이 모형에서 비버리지는 기본적인 욕구에 대응하는 사회보험, 특수한 경우에 대처하는 공공부조, 그리고 기본적인 욕구를 보충하는 민간보험(voluntary insurance) 등 세 가지 보장 방법을 제시하였는데, 기본적 욕구를 충족시키는 사회보험의 기본원칙으로 다음과 같은 6가지를 제시하였다.

사회보험제도의 6대원칙

① 첫째, 균일한 생계급여 지급 : 산재로 인한 장기장애를 제외하고 사고의 종류나 소득수준과는 관계없이 정액급여가 제공되어야 한다. 비버리지는 정액급여원칙이 영국의 제도를 독일, 소련, 미국 등의 제도와 구별시켜 주는 것이라고 하였다.
② 둘째, 균일한 기여금 : 강제적인 기여를 해야 하는 사회보험가입자는 자신의 재산과 관계없이 정액기여를 하여야 한다.

(계속)

> ③ 셋째, 행정체계의 통일 : 효율성과 경제성을 위해 사회보험의 운영기관을 통합해야 하며, 각종 기여금은 하나의 사회보험기금으로 통합되고, 급여도 그 기금에서 지출되어야 한다.
> ④ 넷째, 급여의 적절성(최저생계) : 급여의 적정성(adequacy of benefit)으로 정액급여의 수준은 양과 시간적으로 최저생계수준을 충족시켜 다른 자원 없이도 최저생활을 보장받을 수 있어야 한다.
> ⑤ 다섯째, 대상자의 포괄성 : 사회보험은 사고의 종류와 적용인구에 있어서 포괄성(comprehensiveness)을 가져야 한다.
> ⑥ 여섯째, 대상자의 분류 및 구분 : 사람들의 상이한 생활양식과 고용형태에 따라 피보험자의 계층을 분류(classification)해야 한다.

비버리지가 제시한 사회보험의 정액기여 및 정액급여 원칙은 국가는 사회보장제도를 통해 기본적인 것을 보장해 주고, 나머지는 개인의 몫이라는 자유주의적 사상이 스며들어 있으며, 소득비례 기여 및 소득비례 급여 제도와는 구별된다.

2) 국제노동기구의 사회보장 원칙(169)

국제노동기구(ILO)에 따르면 「사회보장의 길」에서 사회보장은 사회구성원에게서 발생할 수 있는 다양한 사회적 위험에 대하여 그 원인 여하를 막론하고 빈곤에 따른 안정적인 생활을 유지·보호할 수 있도록 사회에서 사전에 만들어 둔 적절한 프로그램 조직을 통하여 이들에게 부여하는 생활보장이라고 하였다. 특히 이를 위하여 소득보장과 의료보장을 사회보장의 방안으로 제시하고 있다.

사회보장의 기본 원칙에 대한 입장은 ILO에서도 제시되었다. 제2차 세계대전을 전후로 하여 사회보장을 국제적으로 확산시키기 위해 노력해 온 ILO는 사회보장의 원칙으로는 다음과 같다.

첫째, 대상의 보편적 보호원칙이다. 이 원칙은 사회보장제도가 모든 국민을 포괄해야 한다는 원칙을 의미한다. 다만 제102호 조약에서는 개발도상국의 경우 예외를 인정하여 적용범위의 최저 기준을 배우자 및 아동을 포함하여 전체 피용자 인구의 50%, 경제활동인구 기준의 경우 전체 거주자의 20%, 전체 거주자 기준의 경우 전체 거주자의 50%를 적용범위의 최저기준으로 설정하고 있다.

둘째, 비용부담의 공평성 원칙은 급여비용 및 행정비용을 기여금이나 세금 혹은 두 가지 방법을 통해 집단적으로 분담하되, 자산이 적은 사람의 곤경을 완화시키고 가입자나 회원국의 경제적 상황을 고려해야 한다는 점 그리고 피용자가 부담하는 기여금의 총액은 피용자 및 피용자의 가족을 보호하는 데 할당되는 재원의

50%를 초과할 수 없다는 원칙 등을 제시하고 있다.

셋째, 급여수준에 관한 원칙은 사회보장제도에서 제공되어야 하는 급여의 종류를 현물의료급여, 상병급여, 실업급여 등 9가지 종류로 구분하고, 각 급여의 최저한도로 충족시켜야 할 임금대체율을 제시하고 있다(예컨대, 상병급여의 경우는 급여수준이 가입자 이전 소득의 45%를 최소한 충족시켜야 하며, 노령급여의 경우 이전 소득의 50%를 최저기준으로 제시하고 있다).

ILO의 사회보장원칙 중 최저 급여기준은 개별 조약이 새로 채택됨에 따라 상향 조정되었다. 노령급여의 경우 최저 급여수준이 이전 소득의 50%였으나 1967년 폐질·노령 및 유족급여에 관한 조약(제128호 조약)이 채택됨으로써 45%로 상향 조정되었다.

넷째, 포괄적 적용의 원칙은 모든 위험과 사고의 보호가 되어야 한다.

다섯째, 공공기관 보장의 원칙은 공공의 기관을 통해 보호나 보장이 이루어져야 한다.

국제노동기구 사회보장의 원칙

① 전체 국민을 수급대상으로 보호해야 한다(보편주의 원칙).
② 최저생활이 보장되어야 한다(최저생활보장 등 급여수준의 원칙).
③ 모든 위험과 사고의 보호가 되어야 한다(포괄적 적용의 원칙).
④ 공공의 기관을 통해 보호나 보장이 이루어져야 한다(공공기관 보장의 원칙).
⑤ 비용은 공통적으로 부담하여야 한다(비용부담 형평성의 원칙).

ILO가 펴낸 『사회보장개론』에서는 사회보장의 유형을 사회보험, 공공부조, 일반조세에 의한 급여, 가족급여, 퇴직준비적립금(provident funds), 사업자책임제도, 사회서비스(social services) 등 7가지로 구분하고 있다.

사회보험은 사업자와 근로자의 기여금 그리고 경우에 따라서는 국가의 부담금으로 재원을 조달하며, 극히 예외적인 경우를 제외하면 가입이 강제적이고, 급여권이 자산조사 없이 기여기록에 의해 보장되는 특징을 갖고 있다.

공공부조는 전 비용이 중앙정부와 지방정부에 의해 조달되며, 급여는 일정 범주의 사람들에게 법적 권리로서 주어지며, 급여액은 해당 수혜자의 총소득이 공동체가 정한 최저수준에 도달하도록 설계된다.

일반조세에 의해 제공되는 급여는 국가의 직접적 책임하에 조세를 재원으로 하여 특정 범주의 거주자 개인에게 제공되는 급여이다(전 노인이나 장애인 등에게 제공되는 급여).

가족급여는 가족부양 비용을 충당하기 위한 것으로 아동수당, 부인수당 혹은 세금공제의 형태로 주어진다.

퇴직준비적립금은 사회보장제도가 전면적으로 확립되기 이전의 개발도상국에 존재하는 형태로 일종의 강제저축이다. 이 기금은 은퇴할 때, 개인구좌에 저축된 금액을 일시불로 지급받기 때문에 정기적인 지불금을 지급하는 사회보장제도로 포함시킬 수 없다는 지적도 있다.

사업자책임제도는 19세기 말 고용재해에 대처하기 위해 도입되었다. 이 제도하에서는 산업재해와 고용 시 사업자가 직접적으로 혹은 공인된 보험정책을 통해 보상과 의료급여를 제공할 법적 책임을 갖고 있다. 이 제도가 발전되어 어떤 국가는 법에 의해 유급휴가, 출산휴가 등을 사업자 책임으로 규정하고 있으며, 최근에는 사업자에 의한 기업연금제도로 발전되고 있다.

사회서비스는 개인의 모든 위험과 사고에 대해 사회복지 현금급여와 동전의 양면을 이루고 있는 것으로 양 제도는 같이 발전되어 왔다. 통상적으로 사회서비스는 의료서비스, 재활서비스, 장애인과 노인을 위한 특수시설 그리고 아동복지와 보호 등을 포괄하고 있다.

3) 미국 사회보장의 분류

사회보장법(1935년)은 일반복지(general welfare)의 증진을 위해 연방정부가 관장하는 사회보장연금(노령보험)을 실시하고, 주정부가 관장하는 노인, 맹인, 요보호아동, 장애아동을 위한 복지, 모자복지, 공중보건의 관리운영을 지원하며, 사회보장청의 신설과 재정조달 및 그 밖의 목적을 추진하기 위한 법이다.

참고 사회보장제도의 실시의무화

미국의 사회보장법(Social Security Act, 1935년)

- 사회보장의 기원 : 사회보장이란 용어를 세계 최초로 사용
- 사회보장의 구성 : 사회보험, 공공부조, 사회복지서비스

연방정부	사회보장연금 관장 – 연방정부가 관장하는 노령연금은 연방정부가 재정과 운영을 담당
주정부	주정부가 관장하고 연방정부가 재정을 지원하는 공공부조와 사회복지서비스 – 공공부조, 사회복지서비스 관장
연방정부+주정부	주정부가 관장하고 연방정부가 제공을 보조하는 실업보험 실업보험은 세금면제에 입각한 연방정부와 주정부의 협력방식 채택 실업보험은 주별로 다양한 형태를 가짐(노령연금, 공공부조, 건강보험)

사회보장법은 ① 빈곤의 사회구조적 원인에 관한 인식 증가, ② 실업보험은 연방정부와 주정부가 협력운영방식 채택, ③ 노령연금은 연방정부가 재정과 운영을 담당, ④ 사회주의 이념 확산에 따른 근로자 통제 목적, ⑤ 공공부조에 대한 연방정부의 재정지원 등의 특징을 가진다.

(1) 제1차 뉴딜 정책

루스벨트 대통령은 뉴딜정책을 실시하여 최악의 경제상태를 극복하려고 노력하였다. 통화의 흐름과 외환거래를 통제할 수 있는 권한을 대통령에게 부여하였다.

자본주의와 자유주의를 신봉하던 미국이 경제대공황을 경험하면서, 개인의 능력으로는 해결할 수 없는 사회문제를 국가가 개입하여 해결하는 국가 역할의 필요성이 대두되었다.

(2) 제2차 뉴딜 정책

대법원이 산업부흥법에 대해 위헌 판정을 하였다. 경기회복과 사회개혁을 위한 반독점, 노동자보호를 지향한 개혁정책을 하였다.

① 와그너법 : 노동자 단체교섭권을 인정한 노동법과 사회보장법이 중요하였다.
② 사회보장법 제정(1935년 8월) : 연방정부가 관장하는 노령보험, 주정부가 관장하고 연방정부가 제공을 보조하는 실업보험, 주정부가 관장하고 연방정부가 재정을 보조하는 공공부조와 사회복지서비스가 있다.
③ 실업보험 : 세금면제에 입각한 연방정부와 주정부의 협력방식을 채택하였다. 실업보험은 주별로 다양한 형태를 가진다(노령연금, 공공부조, 건강보험).

미국 사회보장청(the Social Security Administration)은 사회보장의 유형을 노령, 장애 등으로 인한 소득상실의 경우 현금급여를 제공하는 제도[소득유지프로그램(income-maintenance programs)으로 통칭됨]와 입원, 현물의료급여와 재활 등 서비스를 제공하는 제도[현물급여(benefit-in-kind)로 통칭됨]로 구분한다.[170]

현금급여를 제공하는 제도의 유형을 고용 관련 제도(employment-related system), 보편주의 프로그램 혹은 데모그란트 프로그램(universal or demogrant program), 자산조사 프로그램(means-tested programs), 그리고 기타 유형 4가지로 구분하고 있다. 기타 유형에는 퇴직준비적립금과 사업자책임제도 두 가지를 소개하고 있다.

우리나라 「사회보장기본법」에서는 사회보장의 유형을 사회보험, 공공부조, 사회서비스(보건, 주거, 교육 등) 3가지로 분류하고 있으며, 학자들의 따라서는 사회보장의 유형을 소득보장제도, 의료보장제도, 주거보장제도, 사회복지서비스 4가지 형태로 구분하기도 한다.

사회보장의 형태

비버리지	Rejda	미국 사회보장청	ILO
• 사회보험 • 공공부조 • 보편주의 수당 • 민간보험	• 사회보험 • 공공부조 • 보편주의 수당 • 공적 개인저축계정	• 사회보험 • 공공부조 • 보편주의 수당 • 기타 –법정 민간보험 –공적 공제기금 –사업자 책임제도	• 사회보험 • 공공부조 • 보편주의 수당 –퇴직준비적립금 –가족급여(아동수당) • 사업자 책임제도 • 사회서비스

출처 : 원석조, 2004: 217.

2 사회복지정책의 영역

사회복지정책은 소득보장정책, 건강보장정책, 사회서비스정책 등 협의의 사회복지정책 영역에 교육정책, 주택정책, 조세정책, 노동정책 등 7개 영역의 정책으로 구성되어 있다고 할 수 있다.

1 소득보장정책

사회적 위험에 의하여 소득이 상실되었을 때 상실된 소득의 일부 혹은 전부를 보상해 주는 것이라고 정의할 수 있다.

사회적 위험에는 근로능력 및 기회상실의 정도에 따라 근로능력을 영구적으로 전부 또는 일부 상실한 경우로 노령, 장해, 사망 등의 위험이 있고, 근로능력을 일시적으로 상실한 경우로 질병, 사고의 위험이 있고 근로기회를 상실한 경우로 실업의 위험이 있으며 근로보상의 미흡으로 발생하는 저임금의 위험이 있다.

우리나라 사회적 위험의 유형별로 소득보장제도를 살펴보면 다음과 같다.

- 실업의 위험은 경제활동기간에 있는 연령대에 주로 존재하는 위험이다. 이는 실업의 위험에 대비한 소득보장제도는 고용보험의 실업급여제도가 있다. 그리고 법정퇴직금제도도 이러한 기능을 일부 수행하고 있다.
- 질병의 위험에 대비한 제도로 국민건강보험제도가 있다. 그러나 우리나라의 국민건강보험에는 질병 중 상실될 소득의 보전기능을 수행하는 상병수당제도는 있으나 실시하지 않고, 다만 근로기준법에 의하여 사업자는 병가 중에도 병가 직전소득의 일정 비율만큼을 일정 기간 지급하도록 하고 있다.
- 재해사고의 위험에 대비한 제도로는 산재보험제도가 있다. 이에 의하여 업무상 재해에 따른 상처의 치료기간 중에 휴업급여가 지급된다. 그러나 업무상 재해에 기인하지 않는 사고는 보상해 주지 않는다는 한계를 가지고 있다.
- 노령에 따른 소득상실을 보전해 주는 소득보장제도로는 국민연금과 기초연금제도가 있다.
- 장해는 선천적인 것과 후천적인 것으로 나눌 수 있다. 후천적인 것은 질병 또는 사고에 의하여 발생한다.

  선천적 장해의 위험에 대비한 소득보장제도로는 장애인연금제도가 있고 후천적 장해에 대비한 소득보장제도로는 국민연금의 장애연금제도와 산재보험의 업무상재해에 기인한 휴유장해자를 위한 장해보상제도가 있다.
- 조기사망의 위험이다. 부양의무자의 조기사망에 대비한 소득보장제도로는 국민연금의 유족연금급여와 산재보험의 유족급여제도가 있다.

  조기사망의 위험은 피부양자를 거느리고 있는 자가 사망하는 경우로서 나머지 유족의 소득원 상실이 주요 대상위험이다.

이상에서 언급한 각종 위험에서 공적인 소득보장제도로부터 보호받지 못하였거나 충분히 보호받지 못한 대상자들이 일정한 기준 이하의 재산 및 소득수준상태로 전락하였을 때 보호해 주는 공공부조제도가 있다. 우리나라의 공공부조제도로서 대표적인 예는 2000년 10월 1일부터 시행된 국민기초생활보장제도가 있다.

사회적 위험에 따른 관련 사회복지정책

사회적 위험	사회복지정책
• 빈곤 위험	• 공공부조제도(국민기초생활보장)
• 노령·장해·사망 위험	• 국민연금 및 산재보험제도
• 질병·사고 위험	• 국민건강보험 및 산재보험제도
• 실업 위험	• 고용보험제도
• 저임금 위험	• 최저임금제도

소득의 상실과 대응 정책 : 실업, 질병, 사고, 노령, 장해, 사망(유족)에 대응하여 건강보험, 산재보험, 고용보험, 국민연금, 최저임금제, 퇴직금 등

2 건강보장정책

현행 「헌법」 제36조에서는 모든 국민은 보건에 관하여 국가의 보호를 받는 것으로 규정되어 있다. 또한 「국민건강보험법」에서는 그 목적을 국민의 질병 부상에 대한 예방, 진단, 치료, 재활, 출산, 사망 및 건강증진에 대하여 보험급여를 실시함으로써 국민보건을 향상시키고 사회보장을 증진함을 목적으로 한다고 하여 국민의 건강보장[29]을 최우선의 과제로 제시하고 있다.

건강보장정책은 사회보장이나 의료보장[30]의 개념에 비하여 매우 적극적인 개념이다. 그 이유는 인간 생존의 불가결한 조건으로서 건강이 모든 사람에게 보장되어야 하기 때문이다.

① 의료비 보장 → 빈곤대책
② 의료내용과 수준 보장 → 충분한 양과 질을 보장
③ 예방의료와 위생진료 보장
④ 접근성의 보장=의료시설 확충과 의료전문인 보장
⑤ 포괄적인 건강 생활환경 보장 : 미국의 민간보험 외의 의료보장 정책은 Medicare(노인에 대한 의료지원)와 Medcaid(저소득층에 대한 의료지원)가 있다.

29 건강보장의 의미 : 질병에 걸린 자가 빈곤하여 의료비를 부담할 수 없어 치료를 받지 못한다면 질병이 심화되어 빈곤화가 진행된다. 이에 의료비 부담으로 빈곤화가 되는 것을 예방하기 위하여 의료비라는 경제적 부담을 경감하기 위한 소득보장 내지는 경제보장이며 빈곤대책의 일환이다.

30 의료보장의 의미 : 질병에 걸려 의료를 필요로 하는 경우 경제적인 수익자로서의 의료비만을 보장하는 것으로 된다면 그 의료의 내용이 열악하고 수준이 낮다. 질병을 충분히 치료할 수 없고 건강을 회복할 수 없기 때문에 의료내용과 수준에 있어서 보장이 이루어져야 함을 의미한다.

3 사회서비스정책

사회서비스는 국가·지방자치단체 및 민간부문의 도움이 필요한 모든 국민에게 복지 등의 분야에서 인간다운 생활을 보장하고 상담, 재활, 돌봄, 정보의 제공, 관련 시설의 이용, 역량 개발, 사회참여 지원 등을 통하여 국민의 삶의 질이 향상되도록 지원하는 제도이다. 즉, 공공부조와 더불어 사회복지정책의 중심을 이루고 있다. 사회보험, 공공부조가 경제적 보장의 성격이 강한 반면, 이러한 대인적 사회서비스는 비경제적 보장의 성격이 강하다고 할 수 있다.

4 교육정책

교육정책은 질 높은 노동력의 창출, 사회적 일체감과 통합추구 가능, 사회적 평등화 등에 기여한다. 의무교육실시는 기회 균등에 의거 「헌법」 제31조에 따른 것이다.

초등 6년의 의무교육제도는 1993년 정착하였고, 2001년부터 중학교 무상 의무교육을 확대 시행하였다.

고등교육의 기회확대는 최종단계의 학교교육까지를 의미한다. IMF 이후 대학생들의 휴학이 늘어 국가가 학자금 대출 정책 등을 시행하고, 앞으로도 국가 교육재정 지원정책을 확대해야 한다.

평생교육의 확대는 「헌법」 제31조에 따라 사회교육법을 제정하여 인터넷·방송통신 교육(사이버 원격강의 등)을 널리 시행하고 대학별 평생교육이 운영되고 있다.

교육 불평등 현상을 해결하기 위해서는 다음과 같은 교육정책에서의 개혁이 필요하다.

교육정책의 개혁

① 교육접근 기회의 확대
② 교육환경의 개선
③ 국가의 교육재정 확대
④ 국가의 특수교육 활성화
⑤ 사회교육의 활성화
⑥ 무료 학교급식의 확대

국가적 차원에서 교육 개입 효과	• 양질의 노동력 육성으로 경제적 뒷받침 • 평균적 지적 수준을 맞춰서 사회적 통합 • 저층 계급이 계층 상승을 가능하게 하여 사회적 평등화
개인적 차원에서 교육의 중요성	• 생존과 취업에 필요한 지식과 기술 • 성취와 참여의 바탕으로 기회의 평등 추구 • 인간의 필수적인 욕구
교육보장은 교육 불평등의 해소	• 접근기회의 불평등(시설과 자원의 편중) 해소 • 교육과정의 불평등(교과서나 학습 내용) • 성취의 불평등 해소(일정 정도 이상을 성취하여 취업기회나 수입의 불평등을 해소)

5 주택정책

주택정책은 산업화의 발전과 더불어 공업화를 발전시켜 자본을 도시에 집중시킴으로써 임금근로자를 비롯한 인구를 도시에 집중시켜 도시와 농촌 발전의 격차를 초래하였다. 따라서 인구가 집중된 도시에선 주택의 부족과 주택조건이 악화되는 주택문제가 야기되었다. 주거보장은 열악한 내부 환경이나 입지에 관련된 사회문제가 많다.

따라서 양면을 해결하는 정책이 필요하다. 안정적 주택의 양적 수준만을 의미하는 것이 아니라 얼마나 많은 사람이 주거의 기본적 수준인 최적의 질적 수준을 누리며 안정적 주거권을 보장받느냐 하는 점이다. 주택자원의 배분적 형평성과 최적 주거수준의 확보가 현대사회가 지향하는 주택정책의 방향이 되고 있다.

주택문제

열악한 주택 내부 환경	열악한 비위생적 주거환경 문제, 청소년 가출, 이혼문제, 문화적 경험의 부족, 가정 내 사고, 정신적 스트레스, 전염성 및 습기로 인한 질환, 아동학대 및 과잉간섭
열악한 주택의 입지와 관련된 사회문제	열악한 교육, 주거지역의 스티그마, 사회관계의 격리, 급경사 등에 의한 사고, 공해로 인한 건강약화, 노동시장에서의 격리, 외출삼가로 인한 문제

공공재로서의 주택개념으로 Sozial Wohnung(독일), Public housing(미국), council housing(영국), 공영주택(일본), 공공임대주택(한국) 등이 있다. 그런데 특정 주택 입주 시 낙인 형성이 있으므로 독일의 경우 주택건설 공급보다 임대료 지

원으로 정책을 변화하고 있다.

저소득층을 위한 자본주의 국가의 주택정책은 주거수준의 향상을 목적으로 하는 철거정비 및 재개발, 주택구입을 지원해 주는 주택저당대부제도, 임대료통제, 임대료지원 및 주택수당제도, 주거환경개선사업 그리고 가장 직접적인 지원방법으로서 공공임대주택의 공급은 다양한 수단을 통해 이루어진다.

주택정책은 사회보장의 기반이므로 주택문제의 해결 없이 사회서비스의 발전을 기대할 수는 없다. 주택정책의 충실화는 국민의 생활안정을 통해 경제적 생산성을 제고할 수 있다. 또한 장애인과 노인 등이 노후에 요양원 입소에만 의존하지 않고 가능한 한 오랫동안 자신의 집에서 재가복지서비스를 받으면서 자립생활을 할 수 있다. 이러한 점에서 많은 사회비용을 줄일 수 있다.

한편 주택은 재가보호의 출발점이기 때문에 장애인, 노인 등 보호대상자가 자유롭게 거주할 수 있는 이동과 사용에서 장애가 없는 주택 공급이 필요하다. 예컨대 철거정비 및 재개발, 주택저당 대출제도를 통한 주택구입 지원, 임대료 통제와 임대료 지원, 주택수당제도, 주거환경 개선사업, 공공임대주택의 공급 등이다.

6 조세정책

조세정책은 빈곤선 이하 소득면제하고 빈곤선 바로 위 빈곤층 소득은 과세 후 빈곤선 이하로 떨어지지 않게 유지하는 소극적 조세정책이다. 반면에 적극적 조세정책은 조세제도를 통해 소득급여 NIT(Negative Income Tax)-수평적 공평성 유리, 불안정한 가족구조의 가능성 감소, 수급자의 수치심 감소, 수급자 근로의욕 약화방지 등의 효과가 있다.

부(負)의 소득세(NIT)는 일하지만 가난한 사람도 해당시키는 제도이기 때문에 수평적 공평성이 높고, 가족구조를 불안하게 할 염려가 없다. 급여감소율 조정에 따라 근로의욕 저해요인을 조절할 수 있고, 수급자로서 수치심을 덜 느끼게 한다.

사회복지정책으로서의 조세정책은 빈곤층의 조세 부담을 줄이는 수동적 대안과 부의 소득세와 같은 능동적 대안이 있다.

더 적극적인 빈곤층을 위한 조세정책은 빈곤층에게 조세제도를 통하여 소득을 급여하는 방법인데, 이것을 흔히 부의 소득세라 한다. 부의 소득세 유형에는 일정 소득 이하의 사람에게 조세제도를 통하여 현금급여를 하는데 급여를 받을 수 있는 소득 수준과 급여액은 기본급여액과 급여감소율에 의하여 결정된다.

부의 소득세의 장점은 가난한 사람이면 누구나 급여를 받기 때문에 수평적 공평성의 측면에서 유리하고 공공부조에 비하여 가족구조를 불안정하게 할 가능성이 적다. 급여감소율의 조정에 따라 수급자의 근로의욕을 약화시키지 않을 수 있다. 기존의 조세제도를 통해 기계적으로 획일적 운영할 수 있기 때문에 공공부조의 까다로운 자격심사를 피할 수 있어 수급자로 하여금 수치심을 덜 느끼게 하여 인간의 존엄성 가치의 유지라는 측면에서 유리하다.

조세정책은 소득보전의 정책 중 공공부조정책이 적극적인 정책이라면 조세정책은 소극적인 정책이다. 가령 누진적 소득세제, 조세감면제, 간접세의 세율조정 등을 통해 소득 격차를 줄이려는 것이다.

부(負)의 소득세는 그중 적극적인 조세정책이다. 미국의 경우 EITC(Earned Income Tax Credit)이 있다. 우리나라도 현재 근로장려세제를 2009년부터 실시하고 있다. 여기서 근로장려세제(EITC)는 저소득 근로자 또는 자영업자 가구에 대하여 가구원 구성과 총급여액 등에 따라 산정된 근로장려금을 지급함으로써 근로빈곤층의 근로를 장려하고 실질소득을 지원하는 근로연계형 소득지원제도이다.

7 노동정책

노동정책(labor policy)은 빈곤의 근본원인을 해결하는 적극정책이라고 할 수 있다. 근로자와 사업자 혹은 국가 간의 적절한 관계 설정을 규정하여 최소한의 인간다운 삶의 질을 보장하는 관련 정책을 말한다. 이 개념에는 최저임금법, 근로기준법, 노동조합법 그리고 노동쟁의조정법 등을 통하여 근로자의 권익 보호를 위한 정책결정과 집행 그리고 평가가 포함된다.

노동정책의 영역을 보다 구체적으로 살펴보면, 근로자의 임금과 근로조건을 포괄적으로 규제하는 정책, 노사 간의 집단적 관계를 규정·조정하는 정책, 산업안전·재해보상·근로자복지 등과 관련된 정책, 직업훈련·직업안정 등 고용 관련 정책 등이 있다.

다시 말하면 노동정책의 기본적인 개념틀은 무엇보다도 경제자원의 효율적 배분의 촉진이며, 동시에 생활안정과 복지의 향상이 정책의 중심이다.

노동정책의 주요 행위자인 국가의 역할을 보면 첫째는 근로기준법으로서, 최장 근로시간과 최저임금의 규제이다. 이는 노동시장에서의 저임금 다취업의 악순환을 방지하는 목적이다.

둘째, 최저생활의 보장이다. 경제적인 자립능력이 없는 경우에 특별한 도움이 필요한 자들에게 소득보장이나 의료서비스를 제공하고, 이러한 생존의 확보와 정상적인 경쟁 기능을 확보·유지하게 한다. 관련 제도로서는 생활 보장, 국민연금, 실업보험, 건강보험, 의료급여 등이 있다.

셋째, 각종 고용정책, 직업소개 기구의 정비, 직업훈련 등에 의한 인적자원개발 정책의 추진이다. 이 경우 노동시장의 적절한 수급과 효율적인 자원배분의 기능을 유지할 수 있게 된다. 이러한 국가의 역할은 각 행정 분야에서 법제화되어 있다.

이와 같이 산재보험, 실업보험, 퇴직금 등의 통제로 사회보장과 산업복지측면에서 평생고용제, 근로자의 후생시설 등 소득보장 프로그램이 빈곤을 일시 완화해 주는 소극적인 정책인 반면, 빈곤층을 위한 노동정책은 근본원인을 해결하는 적극적인 정책인 것이다. 노동정책의 주요내용은 직업안내와 직업훈련 등의 고용정책, 노사협의와 경영참여 등의 노사정위원회 운용, 최저임금제와 법정 노동시간제 등의 임금정책, 산재보험, 실업보험, 퇴직금 등의 사회보장, 평생고용제 근로자 재산형성, 후생시설, 상담서비스 등의 산업복지 등이 있다.

고용정책(직업훈련, 직업안내 등), 노사관계(노사협의, 경영참여 등), 임금(법정 노동시간, 최저임금제 등), 사회보장(산재보험, 고용보험, 퇴직금 등), 산업복지(=기업복지=후생시설 등) 분야의 정책들을 서로 혼합 사용한다.

구 분	영 역	사회복지정책의 내용
협의	사회복지서비스정책	대인적 대상 : 아동·청소년·노인·여성·장애인 복지정책 등
광의	소득보장정책	사회보험, 공공부조, 각종 수당제도 등
	건강보장정책	국민건강보험, 의료급여
	주택정책	주택저당대부제도, 공공임대주택, 국민주택, 청약우선권
	교육정책	영유아 보육, 저소득층 학비지원, 학교급식, 산업체부설학교
영국식 광의	조세정책	부(負)의 소득세, 조세감면정책
	노동정책	고용, 노사, 임금, 고용·산재보험, 산업복지 등
기타 정책	사회정책	환경, 교통, 문화정책
	공공정책	국방, 외교, 치안, 농업, 산업정책 등

논점 : 근로연계복지의 타당성과 실효성, 임금피크(peak)제 도입

3 사회복지정책의 목표와 유형

1 사회복지정책의 목표

1) 인간존엄성의 유지와 사회통합 확보

사회보장은 인간다운 생활의 보장을 목표로 한다. 인간의 존엄성을 기본 가치로 한다. 사회복지정책의 주요 목표에 해당되는 것은 인간의 존엄성 유지와 사회통합이다.

「사회보장기본법」에 명시된 바와 같이 모든 국민이 다양한 사회적 위험으로부터 벗어나 행복하고 인간다운 생활을 향유할 수 있도록 하고, 사회참여와 자아실현을 통해 사회통합 및 행복한 복지사회를 실현하는 것을 목적으로 한다. 여기서 인간다운 생활의 향유는 사회복지정책의 가치 중 사회적 적절성과 밀접하게 연관된다.

한편 사회복지정책은 사회적 약자들의 어려움과 욕구를 해결하고 이들의 불만을 사회적으로 격리하고 억제하여 현 상태의 파괴를 방지, 유지하고자 한다. 평등의 가치를 달성하기보다는 불평등의 차이를 줄이고자 하며, 불평등을 더 악화시키지 않고 사람들의 욕구와 문제를 해결하는 데 초점을 두고 있다. 자유시장 내에서 불평등을 해소하거나 완화하는 기능을 수행하고자 한다.

조지(George)와 윌딩(Wilding)은 사회복지정책은 국민의 고통과 불만을 직접 해결하고 사회적 불만과 도전을 희석시키며 이타주의와 자비심 등의 가치가 필요하다는 것을 전파하여 사회통합의 효과를 가져와야 한다고 한다. 대상자와 서비스 내용을 규정할 때 개인주의적 정의를 채택함으로써 사회에 대한 도전의식을 약화시키고, 특정한 가치와 행동을 보상하거나 처벌함으로써 사회통합에 기여해야 한다는 것이다. 그리고 사회적 권위와 위계를 강화하여 사회통합에 기여해야 한다.

사회복지정책의 목표로서의 가치는 ① 평등, ② 효율성, ③ 자유, ④ 사회적 적절성 등이 있다.

2) 경제정책과 소득재분배

사회보장은 정책을 통해 국민경제를 성장시키고 경제변동을 완화시키는 기능을 한다. 사회보장은 막대한 자금(규모의 경제)을 정책적으로 동원할 수 있기 때문에 국민경제의 안정과 발전에 현저한 영향을 미치게 되는 것이다.

사회복지정책은 평등정책(소득재분배)으로서 여러 가지 상이한 소득계층 간의 소득재분배의 효과를 발생하는 가장 적정한 장치로서의 기능을 한다. 즉, 더 균등한 소득분배를 통해서 빈곤격차 해결과 빈곤의 제반 원인을 제거하는 것이다.

경제정책은 재화의 생산을 통한 소득의 증대가 그 목적이나 사회복지정책은 경제 성장의 과실로서 나타나는 증대된 소득의 재배분에 관한 것이다.

사회보장에서 생활보호제도인 공공부조는 국가의 재정지출 중에서 사회보장 지출이 소득재분배의 효과가 가장 큰 것이다. 조세보다 사회보장세가 수평적 재분배 효과가 크다. 사회보장세는 국가가 누진적 조세를 재원에 의해서 빈곤층에 일정액이 지급되고 그 재원으로서의 세금은 대부분 고소득층이 부담하고 빈곤층은 기여 없이 급부를 받을 수 있기 때문에 분배효과가 가장 두드러진 변화가 나타난다.

사회복지정책은 수직적 재분배의 기능도 하고 있지만 세대 내 재분배로서 보험료를 분담하는 동일계층 간의 수평적 재분배의 기능을 한다. 사회보장세는 소득세에 비해 역진적이다.

가령 부과방식의 연금은 세대 간 재분배이다. 국민연금의 보험료 부과운영방식은 국민연금 보험료를 적립한 후에 미래에 지급하는 방식으로 장기적 재분배 효과가 발생한다. 또한 현재의 앞 세대(노인세대)에게 지급할 연금을 뒤 세대(현재 세대)인 근로자 계층이 부담하는 방식으로 세대 간 재분배의 효과가 있다.

- 1차 소득분배 : 시장 실패 → 2차 소득재분배=국가개입(사회보험, 사회보장제도)
- 사회보장의 소득재분배 형태

구분	재분배	내 용
구조	수직적 재분배	고소득층 대(對) 저소득층－소득이 많은 계층에서 소득이 적은 계층으로의 소득재분배. 재정조달방식에서는 부조방식이 보험방식보다 수직적 소득재분배 효과가 크다. (예) 공공부조제도, 건강보험제도, 누진성의 소득세
	수평적 재분배	고위험집단 대(對) 저위험집단－상이한 위험발생 집단 간의 재분배를 수평적 재분배라 한다. 건강한 사람으로부터 건강하지 못한 사람에게 재분배 (예) 동일한 계층 내의 소득재분배－건강보험제도

(계속)

구분	재분배	내 용
시간	단기적 재분배	개인의 욕구충족을 위해 사용 가능한 재원을 제공하는 소득재분배 (예) 공공부조제도, 건강보험제도
	장기적 재분배	장기간 생애(세대)에 걸쳐 이루어지는 소득재분배 (예) 국민연금제도
세대	세대 간 재분배	현재세대 대(對) 미래세대 – 세대 간 재분배란 현 근로세대와 노령세대, 또는 현재세대와 미래세대 간의 소득을 재분배하는 형태를 말한다. 소득계층 간 재분배를 수직적 소득재분배라 하며, 국민연금의 경우 부과방식이 적립방식보다 세대 간 소득재분배 효과가 크다. 앞 세대 노인에서 뒤 세대로의 소득재분배 (예) 국민연금·기초연금제도 등 연금제도 ※ 부과방식의 연금은 세대 간 재분배의 형태이다. → 세대 내 재분배(X)
	세대 내 재분배	근로세대 대(對) 근로세대 – 같은 세대 내의 재분배 세대 내 재분배는 비슷한 소득을 가진 계층 간에 건강한 사람에게서 질병을 보유한 사람에게로 소득이 재분배되는 것을 말한다. (예) 단기적 재분배와 수직·수평적 재분배 – 공공부조·건강보험제도 [사례] 고소득자 김씨의 국민연금 소득대체율은 35%이고, 저소득자 이씨의 국민연금 소득대체율은 50%이다. 몸이 아픈 박씨는 병원에서 건강보험증을 자주 사용하지만, 몸이 건강한 최씨는 병원에 갈 일이 없다.

가령 건강보험, 고용보험 등은 세대 내 소득재분배 형태로서 수평적 소득재분배의 사례다. 그리고 세대 간 재분배는 고령화와 저출산의 문제는 국민연금에 대한 지속적인 개혁을 요구하고 있다.

참고 소득재분배의 유형과 사회복지제도 연결

- 수직적(vertical) 재분배 – 공공부조
- 공적(public) 재분배 – 근로장려세제
- 세대 간(inter-generational) 재분배 – 부과방식의 연금
- 장기적(long-term) 재분배 – 적립방식의 연금
- 우발적(contingency) 재분배 – 건강보험

소득재분배의 유형과 관계집단

① 수직적 재분배 – 고소득층 대(對) 저소득층
② 수평적 재분배 – 고위험집단 대(對) 저위험집단
③ 세대 간 재분배 – 현재세대 대(對) 미래세대
④ 세대 내 재분배 – 근로세대 대(對) 근로세대

3) 사회적 통합기능

사회적 통합은 사회연대감의 증대를 목적으로서 소득이 없거나 일시적으로 중단된 노인, 아동, 장애인 등 소득상실의 위험에 노출된 사람에게 사회적 욕구가 큰 집단을 위한 사회적 대책(공공부조와 사회서비스)을 통해 욕구충족을 함으로써 사회적 연대감(사회통합)을 할 수 있다.

정책의 형성이나 집행에 있어서 클라이언트의 참여를 필요로 한다. 사회복지정책의 대상이 클라이언트이고 정책의 성과 역시 클라이언트에게 달려 있는 까닭에 그 어떤 다른 분야의 정책보다도 클라이언트의 참여가 요구된다. 모든 사람의 욕구충족을 위해 지역사회의 다른 사람과 마찬가지로 동일한 생활수준을 누림으로써 지역사회에 소속되고 참여를 느낄 수 있도록 하는 것이다.

이는 제2차 세계대전 후 사회보장 수급자의 사회적 권리가 신장되면서 많이 사용되고 있다.

사회복지정책의 특징

① 사회정의 실현	② 사회적 욕구의 해결
③ 시장실패에 기반	④ 공동체 의식의 증진과 사회통합

2 사회복지정책의 유형

우리나라 사회복지정책의 분류는 「사회보장기본법」에 따라 사회보험, 공공부조, 사회서비스로 구분된다. 사회보험정책은 건강보험, 노인장기요양보험, 국민연금, 고용보험, 산업재해보상보험이 보장되며, 공공부조정책에는 기초생활보장, 의료급여, 기초연금, 긴급복지지원, 장애인연금 등이 보장된다. 또 사회서비스정책은 노인복지서비스, 장애인복지서비스, 아동복지서비스, 가족복지서비스 등을 지원하고 있다.

사회보장(사회복지)

① 출산, 양육, 실업·빈곤·질병·장애·노령·사망 등의 사회적 위험

② 국민보호	③ 빈곤해소
④ 국민 삶의 질 향상(↑)	⑤ 사회보험·공공부조·사회서비스

우리나라의 사회복지정책

구분	사회보험정책	공공부조정책	사회서비스정책
내용	국가가 국민에게 발생하는 사회적 위험을 보험방식에 의하여 대처함으로써 국민건강과 소득을 보장하는 정책	국가 및 지방자치단체의 책임하에 생활유지능력이 없거나 생활이 어려운 국민의 최저생활을 보장하고 자립을 지원하는 정책	국가, 지방자치단체 및 민간부문의 도움을 필요로 하는 모든 국민에게 상담, 재활, 직업소개 및 지도, 사회복지시설 이용 등을 제공하여 정상적인 사회생활이 가능하도록 지원하는 정책
유형	건강보험, 장기요양보험, 국민연금, 고용보험, 산업재해보상보험 등	기초생활보장, 의료급여, 기초연금, 긴급복지지원, 장애인연금 등	노인복지서비스, 장애인복지서비스, 아동복지서비스, 가족복지서비스 등
재정	기여금, 부담금	조세(일반재원)	재정보조금, 부담금(현금), 공동모금 등

공공부조정책에 가장 많이 사용되는 재원은 일반재원(조세)이다.

1) 사회보험정책(기여·비자산조사 형태)

사회보험이란 국가가 국민에게 발생하는 사회적 위험을 보험의 방식으로 대처함으로써 국민의 건강과 소득을 보장하는 정책을 정의하고 있다. 사회보험방식은 기본적으로 미래에 직면할 수 있는 사회적 위험에 대비하여 평소 경제활동을 통하여 소득이 있을 때 그 소득의 일부를 강제로 갹출하여 사전에 대비하는 제도이다.

사회보험은 민영보험과 마찬가지로 가입자의 기여금(보험료 : 사회보장세)을 재원으로 가입자에게 발생하는 위험(보험사고)을 분산하는 보험원리를 이용하고 있지만, 영리를 목적으로 하는 민영보험과는 다른 성격을 가지게 된다.

사회보험

제도적 복지 → 보편주의 ① 사회적 위험, ② 보험방식, ③ 국민건강·소득보장

여기서 보험방식은 동일한 위험에 대한 다수의 위험분산을 위해 보험료를 납부하고 그 재정으로 위험·사고를 당한 사람에게 보험금을 지급하는 것을 뜻한다.

참고 사회보장세의 특성

- 목적세의 성격을 띠고 있다. 목적지향적이다.
- 사회보험의 보험료를 사업자나 근로자에게 강제로 부과하여 일종의 세금과 같은 역할을 한다.
- 사람들이 사회적 위험에 직면할 때 이전의 시장소득을 유지하고자 하는 특별한 목적을 가진다.
- 소득재분배효과가 있으나 고소득층에게 상대적으로 불리하다.
- 재원의 안정성이 유지되므로 정책목적에 연계시킬 필요가 있다.
- 보험료 갹출에 의해 수급권이 자동적으로 발생하므로 낙인효과가 없다.
- 보험료가 적립되는 경우, 공공의 목적을 위해 공적인 자금으로 이용이 가능하다.

2) 공공부조정책(비기여·자산조사 형태)

「사회보장기본법」 제3조 제3호는 공공부조란[31] 국가와 지방자치단체의 책임하에 생활유지능력이 없거나 생활이 어려운 국민의 최저생활을 보장(열등처우의 원칙)하고 자립을 지원하는 정책 내지 제도를 정의하고 있다(최적생활 아님). 과거에는 공적부조라는 용어를 사용하였으나, 1995년에 제정된 「사회보장기본법」에서 공공부조라는 용어를 사용하였다.

공공부조의 기준인 최저생활보장 비용의 산정을 위해 생계실태조사 자료를 기초로 생계비를 산출하는 방식은 전물량 방식(마켓바스킷 방식, 라운트리방식)을 이용한다.

공공부조정책은 사회보장제도 중 사회보험 다음으로 큰 비중을 차지하고 있는 비기여, 소득·자산조사 프로그램으로, 스스로 생활유지능력이 없거나 생활이 어려운 사람들에게 국가가 대한민국 「헌법」 제34조 제1항이 보장하는 인간다운 생활을 영위할 수 있도록 하는 정책이다(기초연금, 장애연금, 기초생활급여).

공공부조정책은 기여금을 지불하지 않는다는 측면에서 가입자가 지불한 기여금에 의한 소득·서비스를 보장하는 정책인 사회보험과는 구별된다. 공공부조가 사후적으로 빈곤의 문제를 해결하는 사회안전망(Social Safety Net)인 반면, 사회보험은 사람이 빈곤으로 떨어지지 않도록 미리 예방하는 사전적 정책이다.

31 미국 – 공공부조, 영국 – 국민부조, 프랑스 – 사회부조 등의 명칭을 사용하고 있다.

공공부조
① 국가·지자체의 책임 → 무기여
② 생활능력 X, 어려운 국민 → 보충적 복지(선별주의-자격심사 : 자산조사, 생활상태 조사)
③ 최저 생활 보장
④ 자립지원(자활 조성)

(1) 공공부조정책과 사회보험정책의 차이점

공공부조정책과 사회보험정책의 차이점을 비교해 보면 ① 공공부조는 사회보험에 비해 권리성이 약하다. ② 공공부조는 수직적 소득재분배의 성격이 강하다. ③ 공공부조는 사회보험에 비해 낙인효과가 있다. ④ 사회보험은 사전적이며 예방적 성격이 있는 반면, 공공부조는 사후적 방법이다 등으로 서술할 수 있다.

구 분	공공부조정책	사회보험정책
정책내용	저소득층의 최저생활 보장	사회적 위험에 대한 연대적 대응
지급대상	선별주의(보충적 복지)	보편주의(제도적 복지)
적용원리	무차별 평등주의(평균적 정의)	비례원칙에 따른 평등주의(배분적 정의)
자격요건	소득 및 자산 조사	기여금의 납부
재원	일반조세	보험료 및 국고
급여수준	최저생활 보장	사회적 적정성
수급권 성격	미약한 권리성	강한 권리성
문제해결방법	사후적 방법	사전적 방법, 예방적 성격

(2) 일반조세지출의 특성

조세지출은 세금을 거둬들여 사회복지정책인 공공부조를 직접적으로 지원하는 방법이다.

- 조세지출은 국가가 결과적으로 재정을 지출한 것과 다름이 없다.
- 조세지출은 일반조세나 사회보험료 방식에 비해 소득재분배효과는 낮다.
- 조세지출은 대상자 선별에 드는 비용을 줄일 수 있다.

3) 사회서비스정책(비기여·비자산조사 형태)

사회서비스란 국가·지방자치단체 및 민간부문의 도움이 필요한 모든 국민에게 복지, 보건의료, 교육, 고용, 주거, 문화, 환경 등의 분야에서 인간다운 생활을 보장하고 상담, 재활, 돌봄, 정보의 제공, 관련 시설의 이용, 역량 개발, 사회참여 지원 등을 통하여 국민의 삶의 질이 향상되도록 지원하는 정책을 정의하고 있다.

과거에는 일반적으로 사회복지 혹은 사회복지서비스라는 용어를 사용하였으나, 2012년 1월 26일 개정된 「사회보장기본법」에서 사회서비스라는 용어로 변경되었다.

사회서비스정책은 현금급여와 더불어 현물급여의 형태로 지급되며 개별차원의 서비스를 제공한다는 점에서 공공부조정책과 구분된다. 즉, 기여금을 지불하지 않았으나 일정한 소득 및 자산조사를 거쳐 그 조건에 해당하는 사람들에게 급여를 제공하거나 일정한 인구학적 기준만 충족되면(아동, 장애인, 노인 등) 기여금은 물론 소득 및 자산 조사 없이도 급여를 제공하는 정책이다(아동수당, 데모그란트). 사회서비스정책의 재원은 주로 국가의 일반조세에 의해 충당되나 일부는 본인부담에 의해 충당되는 경우도 있다.

4 사회복지정책의 대상선정기준

사회복지정책의 주된 대상(객체)은 사회적 욕구와 사회문제가 된다. 사회복지정책 급여대상자의 자격기준으로 가장 기본적인 것은 거주 여부이다. 또한 사회복지정책 급여대상자 자격기준 중 기여에 의한 자격인 경우는 사회보험에 해당한다.

- 국민연금
- 실업보험
- 산재보험
- 국민건강보험
- 노인장기요양보험

사회복지정책의 대상선정기준에 관한 설명을 다음과 같이 할 수 있다.

- 연령, 성별 등 인구학적 기준은 보편주의 원칙에 부합한다.
- 근로능력 유무는 국민기초생활보장제도의 조건부수급자 대상선정기준에 포함된다.

- 보육, 노화 등 생애주기별 욕구는 보편주의 원칙에 부합한다.
- 부양의무자 유무는 기초연금의 대상선정기준이 아니다.
- 소득 및 재산조사(자산조사)는 선별주의 원칙에 부합한다.

선별주의는 서비스를 필요로 하는 사람에게 집중적으로 제공하여 자원의 무분별한 낭비를 막고 수급자의 불필요한 의존심을 방지하기 위한 것이다. 특히 자산조사가 이러한 선별주의 원칙에 부합한다. 보편주의가 인간 존엄성과 사회적 일체성을 기초로 한 '사회효과성'을 강조하는 반면, 선별주의는 적은 비용으로 최대한의 효과를 거두고자 하는 '비용효과성'을 강조한다.

1 근로능력 유무

근로능력 유무는 국민기초생활보장제도의 조건부수급자 대상선정기준에 포함된다.

조건부수급자는 「국민기초생활 보장법」의 규정에 따라 자활사업에 참가할 것을 조건으로 생계급여를 지급받는 사람으로서, 근로능력이 있는 수급자 중 대통령령으로 정한 사람으로 한다. 참고로 근로능력이 있는 수급자는 18세 이상 64세 이하의 수급자로서 중증장애인, 희귀·난치성 질환자, 질병·부상 또는 그 후유증으로 치료나 요양이 필요한 자, 20세 미만의 중·고등학교 재학생 등 근로능력판정에 의해 근로능력이 없는 것으로 간주되는 자를 제외한다.

> 사회복지정책 중 근로능력이 있어야만 주어지는 자격이 아닌 것은 공공부조 프로그램이다. 다만 고용과 훈련 프로그램, 실업보험의 급여자격, 근로자를 위한 세제혜택 등은 근로능력이 있어야만 비로소 주어지는 자격이다.

자활사업이란 「국민기초생활 보장법」에 따른 수급자 및 차상위계층 가운데 근로능력이 있거나 근로의지가 있는 대상자에게 근로의 기회를 제공하여 자립을 도모하는 사업을 말한다.

① 조건부수급자
- 18세 이상 64세 이하의 수급자 가운데 근로무능력자 및 조건부과 제외자에 해당하지 않는 사람

② 자활지원계획 수립
- 자활사업대상자의 자립과 자활을 체계적으로 지원하기 위하여 취업능력 평가, 욕구 및 참여 여건 사정 등을 통하여 적합한 자활프로그램을 제공
- 연령, 건강상태, 직업이력 및 학력, 구직욕구, 가구여건 고려한 자활역량평가 결과에 따라 개인별로 적합한 자활사업 실시기관에 참여의뢰

2 보편주의 원칙

보편주의는 사회적 권리로서 국가가 사회의 모든 구성원들에게 사회복지급여를 제공하는 방식이다. 보육, 노령 등의 생애주기별 욕구는 특정 인구범주에 소속된 사람의 공통적인 욕구에 해당하는 것으로 볼 수 있다. 보육, 노화 등 생애주기별 욕구와 연령, 성별 등 인구학적 기준은 보편주의 원칙에 부합한다. 예를 들어, 보편적 아동수당이나 초·중등학교의 무상교육 등과 같이 보편주의 원칙에 의해 급여를 제공할 수도 있다.

3 부양의무자 유무

부양의무자 유무는 기초생활수급자의 대상선정 기준이 되지만, 기초연금의 대상 선정기준이 되지 않는다.

기초연금제도는 생활이 어려운 노인의 생활안정 지원 및 노후 소득보장 사각지대 해소를 목적으로 하는 것으로서, 만 65세 이상의 노인들 중 소득·재산 수준(소득인정액)이 선정기준액 이하인 노인을 대상으로 한다. 신청서 접수 시 신고된 사항과 금융재산 등에 대한 가구 단위의 조사가 이루어지며, 이때 신청자(수급자)와 그 배우자(사실혼 포함) 명의의 소득·재산이 주요 조사대상이 된다. 조사와 관련하여 배우자의 연령은 고려되지 않으며, 자녀 등 부양의무자의 소득·재산 또한 조사대상에 포함되지 않는다.

4 선별주의(소득 및 재산조사)

소득 및 재산조사는 개별적으로 자격을 판단하는 방법으로 가장 많이 사용하는 방법 중 하나로 일정한 소득이나 재산 이하의 사람에게만 급여를 하는 자격제도이다.

소득 및 재산조사는 선별주의 원칙에 부합한다. 선별주의는 사회복지혜택이 꼭 필요한 자에게 제공되어야 한다는 주장과 가장 가까운 이념이다. 서비스를 필요로 하는 사람에게 집중적으로 제공하여 자원의 무분별한 낭비를 막고 수급자의 불필요한 의존심을 방지하기 위한 것으로서, 특히 자산조사가 이러한 선별주의 원칙에 부합한다.

선별주의는 개인적 욕구에 근거하여 사회서비스를 신체적·사회적·교육적 기준에 따라 제한적으로 제공하는 방식이다. 가령 소득 및 자산조사방식의 사회보장제도에는

- 근로장려세제
- 긴급복지지원
- 기초연금제도
- 국민기초생활보장제도 등이 있다.

다만, 노인장기요양보험제도는 사회보험에 해당하므로 이에 포함되지 않는다. 사회복지정책의 자격 조건 가운데 수직적 재분배효과가 가장 크게 나타나는 것은 소득 및 자산조사에 의한 정책이다.

5 전문적 혹은 행정적 판단

사회복지정책의 급여대상자 자격기준 중에서 사회복지가 발달되지 않은 국가에서 많이 이용하는 방법으로 사회사업가, 의사와 같은 전문가나 행정 관료의 판단(선별, 차별)을 필요로 하는 자격제도이다. 가령 국민건강보험제도(장애정도)에서 많이 볼 수 있다.

예 상 문 제

01 현행 우리나라 「사회보장기본법」에서 정의하는 사회보장의 영역으로 옳은 것은?

① 사회보험, 공공부조, 사회서비스
② 사회보험, 공공부조, 사회복지서비스, 관련 복지제도
③ 사회보험, 공공부조, 사회복지서비스, 사회수당
④ 사회보험, 공공부조, 사회복지서비스, 사회수당, 관련 복지제도
⑤ 사회보험, 공공부조, 사회복지서비스, 사회수당, 사회보훈, 관련 복지제도

정답 ①

02 사회복지정책의 대상선정기준에 관한 설명으로 옳은 것은?

① 연령, 성별 등 인구학적 기준은 선별주의 원칙에 부합한다.
② 근로능력 유무는 기초생활보장제도의 조건부수급자 대상선정기준에 포함되지 않는다.
③ 보육, 노화 등 생애주기별 욕구는 선별주의 원칙에 부합한다.
④ 부양의무자 유무는 기초노령연금의 대상선정기준의 하나이다.
⑤ 자산조사는 선별주의 원칙에 부합한다.

정답 ⑤

03 사회적 적절성에 관한 설명으로 옳은 것은?

① 사회적 적절성은 '원하는 것(Want)을 얼마나 얻을 수 있게 할 것인가'에 관한 것이다.
② 사회적 적절성에 기초하여 자원을 배분하는 데는 시장이 국가보다 효과적이다.
③ 국민기초생활보장제도의 최저생계비는 사회적 적절성에 근거하여 정한 비용이다.
④ 사회적 적절성과 형평성은 상충하지 않는다.
⑤ 사회적 적절성은 욕구의 객관성보다 주관성을 더 중시한다.

정답 ③

04 사회보장기본정책에 대한 설명으로 옳지 않은 것은?

① 사회보장심의위원회의 심의를 거쳐 장기발전 방향을 수립해야 한다.
② 불법행위로 인한 수급권에 대해서는 구상권을 행사할 수 있다.
③ 사회복지수급권은 타인에게 양도할 수 없다.
④ 사회복지수급권은 어떠한 경우에도 제한될 수 없다.
⑤ 사회복지수급권은 신청을 통해 행사할 수 있다.

정답 ④

05 소득재분배의 유형과 사회복지제도가 바르게 연결되지 않은 것은?

① 수직적(vertical) 재분배 – 공공부조
② 공적(public) 재분배 – 근로장려세제
③ 세대 내(intra-generational) 재분배 – 부과방식의 연금
④ 장기적(long-term) 재분배 – 적립방식의 연금
⑤ 우발적(contingency) 재분배 – 건강보험

정답 ③

06 비버리지 보고서의 내용으로 옳지 않은 것은?

① 현대사회에서 진보를 가로막고 있는 사회문제의 5대 악으로 빈곤, 질병, 나태, 무지, 불결을 들었다.
② 최적의 생활수준보장을 권리로 규정하고 생존권을 처음으로 사회보장에 받아들여, 구빈법 사상을 근본적으로 발전시켰다.
③ 사회보장을 통한 궁핍 해소를 높이기 위한 전제조건으로서 완전고용 유지, 포괄적인 보건의료보장제도의 확립, 특정한 세대의 수요에 따른 아동수당의 확립을 들고 있다.
④ 사회보험의 구성은 사회개혁에 대한 종합 정책의 일환으로 취급되어져야 한다고 주장하였으며, '요람에서 무덤까지'라는 경제적인 소득보장책인 사회보장체계가 확립되었다.
⑤ 국민최저선 보장을 위해 사회보장에서 사회보험이 가장 중요하다고 보았다.

정답 ②

07 사회보장제도의 운영원칙으로 적절하지 않은 것은?

① 모든 국민을 보호하는 보편성의 원칙
② 정책결정과정에 공익의 대표자 등 민간을 참여시킨다는 민주성의 원칙
③ 급여수준 및 내용에 형평을 기한다는 형평성 원칙
④ 재원은 국민과 지자체가 부담하는 공공책임의 원칙
⑤ 국민의 다양한 복지 욕구를 효율적으로 충족시키는 연계성과 전문성 원칙

정답 ④

08 소득상실 위험에 따른 관련 사회복지정책이 바르게 연결되지 않은 것은?

① 빈곤 위험 → 공공부조제도
② 노령·장해·사망 위험 → 긴급복지지원제도
③ 질병·사고 위험 → 국민건강보험 및 산재보험제도
④ 실업 위험 → 고용보험제도
⑤ 저임금 위험 → 최저임금제도

정답 ②

09 소득재분배의 형태에 대한 설명으로 옳지 않은 것은?

① 재정조달방식에서는 보험방식이 부조방식보다 수직적 소득재분배 효과가 크다.
② 상이한 위험발생 집단 간의 재분배를 수평적 재분배라 한다.
③ 세대 간 재분배란 현 근로세대와 노령세대, 또는 현재세대와 미래세대 간의 소득을 재분배하는 형태를 말한다.
④ 소득계층 간 재분배를 수직적 소득재분배라 하며, 국민연금의 경우 부과방식이 적립방식보다 세대 간 소득재분배 효과가 크다.
⑤ 조세보다 사회보장세가 수평적 재분배 효과가 크다.

정답 ①

10 다음의 상황들을 모두 포괄하는 소득재분배 개념은 무엇인가?

- 고소득자 "김"씨의 국민연금 소득대체율은 35%이고, 저소득자 "이"씨의 국민연금 소득대체율은 50%이다.
- 몸이 아픈 "박"씨는 병원에서 건강보험증을 자주 사용하지만, 몸이 건강한 "최"씨는 병원에 갈 일이 없다.

① 세대 간 재분배 ② 세대 내 재분배 ③ 수직적 재분배
④ 수평적 재분배 ⑤ 시간적 재분배

정답 ②

11 비슷한 소득을 가진 계층 간에 건강한 사람에게서 질병을 보유한 사람에게로 소득이 재분배되는 것을 무엇이라 하는가?

① 수직적 재분배 ② 시간적 재분배 ③ 세대 간 재분배
④ 수평적 재분배 ⑤ 세대 내 재분배

정답 ④

Chapter

08 사회보험정책(I)

Key word 보건복지부, 국민연금, 부과방식 및 적립방식, 국민건강보험, 노인장기요양보험, 산업재해보상보험, 고용보험

사회보험제도(Social Insurance)는 비스마르크 재상이 집권하고 있던 독일에서 1883년과 1884년, 1889년 사이에 처음으로 만들어졌다. 사회보험은 연금보험, 건강보험, 산재보험, 실업보험을 포함하는데, 이를 흔히 4대 사회보험이라고 한다.(171)

독일과 일본은 '제5의 사회보험'이라 하여 장기요양보험을 신설하였다. 일본에서는 이를 개호보험(介護保險)이라 한다. 요양보험은 장기요양을 필요로 하는 노인환자를 보험을 통해 보호하기 위한 제도이다.

1 사회보험의 일반

1 사회보험 도입 의의

사회보험은 국가의 책임하에 국민에게 발생하는 사회적 위험(출산, 양육, 실업, 노령, 장애, 질병, 빈곤 및 사망 등)을 보험의 방식으로 국가가 대처함으로써 국민의 건강과 소득을 보장하는 제도를 말한다.

사회보험은 1883년 체계적으로 독일에서 처음 시행되었다. 빈곤문제에 대한 제도화된 개입으로 경제적 보장(경제적 위험으로부터 보호)을 통해 극소한의 소득이 아닌 소득의 유지에 대한 관심을 가지는 것이다. 위험이 발생하면 구체적 적용범위, 규정되어 있는 급여대로 지급받게 된다.

경제적 위험의 원인
① 소득의 상실(가구주의 사망, 산재) ② 부가지출 발생(과도한 의료비)
③ 불충분한 소득(소득 왜곡된 구조) ④ 소득의 불확실성(실업)

사회보험제도는

- 국민연금 : 소득(연금) - 국민연금법(1986년)
- 국민건강보험 : 질병 - 국민건강보험법(1999년)
- 노인장기요양보험 : 노인질환 - 노인장기요양보험법(2007년)
- 고용보험 : 실업, 고용 - 고용보험법(1993년)
- 산업재해보상보험 : 산업재해 - 산업재해보상보험법(1963년) 등으로 구성되어 있다.

2 사회보험의 일반적인 도입 순서

산업재해보상보험제도(재해 1963년) → 의료보험제도(질병 1963년) → 국민연금제도(소득 1986년) → 고용보험제도(실직 및 고용 1993년) → 노인장기요양보험제도(노령 및 요양 2007년) ☆ 산재보험 - 의료보험 - 고용보험 - 노인장기요양보험으로 실시되었다.

법률의 시행순서
① 우리나라에서 사회보험의 적용순서는 산재보험(1963.11), 건강보험(의료보험) (1963년), 국민연금(1988년), 고용보험(1995년), 노인장기요양보험(2008.7) 순서이다.
② 산재보험 → 건강(의료)보험 → 국민연금 → 고용보험 → 노인장기요양보험

우리나라의 사회보험 가운데 처음으로 도입된 것은 공무원연금법(1959년 제정, 1960년 시행)이다.

3 사회보험의 원칙 및 특성

1) 사회보험의 기본원칙

사회보험은 이론적으로 보면 보험원리에 입각하여 사회보장을 행하는 것을 의미하는데, 이때 보험원리는 사회의 일정한 집단을 대상으로 하여 사고의 발생상황에 대응하는 보험료를 부과하고, 이것을 재원으로 하여 그 범위 내에서 사고를 보장한다는 의미를 내포하고 있다.

물론 이것은 순수한 의미의 보험원리이고, 사회보험제도가 구체적으로 시행될 때는 나라마다 운영원리에 차이가 생긴다. 국제노동기구(ILO)에서는 사회보험제도의 주요 원리를 다음과 같은 7가지로 정리하고 있다.

❶ 사회보험의 강제 가입 대상(강제성)

모든 국민 대다수에게 보편적으로 적용(강제가입주의 : 강제적 법정 프로그램, 보편주의)한다(강제부과).

> 사회보험에서 '강제적용원칙'을 적용하는 이유
>
> ① 사회연대의식 제고 ② 위험분산 극대화
>
> ③ 국민생활 안정성 보장 ④ 사회적 형평성 강화

❷ 최저한의 소득보장제도

사회적 위험에 대비하기 위한 제도로 최저한의 소득을 보장한다.

❸ 사회보험의 급여수준(사회성)

개인적 형평성보다는 사회적 충분성(적절성)을 중시한다. 저소득층, 대가족, 노령층 등이 더 유리하도록 소득재분배의 배려가 있다(소득재분배의 원칙).

❹ 욕구에 따른 급여의 결정

급여수준과 소득수준은 직접적인 연관이 없고, 현재 욕구에 따라 급여가 결정된다.

❺ 급여의 법정 규정

급여는 사회보장 관련법에 의해 보장된 권리이며 자산조사는 실시하지 않고 사전에 법적 규정된 욕구에 따라 급여가 제공된다. 급여는 법으로 규정된다(인간의 최저생활보장).

⑥ 사회보험의 재원

사업자와 근로자가 공동으로 보험료를 부담하고 국가가 일부를 지원할 수 있다(재정의 부분적립방식 채택 : 재정의 완전적립이 불필요하다. 기여분담의 원칙(보험성)은 사회보험 재정은 기여분담의 원칙에 따라 그 수혜자인 근로자와 자영업자 및 사업자가 책임진다(수익자 재정책임원칙).

⑦ 사회문제의 해결 운용(부양성)

국가가 전국적인 차원에서 사회보험의 운영을 담당할 경우 행정적인 비용을 절감하기 위해 국가개입이 필요한 사회문제 해결에 운용된다.

비버리지 보고서에 나타난 사회보험체계의 내용
① 일반적인 사회적 위험을 모두 포함한다.
② 급여수준과 기간이 충분한 정도가 되어야 한다.
③ 재정은 피보험자, 사업자, 국가 3자가 부담한다.
④ 소득수준에 비례하여 보험료를 산정하는 것은 아니다.

- 사회보험의 기본원칙 : ㉠ 보편주의의 원칙, ㉡ 기여금분담의 원칙, ㉢ 사회 적절성보장 원칙, ㉣ 소득재분배의 원칙 등이 있다.

사회보험제도의 원리

첫째, 사회보험은 보통 사업자, 근로자가 분담하는 기여금에 의해 재원이 조성된다. 때로는 국가가 보충적 기여금의 형태로 혹은 일반조세에서 나오는 보조금의 형태로 재원조달에 참여한다.
둘째, 극히 예외적인 경우를 제외하면 강제적으로 참여해야 한다.
셋째, 기여금은 특별한 기금으로 적립되고, 급여는 이 기금에서 제공된다.
넷째, 급여 지급에 충당되고 남는 여유 기금은 다른 수입을 올리기 위해 투자된다.
다섯째, 급여를 받을 수 있는 권리는 욕구조사나 자산조사 없이 기여기록에 의해 보장된다.
여섯째, 기여율과 급여율은 일반적으로 가입자의 현재 소득 및 과거 소득과 연계된다.
일곱째, 고용·산재보험은 보통 사업자에 의해 전적으로 재원이 조달되고, 국가가 일반조세에서 일부 도움을 주기도 한다.

2) 사회보험의 특성

- 사회보험의 일반적 특성에 따라 강제가입, 위험분산, 소득재분배, 국가의 독점적 운영, 부분적립방식 채택 등이 있다.

※ 사회보험의 보험 요소에는 위험분산, 손해의 우연성, 위험 이전, 배상이 있다.

- 재원은 사업자와 근로자의 보험료와 관리운영비에 대한 국가의 보조금으로 충당한다.
- 노령, 폐질 및 사망에 대비한 개인과 가족구성원을 위한 방빈(防貧)적 소득보장 성격이 있다. 고소득층의 부담에 의해 저소득층의 자금경감이 된다.
- 1년 가입기간인 단기보험과 10년 이상, 20년, 만 60세가 되면 노령연금을 수급할 수 있도록 설계되어 있어 장기보험(국민연금)으로서의 특성이 있다.
- 사회보험료 등 기여를 한 사람만을 대상으로 한다.
- 사회보험은 강제가입을 원칙으로 한다. 강제적으로 가입해야 한다.
- 수직적·수평적인 소득의 재분배효과가 크다.

3) 현행 사회보험제도의 급여와 급여형태에 관한 특징

- 국민연금의 장애연금은 현금급여이다.
- 산업재해보상보험의 휴업급여는 현금급여이다. 산업재해보상보험의 휴업급여는 업무상 사유로 부상을 당하거나 질병에 걸린 근로자에게 요양으로 취업하지 못한 기간에 대하여 지급한다. '현금급여'를 원칙으로 하며, 1일당 지급액은 평균임금의 70%에 상당하는 금액으로 한다. 다만, 취업하지 못한 기간이 3일 이내이면 지급하지 아니한다(법 제52조).

휴업급여의 산정

휴업급여액 = 평균임금 × 0.7 × 요양 중 미취업한 기간 일수

① 원칙 : 평균임금의 70%를 1일당 휴업급여로 지급

② 예외 : 저소득근로자 휴업급여 산정 방법
- 평균임금의 70%가 최저보상기준금액의 80%보다 적은 경우 : 평균임금의 90%
- 평균임금의 90%가 최저보상기준금액의 80%를 초과하는 경우 : 최저보상기준금액의 80%
- 평균임금의 90%가 최저임금액에 미달하는 경우 : 최저임금액을 1일당 휴업급여로 지급

- 고용보험의 구직급여는 현금급여이다.
- 국민건강보험의 요양급여는 현물급여를 원칙으로 한다.
- 국민연금의 유족연금은 현금급여이다.
- 국민건강보험 가입자가 노인장기요양보험 가입자이다.

① 강제적 프로그램
② 최저소득보장제도
③ 개인적 형평성(자신이 낸 보험료에 비례하여 급여를 받는 것을 말함)보다는 사회적 충분성(모든 가입자들에게 최저생계수준 이상을 유지토록 급여를 제공) 중시
④ 급여수준과 소득수준은 직접적인 연관성이 없음
⑤ 급여는 권리이며, 자산조산가 없음
⑥ 사전에 규정된 욕구에 따라 급여 제공
⑦ 사회보험 재정은 그 수혜자인 피용자와 자영업자, 사업자가 책임(수익자 재정책임원칙)
⑧ 급여는 법으로 규정
⑨ 정부개입이 필요한 사회문제의 해결을 위해 운용
⑩ 재정의 완전적립이 불필요

4 사회보험과 민간보험의 비교

사회보험은 보험이기 때문에 민간보험과 유사한 점이 많고, 또 소득보장책이란 점에서 공공부조와 동일한 목적을 갖는다. 그러나 사회보험은 민간보험은 물론 공공부조와 본질적으로 다른 특징이 있다.[172] 사회보험과 민간보험은 공통점과 차이점이 있다.

1) 사회보험과 민간보험의 공통점

- 위험분산의 기능이 있다. 위험 이전에 기초하여 광범위한 공동부담을 원칙으로 한다. 개인의 위험(사망, 노령, 장애, 질병 등)이 보험자에게로 이전한다(보험급여).
- 적용범위, 급여 및 재정에 대해 구체적으로 규정하고 있다. 급여자격 여부와 급여량을 엄격한 수리계산을 통하여 결정한다.
- 프로그램 비용을 충족시키기에 충분한 기여금과 보험료 지불을 필요로 한다.
- 대상자의 욕구에 기초하지 않고 사전에 결정된 급여를 지급한다.
- 전체 사회를 대상으로 경제적인 보상이다. 경제적 안정을 보장한다.
- 사회보험의 보험 요소[173]
  - 위험분산(risk pooling or combination) : 위험발생 가능성을 가진 많은 사람들을 하나로 묶어 정확한 장래의 손해 예측을 기하는 기술

–손해의 우연성(fortuitous loss) : 예측되거나 예상할 수 없는 우발적인 사고로서 보험가입자의 통제를 벗어나는 손해를 말함
–위험의 이전(risk transfer) : 민간보험에서는 개인의 손해를 보험회사가 떠안는 것을 말함
–배상(indemnification) : 민간보험은 가입자의 손해를 배상을 하는데 사회보험도 손해에 대해 전부 또는 일부를 현금 지불, 보수, 대체 등의 방법으로 보상함

2) 사회보험과 민간보험의 차이점

(1) 사회보험

❶ 강제적 적용 성격, 비선택적 가입(보편주의, 강제가입 원칙 적용)
❷ 최저수준의 소득보장(최저소득보장)
❸ 사회적 복지(적절성, 충분성) 강조, 사회적 충분성 강조
❹ 보험료의 납부에 따른 법적인 권리
❺ 급여는 법에 의해 규정(법적 권리 : 가변성) : 보험계약 불필요 사회적 연대성 원리 적용
❻ 국가 독점 운영관리(정부독점) : 국가 또는 공단, 국가 독점 운영관리, 적립기금 투자우선순위 국가결정
❼ 예상하기 어려운 지출(비용 예측 곤란)
❽ 충분한 기여금의 불필요(강제 가입) : 완전 적립 불필요(영속적, 신규가입자 계속 발생, 중앙국가의 궁극적 책임, 경제적 측면)
❾ 물가 상승에 대한 적절한 대응 : 물가의 실질적 가치 변동 보장(인플레에 대한 대응을 위해 조세제도 이용 가능)

(2) 민간보험

❶ 자발적 참여, 선택적 가입, 임의가입
❷ 개인의 욕구와 지불능력에 좌우 : 개별적 위험 정도와 급여수준에 따라 부과
–개인의 의사와 지불능력에 따라 고액 보장 가능
❸ 개인적 적합성(형평성 강조 : 보험요소) : 개인적 공평성 강조
❹ 사적 계약에 따라 준수(계약적 권리) : 개인적 또는 집단적 보험계약, 자유경쟁

❺ 예상할 수 있는 지출(비용 예측 전제)
❻ 충분한 기여금 필요 : 완전 적립 필요
❼ 물가상승에 대한 대응 어려움 : 물가상승에 대한 보장 곤란(인플레이션 취약), 민간이 자유롭게 계약하여 결정

사회보험과 민간보험의 대비표(차이점)

구 분	사회보험	민간보험
책임주체	국가 : 적립기금 투자우선순위 국가결정	민간 : 개인이 자유롭게 계약하여 결정
원칙	사회연대성(단체주의) 보험계약 불필요 사회적 연대성 원리 적용	계약성(개인주의)
급여 근거	법–사회보험법 보험료의 납부에 따른 법적인 권리 급여는 법에 의해 규정(법적 권리 : 가변성)	계약–상법(보험법) 사적 계약에 따라 준수(계약적 권리) 개인적·집단적 보험계약
가입 및 참여	강제가입(의무 : 역선택 방지) 강제적·비선택적 참여 강제적 적용 성격, 비선택적 가입(보편주의 원칙 적용)	계약자유(임의적 계약) 선택적·자발적 참여 선택적 가입, 임의 가입
운영·관리체계	국가 독점 운영관리 정부독점–국가 또는 공단	자유경쟁 보험시장에서의 경쟁–사기업(회사)
보험료의 부담·기여금 부과 기준	충분한 기여금의 불필요(강제가입)–완전 적립 불필요(영속적, 신규가입자 계속 발생, 중앙국가의 궁극적 책임, 경제적 측면) 소득수준에 따른 능력비례부담 평균적 위험 정도, 소득수준	충분한 기여금 필요–완전 적립 필요 위험크기에 따른 부담 개별적 위험 정도, 급여수준
보험급여	균등급여(법정급여) 사회적 복지(적절성, 충분성) 강조	계약에 따라 급여 개인적 적합성(형평성 강조 : 보험요소) 개인적 공평성 강조
급여형태	현금 또는 현물	현금
보호수준	최저보호수준(사회적 적합성) 최저수준의 소득보장(최저소득보장)	요구와 능력에 의해 결정(개인적 형평성) 개인의 욕구와 지불능력에 좌우 개별적 위험 정도와 급여수준에 따라 부과–개인의 의사와 지불능력에 따라 고액 보장 가능
비용예측	예상하기 어려운 지출(비용예측 곤란) 비교적 어려움	예상할 수 있는 지출(비용 예측 전제) 비교적 용이함
인플레이션	인플레이션에 대한 대책 가능 물가상승에 대한 적절한 대응–물가의 실질적 가치의 변동 보장(인플레이션 대응을 위해 조세제도 이용 가능)	인플레이션에 취약 물가상승에 대한 대응 어려움–물가 상승에 대한 보장 곤란(인플레이션 취약)

5 주요 국가의 사회보험 성립

1) 독일(최초의 사회보험 도입 국가)

독일은 국가 주도로 세계 최초의 사회보험제도로 비스마르크의 3대 사회보험법(당근정책) : 질병보험법(1883년), 재해보험법(1884년), 노령 및 폐질(연금)보험법(1889년)을 실시하였다.

- 사회주의자탄압법(1878년) : 채찍정책

2) 영국

영국은 사회문제의 원인을 개인의 도덕적 결함이 아닌 사회구조적인 문제에 있다고 보고, 이를 사회개혁을 통한 사회정책으로 실현하려고 하였다.

- 주요 사회보험법
  - 노령연금법(1908년) : 공공부조의 형식이며, 빈민은 무기여의 방식으로 자산조사 등을 통해 빈곤이 증명되어야만 급여(연금)를 받을 수 있는 법이다.
  - 국민보험법(1911년) : 제1부 국민건강보험과 제2부 실업보험으로 구성되었다. 최초의 실업보장으로서 실업, 건강, 재해, 폐질 등을 모두 포괄한다. 국민보험법은 영국 최초의 사회보험이다.

3) 미국

세계경제공황 대책인 1935년 사회보장법을 제정함으로써 최초로 광의적 사회보장의 용어와 범위(사회보험, 공공부조, 사회복지서비스)를 제시하였다.

- 1935년 미국의 사회보장법
  - 빈곤의 사회구조적 원인에 관한 인식 증가
  - 실업보험은 연방국가가 운영
  - 노령연금은 연방국가가 재정과 운영 담당
  - 사회주의 이념 확산에 따른 근로자 통제 목적
  - 공공부조에 대한 연방국가의 재정지원 등으로 설명할 수 있다.

미국은 영국과 같은 사회정책이 아닌 실업자의 구제 및 경기회복을 중심으로 한 경제정책(고용정책)이었다는 것이 특징이다.

6 사회보험의 민영화 주장에 대한 유력한 반대논리

의료서비스를 국가가 주도적으로 실시해야 한다고 주장하는 근거로

- 수요자와 공급자 간의 정보의 비대칭성이 존재한다.
- 역선택(adverse selection) 문제가 발생할 수 있다.
- 도덕적 해이 현상이 발생할 수 있다.
- 의료서비스는 가치재(merit goods)의 성격을 갖는다.
- 위험발생이 상호 비독립적이다 등이 있다.

1) 정보의 비대칭성

- 수요자와 공급자 간 정보의 비대칭성이 존재한다. 이는 시장에 참여한 거래 당사자 간에 쌍방이 동일한 양의 정보를 가지기보다는 어느 한쪽이 더 많은 정보를 가지기 쉽다는 것을 의미한다(→ 도덕적 해이와 역선택이 유발됨).
- 보험 가입자들은 자신의 위험도에 대해 높은 수준의 정보를 보유하고 있는데 반해 보험회사는 보험가입자에 관해 낮은 수준의 정보를 보유하는 것을 의미한다.

2) 역선택

역선택이란 비대칭적인 정보(asymmetric information) 또는 불완전한 정보로 인해 보험시장에 바람직하지 않은 결과가 초래되는 현상을 말한다. 강제가입을 통해 역선택을 방지하고자 한다.

예컨대, 질병 발생 확률이 높은 피보험자가 그 사실을 감춘 채 건강보험에 가입하여 보다 많은 급여를 수급함으로써 보험자와 질병 발생 확률이 낮은 다른 피보험자에게 손해를 끼치는 것이다.(174)

요컨대, 역선택이란 보험가입자와 보험회사 간의 정보의 비대칭성(보험가입자들은 자신의 위험도에 대해 높은 수준의 정보를 보유하고 있는데 반해, 보험회사는

보험가입자에 관해 낮은 수준의 정보를 보유하는 것)으로 인해 보험시장에서 고위험집단의 가입률은 높아지고, 저위험집단의 가입률은 낮아지는 현상을 말한다. 역선택은 보험시장에 고위험집단만 남게 만들어(보험시장의 비효율성 증대) 결국 '시장실패(market failure)'를 가져온다.

이를 피하기 위해서는 정부가 개입할 수밖에 없다. 즉, 정부가 사회보험을 만들어 모든 보험대상자들의 가입을 의무화(강제화)하는 것이다(시장의 실패 → 국가개입 불가피 → 사회보험 도입의 정당성 주장의 근거).

> 도덕적 해이와 역선택 비교
> ① 모두 비대칭 정보에서 나타난 문제이다.
> ② 보험에 가입한 사람이 사고를 방지하려는 노력이 줄어드는 것은 도덕적 해이이다.
> ③ 보험회사가 건강이 좋지 않은 사람들만 받아들이게 되는 것은 역선택이다.
> ④ 자신의 행동이 관찰되지 않는 상황에서 상대방에게 불리한 행동을 하는 것은 도덕적 해이이다.

3) 도덕적 해이

도덕적 해이란 사회보험 계약이 가입자들의 동기와 행동에 영향을 끼치는 현상, 예를 들어 어떤 사람이 보험에 가입했다 하여 보험에 가입하기 전에 비해 위험발생을 예방하려는 노력을 덜하게 되는 현상을 말한다.[175]

이는 정당한 위험을 감수하는 것이 아니라 국가가 뒤를 받쳐줄 것이라는 믿음하에 감수하는 위험이므로, 사회복지재정에도 악영향을 미친다. 이러한 도덕적 해이를 방지하기 위해 국가는 근로나 본인부담의 조건으로 서비스를 제공해야 할 필요가 있다. 가령 도덕적 해이 현상을 줄이기 위해서 쓰는 것은 조건부 수급제도나 근로소득공제제도가 대표적이다. 조건부 수급제도는 근로를 조건으로 수급권을 인정하는 제도이다(근로조건).

사회보험 중에서 도덕적 해이의 발생 가능성이 높은 것으로 꼽히는 것이 건강보험과 고용보험(실업보험)이다. 보험에 가입한 사람이 보험에 가입하기 전에 비해 위험발생을 예방하려는 노력을 덜하여 위험발생이 높아진다. 건강보험, 실업보험에서 많이 발생할 수 있다.

건강보험의 경우 피보험자가 불필요한 진료서비스를 받으려 하거나 치료 효과와 관계없이 고액의 진료를 선호하거나, 건강유지 노력보다는 진료에 의지하려는 경향이 있고, 의료진은 자의적으로 필요 이상의 검사, 수술, 투약 등의 의료서비스를 제공할 가능성이 존재한다.

실업보험의 경우 실업보험의 소득대체율(replacement rate : 실업급여액/임금)은 높은데 보험료는 적을 경우 새 일자리를 찾으려는 인센티브가 감소되어 실업에서 벗어나려는 노력을 의도적으로 덜 기울이거나 일부러 실업자가 되는 경우가 발생할 가능성이 있다. 이를 '실업함정', 즉 '실업의 덫(unemployment trap)'이라고 한다.

> 도덕적 해이
> ① 도덕적 해이 해결책 방안(도덕적 해이를 예방하고 소득재분배를 높이는 방법)으로 옳은 것은 수급자조건 강화, 수급자 근로소득공제, 보충급여, 자산조사 실시, 등록 취소
> • 도덕적 해이 현상 방지전략 : 조건부수급, 근로소득공제, 자산조사 실시, 본인부담금
> ② 재산의 소득환산가액, 보충급여방식은 도덕적 해이 현상을 줄이기 위한 정책이 아니다.

4) 의료서비스의 가치재(공공재) 성격

가치재(merit goods)는 본래 시장에서 거래가 가능하나 수요자가 불완전한 정보로 인해 그 진정한 가치를 인식하지 못함으로써 과소소비하기 쉬운 재화나 서비스를 말한다. 대표적인 가치재로서 의료서비스를 예로 들 수 있다. 즉, 의료서비스는 가치재의 성격을 갖는다. 의무교육이나 의료서비스, 주택·건강·식품 등과 같이 소득수준과는 상관없이 모든 사람이 필요로 하는 재화나 서비스를 말한다. 즉 경제적 수요에 의존하지 않고 사회적 고려를 우선하는 재화로서, 소비에 차별성이 없이 모든 사람이 공통적으로 갖추려는 재화이기 때문에 기본적으로는 시장을 통해서 공급된다.

의료서비스는 수요자가 완전한 정보로서 확보하기 어려운 측면이 있으므로 의료기관 및 의사 등 전문가집단에 의한 독점이 이루어질 수 있다. 특히 가치재로서 의료서비스는 의도하지 않은 편익이나 손해를 동반한 외부효과가 존재하며 국민의 건강권과 관련하여 공익성이 크다고 볼 수 있으므로, 수요자의 개인적인 선택을 강조하는 현금급여보다 현물급여로 이루어지는 것이 바람직하다.

> 국가에 의한 사회복지정책 실시 이유
> ① 규모의 경제　　② 외부경제 발생
> ③ 정보의 비대칭성　　④ 역선택의 문제

- 사회서비스 중 공공재적 성격
  - 의무교육
  - 아동수당
  - 전 국민 대상 의료서비스
  - 지역복지관 무료서비스

2 국민연금정책의 이해

국민연금의 정의 및 연금제도의 필요성, 국민연금의 급여 종류, 국민연금의 기능과 유형, 국민연금재정의 운영 방식인 적립방식과 부과방식, 국민연금의 다층체계에 대하여 설명하면 다음과 같다.

1 국민연금정책의 일반론

1) 국민연금정책의 정의

연금이란 국민이 소정의 기여금을 일정 기간 납부하고 퇴직하거나, 노령·장애 및 사망 등의 보험사고가 발생했을 때, 일정 기간마다 계속해 지급받는 현금급여를 말한다. 국민연금정책은 노후적인 시점에 장기적 소득보장정책으로써 일반 국민과 공무원, 군인, 사립학교교직원, 별정직우체국직원의 퇴직 또는 사망·부상·질병·폐질에 의하여 소득이 상실되는 경우를 대비해 미리 갹출한 보험료를 기초로 하여 적절한 현금급여를 제공함으로써 대상자 및 그 유족의 생활안정과 복리 향상을 목적으로 하는 사회복지정책을 말한다.[32]

2) 국민연금정책의 필요성

연금은 장기적 소득보장제도로서 노후빈곤의 예방, 소득재분배, 불확실성에 대한 대비를 위해 필요하다.

---

32 [네이버 지식백과] 연금 [年金, civil service pension, pension] (행정학사전, 2009.1.15, 대영문화사)

국민연금은 소득보장을 통한 노후에 나타나는 빈곤에 대한 예방이다. 보험기술을 통한 사회적 위험을 분산하는 기능이 있다. 집단적 연대의식을 통한 소득재분배, 불평등 완화, 사회통합(경제사회안정)에 증진한다. 미래의 불확실성에 대해 대비할 때 사전에 불확실성을 방지한다.

3) 국민연금정책의 기능

연금의 기능에는 소득보장 기능, 소득재분배 기능, 경제적 기능이 있다.

기 능	내 용
소득보장기능	• 국민연금이 은퇴준비 필요성을 인식시켜 자발적 저축을 증가시키는 효과가 발생할 수 있다. • 노후에 노동능력이 감퇴하거나 상실되어 임금 소득이 상실되었을 때 자산조사 없이 권리로서 최저한의 소득을 보장받을 수 있다.
소득재분배기능	• 수평적 재분배 : 동일 소득계층 간의 소득재분배로서 수명이 짧은 사람으로부터 긴 사람에게로, 피부양자가 없거나 적은 근로자로부터 피부양자가 많은 근로자의 소득이전과 같은 경우를 말한다. • 수직적 재분배 : 각기 다른 소득계층 간의 소득이전으로서 누진세와 같이 고소득층으로부터 저소득층으로의 소득이전(부자 → 빈민)과 같은 경우를 말한다. • 세대 간 재분배 : 국민 전체의 소득수준이 낮은 시기에 보험료를 내면 퇴직 후에는 사회 전반적인 소득수준의 향상에 힘입어 인상된 연금을 받게 되는 경우를 말한다(현 근로세대 → 현 노인세대). 인상된 연금은 보험료를 낸 세대가 아닌 새로 노동시장에 진입한 젊은 계층이 낸 보험료로 충당된다.
경제적 기능	• 자동안정장치의 기능을 통해 경기불안정을 조정한다. 경기안정의 자동장치 기능을 통해 경기순환과정에서 조정역할을 한다. • 연금의 재정구조 자체가 경기변동에 부응해 자동적으로 작용하여 경기변동에 상당한 영향을 미친다. • 국민연금이 미래자산으로 인식되어 자발적 저축을 감소시키는 효과가 발생할 수 있다.

소득재분배의 유형과 관계집단 연결

소득재분배 유형과 관련된 제도

• 수직적 재분배 – 고소득층 대(對) 저소득층 : 공공부조
• 수평적 재분배 – 고위험집단 대(對) 저위험집단 : 아동수당
• 세대 간 재분배 – 현재세대 대(對) 미래세대 : 장기요양보험
• 세대 내 재분배 – 비근로세대 대(對) 근로세대 : 개인연금
(참고) 세대 내 재분배 – 노령세대 대(對) 근로세대

- 국민연금제도(사회보장제도)가 국민경제에 미치는 효과
  - 자동안정장치의 기능을 통해 경기 불안정을 조정한다.
  - 국민연금이 은퇴준비 필요성을 인식시켜 자발적 저축을 증가시키는 효과가 발생할 수 있다.
  - 국민연금이 미래자산으로 인식되어 자발적 저축을 감소시키는 효과가 발생할 수 있다.
  - 부과방식 국민연금의 경우 자본축적 효과가 없다.

4) 연금정책 재정의 운영방식

국민연금정책의 재정운용방식에는 일반적으로 적립방식과 부과방식이 있으며, 각각의 장·단점이 있다.

- 적립방식 : 세대 내 재분배된다.
- 부과방식 : 세대 간 재분배된다.
- 적립방식에 비해 부과방식이 인구 구성의 변동에 더 취약하다.

구분	완전 적립방식(funded system)	부과방식(pay-as-you-go)
의의	• 장래에 지급하게 될 연금급여를 제도에 가입하고 있는 동안 보험료 및 국고출연금, 누적기금 등의 연기금으로 적립하였다가 지급하는 재정방식 – 일종의 강제저축이다. • 현재의 가입자가 퇴직 후 생활보장을 위해 자신이 미래에 수령할 연금액을 가입기간 동안 현재 소득의 일부를 저축하는 구조이다. • 수지상등의 원칙(equivalence principle) : 원칙적으로 개인이 낸 보험료 총액과 개인이 받는 급여 총액은 같아야 한다는 원칙이다. – 제도시행 초기에는 지출보다 보험료의 수입이 크기 때문에 적립금이 계속 누적되고 수입이 지출을 지속적으로 상회하게 된다. – 장기적 재정추계가 필요하다.	• 보험료 수입을 해당 연도 연금지출로 사용하는 방식, 즉 현재 노인세대가 수령하는 연금액을 지불하기 위해 현재 근로세대의 보험료로부터 재정을 충당하는 방식이다. • 부과방식에서는 묵시적 세대 간 계약이라고 불리는 국민연금제도로서 현재의 근로세대가 은퇴세대의 연금급여에 필요한 재원을 부담한다. • 지불준비금 이외에는 적립기금이 불필요하다. 연도별 수지균형의 원칙(매년 수입과 지출의 균형 유지)을 따른다. • 서유럽과 미국 등의 선진국 대부분이 그동안 채택해 온 방식이다. – 해당 연금보험료 수입을 그해 급여의 지출로 써버리는 방식이다. – 일정기간에 지출된 급여비를 동일 기간의 보험료 수입으로 충당하는 방식이다.

(계속)

구분	완전 적립방식(funded system)	부과방식(pay-as-you-go)
장점	• 상대적으로 재정의 안정적 운용이 가능하다. • 세대 간 재분배 기능이 없으므로, 노령화에 강한 장점이 있다. 인구고령화에 덜 취약하다. 세대 간 공평성이 있다. • 제도 성숙기에는 조성된 적립기금을 사적 투자 재원으로 활용할 수 있다. – 연금지출이 적은 초기부터 제도가 성숙하여 지출액이 증가할 때까지 보험료를 평준화할 수 있어서 세대 간 공평한 보험료 부담이 가능하다. – 제도성숙기 : 적립금에 의해 형성된 자본 활용이 가능하다. • 적립방식은 인구학적 변화에 취약하지 않다.	• 소득 재분배 효과가 있다. 세대 간의 재분배 효과가 크다. 세대 간 공평성이 있다. • 인플레이션으로부터 연금의 실질가치를 보호할 수 있다. 인플레이션에 강하다. • 경제성장에 비례하여 연금의 실질가치를 높일 수 있다. 경제성장에 비례해 연금의 실질가치를 높일 수 있다. • 완전연금을 즉각적으로 지불할 수 있다. 과거의 기여와 무관하므로 완전 연금을 즉각적으로 수령할 수 있다. – 시행초기에 적은 보험료로 제도를 운영할 수 있다. – 연금의 수입과 지출의 차이가 거의 없어 연금의 실질가치 유지대책이나 연금수리의 장기적 예측을 필요로 하지 않다.
단점	• 인플레이션에 취약하다. 경제성장의 과실을 연금수급자에게 배분할 수 없다. → 우리나라는 수정적립방식을 적용하므로 물가상승률을 반영한다. • 완전연금을 받기 위해서는 장기간의 보험료 불입이 필요하다. 완전연금을 받으려면 장기간의 기여(보험료 납입)가 필요하다. • 대규모 적립기금은 정치적으로 악용되거나 경제적으로 부정적인 영향을 미칠 수가 있다. – 제도의 초기에는 어려움이 있다. 즉, 제도 시행 초기의 과중한 보험료 부담으로 피보험자의 가계에 부담을 줄 수 있음 – 장기적 예측이 어렵다. 즉, 장래에 변화하는 지출을 예측하기 어려워 제도시행 초기에 적절 보험료율을 산정하기 어려움 • 경제성장의 과실을 연금수급자에게 배분할 수 없다.	• 부과방식 국민연금의 경우 자본축적 효과를 발생시키지 못한다. • 부과방식은 상대적 재정의 불안정한 운용을 한다. • 부과방식은 인구학적 변동에 취약하다. 즉 세대 간 재분배가 이루어지므로, 노령화에 취약하다. 인구구조 변화(인구고령화)의 취약에 취약하다. – 노인인구 증가에 따라 부담이 크다. – 제도가 성숙하여 연금 수급권자가 증대하게 되면 보험료 부담이 증가되어 미래 세대의 부담이 가중됨

- 우리나라 국민연금의 경우 기여식 중에서 부분적립방식(수정적립방식)을 채택하고 있으며, 소득비례연금방식이며, 확정급여방식이다. 소득계층 간 소득재분배 효과를 갖고 있다.

국민연금 체계에 대한 설명
① 기여 여부에 따라 무기여연금과 기여연금으로 분류한다.
② 급여의 소득비례 여부에 따라 정액연금과 소득비례연금으로 구분한다.
③ 재정방식에 따라 적립방식(투자위험 존재)과 부과방식으로 구분한다.
④ 기여와 급여 중 어느 것을 확정하는지에 따라 확정기여연금과 확정급여연금으로 구분한다.

국민연금 제도의 운영방식
① 적립방식에 비해 부과방식(pay-as-you-go)이 인구 구성의 변동에 더 취약하다.
② 확정급여식 연금은 주로 과거의 소득 및 소득활동 기간에 의해 결정된다.
③ 완전적립방식은 퇴직 후 생활보장을 위해 현재 소득의 일부를 저축하는 구조이다.
④ 부과방식에서는 현재의 근로세대가 은퇴세대의 연금급여에 필요한 재원을 부담한다.

- 국민연금방식 중 부과방식은 사회경제적 환경의 변화를 반영하여 정부가 연금의 급여수준 및 보험료율을 변화시키는 정치적 위험이 적립방식보다 크다.

2 우리나라의 국민연금정책

「국민연금법」의 도입 과정과 목적, 국민연금의 적용대상, 국민연금의 급여수준 및 재정운영, 국민연금 연금급여의 종류에 대해 서술한다.

1) 국민연금법의 개관

(1) 국민연금정책의 역사(단계적 확대 과정)

우리나라 연금제도의 역사는 1960년대로 거슬러 올라간다. 일부 직종에 적용되는 특수직역연금으로서 공무원연금은 1960년, 군인연금은 1963년, 사학연금은 1975년에 도입되었다. 모든 국민을 대상으로 하는 보편제도로서 국민연금이 도입된 것은 1986년 제정되어 1988년의 시행되었다.

① 1973년 12월 「국민복지연금법」 제정 : 석유파동과 경제불황으로 인한 시행 연기
② 1986년 12월 「국민복지연금법」 폐지, 「국민연금법」 제정
③ 1988년 1월 1일 시행 : 인구노령화가 급속하게 증가되고 젊은 층의 노인부양 의식 약화로 실시, 시행초기에는 상시 10인 이상 사업장의 근로자를 대상으로 시작
④ 2003년 7월 5인 미만(1인 이상) 사업장에 대해 의무가입사업장으로 적용-모든 국민연금 적용

(2) 국민연금정책의 목적

국민의 노령, 장애 또는 사망에 대하여 연금급여를 실시함으로써 국민의 생활 안정과 복지증진에 이바지 하는 것을 목적으로 한다(「국민연금법」 제1조). 즉 사회보장제도의 일환인 국민연금제도는 국가가 보험의 원리를 도입하여 제도화한 사회보험제도의 하나로서, 국민이 노령·퇴직·장애·사망 등의 사회적 위험에 처해 소득이 감소하거나 상실되는 경우 당사자나 유족에게 경제적으로 안정적인 생활을 보장할 수 있도록 연금형태의 급여를 제공하는 대표적인 소득보장제도이다. 국민연금은 우리나라의 제도 중 노령으로 인한 소득상실에 대비한 대표적인 소득보장제도이다.

(3) 우리나라 국민연금정책의 특징

국민건강보험의 특징은 다음과 같이 설명할 수 있다.

❶ 국민연금의 재정운용방식은 부분(수정)적립방식을 채택하고 있다(완전적립방식 아님). 국민연금의 재정방식은 부분적립방식이다. 부분(수정)적립방식은 가입자로부터 징수하는 보험료를 제도 도입초기에는 낮은 수준의 보험료를 부과·징수하다가 점차 인상해 가는 방식이다. 그리고 그 과정에서 적립기금을 운용하여 원리금을 장래에 급여지급 재원의 일부로 활용하는 방식이다. 부분적립방식은 완전적립방식보다 적립기금의 규모를 상대적으로 작게 유지·운용한다.[33]

❷ 소득계층 간 소득재분배 효과가 있다. 저소득자에게는 보험료를 지원하기도 한다. 이는 소득재분배 기능을 반영하고 있다.

❸ 사회보험 강제가입방식으로 사회적 위험을 분산·이전한다.

❹ 연금종류는 국민연금(소득비례, 사회보험), 기초연금(공공부조) 등이 있다.

❺ 강제가입을 통해 역선택을 방지하고자 한다. 역선택 방지를 위해 강제가입 방식을 취한다. 본인의 의사에 관계없이 강제 적용된다. 국민연금이 강제가입방식을 택하는 이유로서 역선택 방지, 규모의 경제, 위험분산 극대화 등이 있다.

❻ 보험료 징수 및 급여 등이 법에 규정되어 있다. 전 국민을 대상으로 가입대상자

33 기여금적립방식은 장기간에 걸쳐 미래의 연금지급을 대비하여 보험료를 징수한 후 기금으로 적립하고 있다가 연금을 지급하는 방식이다.

를 확대하는 경향이 있다. 그리고 급여수준의 실질적 가치를 유지하고자 한다.

❼ 국민연금은 공단에 위탁·운영하는 것이 일반적이다. 공공기관의 관리를 통해 운영한다. 국민연금은 장기보험이고, 건강보험은 단기보험이다.

2) 국민연금정책의 보험자와 적용대상

국민연금의 보험자는 국민연금공단이며 적용대상은 원칙적으로 모든 국민으로 하고 가입자는 사업장가입자와 지역가입자로 구분한다.

(1) 국민연금의 보험자 및 가입기간

국민연금정책은 보건복지부장관이 관장(운영)한다. 국민연금의 보험자는 국민연금공단이다. 민간에 위탁·운영하는 것이 아니다. 현재 우리나라에서 규정하고 있는 국민연금이 최소 가입기간은 10년이다. 여기서 보험자는 보험사고가 발생할 때 보험금 지급의무를 부담하는 자이다.

(2) 가입대상

국내에 거주하는 18세 이상 60세 미만의 국민은 국민연금의 의무가입 대상으로 하고 있다(「국민연금법」 제8조). 모든 국민을 대상으로 강제가입하고 있다(보편주의 원칙 채택). 강제가입을 통해 역선택을 방지하기 위함이다. 국민연금은 사회복지 급여의 급여대상을 결정하는 데 있어 연령이 중요한 조건으로 사용되는 사회복지제도이다. 인구학적 접근만을 기준으로 수급자를 선정하는 것은 고용보험, 국민연금, 아동수당 등이다.

다만 공무원연금, 군인연금 및 사립학교교직원연금 등 특수직역연금에 가입하고 있거나 노령연금의 수급권을 취득한 자 중 60세 미만의 특수직종 근로자나 조기노령연금의 수급권을 취득한 자는 제외한다. 그러나 모든 국민을 대상으로 가입대상자를 확대하는 경향이 있다.

> 공무원 등 특수직역종사자는 국민연금의 가입대상이 아니다. 즉 우리나라는 공무원, 군인 등 특수직역종사자를 대상으로 하는 별도의 사회보험이 독립하여 형성되어 있다.
> (예) 공무원연금, 군인연금, 사립학교교직원연금, 별정직우체국직원연금 등

❶ 국내에 거주하는 외국인도 일정한 조건을 충족시키는 경우 가입 대상에 포함된다(외국인도 가입 가능). 여기서 외국인이란 18세 이상 60세 미만의 국내에 거주하는 등록 외국인을 의미한다.

국민연금에 가입 제외 대상
① 사업장가입자, 지역가입자 및 임의계속가입자의 배우자로서 별도의 소득이 없는 경우
② 노령연금 수급권자 및 퇴직연금 등의 수급권자인 경우
③ 국민기초생활 보장법상 생계급여, 의료급여 수급자의 지역가입 경우
④ 18세 이상 27세 미만인 자로서 학생이거나 군 복무 등의 이유로 소득이 없는 자인 경우
⑤ 공무원 등의 퇴직연금등수급권자인 경우

❷ 의무가입대상 이외에도 본인이 원하는 경우 가입할 수 있는 임의가입자가 될 수 있다. 모든 국민을 대상으로 가입대상자를 확대하는 경향이 있다.

(3) 가입자의 종류

국민연금 가입자의 종류는 사업장가입자, 지역가입자, 임의가입자, 임의계속가입자 등이 있다.

사업장가입자	• 적용대상자 : 1인 이상 근로자를 상시 고용하는 사업장의 18세 이상 60세 미만의 근로자와 사업자 ① 특례적용사업장가입자 : 국민연금에 가입된 사업장에 종사하는 18세 미만의 근로자는 가입자로 본다. 다만 본인이 원하는 경우에 가입을 탈퇴할 수 있다. ② 외국인사업장가입자 : 18세 이상 60세 미만으로서 국민연금적용사업장에 종사하는 외국인 근로자 또는 외국에 거주하는 국민 등으로 국내에 체류하면서 국민연금 적용 사업장에 종사하는 자 –「국민연금법」상 사업장가입자의 대상은 ㉮ 사업자 ㉯ 법인의 대표이사 ㉰ 근로자 ㉱ 국민기초생활 수급자, 근로자, 대학시간강사 등이 될 수 있다. • 적용 제외자 : 퇴직연금 등 수급권자(연계신청자 제외), 월 60시간 미만 단시간 근로자, 소재지가 일정하지 않은 사업장의 근로자 –국민연금은 1인 이상의 근로자를 사용하는 사업장 등을 당연적용 사업장으로 하나, 예외로 사업장 가입을 허용하지 않는 경우가 있다. 사업장가입자의 당연적용 제외자는 「공무원연금법」의 적용을 받는 공무원과 「군인연금법」의 적용을 받는 군인이다. 다만 현장 실습생 및 기초생활보장 수급자와 국민연금 가입 사업장에 종사하면서 국내 거주 외국인도 가입대상자이다.
지역가입자	• 적용대상자 : 사업장가입자가 아닌 자로서 18세 이상 60세 미만인 자 ※ 외국인지역가입자 : 사회보장협정(상호주의)에 따라 18세 이상 60세 미만으로서 국내에 거주하는 외국인

(계속)

지역가입자	• 적용 제외자 : 퇴직연금 등 수급권자(연계신청자 제외), 기초생활수급자, 1년 이상 행방불명자, 납부이력이 없는 18세 이상 27세 미만 무소득자(학생, 군인 등 비경제활동 인구), 지역가입자 등의 무소득배우자
임의가입자	• 가입대상 연령범위(18세 이상 60세 미만)에는 포함되지만 사업장가입자나 지역가입자에 해당하지 않는 자로서 공단에 본인이 신청하여 가입한 사람 (예) 배우자가 직장가입자이고 본인이 전업주부인 경우 의무적으로 국민연금에 가입할 필요는 없으나 본인이 신청하면 가입할 수 있다.
임의계속가입자	• 국민연금가입자 중 가입 기간이 완전노령연금 수급에 필요한 20년을 채우지 못한 사람이 60세에 도달해 계속 가입을 희망하는 경우 본인의 신청에 의해 가입한 경우(60세 도달당시 가입자 또는 가입자였던 자), 이는 납부기간이 적어 연금을 수급할 수 없거나 너무 적은 연금밖에 받을 수 없는 경우 본인의 희망에 의해 더 많은 연금을 받을 수 있도록 하기 위해 가입을 계속할 수 있도록 하는 것이다. ① 사업장임의계속가입자 : 사업장에 종사하는 60세 이상 65세 미만인 자로 본인의 희망에 따라 65세에 이를 때까지 계속 가입할 수 있는 자 ② 지역임의계속가입자 : 60세에 달한 지역가입자로서 65세 미만까지 연장가입 신청한 자 • 적용 제외자 : 연금 보험료를 납부하지 않은 자, 노령연금 수급권자, 60세 도달 당시 가입기간 10년 미만으로 반환일시금을 받은 자

- 납부예외자 : 보험료를 납부할 수 없는 사유(실직 또는 휴직, 사업중단, 병역의 무수행, 재학, 교정시설 등 수용, 행방불명, 재해나 사고 등)가 발생할 경우에는 신청을 통해 일정 기간 납부 예외자가 될 수 있다.

보기가 설명하는 국민연금 가입의 유형은 임의계속가입자이다.
A. 제도 시행 당시 이미 나이가 들었거나 가입이 늦은 경우
B. 60세까지 가입해도 노령연금수급 최소 기간인 10년을 충족하지 못하는 경우
C. 연금혜택을 받기 위해 본인의 희망에 따라 연장하여 가입할 수 있는 경우

- 「국민연금법」상 가입자에 해당하는 사람은 만 20세의 미장원 주인, 보험료를 납부한 만 27세의 대학생이다(초등학교 교사, 만 17세이면서 대학 1학년에 재학 중인 자는 대상이 아님).
- 국민연금의 가입 대상자는 국내에 거주하는 18세 이상 60세 미만의 국민, 국내 장기여행하는 외국인, 국민연금가입 사업장에 종사하는 외국인 등이다(공무원, 군인은 대상이 아님).

3) 국민연금의 급여수준 및 보험료

(1) 국민연금의 급여 수준

❶ 기준소득월액 : 국민연금에서 연금급여를 계산할 때 형평적 가치를 반영한 요소에 해당한다.

❷ 연금급여의 자격요건 : 연령, 보험료 불입기간 등을 반영한다.

❸ 연금수급 개시연령 : 2007년 「국민연금법」의 개정으로 수급연령의 상향 조정이 확정되어 2013년부터 단계적으로 조정하여 5년마다 1세씩 늘려 2033년에는 65세로 상향 조정되어 수급된다.

❹ 완전노령연금의 수급 : 20년 가입기간이 전제된다.

❺ 연금의 급여수준(연금의 소득대체율) : 40년 가입한 경우 연금 시작 시 생애 평균 소득의 60%를 보장하기로 하였으나 2007년 「국민연금법」의 개정으로 가입자의 기존 평균소득월액의 60% 수준에서 50%로 인하하고, 2009년부터 2028년까지 매년 0.5%씩 낮추어 2028년에는 40%로 변경될 예정이다.

참고 국민연금 급여액 산정 및 소득대체율

- 연금액＝기본연금액×연금종별 지급율 및 제한율 + 부양가족연금액
- 기본연금액＝상수 1.5(A＋B)×(1＋0.05n/12)
  - A : 연금수급 전 3년간 전체 가입자의 평균소득월액의 평균액(소득균등부분으로서 소득재분배 효과)
  - B : 가입자 개인의 가입기간 중 기준소득월액의 평균액(소득비례부분으로서 개인의 능력에 따른 배분 효과)

  ※ 가입자 개인의 가입기간 동안의 기준소득월액을 매년 보건복지부장관이 고시하는 연도별 재평가율에 의하여 연금수급 전년도의 현재가치로 환산한 후 그 합계액을 가입자의 전체 가입월수로 나누어 산정

구분	1988~1998년	1999~2007년	2008~2027년	2028년 이후
상수	2.4	1.8	1.5(매년 0.015씩 감소)	1.2
소득대체율	70%	60%	50%(매년 0.5%p씩 감소)	40%

  - n : 20년 초과월수(노령연금액 산정 시에만 출산 및 군복무 크레딧을 포함한 전체 가입월수)
- 1.5는 연금의 급여수준을 결정하는 비례상수
- 0.05는 가입기간 20년 초가 매 1년에 대한 연금액을 가산하는 비례상수

  ※ 이 계산식에서 전체 가입자의 평균소득(A값)을 반영하기 때문에 소득계층 간 소득재분배(수직적 재분배)가 발생함

- 우리나라 국민연금의 설명
  - 보험료의 상한선이 있다.
  - 급여에는 유족연금이 있다.
  - 보험료를 많이 낼수록 급여가 많아진다.
  - 소득이 낮으면 소득대체율은 높다.

(2) 국민연금의 보험료(재정 : 재원)

국민연금공단은 국민연금사업에 소요되는 비용을 충당하기 위하여 가입자 및 사업자로부터 가입기간 동안 매월 연금보험료를 부과하고, 건강보험공단에서 그 보험료를 징수한다.

사업장가입자의 연금보험료(13%) 중 기여금은 사업장가입자 본인이, 부담금은 사업자가 부담하되, 그 금액은 각각 기준소득월액의 1천분의 65에 해당하는 액으로 한다.

지역가입자·임의가입자 및 임의계속가입자의 연금보험료는 지역가입자·임의가입자 또는 임의계속가입자 본인이 부담하되, 그 금액은 기준소득월액의 1천분의 130으로 한다.

국민연금은 지역가입자와 사업장가입자의 보험료율이 같다. 단계별로 인상하여 현재는 소득(표준소득월액)의 13%를 납부하고 있다[(수정적립방식 적용 : 우리나라 국민연금 재정방식=수정적립방식(투자위험 존재)].

- 국민연금은 소득 상한선을 두고 있다. 국민연금의 재정운영에 대한 부과방식은 인구학적 변동에 취약하다.
- 국가의 재정적 중립성 : 국가의 재정 지원은 원칙적으로 없고 관리운영비를 부담한다. 다만 저소득자에게는 보험료를 지원하기도 한다.
- 국민연금 사업에 소요되는 비용인 연금보험료는 근로자(가입자) 및 사업자가 부담한다.

참고 부담금은 사업장가입자의 사업자가 부담하는 금액을 말하며, 기여금은 사업장가입자(근로자)가 부담하는 금액을 말한다.

- 국민연금사업에 필요한 재원 마련을 위한 국민연금기금의 조성은[㉮ 연금보험료, ㉯ 적립금, ㉰ 기금운용수입금] 등으로 이루어진다(국고보조금이 아님).

(3) 연금의 전달체계

❶ 중앙집중화된 단일한 연금체계

특수 직역에 종사하는 사람(공무원, 군인, 사립학교교직원, 우체국 별정직원 연금 등)을 제외한 모든 국민을 단일한 연금체계에 편입하여 관리한다.

❷ 정책 결정부서

보건복지부 사회복지정책실 연금보험국 내 연금정책과 및 연금재정과에서 담당한다.

❸ 관리운영기관

국민연금공단으로 보건복지부장관의 위탁을 받아 국민연금사업(가입자 및 수급자의 기록 관리와 유지, 연금 보험료 부과, 급여의 결정 및 지급 등)을 집행하는 기관이다(운영=위탁관리형태의 공법인).

- 「국민연금법」상 국민연금사업을 관장하는 자는 보건복지부장관이다. 보험자는 국민연금관리공단이 된다.

4) 국민연금 급여의 종류

국민연금 급여의 종류는 노령연금(완전·감액·재직자·조기노령연금 및 분할연금), 장애연금, 유족연금, 반환일시금(사망일시금) 등이 있다(퇴직연금은 해당하지 않는다).

연금급여의 종류		수급 조건	연금급여액
노령연금	완전노령연금	• 20년 이상 가입한 자로서 60~65세 이후부터 평생 매월 지급 ☆ 20년은 국민연금의 급여 중 완전노령연금의 최소 가입기간 • 65세 미만이 연 소득이 없는 경우에 한함	• 기본연금액(100%)+부양가족연금액 • 20년을 초과하는 1년마다 5% 증액
	감액노령연금	• 10년 이상 20년 미만 가입자로서 60세에 달한 때 • 65세 미만이면 소득이 없는 경우에 한함 ☆ 급여의 유형 사례 2025년 현재 61세로서 소득이 없고, 11년 동안 연금에 가입해 왔다.	• 기본연금액(50%)+부양가족연금액 • 10년을 초과하는 1년마다 5% 증액

(계속)

연금급여의 종류		수급 조건	연금급여액
노령연금	재직자 노령 연금	• 완전노령연금 또는 감액노령연금 수급권자가 65세 이전에 노령연금 소득이 있는 업무에 종사하는 경우 • 소득이 있는 업무에 종사하지 않으면 완전노령연금 또는 감액노령연금으로 전환 • 60세 이상 65세 미만의 기간 동안 지급	• 노령연금액×연령에 따른 지급률 • 60세(50%), 61세(60%), 62세(70%), 63세(80%), 64세(90%)
	조기 노령 연금	• 10년 이상 가입한 자로서 55세 이상인 자가 소득이 있는 업무에 종사하지 아니하는 경우 본인이 청구한 경우 • 60세에 달하지 않더라도 본인의 희망에 의해 그가 생존하는 기간 동안 지급 ☆ 현재 우리나라에서 규정하고 있는 국민연금의 최소 가입기간은 10년이다.	• (노령연금액×연령에 따른 지급율)+부양가족연금액(연 6% 가산) • 55세(70%), 56세(76%), 57세(82%), 58세(88%), 59세(94%)
	분할 연금	• 가입기간 중 혼인기간이 5년 이상 되는 자가 이혼하게 되면 가입자인 배우자의 혼인기간에 해당하는 연금액을 균등하게 배분하여 배우자에게 급여를 지급하는 연금 • 이혼한 배우자가 60세가 된 이후에 노령연금수급권자의 가입 기간 중 혼인기간 동안 정신적·물질적 기여 부문에 대하여 일정액을 보상해 주는 데 그 의의가 있음 ☆ 「국민연금법」에서 노령연금에 대해 특히 여성인 배우자를 위해 연금권을 보장하는 것은 분할연금이다.	• 가입자인 배우자의 혼인기간에 해당하는 연금액을 평생 동안 균등 배분이 원칙이나 연금의 분할에 관하여 별도로 결정된 경우에는 그에 따른다.
장애연금		• 가입자의 직업과 관계없이 가입 중에 발생한 질병 또는 부상으로 인해 장애정도(1~4급)에 따라 급여를 지급하는 연금 • 장애로 인한 소득 감소부분을 보전함으로써 자신과 가족의 생활을 보장하기 위한 급여이다.	• 장애 1급 : 기본연금액(100%)+부양가족연금액 • 장애 2급 : 기본연금액(80%)+부양가족연금액 • 장애 3급 : 기본연금액(60%)+부양가족연금액 • 장애 4급 : 기본연금액의 225%(일시금)
유족연금		• 국민연금 가입자 또는 연금을 지급받던 사람이 사망할 경우 그에 의해 생계를 유지하던 유족에게 지급되는 연금 ⇨ 유족연금은 가족 개개인에게 주는 것은 아니다.	• 10년 미만 : 기본연금액(40%)+부양가족연금액 • 10년 이상~20년 미만 : 기본연금액(50%)+부양가족연금액

(계속)

연금급여의 종류	수급 조건	연금급여액
유족연금	–국민연금의 유족연금은 배우자의 수급권자가 재혼하면 소멸한다. 「국민연금법」에 따르면 유족연금의 수급권 소멸은 재혼 시, 수급권자 사망 시, 자녀나 손자녀인 수급권자가 다른 사람에게 입양 또는 파양된 때, 장애로 수급권 취득자가 장애 2급 이상 해당하지 아니하게 된 때이다. ☆ 유족연금은 누가 사망한 때 그 유족에게 지급대상자는 노령연금수급권자, 가입기간이 10년 이상 가입자이었던 자, 가입자, 장애등급 2급 이상에 해당하는 장애연금수급권자 등이다.	• 20년 이상 : 기본연금액(60%) +부양가족연금액 국민연금의 유족연금은 가입기간이 5년 이상인 경우에도 지급된다. 10년 미만도 가능하다.
반환일시금 (사망일시금)	• 연금을 받을 연령(60~65세)이 되었을 때 연금급여를 받을 수 있는 다음 자격을 충족하지 못한 경우 납부한 연금보험료에 이자를 더해 일시에 지급하는 급여(가입자 또는 유족의 청구에 의해 반환일시금 지급) • 가입기간이 10년 미만인 자가 60세가 된 경우 • 가입자 또는 가입자이었던 자가 사망하였으나 유족연금에 해당하지 않는 경우 • 국적을 상실하거나 국외로 이주한 경우	• 반환일시금 : 본인이 납부한 연금보험료에 이자를 더하여 지급 • 사망일시금 : 반환일시금에 상당하는 금액으로 최종 기준 소득월액 또는 가입기간 중 평균소득월액 중 많은 금액의 4배 이내 지급

- 61세 여성으로 국민연금에 가입되어 있지 않다. 최근 65세 남편과 이혼하였고, 남편은 국민연금으로부터 노령연금을 지급받고 있다고 하는 사례는 국민연금 급여의 유형 중 분할연금에 해당한다.
- 노령연금 중 10년 이상 20년 미만 가입자로서 60세에 달한 때 지급되며, 선원 및 광부 등은 55세에 달한 때 지급되는 연금은 감액노령연금이다.

5) 연금급여액

- 연금급여액은 기본연금액과 부양가족연금액(가족수당 성격의 부가급여)을 합산한 금액으로 한다(소득재분 기능과 소득비례 기능).
- 연금급여액의 수준은 전체가입자 평균소득에 해당하는 사람이 40년간 납부한 경우 가입기간이 속한 연도에 따라 소득의 40~70%(소득대체율)를 받게 된다.

- 연금급여액의 조정은 물가상승률에 따라 반영한 연금급여액의 조정을 통해 실질가치를 유지하고 있다. 급여수준의 실질적 가치를 유지하고자 한다.

[종합] 우리나라 국민연금제도에 대한 설명
① 국민연금 가입기간은 최소 10년 이상이어야 한다.
② 세대 간 재분배효과가 일부 포함되어 있다.
③ 보편주의 원칙을 따른다.
④ 근로자가 아닌 경우도 급여를 받을 수 있다.

6) 국민연금기금

보건복지부장관은 국민연금사업에 필요한 재원을 원활하게 확보하고, 급여를 충당하기 위한 책임준비금으로서 국민연금기금(이하 "기금"이라 한다)을 설치한다.

기금은 연금보험료, 기금운용수익금, 적립금 및 공단의 수입지출결산상 잉여금으로 이를 조성한다.

기금의 관리·운용은 보건복지부장관이 관리·운용하며, 기금의 운용에 관한 사항을 심의·의결하기 위하여 보건복지부에 국민연금기금운용위원회를 둔다.

7) 연금정책의 문제점 및 과제

- 소득재분배 문제
- 납부예외자 및 연금 사각지대 문제
- 지역가입자 소득파악 문제
- 연금재정 불안정의 문제

3 국민건강보험 정책의 이해

의료보장은 기본적으로 의료비의 경제적 부담으로부터 국민들의 부담을 덜어주려는 사회복지체계의 일부이며, 이 문제의 해결이 개인적인 차원으로 남아 있을 때 대다수의 국민들에게는 큰 부담이 된다. 특히 저소득층일수록 질병으로 인한 부담이 더욱 크기 때문에 의료보장은 질병으로 인해 발생하는 경제적 부담의 해결을 사회공동체가 공동으로 책임지는 제도이다.

우리나라에서는 이러한 의료보장이 '건강보험제도'라는 명칭으로 시행되고 있으며, 과거 의료보험(Medical Insurance)에서 2000년 7월 이후부터 건강보험(Health Insurance)으로 사용되고 있다.

다음에서는 국민건강보험정책의 주요 내용(특성, 적용대상, 본인부담금 상한제도, 진료비지불방식, 요양급여 등)과 노인요양보험정책의 주요 내용(급여대상, 장기요양인정, 급여 종류, 재원조달방식 등)에 대해 살펴본다.

1 국민건강보험정책의 개요

1) 국민건강보험의 개념과 목적

건강보험은 사회보험기술을 기초로 하여 질병, 부상, 출산, 사망 등의 사고에 의한 의료를 제공하고 질병의 비용과 건강보호를 집단적으로 부담하는 일을 사회에 위탁함으로써 모든 사람에게 의료혜택을 주어 건강하고 문화적인 생활을 영위 하도록 하는 것을 말한다(국민보건의 향상과 사회보장증진).

건강보험은 사회보험의 기술을 기초로 하여 모든 사람이 건강보험에 강제로 가입하도록 하여 피보험자에게 질병, 부상 등의 사고가 발생한 경우에 요양 또는 요양비를 제공하는 방법이다. 국가가 개입하여 국민건강과 생활의 안정을 도모하고 국민의 의료비용을 사회연대성 원리에 따라 공동체적으로 해결한다.

2) 국민건강보험의 특성

국민건강보험의 특성은 소득보장, 제3자 지불방식, 심사기구 설치, 법률에 의한 강제 가입, 형평성에 따른 부과, 단기보험, 사회연대성, 소득재분배성이다.

(1) 소득재분배

국민건강보험은 각 개인의 경제적 능력에 따른 일정한 부담으로 재원을 마련하고 개별부담과 관계없이 필요에 따라 균등한 급여를 받음으로써 질병이 발생한 때 가계에 지워지는 경제적 부담을 경감시켜 주는 소득재분배 기능을 수행한다.

- 우발적 사고(질병, 재해)를 당하지 않은 집단으로부터 우발적 사고를 당한 집단으로 소득이전은 우발적 재분배(국민건강보험)가 해당된다.

(2) 국민건강보험 방식(NHI 제3자 지불방식) : 한국, 대만

보험자는 국민건강보험공단이 하며 보험료를 징수하는 기구(공단)와 급여(의료서비스)를 제공하는 의료기관(병·의원)이 다르고, 급여 제공자는 징수기구로부터 급여에 상응하는 비용(진료비)을 받는다.

(3) 심사기구 설치

의료기관이 청구하는 진료비의 적정성을 통제하기 위해 진료비 심사기구를 둔다. 우리나라에는 건강보험심사평가원이 있다.

(4) 법률에 의한 강제 가입

보험가입을 하지 않을 경우 국민 상호 간 위험부담을 통하여 의료비를 공동으로 해결하고자 하는 건강보험제도의 목적을 실현하기 어렵기 때문에 법률에 의해 강제적으로 적용된다. 질병위험이 큰 사람만 보험에 가입할 경우 보험재원의 문제로 원활한 건강보험의 운영이 불가능하게 된다.

(5) 부담능력에 따른 보험료의 차등부담(형평성에 따른 부과)

민간보험은 급여의 내용, 위험의 정도, 계약의 내용 등에 따라 보험료를 부담하지만, 건강보험에서는 사회적인 연대를 기초로 의료비 문제를 해결하려는 것이 목적이므로 소득수준 등 보험료 부담능력에 따라 차등적으로 부담한다.

- 공평의 가치가 적용되는 것에는
  - 국민연금　　－건강보험　　－고용보험
  - 노인장기요양보험　　－산재보험 등의 사회보험이 해당한다.

(6) 단기보험

장기적으로 보험료를 수탁하는 연금보험과는 달리 건강보험은 1년 단위의 회계연도를 기준으로 수입과 지출을 예정하여 보험료를 계산하고, 지급조건과 지급액도 보험료 납입기간과는 상관이 없고 지급기간이 단기간이다.

(7) 사회연대성(건강보험의 관리운영방식 : 통합방식)

건강보험은 모든 국민을 당연적용 대상자로 하는 사회보험으로서 국가 또는 개인의 책임이 아닌 사회공동의 연대책임을 활용하여 소득재분배 기능과 위험분산의 효과를 거두고 이를 통한 전국적 차원의 사회적 연대를 강조한다.

3) 국민건강보험 제도의 유형

국민건강보험제도의 유형은 일반적으로 OECD에서 국민건강보험(NHI), 국민보건서비스(NHS), 사회보험방식(SHI), 민간보험방식(CSM)의 네 가지 유형으로 분류하고 있다.

국민건강보험 유형	내 용
국민건강보험 (NHI : National Health Insurance)	• 사회보험 방식의 의료정책으로 사회적으로 동질성을 갖는 국민의 보험 집단(공단 : 보험자)을 형성하여 보험료를 각출하여 재원을 마련한다. • 피보험자에게 직접 또는 계약을 체결한 의료기관을 통해 보험급여를 실시함으로써 질병으로부터 국민건강을 보장한다. • 한국과 대만, 일본
국민보건서비스 (NHS : National Health Service)	• 일반조세(국세나 지방세)로 재원을 마련하여 모든 국민에게 무상으로 의료서비스를 제공하는 방식이다(국가의 의료책임). 국가의 직접적인 의료관장 방식으로 일명 조세방식 또는 비버리지 방식이다. • 국유화된 의료기관을 통하여 국가책임하에 모든 국민에게 동등한 의료혜택을 제공한다(의료의 국유화 전제–소득재분배 효과 큼). • 비버리지 보고서 영향=국가보건서비스방식의 의료서비스를 보편적 서비스 방식으로 도입한 것이다. • 영국, 스웨덴, 이탈리아, 캐나다, 뉴질랜드, 덴마크, 포르투갈 등에서 채택하고 있다.
사회보험방식 (SHI : Social Health Insurance)	• 국가기관이 아닌 보험자가 보험료로 재원을 마련하여 의료서비스를 제공하는 방식이다. 비스마르크방식이라고도 한다(의료의 사유화 전제). • 국가의 의료보장에 대한 책임을 기본으로 하면서 의료비에 대한 국민의 책임의식을 일정한 부분을 인정하는 제도이다. 사회보험방식은 의료비에 대한 국민의 자기책임의식을 견지하되 이를 사회화하여 정부기관이 아닌 보험자가 보험료로써 재원을 마련하여 의료를 보장하는 방식이다.

(계속)

국민건강보험 유형	내 용
사회보험방식 (SHI : Social Health Insurance)	• 1차적으로 국민의 보험료에 의해 재원을 조달하고 국가는 2차적 지원과 후견적 지도기능을 수행함에 따라 국민의 1차적 부담의무가 전제된 비용 의식적 제도이다. 국민의 정부 의존심을 최소화하고, 관리체계는 민간 자율기구(조합 또는 금고) 중심의 자치적 운영을 근간으로 하며, 의료의 사유화를 전제로 의료공급자가 국민과 보험자 간에서 보험급여를 대행하는 방식이다. • 독일, 프랑스 등에서 채택하고 있다.
민간보험방식 (CSM : Consumer Sovereignty Model)	• 미국이 대표적인 경우 • 미국은 전체 의료보장 가운데 약 80%가 민간의료보험에 의존하고 나머지 20%는 Medicare나 Medicaid와 같은 공적 의료보장제도에 의존하고 있다.

- 영국은 국민의 보건서비스를 철저한 의료 사회화 방식으로 운영하는 국가로서 자본주의 국가 중에서 가장 관대하고 보편주의적인 의료서비스를 실시하고 있다(독일은 해당하지 않음).

4) 진료비의 지불방법

진료비 본인부담제를 두는 이유와 진료비 지불방법의 유형에 대해 설명할 수 있다.

(1) 진료비 본인부담제를 두는 이유

국민건강보험은 다른 사회보험과 달리 서비스 비용의 일부를 가입자가 부담토록 하고 있다. 다시 말해서, 진료비의 일부를 환자가 부담하게 만든다는 것이다. 이를 진료비 본인부담제(cost-sharing)라 하는데, 환자가 부담하는 진료비 본인부담액은 선진국일수록 적고 후진국일수록 많다.

진료비 본인부담제인 수익자 부담을 두는 이유는 ① 본인부담금은 의료서비스 수요자의 도덕적 해이를 감소시킬 수 있다. 서비스의 남용을 억제하고 도덕적 해이를 방지할 수 있다. ② 수익자와 비수익자 간의 공평성을 도모하여, ③ 수익의 정도와 수익자의 부담능력에 따라 부담을 달리함으로써 수익자의 책임을 촉구하고, ④ 수익자 부담분을 사회보장 재원으로 건강보험의 재정에 충당할 수 있다는 데 있다.

국민건강보험에서 진료비 본인부담금을 두는 이유는 우선 신자유주의적 관념의 확산과 깊은 관계가 있다.

(2) 진료비 본인부담제의 유형

진료비 본인부담제의 유형은 정률제(coinsurance), 정액제(a flat sum system), 공제제(deductible)가 있다.

유 형	내 용
정률제	• 의료이용자가 의료서비스 비용의 일정 비율을 부담하는 방식 • 진료비 부담으로 인해 꼭 필요한 의료서비스까지 억제시키거나 본인부담률이 지나치게 높을 경우 본인 부담금에 대한 추가적인 보험수요가 생길 수 있음
정액제	• 서비스 비용에 관계없이 일정액을 부담시키는 방법 • 불필요한 값싼 의료서비스의 이용을 억제함
공제제	• 일정액까지는 본인에게 전액 부담시키고 그 이상의 금액에 대해서만 사회보장에서 보장함[176] • 소액진료비를 전부 자부담시킴으로써 심사 및 지불을 위한 막대한 행정비용을 절감하고 의료보험의 남용을 막음

(3) 진료비 지불방식의 종류

진료비 지불방식(제도)의 종류는 행위별수가제(fee-for-services), 총액계약제(global budgeting), 포괄수가제(DRG : diagnosis related groups 지불제), 인두제 등이 있다. 진료비 지불방식은 의료기관의 진료형태를 바꿀 수 있는 중요한 기초가 된다.

우리나라 진료비 지불방식은 행위별수가제와 포괄수가제를 사용하고 있다. 즉, 진료비 지불방식은 행위별수가제를 기본으로 하고 있다. 행위별수가제를 기본으로 하면서 포괄수가제의 적용도 확대하고 있다[행위별수가제(기본제도)와 질병군별 포괄수가제(24개 질병)]. 포괄수가제는 행위별 수가제에 비해 과잉진료를 방지하는 진료비절감효과가 크다고 볼 수 있다.

- 총액계약제의 진료비 상승 억제 효과는 행위별수가제보다 높고 포괄수가제보다 낮다.

지불방식 유형	내 용
행위별수가제	의료기관이 환자에게 제공한 모든 의료서비스를 항목별로 계산한 다음 그 총액으로 진료비를 책정하는 방식이다. 의료기관의 과잉진료 및 과잉투약, 진료비 부당청구의 가능성이 있다(점수제 또는 성과불제). • 의료기관이 환자에게 제공한 모든 의료행위(서비스)를 항목별로 계산하여 그 총액으로 진료비를 책정하는 방식이다. • 의료 인력이 환자에게 제공한 서비스를 일일이 화폐로 환산, 집계하여 수가를 계산하기 때문에 의료기관의 입장에서는 가장 합리적이다. 의료서비스 질을 제고할 수 있다. • 행위별수가제하에서 의료서비스 공급자는 소비자의 의료서비스 이용을 유인할 가능성이 높다. 과잉 진료 유도, 진료비 부당청구의 가능성 상존, 의료기관의 과잉 투자를 야기한다. • 우리나라, 일본이 채택하고 있다.
총액계약제	보험자와 의료기관이 일정 기준에 따라 진료비 총액을 계약(협상)하여 이를 의료기관에 일괄 지급하는 방식이다. 의료서비스의 질이 낮아질(과소진료) 가능성과 크림 떠내기 현상의 가능성이 있다. 의료비절감효과가 크다. • 대부분의 병원이 공공병원이거나 민간병원이라도 거의 비영리인 유럽에서 채택되었다. • 진료비 총액은 인건비, 약품비, 재료비, 음식, 청소 등 유지비 등을 포함하여 계산하여 전년도 진료실적과 인건비 상승분 등을 감안하여 결정한다. • 부당진료나 과잉진료 가능성은 없으나 서비스의 질을 낮추고 과소진료 가능하다. • 크림 스키밍 현상(cream skimming : 알짜선택, 위험이 적은 환자만 선택하고 그렇지 않은 경우 다른 기관으로 떠넘기는 현상)이 발생할 수 있다. • 이 제도는 의료전달체계의 확립이 필요하고 주치의제도가 필수적이며 건강보험의 급여범위가 포괄적이어야 한다.
포괄수가제	환자가 병·의원에 입원해서 퇴원할 때까지 진료를 받은 진찰·검사·수술·주사·투약 등 진료의 종류나 양과 관계없이 미리 정해진 일정액의 진료비를 부담하는 제도를 말한다. 사례별로 질병이나 수술행위에 대해 정액의 진료비를 지급하는 방식이다. 의료서비스의 질 저하 가능성이 있다(DRG 지불제). • 행위별수가제하의 지불단위를 포괄하는 것이다. • 환자 사례당 정액의 진료비를 지급하는 방식과 수백 개의 질병군에 따라 정액의 수가를 지급하는 방식이 있다. 예컨대 제왕절개술, 충수절개술, 항문과 항문 주위수술 등 수술행위별로 진료비를 정액화하는 것이다. • 우리나라에서는 발생 빈도가 높은 질병군에 대해 환자의 입원일수와 중증도에 따라 미리 정해진 표준화된 진료비를 의료기관에 지급한다. • 과잉진료 감소, 환자 본인 부담금 감소, 보험자 재정지출을 증대한다. 항생제 사용과 같은 불필요한 진료행위와 환자의 진료비 부담이 줄어들고, 진료비 계산을 둘러싸고 병·의원과 이견이 없다. 포괄수가제는 행위별수가제에 비해 의료서비스 공급자로 하여금 고가의 약, 검사, 의료장비이용을 억제하게 할 가능성이 높다.

(계속)

지불방식 유형	내 용
포괄수가제	• 문제점은 의료서비스(진료)의 질 저하(다른 의료기관과의 경쟁 및 심사기구의 모니터링으로 진료의 질 저하는 완화됨), 건강보험재정 부담 등이 단점으로 지적된다. • 미국 정부가 진료비 억제를 위해 1983년부터 Medicare에 도입한 것인데, 우리나라도 이의 필요성을 인정하여 우리나라는 보건복지부에서 2012년 7월부터 실시하고 있다.
인두제	의사가 담당하는 환자 수에 비례하여 일정금액을 지급하는 방식이다.

- 포괄수가제는 행위별수가제가 개별 진료행위 수가를 모두 합해 총진료비를 산출하는데, 반면에 진료비 총액이 미리 책정되어 있는 점이 기존의 행위별수가제와 다르다. 포괄수가제는 일정 질병군을 선정해 어느 의료기관에서 의료서비스를 받던 간에 동일한 금액의 진료비를 내게 하는 의료보장제도이다.

참고 상대가치점수체계는 수가 항목 간 상대가치 불균형을 감소하기 위한 제도이다.

2 국민건강보험 정책

우리나라 국민건강보험정책의 역사, 특성, 건강보험의 보험자와 가입 및 적용대상, 건강보험의 재정은 어떻게 조성되는지에 대해서 설명할 수 있다. 또한 건강보험 급여의 종류에는 어떠한 것이 있는지에 대해 살펴본다.

1) 우리나라 국민건강보험 정책의 역사

우리나라 건강보험의 역사는 1963년 12월 16일 「의료보험법」이 제정되면서 시작되었고 1989년 모든 국민 의료보험 시대를 맞이하였으며 2003년 지역·직장 재정을 통합 운영하면서 완전한 통합방식을 이루었다.

정리 건강보험의 관리운영방법－통합주의 방식과 조합주의 방식

통합주의 방식	통합주의는 전국적 사회연대성(통합성)을 강조한다. 보험자가 하나로 단일화되어 있는 경우(우리나라 채택) – 행정비용절감, 불평등 제거, 위험분산, 분배기능 확대, 재정효율증가 등의 장점이 있다.
조합주의 방식	조합주의는 소규모 동질집단 내 위험분산을 강조한다. 지역, 직업, 직장별 여러 개의 건강보험조합으로 자유롭게 분립되어 있는 경우 – 동질적인 사람의 조합에 기반하여 소규모 집단 내 위험분산을 강조한다.

※ 건강보험 운영에 있어 통합주의 방식의 장점은 행정비용의 절감, 지역 간 불평등 제거, 위험분산과 분배기능 확대, 재정효율 증가 등이 있다.
※ 조합주의 이론은 이익집단의 경쟁 속에서 정책결정이 되는 것이 아니다 → 조합주의는 다양한 이익집단이 아니라 주요 집단(노, 사, 정)의 합의에 따라 정책결정을 강조한다.

우리나라 건강보험의 관리운영은 공법상의 기구인 국민건강보험공단이 맡고 있으며, 통합방식을 채택하고 있다. 1977년 건강보험을 시작할 때는 조합방식을 채택하였으나 1999년 1월 6일 통합방식으로 전환하였다(2003년 7월부터 재정도 통합). 직장가입자와 지역가입자의 재정통합은 2003년 7월 1일부터 실시되었다.

2) 국민건강보험의 특징

국민건강보험의 특징은 다음과 같이 설명할 수 있다.

- 본인의 의사에 관계없이 강제 적용된다. 법률에 의한 강제가입방식이다.
- 정부 기준 회계연도와 같고, 지급기간은 단기이다.
- 불확실한 사회적 위험에 대처한다. 질병, 부상, 출산, 사망에 대해서 의료서비스 및 의료비를 지원하는 급여를 실시한다.
- 국민건강보험의 소관부처는 보건복지부이다.
- 건강보험료는 소득재분배 기능(수직적 재분배, 수평적 재분배, 단기적 재분배, 세대 내 재분배)이 포함되어 있다.
- 일시적 과다지출로 인한 경제적 부담을 덜어준다.
- 공단 종사자는 알게 된 클라이언트의 비밀을 누설하면 안 된다.

3) 국민건강보험의 보험자와 가입 및 적용 대상

국민건강보험의 보험자는 국민건강보험공단이며, 적용대상은 원칙적으로 국내에 거주하는 모든 국민과 외국인으로 하고, 가입자는 직장가입자와 지역가입자로 구분한다.

(1) 건강보험의 보험자

건강보험사업은 보건복지부장관이 관장(운영)한다. 건강보험의 보험자는 국민건강보험공단으로 한다. 보험자는 국민건강보험공단이다.

- 보험자 : 보험사고가 발생할 때 보험금 지급의무를 부담하는 자

(2) 가입자 및 적용대상

건강보험의 가입자 및 적용대상에 관한 설명으로 다음과 같다.

❶ 국민건강보험의 가입자는 국내에 거주하는 국민이 대상이다. 적용대상은 국내에 거주하는 국민으로서 건강보험의 가입자 또는 피부양자가 된다. 따라서 공무원 등 특수직역종사자도 가입대상이다. 즉, 공무원 및 학교교직원 등도 직장가입자가 된다. 다만 직장가입자 적용사업장에 근무하는 외국인이나 재외국민도 직장가입자가 된다. 그밖에 외국인 및 재외국민은 체류자격이 있으면 지역가입자와 피부양자가 될 수 있다. 아울러 국가는 외국이 사업장의 근로자의 건강보험에 관하여 외국과의 합의(사회보장협정)에 의하여 이를 달리 정할 수 있다. 즉, 적용대상은 원칙적으로 국내에 거주하는 모든 국민을 대상으로 한다. 국외에 거주하는 국민은 적용대상자가 아니다.

❷ 「의료급여법」에 따라 의료급여를 받는 수급권자, 「독립유공자예우에 관한 법률」 및 「국가유공자 등 예우 및 지원에 관한 법률」에 따라 의료보호를 받는 사람은 적용대상에서 제외된다. 적용제외자는 국민기초생활보장 수급자 및 유공자 등의 의료급여 수급권자 등이 해당된다. 즉, 의료급여 대상자는 제외된다.

❸ 가입자의 종류로는 직장가입자와 지역가입자(가입자 중 직장가입자와 그 피부양자를 제외한 자에 해당함)이다. 가입자는 직장가입자 및 지역가입자로 구분한다.

직장가입자와 지역가입자 구분

① 직장가입자는 사업장의 근로자 및 사업자, 공무원 및 교직원, 그리고 그 피부양자로 구성된다. 모든 사업장의 근로자 및 사업자와 공무원 및 교직원은 직장가입자가 된다. 모든 사업장의 근로자, 사업자는 직장가입자에 해당한다.

② 지역가입자는 직장가입자와 그 피부양자를 제외한 자를 대상으로 한다. 지역가입자는 가입자 중 직장가입자와 그 피부양자를 제외한 자를 말한다.

❹ 가입자와 가입자의 피부양자가 있다. 직장가입자의 피부양자는 직장가입자의 배우자, 직장가입자의 직계존속(배우자의 직계존속 포함), 직장가입자의 직계비속(배우자의 직계비속 포함) 및 그 배우자, 직장가입자의 형제·자매(65세 이상, 30세 미만, 장애인, 국가유공자 등 해당) 중 직장가입자에 의하여 주로 생계를 유지하는 자로서 보수 또는 소득이 없는 자를 말한다. 즉, 피부양자는 직장가입자에 의해 생계를 유지하는 자로서 소득이 없는 자이다. 피부양자는 소득수준과 유관하게 직장가입자에 의해 생계를 유지하는 자이다.

4) 국민건강보험 급여의 종류

국민건강보험 급여의 종류는 ① 요양급여, ② 요양비, ③ 장애인보장기기급여비, ④ 건강검진, ⑤ 임신·출산진료비 지원비(바우처 실시), ⑥ 장제비(미실시), ⑦ 상병수당(2022년 7월 시범운영 실시) 등이 있다.

국민건강보험 급여는 현물급여(요양급여, 건강검진)와 현금급여(요양비, 장애인보장기기급여비)가 있다. 특히 우리나라 건강보험은 대부분 현물급여 중심으로 이루어지고 있다. 현금급여로는 장애인보장기기급여비, 요양비가 있다. 현금급여로는 요양비, 상병수당 및 임신출산진료비, 장애인보장기기급여비, 장제비가 있으며, 현물급여로는 요양급여, 건강검진이 있다.

참고

「사회보험법」상 현금급여(노령연금, 구직급여, 휴업급여, 요양비, 장애인보장기기급여비), 현물급여(요양급여, 건강검진 등)가 있다. 현금급여란 질병이나 출산으로 인해 일을 중단함으로써 급여를 받지 못하는 경우 이를 보전해 주는 것을 말한다. 현물급여란 외래진료, 입원지료, 약제, 전문의 진료, 출산, 치과진료, 환자후송, 가정보호 등의 의료행위에 대한 비용을 제삼자인 보험자가 지불하는 것을 말한다. 국민연금이 현금급여 중심인 데 비해 건강보험은 현물급여 중심이다. 현물급여는 사회통제와 집합적 선을 중시하지만, 현금급여는 개인 자유와 소비자 선택을 강조한다.

또한 국민건강보험 급여는 법정급여(요양급여, 건강검진, 요양비, 장애인보장기기급여비)와 부가급여[임의급여 : 임신출산진료비 지원비 ↔ 장제비(미실시)와 상병수당은 시범운영 실시]가 있다. 공단은 요양급여 외에 대통령령으로 정하는 바에 따라 임신·출산 진료비, 장제비, 상병수당, 그 밖의 급여를 실시할 수 있다.

- 국민건강보험의 보험급여 가운데 법정급여에 해당하는 것에는 요양급여, 건강검진, 요양비, 장애인보장기기급여비 등이 있다.

> ① 부가급여(임의급여 : 장제비와 상병수당, 임신출산진료비 지원비) – 장제비와 상병수당은 미실시, 임신출산진료비 지원비(국민행복카드) 실시
> • 하나의 태아를 임신한 경우 : 100만 원
> • 둘 이상의 태아를 임신한 경우 : 140만 원
> ② 국민행복카드 : 임산부의 임신과 출산 비용을 지원해 주는 고운맘카드와 청소년 임산부의 임신·출산 비용을 지원하는 맘편한카드가 2015년 5월 1일부터 국민행복카드로 통합되었다.

(1) 요양급여(현물급여)

건강보험의 요양급여란 가입자 및 피부양자의 질병·부상·출산 등에 대하여 ① 진찰·검사, ② 약제·치료 재료의 지급, ③ 처치·수술 그 밖의 치료, ④ 예방·재활, ⑤ 입원, ⑥ 간호, ⑦ 이송 등에 대한 의료서비스를 실시하는 것을 말한다(입원은 해당되지 않음). 요양급여 비용은 요양급여를 받는 자에게 그 비용의 일부를 본인이 부담한다(본인 일부부담금 : 30~60%).

- 건강보험의 요양급여는 노인장기요양보험의 요양급여와 급여 내용이 다르다.
- 본인부담액 상한제도 : 고액·중증질환자의 과다한 진료비 지출로 인한 가계의 경제적 부담을 덜고 건강보험의 보장성을 강화하기 위하여 1년간 건강보험 본인 부담금이 일정 수준을 넘었을 경우 그 넘은 금액을 공단이 부담하는 제도를 말한다.

상한액기준 보험료 구간	1구간	2구간	3구간	4구간	5구간	6구간	7구간
120일 초과 입원	138만원	174만원	235만원	388만원	557만원	669만원	1,050만원
그 밖의 경우	87만원	108만원	167만원	313만원	428만원	514만원	808만원

- 본인이 부담한 비용의 총액이 1년간 건강보험 본인 부담금이 일정 수준을 넘었을 경우에는 그 초과한 금액을 공단이 부담한다.

요양기관 [요양급여(간호와 이송 제외)는 다음의 요양기관에서 행함]
① 의료법에 의하여 개설된 의료기관
② 약사법에 의하여 등록된 약국
③ 약사법에 의해 설립된 한국희귀·필수의약품센터
④ 지역 보건법에 의한 보건소·보건의료원 및 보건지소
⑤ 농어촌 등 보건의료를 위한 특별조치법에 의하여 설치된 보건진료소

(2) 요양비(현금급여)

국민건강공단은 가입자 및 피부양자가 긴급하고 그 밖의 부득이한 사유로 인하여 요양기관과 유사한 기능을 수행하는 기관으로서 보건복지부령이 정하는 기관에서 질병·부상·출산 등에 대하여 요양을 받거나 요양기관 이외의 장소에서 출산을 한 때는 그 요양급여에 상당하는 금액을 그 가입자 또는 피부양자에게 요양비로 지급한다.

- 요양기관과 유사한 기관에서 요양을 받았을 경우 요양비 지급을 받을 수 있다.

(3) 장애인보장기기 급여비(현금급여)

공단은 「장애인복지법」에 따라 등록된 장애인인 가입자 및 피부양자가 보장기기를 구입할 경우 구입금액의 일부에 대하여 보험급여를 지급한다(장애인에 대한 특례). 동일 보장기기는 유형별 사용 가능 내구 연한 내 1인당 1회 지급을 원칙으로 한다.

① 기준액 이내의 장애인보장기기를 구입하는 경우에는 실구입가의 90%에 해당하는 금액
② 기준액을 초과하는 장애인보장기기를 구입한 경우에는 기준액의 90%에 해당하는 금액

- 「장애인복지법」상의 등록장애인이 장애인기기를 구입할 경우 건강보험에서 현금급여를 받을 수 있다.

(4) 건강검진(현물급여)

질병의 조기발견과 그에 따른 요양급여를 제공하기 위하여 20세 이상 가입자 및 피부양자에 대하여 일반건강검진(사무직과 의료급여수급자는 2년에 1회, 비사무직 1년에 1회), 암검진, 생애전환기(만 40세와 만 66세에 실시) 건강진단, 영유아 건강검진 등으로 구분하여 실시하고 있다.

(5) 장제비(부가급여－임의급여) : 미실시

(6) 임신출산진료비 지원사업(부가급여)－국민행복카드 실시

임산부의 임신과 출산 비용을 지원해 주는 진료비를 국민행복카드로 일부 지원하는 제도이다. 이는 출산의 의욕고취와 관련하여 임산부의 건강과 건강한 태아의 분만, 본인부담금 경감 등을 위하여 진료비를 일부 지원해 주는 제도이다(1. 하나의 태아를 임신한 경우 : 100만 원, 2. 둘 이상의 태아를 임신한 경우 : 140만 원).

(7) 상병수당 – 2022년 7월 시범운영

업무상 질병이 아닌 일반적인 질병 및 부상으로 치료를 받는 동안, 질병으로 인해 상실된 근로소득을 보전해 주는 현금급여 제도이다. 질병으로 인해 상실되는 소득에 대해 현금으로 보전해 주는 제도이다. 우리나라는 질병으로 인해 상실된 근로소득을 보전해 주는 상병수당(현금급여)제도를 시범운영하고 있다.

5) 국민건강보험의 보험료(재정, 재원)

직장가입자인 근로자의 경우 사업자와 공동으로 보험료를 부담하며 지역가입자는 자신의 소득과 재산, 자동차 등을 고려하여 세대가 함께 부담하도록 되어 있다.

국민건강보험의 보험료에 대한 설명은 다음과 같이 할 수 있다.

- 국민건강보험의 재정은 원칙적으로 가입자와 사업자로부터 징수한 보험료로 부담하고 그밖에 국고보조금 및 건강증진기금(담배부담금) 등의 국가지원금으로 부담하도록 되어 있다. 그리고 진료비 본인부담제를 실시하여 의료서비스 비용의 일부를 가입자가 부담하도록 하고 있다(도덕적 해이의 방지).
- 직장가입자의 보험료는 가입자(근로자)와 사업자가 각각 절반(50%)씩 공동으로 부담한다. 직장가입자는 보험료의 50%를 본인이 부담한다. 일반 공무원과 국·공립학교교직원과 같은 공무원은 사업자인 국가와 본인이 각각 반씩 부담하고, 사립학교교직원은 가입자 본인, 학교법인, 국가가 각각 5 : 3 : 2로 분담한다.

구 분	직장가입자			지역가입자
	근로자	공무원	사립학교교직원	
보험료율	사업자 50% 가입자 50%	국 가 50% 가입자 50%	국 가 20% 사립학교 30% 가 입 자 50%	가입자 자체부담

- 지역가입자의 보험료는 세대별로 부과한다. 지역가입자는 자신의 소득과 재산, 자동차 등을 고려하여 세대가 함께 부과된다.
- 지역가입자의 보험료는 국가가 부담하지 않는다. 다만 국가는 대통령이 정하는 바에 의하여 예산의 범위 안에서 지역가입자가 부담할 보험료의 일부를 부담할 수 있다. 즉, 지역가입자의 경우 보험료 부담이 높아서 그 일부를 국고에서 보조해 주고 있다.

(1) 보험료의 산정기준 – 매년(단기보험) 보험료 변동

국민건강보험 직장가입자와 지역가입자의 보험료는 상이한 기준으로 산정한다. 다음과 같이 할 수 있다.

❶ 직장가입자의 보험료는 보수월액(직장가입자가 당해 연도에 받은 보수총액을 근무월수로 나눈 금액)에 보험료율[34]을 곱해서 산정한다(보수월액 × 보험료율).
※ 직장가입자의 보험료 산정대상인 보수월액에는 상·하한선이 있다.

❷ 지역가입자의 보험료는 세대단위로 산정된다. 소득 및 재산(자동차의 연식·배기량, 전·월세, 임대, 금융 등 포함), 생활수준 및 경제활동참가율을 고려하여 부과요소별점수를 합산한 후 부과점수당 금액을 곱하여 보험료를 산정한 다음(보험료 부과점수 × 부과점수당 금액) 경감률을 적용하여 부과한다.

- 보험료 경감 : 도서·벽지·농어촌 등의 지역에 거주하는 자, 65세 이상인 자, 등록 장애인, 국가유공자, 휴직자, 그밖에 생활이 어렵거나 천재지변 등의 사유로 보험료의 경감이 필요한 자는 보험료를 경감해 주고 있다.

6) 건강보험의 전달체계

(1) 보건복지부 : 건강보험사업 관장자, 건강보험관련 정책결정 단위

보건복지부 사회복지정책실 연금보험국 내의 보험정책과, 보험급여과, 보험관리과 등 건강보험 업무 전반에 걸쳐 총괄하고, 건강보험관련 주요 정책결정을 한다(건강보험정책심의위원회).

34 국내에서 업무에 종사하는 직장가입자 보험료율은 1천분의 80 범위 안에서 정한다.

(2) 국민건강보험공단 : 중앙집중관리의 운영체계

보험자로서 국민건강보험공단(2000년 발족)이 가입자와 피부양자의 자격관리, 요양급여지급, 그 밖의 위탁받은 업무(징수업무) 등을 담당한다.

공단은 임원으로서 이사장 1명, 이사 14명 및 감사 1명을 둔다. 이 경우 이사장, 이사 중 5명 및 감사는 상임으로 한다. 공단의 회계연도는 정부의 회계연도에 따른다. 국민건강보험공단은 직장가입자와 지역가입자의 재정을 통합하여 운영한다. 이사장은 대통령이 임명한다. 상임이사는 보건복지부령으로 정하는 추천 절차를 거쳐 이사장이 임명한다.

국민건강보험공단의 업무

① 가입자 및 피부양자의 자격 관리
② 보험료와 그밖에 징수금의 부과징수
③ 보험급여의 관리
④ 가입자 및 피부양자의 질병의 조기발견 · 예방 및 건강관리를 위하여 요양급여 실시 현황과 건강검진 결과 등을 활용하여 실시하는 예방사업으로서 대통령령으로 정하는 사업
⑤ 보험급여 비용의 지급
⑥ 자산의 관리·운영 및 증식사업
⑦ 의료시설의 운영
⑧ 건강보험에 관한 교육훈련 및 홍보
⑨ 건강보험에 관한 조사연구 및 국제협력
⑩ 이 법에서 공단의 업무로 정하고 있는 사항
⑪ 징수위탁근거법에 따라 위탁받은 업무

(3) 건강보험정책심의위원회

건강보험정책에 관한 다음 각 사항을 심의 · 의결하기 위하여 보건복지부장관 소속으로 건강보험정책심의위원회(심의위원회)를 둔다.

① 종합계획 및 시행계획에 관한 사항
② 요양급여의 기준
③ 요양급여 비용에 관한 사항
④ 직장가입자의 보험료율
⑤ 지역가입자의 보험료율과 재산보험료부과점수당 금액
⑥ 보험료 부과 관련 제도 개선에 관한 사항(의결은 제외)
⑦ 그밖에 건강보험에 관한 주요 사항으로 대통령령으로 정하는 사항

- 요양급여의 기준, 요양급여비용, 지역가입자가 속한 세대의 월별보험료액, 직장가입자의 보험료율 등을 심의·의결하는 곳은 건강보험정책심의위원회이다. 심의위원회는 위원장 1명과 부위원장 1명을 포함하여 25명의 위원으로 구성한다.

(4) 건강보험심사평가원

요양급여 비용을 심사하고 요양급여의 적정성을 평가하기 위하여 건강보험심사평가원을 설립한다.

건강보험심사평가원 관장업무

① 요양급여비용의 심사
② 요양급여의 적정성 평가
③ 심사기준 및 평가기준의 개발
④ 제1호부터 제3호까지의 규정에 따른 업무와 관련된 조사연구 및 국제협력
⑤ 다른 법률에 따라 지급되는 급여비용의 심사 또는 의료의 적정성 평가에 관하여 위탁받은 업무
⑥ 건강보험과 관련하여 보건복지부장관이 필요하다고 인정한 업무

(5) 국민건강보험 요양기관

요양급여(간호와 이송은 제외)는 다음의 요양기관에서 실시한다. 이 경우 보건복지부장관은 공익이나 국가정책에 비추어 요양기관으로 적합하지 않은 대통령령으로 정하는 의료기관 등은 요양기관에서 제외할 수 있다. 요양기관에 대한 인정은 보건복지부장관이 한다. 요양기관은 정당한 이유 없이 요양급여를 거부하지 못한다.

요양기관

① 「의료법」에 따라 개설된 의료기관
② 「약사법」에 따라 등록된 약국
③ 「약사법」에 따라 설립된 한국희귀필수의약품센터 – 한국희귀·필수의약품센터는 요양기관이다.
④ 지역보건법에 따른 보건소·보건의료원 및 보건지소 – 보건소와 보건지소는 국민건강보험법의 대상에 포함된다.
⑤ 농어촌 등 보건의료를 위한 특별조치법에 따라 설치된 보건진료소 – 보건진료소는 요양기관이다.

요양기관에서 제외되는 의료기관
① 「의료법」에 따라 개설된 부속 의료기관
② 사회복지시설에 수용된 사람의 진료를 주된 목적으로 개설된 의료기관
③ 본인일부부담금을 받지 아니하거나 경감하여 받는 등의 방법으로 가입자나 피부양자를 유인(誘引)하는 행위 또는 과잉 진료행위를 하거나 부당하게 많은 진료비를 요구하는 행위를 하여 업무정지 처분 등을 받은 의료기관
④ 업무정지 처분 절차가 진행 중이거나 업무정지 처분을 받은 요양기관의 개설자가 개설한 의료기관 또는 약국

7) 문제점 및 향후과제

- 보험료 부과의 형평성 문제
- 보험관리 및 운영의 문제
- 건강보험의 재정안정화 문제 : 보험재정의 확충 못지 않게 진료비 지불방법에 대한 고려가 중요함(포괄수가제의 확대, 총액계약제의 시행 등을 고려해야 함)

4 노인장기요양보험 정책의 이해

노인장기요양보호의 개념, 우리나라 노인장기요양보험 정책의 개요, 건강보험 및 노인복지서비스와의 차이점에 대해 서술한다.

1 장기요양보호의 개요

1) 장기요양보호의 개념

장기요양보호[35]란 만성적인 신체적·정신적 장애로 인해 일상생활 유지가 곤란

35 장기요양보호란 영어로 'long-term care'라고 하는데 만성 질환이나 장애를 가진 사람들에게 다양한 제공 주체가 다양한 장소에서 연속적인 서비스를 제공해 주는 것이라고 할 수 있다.

한 노인에게 장기간 동안의 사회적 서비스 및 의료적 서비스를 제공하는 것을 말한다.

- 윌렌스키와 르보의 잔여적 사회복지개념과 관련한 우리나라 복지제도는 노인장기요양보험이 해당한다. 시장제도나 가족제도의 실패를 보충하는 기능은 사회복지의 잔여적 개념이다.

2) 노인 장기요양보호의 방향

- 장기요양보호는 일반적으로 장기적인 기능적 무능력에 대해 제공되는 의료적·사회적 서비스를 말한다.
- 장기요양보호의 대상자 선정기준은 기능적 능력이며 장기보호노인을 일상생활수행능력(ADL; Activity of Daily Living)과 도구적 일상생활능력(IADL), 정신건강의 측면에서 기능적 능력이 제한을 받거나 와상노인이나 집 안에서만 활동 가능한 노인 등 기동력에 제한을 받는 노인이 대상이다.
- 장기요양보호에서 중요한 초점은 다양한 욕구와 문제에 대한 포괄적이고 계속적인 서비스를 가장 비용효과적인 방법으로 제공하여 노인의 신체적·사회심리적 기능을 향상시키는 데에 있다.

2 노인장기요양보험 정책

1) 노인장기요양보험의 목적

노인장기요양보험 정책은 고령이나 노인성 질병 등으로 인하여 6개월 이상 동안 혼자서 일상생활(목욕이나 집안일)을 혼자서 수행하기 어려운 노인 등에게 신체활동 또는 가사지원 등의 서비스를 제공하여 노후생활의 안정을 꾀하며 그 가족의 부담을 덜어주는 것을 목표로 한다. 장기요양급여를 사회적 연대원리에 의해 제공하는 사회보험정책이다.

2) 용어의 뜻

① "노인등"이란 65세 이상의 노인 또는 65세 미만의 자로서 치매·뇌혈관성질환 등 대통령령으로 정하는 노인성 질병을 가진 자를 말한다.
② "장기요양급여"란 6개월 이상 동안 혼자서 일상생활을 수행하기 어렵다고 인정되는 자에게 신체활동·가사활동의 지원 또는 간병 등의 서비스나 이에 갈음하여 지급하는 현금 등을 말한다.
③ "장기요양사업"이란 장기요양보험료, 국가 및 지방자치단체의 부담금 등을 재원으로 하여 노인등에게 장기요양급여를 제공하는 사업을 말한다.

3) 노인장기요양보험 정책의 필요성과 기대효과

우리나라의 급속한 고령화에서 주목되는 부분이 소위 고령자 장기수발, 간병이다. OECD의 각국에서도 나타나고 있는 현상이지만 한국의 경우, 특히 고령화에 따른 요보호대상자인 고령자의 급속한 확대는 심각한 사회적 문제를 던져 주고 있다.

치매나 중풍 등과 같이 노인성질환으로 인하여 노인장기수발을 필요로 하는 요보호 대상자인 고령자 규모의 속도가 빠르게 증가하고 있다(2020년 114만 명 추산).

기대효과

① 요양보호사의 전문적 보살핌과 방문간호 등으로 어르신들의 건강과 삶의 질을 향상시킨다.
② 노인장기요양 문제에 사회가 공동대처함으로써 가족의 부양부담이 크게 줄어든다.
③ 여성 등 가족의 경제활동과 사회생활 참여가 가능해지고, 가정파탄 등 심각한 사회문제를 해결한다.

4) 「노인장기요양보험법」의 역사

- 법제정 : 2007년 4월 「노인장기요양보험법」 제정
- 법시행 : 1, 2단계로 구분 시행, 1단계는 2007년 10월, 2단계는 요양급여(요양서비스) 제공 및 이에 따른 장기요양보험은 2008년 7월부터 실시된 제도이다.

3 노인장기요양보험의 적용 대상 및 급여

노인장기요양보험의 적용 대상, 급여 내용에 대해 살펴본다.

1) 노인장기요양보험의 적용 대상

(1) 적용 대상자

적용 대상자는 소득수준과 상관없이 노인장기요양보험 가입자(국민건강보험 가입자와 동일)와 그 피부양자, 의료급여 수급권자로서 65세 이상 노인 또는 65세 미만 노인성 질병(치매, 중풍, 뇌혈관성질환, 파킨슨 등)이 있는 자로서 거동이 현저히 불편하여 장기요양이 필요한 자로 장기요양등급판정위원회에 의해 1~인지지원등급(6등급)과 판정을 받은 자로 한정한다.

❶ 장기요양의 신청자격

장기요양인정을 신청할 수 있는 자는 노인 등으로서 1. 장기요양보험가입자 또는 그 피부양자, 2. 「의료급여법」에 따른 수급권자(의료급여수급권자)에 해당하는 자격을 갖추어야 한다.

❷ 장기요양인정의 신청

장기요양인정을 신청할 수 있는 사람은 본인 또는 대리인이 신청할 수 있다. 장기요양인정을 신청하는 자(신청인)는 공단에서 보건복지부령으로 정하는 바에 따라 장기요양인정신청서에 의사 또는 한의사가 발급하는 소견서(의사소견서)를 첨부하여 제출하여야 한다. 다만, 의사소견서는 공단이 등급판정위원회에 자료를 제출하기 전까지 제출할 수 있다. 만일, 거동이 현저하게 불편하거나 도서·벽지 지역에 거주하여 의료기관을 방문하기 어려운 자 등 대통령령으로 정하는 자는 의사소견서를 제출하지 아니할 수 있다.

제출서류
① 장기요양인정신청서 ② 의사소견서(의사 또는 한의사가 발급하는 소견서)

- 대리인 : 가족, 친족 또는 이해관계자인 사회복지전담공무원, 시장·군수·구청장이 지정하는 자

(2) 급여대상자의 등급

노인장기요양보험 대상자의 여부는 등급판정위원회에서 판정을 하며 1~6등급으로 구분된다.

급여대상자는 65세 이상 노인 또는 치매, 중풍, 파킨슨병 등 노인성 질병으로 6개월 이상의 기간 동안 혼자서 일상생활을 수행하기 어려운 사람으로서 장기요양등급판정위원회에 의해 장기요양등급[1등급(最重症), 2등급(重症), 3등급(中等症), 4등급(中輕症), 5등급(輕症), 6등급(輕症)]을 판정받은 사람이다.

장기요양등급별 등급판정의 기준(인정점수 및 기능상태)

등급 구분	심신의 기능상태	장기요양 판정기준 (인정점수)
1등급	일상생활(식사·배설·옷 벗고 입기, 체위변경, 일어나 앉기 등 ADL ; 일상생활동작평가 activities of daily living)에서 전적으로 다른 사람의 도움이 필요한 상태, 하루 종일 침대 위에서 생활자로 스스로 움직일 수 없는 와병 상태에 있는 자	95점 이상
2등급	일상생활에서 상당 부분 다른 사람의 도움이 필요한 상태	75점 이상~95점 미만
3등급	일상생활에서 부분적으로 다른 사람의 도움이 필요한 상태	60점 이상~75점 미만
4등급	심신의 기능상태 장애로 일상생활에서 일정 부분 다른 사람의 도움이 필요한 상태	51점 이상~60점 미만
5등급	치매(제2조에 따른 노인성질병으로 한정)환자	45점 이상~51점 미만
6등급	노인인지지원등급 치매(제2조에 따른 노인성질병으로 한정)환자	45점 미만

(3) 장기요양 등급판정

등급판정위원회는 신청인이 신청자격요건을 충족하고 6개월 이상의 기간 동안 일상생활을 혼자서 수행하기 어렵다고 인정되는 경우 심신상태 및 장기요양이 필요한 정도 등 대통령령으로 정하는 등급판정기준에 따라 장기요양을 받을 자(수급자)로 결정하고 심신상태 및 요양이 필요한 정도에 따라 등급을 판정한다.

등급판정위원회는 심의·판정을 하는 때 신청인과 그 가족, 의사소견서를 발급한 의사 등 관계인의 의견을 들을 수 있다.

장기요양 등급판정위원회의 설치

① 장기요양인정 및 장기요양등급 판정 등을 심의하기 위하여 공단에 장기요양등급판정위원회를 둔다(수급자 여부와 등급 결정).
② 등급판정위원회는 특별자치시·특별자치도·시·군·구 단위로 설치한다.
③ 등급판정위원회는 위원장 1인을 포함하여 15인의 위원으로 구성한다.
④ 등급판정위원회 위원은 의료인, 사회복지사, 시·군·구 소속 공무원 등의 자 중에서 공단 이사장이 위촉한다. 이 경우 특별자치시장·특별자치도지사·시장·군수·구청장이 추천한 위원은 7인, 의사 또는 한의사가 1인 이상 각각 포함되어야 한다.
⑤ 등급판정위원회 위원의 임기 : 3년으로 한다. 다만, 공무원인 위원의 임기는 재임기간으로 한다.

2) 노인장기요양보험의 급여

(1) 장기요양급여의 제공 시기

장기요양인정서가 도달한 날부터 장기요양급여를 받을 수 있다. 다만, 돌볼 가족이 없는 경우 등 대통령령이 정하는 부득이한 사유가 있는 경우에는 장기요양인정신청서를 제출한 날부터 장기요양인정서가 도달되는 날까지의 기간 중에도 장기요양급여를 받을 수 있다. 장기요양인정 유효기간은 등급에 따라 다르다.

(2) 급여이용 대상

1~6등급의 장기요양인정을 받은 자가 장기요양의 급여를 받을 수 있다.

(3) 장기요양수급자의 요양급여 이용

❶ 장기요양수급자는 시설 또는 재가 장기요양기관과 계약을 체결하고 급여를 이용할 수 있다.
❷ 공단은 수급자가 자율적으로 장기요양기관을 선택할 수 있도록 객관적인 정보제공 및 안내, 상담하여야 한다.
❸ 장기요양인정서와 표준장기요양 이용계획서에 따라 수급자와 가족이 자율적으로 장기요양기관을 선택하여 급여계약체결을 하고, 장기요양기관에서는 표준장기요양 이용계획서와 계약 내용을 반영하여 세부급여제공 계획(일정)을 수립하고 급여를 제공한다.

장기요양인정 및 서비스 이용절차
① 신청인의 (공단 각 지사별 장기요양센터)신청 → ② (공단직원) 방문조사 → ③ (등급판정위원회) 장기요양 인정 및 등급판정 → ④ (장기요양센터) 장기요양인정서 및 표준장기이용계획서 통보 → ⑤ (장기요양기관) 서비스 이용

3) 급여의 종류

노인장기요양보험 급여는 재가급여, 시설급여, 특별현금급여로 나뉜다.

노인장기요양보험의 수급자는 재가급여, 시설급여 및 특별현금급여를 중복하여 받을 수 없다(급여 중복수급 금지원칙).

(1) 재가급여

재가급여는 요양보호사와 간호사 등이 가정을 방문하여 신체활동, 가사활동, 목욕, 간호 등 제공, 주간보호센터 이용, 복지용구 구입 또는 대여[방문요양·목욕·간호, 주·야간보호, 단기보호서비스, 기타 재가급여(복지용구)] 등의 급여를 말한다.

구분	내용
방문요양	장기요양요원이 수급자의 가정 등을 방문하여 신체활동(목욕, 배변, 머리감기, 옷 갈아입기 등) 및 가사활동(취사, 생필품 구매, 청소, 주변정돈 등)을 지원하는 급여
방문간호	장기요양요원인 간호사 등이 의사, 한의사 또는 치과의사(구강위생에 한함)의 방문간호 지시서에 따라 수급자의 가정 등을 방문하여 간호, 진료의 보조, 요양에 관한 상담 또는 구강위생 등을 제공하는 급여
단기보호	수급자를 월 9일 이내 기간 동안 장기요양기관에 보호하여 신체활동 지원 및 심신기능의 유지·향상을 위한 교육·훈련 등을 제공하는 급여
방문목욕	장기요양요원이 목욕설비를 갖춘 장비를 이용하여 수급자의 가정 등을 방문하여 목욕을 제공하는 급여
주·야간보호	수급자를 하루 중 일정한 시간 동안 장기요양기관에 보호하여 신체활동 지원 및 심신기능의 유지·향상을 위한 교육·훈련 등을 제공하는 급여
기타재가급여 (복지용구)	수급자의 심신기능이 저하되어 일상생활·신체활동 지원에 필요한 용구를 제공(구입/대여)하거나 가정을 방문하여 재활에 관한 지원 등을 제공하는 장기요양급여로서 대통령령으로 정하는 것 ※ 수동휠체어, 전동·수동 침대, 욕창예방매트리스·방석, 목욕리프트, 이동욕조, 성인용보행기 등

재가급여는 당해 장기요양급여비용의 15%를, 시설급여는 20%를 수급자 본인이 부담한다.

(2) 시설급여

시설급여는 요양에 필요한 시설과 설비 및 전문인력을 갖추고 있는 노인의료복지 시설(노인요양시설, 노인요양공동생활가정 – 노인요양병원 제외) 등에 장기간 동안 입소하여 신체활동지원, 심신기능의 유지·향상을 위한 교육·훈련 등을 제공하는 장기요양급여를 말한다.

노인복지시설의 설치, 운영자는 노인 등의 신체활동 또는 가사활동 지원 등의 업무를 전문적으로 수행하는 요양보호사를 두어야 한다.

노인의료복지시설

노인요양시설	치매·중풍 등 노인성질환 등으로 심신에 상당한 장애가 발생하여 도움을 필요로 하는 노인을 입소시켜 급식·요양과 그밖에 일상생활에 필요한 편의를 제공함을 목적으로 하는 시설
노인요양 공동생활가정	치매·중풍 등 노인성질환 등으로 심신에 상당한 장애가 발생하여 도움을 필요로 하는 노인에게 가정과 같은 주거여건과 급식·요양, 그밖에 일상생활에 필요한 편의를 제공함을 목적으로 하는 시설

(3) 특별현금급여

특별현금급여는 가족요양비, 특례요양비, 요양병원간병비 등이 있다. 수급자가 도서·벽지 지역 등 요양시설이 없거나 장기요양기관이 아닌 노인요양시설 등의 기관 또는 시설에서 장기요양급여를 받은 경우 그리고 불가피하게 요양병원에 입원한 때 장기요양에 사용되는 비용의 일부를 지급하는 현금급여 등을 말한다.

가족요양비	장기요양기관이 현저히 부족한 지역(도서·벽지 등)에 거주하는 사람, 천재지변 등으로 장기요양기관이 실시하는 장기요양급여 이용이 어렵다고 인정된 사람, 신체·정신·성격 등의 사유로 가족 등이 장기요양을 받아야 하는 사람에게 지급하는 가족장기요양급여(가족요양비 월 15만 원)
특례요양비	수급자가 장기요양기관이 아닌 노인요양시설 등의 기관 또는 시설에서 재가급여 또는 시설급여에 상당한 장기요양급여를 받은 경우 해당 장기요양급여비용의 일부를 해당 수급자에게 금전으로 지급하는 특례장기요양급여
요양병원 간병비	공단은 수급자가 「의료법」에 따른 요양병원에 입원한 때 대통령령으로 정하는 기준에 따라 장기요양에 사용되는 비용의 일부를 지급하는 요양병원 간병비

- 현재는 가족요양비만 시행하고 특례요양비와 요양병원 간병비는 현재 시행을 유보하고 있다. 중복수급 금지를 원칙으로 하되 가족요양비수급자 중 기타 재가급여의 경우 예외가 될 수 있다.

4 노인장기요양보험의 보험료

1) 노인장기요양보험의 재원

노인장기요양보험의 재원은 가입자가 납부하는 장기요양보험료와 국가지원(부담) 그리고 장기요양급여 이용자가 내는 본인부담으로 충당한다.

노인장기요양보험의 재원 충당방식

구 분	내 용
노인장기요양보험료	• 건강보험 가입자 부담 • 건강보험료 × 장기요양보험료율 • 건강보험료와 통합고지
국가 및 지방자치단체부담금 (국가부담)	• 보험료 예상수입액의 20%(국고) • 의료급여수급권자의 장기요양급여비용(국가와 지자체가 각각분담)
본인부담금	• 시설급여서비스비용의 20%, 재가급여서비스비용의 15% • 저소득층은 본인부담금을 1/2로 경감 • 기초생활수급 노인은 무료

(1) 노인장기요양의 보험료

❶ 노인장기요양보험료는 건강보험료에 장기요양보험료율을 곱해 산정한다. 건강보험가입자(직장가입자, 지역가입자)가 부담하며, 노인장기요양보험가입자는 건강보험가입자와 동일하다.

❷ 노인장기요양보험료는 공단이 장기요양보험료와 건강보험료를 구분하여 고지한다. 장기요양보험료와 건강보험료를 통합하여 징수한다. 공단은 징수 후 장기요양보험료와 건강보험료를 각각 독립회계로 관리한다.

2025년 장기요양의 보험료율

<table>
<tr><th colspan="2">구 분</th><th>보험료율</th><th>근로자</th><th>사업자</th></tr>
<tr><td rowspan="2">건강보험료
보수월액 기준으로 책정</td><td>직장가입자</td><td>7.09%</td><td>3.545%</td><td>3.545%</td></tr>
<tr><td>지역가입자</td><td>부과점수당 금액
208.4원</td><td>100%(1자 부담)</td><td>–</td></tr>
<tr><td>장기요양보험료
건강보험료 기준으로 책정</td><td></td><td>12.95%</td><td>가입자 부담
50%</td><td>사업자 부담
50%</td></tr>
</table>

① 장기요양보험료(2025년) : 건강보험료액의 12.95%
② 노인장기요양보험 가입자 : 국민건강보험 가입자와 동일, 건강보험료와 통합징수
③ 장기요양보험료율 : 보건복지부장관소속 장기요양위원회 심의를 거쳐 대통령령으로 명시
④ 의료급여수급권자 등 저소득층은 각각 1/2로 경감(시설 : 10%, 재가 : 7.5%)
국민기초생활수급권자는 무료(등급별 상태상 장기요양 등급판정 기준)

(2) 국가 및 지방자치단체의 부담

국가는 매년 예산의 범위 안에서 해당 연도 장기요양보험료 예상수입액의 100분의 20에 상당하는 금액(20%)을 공단에 지원한다.

국가와 지방자치단체는 의료급여수급권자의 장기요양급여비용 중 공단이 부담하여야 할 비용과 관리운영비의 전액을 대통령령이 정하는 바에 따라 부담한다.

국가지원

장기요양보험료 예상수입액의 20% 부담(국고) : 의료급여수급권자의 장기요양급여비용, 의사소견서발급비용, 방문간호지시서 발급비용 중 공단이 부담하여야 할 비용 및 관리운영비의 전액을 국가와 지방자치단체가 분담한다.

(3) 본인부담금

재가 및 시설급여비용에 대한 일정한 본인부담금이 있다.

❶ 재가급여 이용자는 당해 장기요양급여비용의 15%를 수급자가 부담한다.
❷ 시설급여 이용자는 당해 장기요양급여비용의 20%를 수급자가 부담한다.
❸ 기초생활수급권자는 본인부담이 없다.
❹ 기초생활수급권자를 제외한 의료급여수급권자는 본인부담금의 50%를 감경

한다.

⑤ 보건복지부장관이 정하여 고시한 소득·재산 등이 일정 금액 이하인 자는 본인부담금의 50%를 감경한다.

- 재가급여는 당해 장기요양급여비용의 15%를, 시설급여는 20%를 수급자 본인이 부담한다.

급여비용에 대한 본인부담금－시설급여 20%, 재가급여 15%

일반 수급자	재가급여	해당 장기요양급여비용의 100분의 15
	시설급여	해당 장기요양급여비용의 100분의 20
국민기초생활수급권자	본인부담금 없음 • 국민기초생활수급권자를 제외한 의료급여수급권자 및 감경적용 대상자 : 일반 수급자 본인부담금의 100분의 50 감경	

참고 비급여 대상 항목 : 전액 본인부담

- 「노인장기요양보험법」의 규정에 따른 급여의 범위와 대상에 포함되지 아니하는 장기요양급여비용
- 장기요양인정서에 기재된 장기요양급여의 종류 및 내용과 다르게 선택하여 장기요양급여를 받은 경우 그 차액
- 월 한도액을 초과하는 장기요양급여비용
- 비급여 대상 항목(「노인장기요양보험법」 시행규칙 제14조) : 식사재료비, 상급침실 이용에 따른 추가비용, 이·미용비, 그 밖의 일상생활에 통상 필요한 것과 관련된 비용으로 수급자에게 부담시키는 것이 적당하다고 보건복지부 장관이 정하여 고시한 비용

[주의] 전액 본인부담 항목에 따른 비용은 국민기초생활수급권자 및 의료급여수급권자의 경우에도 본인이 전액 부담한다.

5 노인장기요양보험의 전달체계

1) 장기요양기관의 지정

장기요양기관을 설치·운영하고자 하는 자는 소재지를 관할구역으로 하는 특별자치시장·특별자치도지사·시장·군수·구청장으로부터 지정을 받아야 한다.

2) 재가 장기요양기관의 설치

재가급여 중 어느 하나 이상에 해당하는 장기요양급여를 제공하고자 하는 자는 시설 및 인력을 갖추어 재가 장기요양기관을 설치하고 특별자치시장·특별자치 도지사·시장·군수·구청장에게 이를 신고하여야 한다. 신고를 받은 특별자치시장·특별자치도지사·시장·군수·구청장은 신고 명세를 공단에 통보하여야 한다. 의료기관이 아닌 자가 설치·운영하는 재가장기요양기관은 방문간호를 제공하는 경우 방문간호의 관리책임자로서 간호사를 두어야 한다.

① 시설급여를 제공하는 장기요양기관(「노인복지법」 상 시설) 및 재가급여를 제공하는 장기요양기관(「노인장기요양보험법」 상 시설·인력기준적용) → 시·군·구청장의 지정 또는 신고
② 장기요양요원 : 요양보호사, 간호사, 간호조무사, 치위생사 등

요양보호사

① 노인복지시설의 설치, 운영자는 보건복지부령으로 정하는 바에 따라 노인 등의 신체활동 또는 가사활동 지원 등의 업무를 전문적으로 수행하는 요양보호사를 두어야 한다(노인복지법 제39조의 1).
② 요양보호사가 되려는 자는 요양보호사 교육기관에서 교육과정을 마쳐야 한다.
③ 시·도지사는 요양보호사 교육과정을 마친 자에게 요양보호사의 자격을 검정하고 자격증을 교부하여야 한다.
④ 요양보호사의 등급, 등급별 교육과정, 자격증 교부 등에 관하여 필요한 사항은 보건복지부령으로 정한다.

3) 관리운영

국민건강보험공단과 지방자치단체가 역할을 분담한다.

6 노인장기요양보험 제도와 국민건강보험 제도의 차이점

국민건강보험은 질병, 부상이 있는 자에 대한 입원, 외래 및 재활치료 등의 의료서비스 제공을 목적으로 하는 반면, 노인장기요양보험은 고령 및 치매, 중풍 등 노인성 질병으로 인한 신체·정신 기능의 쇠퇴로 거동이 불편한 자에 대한 신체활동 및 일상생활 지원 등의 장기요양서비스 제공을 주된 목적으로 한다.

구 분	국민건강보험	노인장기요양보험
목적	노인의 질병 치료	장기간의 보호가 필요한 노인에 대한 간호
수급자	건강보험가입자 전체(일반 국민)	고령으로 인한 중풍, 치매 등 심신기능이 취약한 노인 • 65세 미만 중 노인성 질환자 포함
급여 대상	질병의 진단, 입원 및 외래치료, 재활치료 등을 목적으로 주로 병·의원 및 약국에서 제공하는 의료서비스(수술, 처치 등 의료서비스)	치매, 중풍의 노화 및 노인성 질환 등으로 인해 혼자 힘으로 일상생활을 영위하기 어려운 대상자에게 요양시설이나 장기요양기관을 통해 신체활동 또는 가사지원 등의 복지서비스 제공 – 대소변 도움, 체위변경, 식사, 빨래 등 일상생활 수행을 도와주는 장기요양서비스 • 방문간호 등 일부 의료영역서비스 포함
서비스 한도	의학적으로 질병이나 부상의 치료종료 시까지 자유롭게 이용 가능	유효기간과 급여 종류 및 월 한도액 범위 내에서 서비스 제공
제공자	의료인(의사, 간호사 등)	장기요양요원(요양보호사, 간호(조무)사 등)
제공장소	의료기관	장기요양기관(시설서비스), 수급자 가정(재가서비스)
제공 형태	의사, 간호사 등이 공동으로 제공	요양보호사, 간호(조무)사 등 장기요양요원이 단독 혹은 공동으로 제공
이용 절차	별도의 신청 없이 이용 가능	장기요양인정신청 후 등급(1~6등급)을 인정받아야 이용 가능
행정 제재	수단이 다양함(업무정지, 업무정지 기간에 대응하는 과징금부과, 위반사실 공표)	수단이 다양함(업무정지, 업무정지 기간에 대응하는 과징금부과, 위반사실 공표)
자격증명	건강보험증	장기요양인정서(등급인정자에 한하여 발급)
급여 종류	요양급여+요양비+부가급여 • 건강검진	현물급여(재가급여+시설급여) 특별현금급여(가족요양비)
관리 운영 주체	국민건강보험공단	국민건강보험공단 • 건강보험사업조직과 구분 • 독립회계 설치운영

(계속)

구 분	국민건강보험	노인장기요양보험
급여 제한	고의 또는 중대한 과실로 인한 범죄에 기인하는 경우 등	거짓이나 그 밖의 부정한 방법으로 장기요양인정을 받은 경우 등
기관 지정	당연지정제 • 공익 또는 국가시책상 적합하지 않다고 인정되는 경우만 제외	소재지 관할 특별자치시, 특별자치도, 시·군·구에서 지정(시설 및 인력을 갖춘 경우에 한함) • 지정취소도 특별자치시, 특별자치도, 시·군·구에서 함(지정기준부적합, 부당청구 등)
급여비용 심사	건강보험심사평가원 위탁	국민건강보험공단 자체 심사, 지급
수가 방식	행위별수가제+포괄수가제(일부) • 의료계 대표자와 계약 방식	일당, 회당, 시간당 정액제
부당 이득	보험급여비용 상당액 징수 (부정수급, 부당청구 등)	장기요양급여비용 상당액 징수 (월한도 초과사용, 부당청구 등)
구상권	제3자 행위로 급여제공사유 발생 시	제3자 행위로 급여제공사유 발생 시
주요 정책 심의 기구	건강보험정책심의위원회 … 보건복지부(보험료율 및 부과점수, 요양급여기준, 수가 심의)	장기요양위원회 … 보건복지부 (장기요양보험료율, 수가 심의)
재원	건강보험료+국가부담+본인부담금 • 건강보험료(직장 : 보험료율, 지역 : 부과점수) • 국가부담(국가지원) (보험료 예상수입액의 14%, 국민건강증진 기금 6%) • 본인부담 : 기관종별, 연령별 구분	장기요양보험료+국가부담+본인부담금 • 장기요양보험료(건강보험료×보험료율 12.95%) • 국가부담(국가지원) (장기요양보험료 예상수입액의 20%) • 본인부담(시설 20%, 재가 15%)
기관 평가	건강보험심사평가원에서 평가 • 항생제 사용률 등	국민건강보험공단이 장기요양급여 평가 • 적정급여 제공 여부 등
권리 구제	이의신청 및 심판청구, 행정소송 • 이의신청위원회 … 국민건강보험공단, 건강보험심사평가원 • 건강보험분쟁조정위원회 … 보건복지부	이의신청 및 심사청구, 행정소송 • 장기요양심사위원회 … 국민건강보험공단 • 장기요양심판위원회 … 보건복지부

7 문제점 및 향후과제

- 수급대상자의 범위 확대
- 장기요양서비스의 낮은 질 개선과 학대방지 확보
- 전달체계의 문제 : 기존의 노인복지서비스 업무는 지방자치단체의 책임으로 되어 있고, 지역사회의 다양한 노인복지기관 참여로 일이 수행되고 있는데, 기존 노인복지서비스 업무와 거리가 먼 국민건강보험공단이 어떻게 기존의 노인복지서비스 시스템과 연관되어 일을 잘 수행할 수 있을지에 대한 전문성 부족
- 재원의 문제 : 대상자 증가에 따른 재원고갈의 우려가 있으며 국가의 재원 조달이 너무 적다(일본 개호보험제도에서 국가 부담률 : 50%, 독일 : 100%).

예 상 문 제

01 비버리지 보고서에 나타난 사회보험체계의 내용으로 옳은 것을 모두 고른 것은?

> ㄱ. 일반적인 사회적 위험을 모두 포함해야 함
> ㄴ. 급여수준과 기간이 충분한 정도가 되어야 함
> ㄷ. 재정은 피보험자, 고용주, 정부 3자가 부담함
> ㄹ. 소득수준에 비례하여 보험료 산정함

① ㄱ, ㄴ, ㄷ ② ㄱ, ㄷ ③ ㄴ, ㄹ
④ ㄹ ⑤ ㄱ, ㄴ, ㄷ, ㄹ

정답 ①

02 사회보장제도가 국민경제에 미치는 효과에 관한 설명으로 옳은 것을 모두 고른 것은?

> ㄱ. 자동안정장치의 기능을 통해 경기 불안정을 조정한다.
> ㄴ. 국민연금이 은퇴준비 필요성을 인식시켜 자발적 저축을 증가시키는 효과가 발생할 수 있다.
> ㄷ. 국민연금이 미래자산으로 인식되어 자발적 저축을 감소시키는 효과가 발생할 수 있다.
> ㄹ. 부과방식 국민연금의 경우 자본축적 효과를 발생시킨다.

① ㄱ, ㄴ, ㄷ ② ㄱ, ㄷ ③ ㄴ, ㄹ
④ ㄹ ⑤ ㄱ, ㄴ, ㄷ, ㄹ

정답 ①

03 의료서비스를 국가가 주도적으로 실시해야 한다고 주장하는 근거로 옳지 않은 것은?

① 의료서비스는 가치재(merit goods)의 성격을 갖는다.
② 수요자와 공급자 간의 정보의 비대칭성이 존재한다.
③ 역선택(adverse selection) 문제가 발생할 수 있다.
④ 도덕적 해이 현상이 발생할 수 있다.
⑤ 위험발생이 상호 독립적이다.

정답 ⑤

04 우리나라 국민건강보험제도에 관한 설명으로 옳지 않은 것은?

① 진료비 지불방식은 행위별수가제를 기본으로 하고 있다.
② 질병으로 인해 상실된 근로소득을 보전해 주는 현금급여가 있다.
③ 조합방식이 아닌 통합방식으로 운영되고 있다.
④ 직장가입자의 보험료 산정대상인 보수월액에는 상·하한선이 있다.
⑤ 국내에서 업무에 종사하는 직장가입자 보험료율은 1천분의 80 범위 안에서 정한다.

정답 ②

05 현행 사회보험제도의 급여와 급여형태에 관한 서술로 옳지 않은 것은?

① 국민연금의 장애연금은 현금급여이다.
② 산업재해보상보험의 휴업급여는 현물급여이다.
③ 고용보험의 구직급여는 현금급여이다.
④ 국민건강보험의 요양급여는 현물급여를 원칙으로 한다.
⑤ 국민연금의 유족연금은 현금급여이다.

정답 ②

06 국민연금에 관한 설명으로 옳은 것을 모두 고른 것은?

ㄱ. 기여여부에 따라 무기여연금과 기여연금으로 구분한다.
ㄴ. 급여의 소득비례 여부에 따라 정액연금과 소득비례연금으로 구분한다.
ㄷ. 재정방식에 따라 적립방식과 부과방식으로 구분한다.
ㄹ. 기여와 급여 중 어느 것을 확정하는지에 따라 확정기여연금과 확정급여연금으로 구분한다.

① ㄱ, ㄴ, ㄷ　　② ㄱ, ㄷ　　③ ㄴ, ㄹ
④ ㄹ　　⑤ ㄱ, ㄴ, ㄷ, ㄹ

정답 ⑤

07 국민건강보험제도에 관한 설명으로 옳은 것은?

① 적용대상은 국내·외에 거주하는 모든 국민이다.
② 보험자는 국민건강보험공단이다.
③ 현금급여로는 요양급여, 요양비 및 장제비가 있다.
④ 피부양자는 소득수준과 무관하게 직장가입자에 의해 생계를 유지하는 자이다.
⑤ 사립학교교직원의 경우 보험료는 가입자 30%, 사용자 30%, 국가 40%를 각각 부담한다.

정답 ②

08 노인장기요양보험제도에 관한 설명으로 옳지 않은 것은?

① 급여의 종류는 크게 재가급여, 시설급여, 특별현금급여로 나눌 수 있다.
② 적용 대상자는 65세 이상 노인 중 장기요양등급판정위원회에 의해 1~3등급 판정을 받은 자로 한정한다.
③ 재가급여는 장기요양급여비용의 15%를, 시설급여는 20%를 수급자 본인이 부담한다.
④ 중복수급 금지를 원칙으로 하되 가족요양비수급자 중 기타 재가급여의 경우 예외가 될 수 있다.
⑤ 장기요양보험료는 건강보험료에 장기요양보험료율을 곱해 산정한다.

정답 ②

09 우리나라 국민연금에 관한 설명으로 옳지 않은 것은?

① 강제가입을 통해 역선택을 방지하고자 한다.
② 저소득자에게는 보험료를 지원하기도 한다.
③ 급여수준의 실질적 가치를 유지하고자 한다.
④ 민간에 위탁·운영하는 것이 일반적이다.
⑤ 전 국민을 대상으로 가입대상자를 확대하는 경향이 있다.

정답 ④

10 국민연금 제도에 관한 설명으로 옳은 것을 모두 고른 것은?

ㄱ. 적립방식에 비해 부과방식(pay-as-you-go)이 인구 구성의 변동에 더 취약하다.
ㄴ. 확정급여식 연금은 주로 과거의 소득 및 소득활동 기간에 의해 결정된다.
ㄷ. 완전적립방식은 퇴직 후 생활보장을 위해 현재 소득의 일부를 저축하는 구조이다.
ㄹ. 부과방식에서는 현재의 근로세대가 은퇴세대의 연금급여에 필요한 재원을 부담한다.

① ㄱ, ㄴ, ㄷ　　② ㄱ, ㄷ　　③ ㄴ, ㄹ
④ ㄹ　　⑤ ㄱ, ㄴ, ㄷ, ㄹ

정답 ⑤

11 도덕적 해이 현상을 줄이는 것 모두 고른다면?

ㄱ. 조건부 수급제도　　ㄴ. 재산의 소득환산제도
ㄷ. 근로소득공제제도　　ㄹ. 보충급여 방식

① ㄱ, ㄴ, ㄷ　　② ㄱ, ㄷ　　③ ㄴ, ㄹ
④ ㄹ　　⑤ ㄱ, ㄴ, ㄷ, ㄹ

정답 ②

12 다음 설명 중 옳은 것은?

ㄱ. 산재보험 – 의료보험 – 고용보험 – 노인장기요양보험으로 실시되었다.
ㄴ. 건강보험 가입자가 노인장기요양보험 가입자이다.
ㄷ. 국민연금은 지역가입자와 사업장가입자의 보험료율이 같다.
ㄹ. 산재보험은 특정 직업마다 보험료율이 상이하다.

① ㄱ, ㄴ, ㄷ ② ㄱ, ㄷ ③ ㄴ, ㄹ
④ ㄹ ⑤ ㄱ, ㄴ, ㄷ, ㄹ

정답 ⑤

13 다음 중 사회보험과 민간보험의 차이점에 대한 설명 중 틀린 것은?

① 사회보험은 계약적 권리, 민간보험은 법적 권리
② 사회보험은 강제적 성격, 민간보험은 임의 가입
③ 사회보험은 완전 적립 불필요, 민간보험은 완전적립 필요
④ 사회보험은 사회적 충분성 강조, 민간보험은 개인적 공평성 강조
⑤ 사회보험은 최저소득을 보장, 민간보험은 개인의 의사와 지불능력에 따라 고액 보장

정답 ①

14 우리나라 국민연금정책의 특성이 아닌 것은?

① 사회보험 방식으로 사회적 위험을 분산한다.
② 역선택 방지를 위해 강제가입방식을 취한다.
③ 소득재분배 기능을 반영하고 있다.
④ 국민연금의 재정방식은 완전적립방식이다.
⑤ 보험료 징수 및 급여 등이 법에 규정되어 있다.

정답 ④

15 국민연금정책상 사업장가입자의 대상은 누구인가?

ㄱ. 사업자
ㄴ. 법인의 대표이사
ㄷ. 사업장에 사용된 근로자
ㄹ. 국민기초생활 보장법에 의한 수급자

① ㄱ, ㄴ, ㄷ ② ㄱ, ㄷ ③ ㄴ, ㄹ
④ ㄹ ⑤ ㄱ, ㄴ, ㄷ, ㄹ

정답 ①

16 국민건강보험의 특징이 아닌 것은?

① 본인의 의사에 관계없이 강제 적용된다.
② 국민연금과 기준 회계연도가 같고, 지급기간은 장기이다.
③ 질병, 부상, 출산, 사망에 대해서 의료서비스 및 의료비를 지원하는 급여를 실시한다.
④ 국민건강보험의 소관부처는 보건복지부이다.
⑤ 건강보험료는 소득재분배 기능이 포함되어 있다.

정답 ②

17 「국민건강보험법」상의 보험급여가 아닌 것은?

① 장애급여
② 요양급여
③ 장애인보장기기급여비
④ 건강검진
⑤ 요양비

정답 ①

18 국민건강보험의 보험급여 가운데 법정급여에 해당하는 것은?

ㄱ. 요양급여	ㄴ. 출산비	ㄷ. 건강검진	ㄹ. 장제비

① ㄱ, ㄴ, ㄷ
② ㄱ, ㄷ
③ ㄴ, ㄹ
④ ㄹ
⑤ ㄱ, ㄴ, ㄷ, ㄹ

정답 ②

19 사회보험에 대한 설명 중 맞는 것은?

① 시장경제원리를 중시
② 계약 자유주의에 입각함
③ 자산조사에 의해 급여 제한
④ 선별주의 원칙 적용
⑤ 사회적 연대성 원리

정답 ⑤

20 다음 중 사회복지 급여의 급여대상을 결정하는 데 있어 연령이 중요한 조건으로 사용되는 사회복지 제도는?

① 국민연금
② 장애수당
③ 건강보험
④ 고용보험
⑤ 산재보험

정답 ①

Chapter

09 사회보험정책(II)

Key word 고용노동부, 산재보험, 고용보험, 근로복지공단

1 산업재해보험 정책의 이해

산재보험은 피재근로자에게 확실한 생활을 보장하기 위하여 국가가 책임을 지는 의무보험으로 역사적으로는 사업자의 피재근로자에 대한 「근로기준법」상 형사책임과 보상책임을 담보하기 위한 제도로서 국가는 「산업재해보상보험법」상 적용대상이 되는 사업자로부터 소정의 보험료를 징수하여 법령이 정한 바에 따라 피재근로자에게 보상을 하는 우리나라 최초의 사회보험이다.

산재보험의 의의와 목적, 산재보험의 특징 및 원칙, 산재보험의 적용대상, 산재보험 급여의 종류, 보험료산정방식, 심사청구 등에 대해 서술한다.

1 산업재해보상보험의 일반

1) 산업재해보상보험의 의의

산업재해에 대한 보상을 확실하고 신속·공정하게 처리하기 위하여 기업에 대하여 사업자의 보험가입의사에도 불구하고 강제적으로 산업재해보상보험(이하 산재

보험이라 함)에 가입시키고 보험료를 전액 부담하도록 하여 그 기업에서 산업재해가 발생하면 보상 문제를 국가(고용노동부)가 직접 관장하여 사회보험의 방식으로 실시하는 제도이다.

- 산업재해보상보험은 근로자들이 업무상의 부상·질병 또는 사망한 경우에 근로자 본인의 치료나 부양가족의 생계를 보장하기 위한 제도를 의미한다. 산재보험은 근로자의 업무상 재해를 보장한다.
- 보험료율은 업종별 차등요율체계를 기본으로 개별실적요율체계를 결합하고 있다. 보험료는 사업자의 무과실책임주의에 따라 사업자가 전액 부담(1자부담의 원칙)하는 강제적 산재보험이다.

2) 산재보험의 목적

산재보험정책은 산업재해보상보험사업을 시행하여 근로자의 업무상의 재해를 신속하고 공정하게 보상하며, 재해근로자의 재활 및 사회 복귀를 촉진하기 위하여 이에 필요한 보험시설을 설치·운영하고, 재해 예방과 그 밖에 근로자의 복지증진을 위한 사업을 시행하여 근로자 보호에 이바지하는 것을 목적으로 한다. 산업재해보상보험은 업무상 재해의 신속한 보상과 근로자의 사회복귀에 이바지한다.

3) 산재보험정책의 역사

산재보험은 근로자들이 업무상의 부상, 질병 또는 사망한 경우에 근로자 본인의 치료나 부양가족의 생계를 보장하기 위한 제도이며 5대 사회보험 중 가장 먼저 실시되었다.

① 1963년 「산업재해보상보험법」 제정
② 1964년 1월부터 시행되었으나 소극적 운영(사회보험 5대 보험 중 가장 먼저 실시)
③ 1995년 노동부에서 근로복지공단으로 관리운영 이관
④ 2000년 7월 적용대상이 5인 미만 사업장으로 확대, 단 한 사람의 근로자라도 고용하는 사업장이면 산재보험의 적용을 받게 됨. 적용범위 확대(상시 1인 이상의 사업장적용 2000.7.1. 시행)
⑤ 2003년 12월 「산재보험과 고용보험 통합징수에 관한 법률」 제정

[참고] 특수직역보험 공무원연금법 : 1959년 제정, 1960년 시행

4) 산재보험의 특징

산재보험은 사업자의 무과실책임주의에 입각하고 있으며 비용은 전액 사업자가 부담하고 사업장 단위로 운영되며 국가는 보험자이고 사업자는 피보험자이다. 우리나라 산재보험에 대한 일반적 특성을 서술하면 다음과 같다.

- 5대 사회보험법 가운데 최초로 제정되었다.
- 재원인 보험료 부담은 사업자가 전액 부담한다(1자부담). 사업자와 근로자가 각각 절반씩 부담하는 것은 아니다. 보험가입자는 사업자이다. 5대 사회보험 중 근로자의 보험료에 대해 근로자의 부담금이 존재하지 않는 보험이다. 사업자와 근로자는 보험료를 공동으로 분담하는 것이 아니라 사업자가 전액 부담한다.
- 사업자의 고의 및 과실에 의한 사고가 발생하게 되면 별도의 손해배상청구를 할 수 있도록 하고 있다. 여기서 산재보험급여는 재해발생에 따른 손해 전체를 보상하는 것이 아니라 평균임금을 기초로 하는 정률보상방식으로 보험급여를 제공한다(손해 전체부분 ×, 평균임금 ○).
- 개별 사업자의 위험부담을 다수의 사업자가 공동으로 부담하는 보험방식이다. 개별실적요율주의를 채택하고 있다.
- 자진신고 및 자진납부의 원칙이 적용된다. 개별근로자 단위가 아닌 사업장단위 중심으로 산재보험관리가 운영된다.
- 강제가입방식을 택하고 있다. 보험관계에 있어 국가는 보험자, 사업자는 피보험자로서 근로자는 피보험자의 개념이 성립되지 않는다. 보험가입자는 사업자이다.
- 사업자의 무과실책임주의에 입각한다. 무과실책임주의를 택하고 있다. 무과실책임주의에 기반하고 있다. 사업자의 무과실책임 원칙[36]에 입각한 강제적 근로재해보험유형에 속한다. 근로자의 사고에 대해 사업자의 고의·과실의 유무를 불문하고 업무상의 재해에 대하여 사업자에게 책임을 지게 하는 것이다.

참고 「산재보험법」과 「근로기준법」상 재해보상의 관계

- 근로기준법에서 재해보상의 책임자는 사업자이나 산재보험법에서는 고용노동부장관이다.
- 산재보험법에서는 보험시설의 설치·운영·재해예방·근로복지사업을 규정하고 있다.
- 근로기준법상 재해보상은 일시금이 원칙이나, 산재보험법에서는 연금도 있다.
- 산재보험법은 근로기준법상의 재해보상을 보다 신속하고 확실하게 이행하고 있다.

36 무과실책임 원칙은 과실의 유무가 불확실하더라도 책임을 지우는 것을 의미한다.

2 산재보험의 적용대상(적용범위)

산재보험의 적용대상은 모든 사업장이며, 가입자는 사업자이다. 사업자의 가입 의사 여부와 관계없이 당연적용되는 당연가입사업과 사업자의 가입의사에 따라 가입할 수 있는 임의가입사업으로 분류된다.

1) 보험관계의 성립

보험관계의 성립은 「산업재해보상보험법」에 의한 권리·의무관계가 이루어지는 것을 말한다. 사업자의 의사와는 관계없이 당연히 「산업재해보상보험법」에 따른 산재보험관계가 성립하는 사업이다. 사업자가 자동적으로 보험가입자가 된다. 따라서 산업재해를 입은 근로자는 사업자가 보험관계 성립을 신고와는 관계없이 재해보상을 받을 수 있다. 다만, 위험률, 규모 및 장소 등을 고려하여 대통령령으로 정하는 사업에 대하여는 이 법을 적용하지 아니한다.

보험관계의 성립일은 당연가입사업장의 경우 당해 사업이 개시된 날 또는 일정 규모 이상의 사업에 해당하게 된 날이다. 임의적용사업장의 경우 사업자가 보험가입신청서를 근로복지공단에 접수한 날의 다음날이다. 또한 당연적용사업이 사업규모의 변동 등으로 인해 임의적용사업으로 의제된 경우 그 의제된 날부터 임의가입으로 보험관계가 성립된 것으로 본다.

2) 당연적용사업

(1) 당연가입자[37]

당연가입자는 1인 이상 근로자를 고용하는 모든 사업 또는 사업장에 적용되는 것을 원칙으로 한다(5인 이상 ×). 도급사업에 있어서는 원칙적으로 원수급인이 보험가입자이다.

---

37 사업자의 의사와는 관계없이 당연 보험관계가 성립하는 사업 또는 사업장을 말하는 것으로 적용제외사업을 제외한 1인 이상 근로자를 고용하는 사업 또는 사업장을 말한다.

적용제외 사업
① 「공무원연금법」 또는 「군인연금법」에 따라 재해보상이 되는 사업
「공무원 재해보상법」 제60조(공무수행사망자에 대한 특례)에 따라 순직유족급여 또는 위험직무순직유족급여에 관한 규정을 적용받는 경우는 제외한다.
② 「선원법」, 「어선원 및 어선 재해보상보험법」 또는 「사립학교교직원 연금법」에 따라 재해보상이 되는 사업
③ 가구 내 고용활동(가사서비스업)
④ 농업, 임업(벌목업은 제외), 어업 및 수렵업 중 법인이 아닌 자의 사업으로서 상시근로자 수가 5명 미만인 사업, 벌목법 적용대상임

산재보험의 피보험자 범위는 근로자 여부에 대한 판단기준에 따라 다르게 나타난다. 예를 들어, 현장실습생, 해외파견 근로자, 정부지원 인턴, 연수생, 친족, 성직자 및 종교단체 근로자, 항운노조원, 학생, 산업기능요원 및 전문요원 등은 적용 여부 판단에 따라 결정된다.

(2) 임의적용사업

적용제외 사업의 사업자는 근로복지공단의 승인을 얻어 보험에 가입할 수 있다. 「산업재해보상보험법」 제6조 단서에 따라 같은 법을 적용하지 아니하는 사업의 사업자는 공단의 승인을 받아 산재보험에 가입할 수 있다. 임의적인 가입의 가능성은 산업재해보상보험이 해당한다.

산업재해보상보험의 가입에 관한 설명
① 적용이 배제되는 사업은 위험률, 규모 및 사업장소 등을 참작하여 대통령령으로 정해진다.
② 기간이 정해져 있는 사업 또는 계절 사업은 연간 사용하는 근로자의 연인원을 기준으로 의무가입 여부가 정해진다.
③ 상시 1인 미만 근로자를 사용하는 사업의 사업자라도 대통령령으로 정하는 경우를 제외하고는 의무적으로 가입하여야 한다.
④ 다른 법률에 의하여 재해보상이 행해지는 사업에는 적용되지 않는다.
⑤ 임의적인 가입의 가능성은 「산업재해보상보험법」에 포함되어 있다.
⑥ 사업이 폐지된 경우에는 그 다음날부터 보험관계가 소멸한다.

3) 보험가입자

- 산재보험은 1인 이상 사업장의 사업자만 당연히 산재보험의 보험가입자가 된다(당연가입자). 이는 사업자의 의사와는 관계없이 당연히 보험가입자가 되며 보험료의 자진 신고·납부의무를 진다. 산재보험의 피보험자는 사업자이다(근로자 ×).
- 또한 산재보험은 임의적용사업자의 경우에도 보험가입자와 동일하며 근로복지공단의 승인을 얻어 보험가입자가 될 수 있다. 즉, 보험가입자 대상이 아닌 사업이라 하더라도 근로복지공단의 승인을 얻으면 보험에 가입할 수 있다(임의가입자).

4) 보험의 의제가입

사업자가 보험의 당연가입자이었던 사업장이 사업규모의 변동 등으로 인하여 당연가입자에서 제외된 경우에도 해당 사업자는 보험에 가입한 것으로 본다.

3 산재보험 급여의 관리 및 종류

1) 산재보험 급여의 지급

산재보험의 급여는 산업현장에서 근로자가 재해(업무상 질병, 부상, 사망)를 당했을 때 지급되며 일반적으로 산업재해는 업무수행성과 업무기인성을 기본 요건으로 하여 업무상 발생한 질병·부상·사망한 경우에 대하여 급여를 지급한다.

- 업무수행성과 업무기인성
  - 업무수행성이란 사업자의 지배관리나 사업자의 시설물 이용 중에 재해가 발생하는 것이다.
  - 업무기인성이란 사고와 재해 간에 인과관계가 있어야 한다는 것을 의미한다.
  - 사고와 재해 간의 관계 정도는 상당인과관계설로 설명하는 것이 다수설이다.
  - 업무기인성이 인정되면 업무수행성은 추정된다.
  - 업무수행성과 업무기인성을 기본 요건으로 하여 판단한다.

- 수급권자가 이 법에 따라 보험급여를 받았거나 받을 수 있으면 보험가입자는 동일한 사유에 대하여 「근로기준법」에 따른 재해보상 책임이 면제된다.
- 산업재해보상보험의 업무상 재해의 유형으로 볼 수 있는 것은 부상, 질병, 신체장해, 사망 등이다.

산재보험의 '업무상 재해'로 인정하는 사례

① 사업장 내에서 작업시간 중에 작업을 하던 중 근로자의 경미한 과실로 발생한 사고로 인한 부상
② 회사가 주최하는 행사의 기획업무를 담당하고 있는 근로자가 그 업무의 수행 중에 발생한 사고로 인한 부상
③ 사업장 내에서 화재가 발생하여 사회통념상 예견될 수 있는 구조행위를 하고 있을 때 발생한 사고로 인한 사망
④ 출장지시를 받아 사업장 밖에서 업무를 수행하다 발생한 사고로 인한 부상
⑤ 과로사
⑥ 작업시간 중 용변을 보다가 발생한 사고로 인한 부상
⑦ 회사가 주최한 운동경기 도중의 사고로 인한 부상
⑧ 작업시간 중 제3자의 행위로 인하여 발생한 사고로 인한 부상

- 근로자의 고의·과실에 의해 발생한 부상·질병·장애는 업무상의 재해에 포함되지 아니한다.

2) 산재보험의 관리운영

고용노동부장관의 위탁을 받아 산업재해보상보험의 목적을 달성하기 위해 근로복지공단을 설립하여 운영한다. 산재보험과 고용보험은 근로복지공단과 고용노동부의 지방전달체계를 활용하여 운영되고 있다.

3) 산재보험 급여의 종류

산재보험의 급여로는 요양급여, 휴업급여, 유족급여, 상병보상연금, 장의비, 간병급여, 직업재활급여, 특별급여가 있다. 출산급여, 구직급여는 해당되지 않는다. 산재보험의 급여종류로 직업재활급여도 산재보험급여에 포함된다. 앞으로 산재보험급여는 압류가 불가능한 전용수급 계좌에 입금된다.

급여의 종류	내 용
요양급여	• 근로자가 업무상의 사유로 부상을 당하거나 질병에 걸린 경우에 그 근로자에게 요양비를 지급한다. 요양급여는 산재보험 의료기관에서 요양을 하게 한다. 다만, 부득이 한 경우에는 요양을 갈음하여 요양비를 지급할 수 있다. 요양급여의 종류로는 진찰·약제 또는 진료재료와 의지, 기타 보철구의 지급, 처치·수술 기타의 치료, 의료시설에의 수용, 간병비, 이송료, 기타 고용노동부령이 정하는 사항으로 한다. • 3일 대기기간 : 부상 또는 질병이 3일 이내의 요양으로 치유될 수 있으면 요양급여를 지급하지 아니한다. 단, 하루의 요양인 경우에는 지급하지 아니한다. • 본인부담금이 없이 치료비의 전액을 급여로 지급한다. • 건강보험의 우선 적용 : 요양급여의 신청을 한 자는 공단이 요양급여에 관한 결정을 하기 전에는 국민건강보험에 따른 요양급여 또는 의료급여에 따른 의료급여를 받을 수 있다. 납부한 본인 일부 부담금은 요양급여에 해당하는 금액을 공단에 청구할 수 있다.
휴업급여	• 업무상 부상·질병으로 인한 휴업기간에 대해 임금 대신 지급하는 소득보상 급여이다. 즉, 업무상 사유에 의하여 부상을 당하거나 질병에 걸린 근로자에게 요양으로 인하여 취업하지 못한 기간(입원/통원)에 대해 1일당 평균임금의 100분의 70에 해당하는 금액을 지급하는 보험급여이다(근로형태가 특이한 경우에는 통상근로계수를 적용함). • 1일당 지급액은 평균임금의 70/100(70%)에 상당하는 금액을 지급한다. 취업하지 않은 기간이 3일 이내일 때는 지급하지 않는다(3일 대기기간).
장해급여	• 업무상 재해의 치유 후 신체 등에 장애가 남는 경우에 해당근로자에게 지급한다. 즉, 장해급여는 업무상의 사용에 의하여 부상을 당하거나 질병에 걸려서 치유 후, 신체 등에 장해가 남아 있는 경우에 지급한다. • 장해보상연금과 장해보상일시금은 원칙적으로 수급권자의 선택에 따라 지급하되, 대통령령이 정하는 자에게는 장해보상연금을 지급한다. 장애등급(1급~14급)에 따라 장해보상연금 또는 장해보상일시금(모든 등급에 지급)을 지급한다. 중증장애인(1~3급) 연금만 지급한다.
유족급여	• 근로자가 업무상의 사유에 의하여 사망한 경우 유가족에게 유족보상연금 또는 유족보상 일시금으로 지급하는 것이다. ☆ 60세 이상인 부모 또는 조부모는 유족보상연금의 수급 자격자가 될 수 있다. 유족급여는 원칙적으로 유족보상연금으로 지급하는 것이다. 산재사망자 유족에게 지급하는 유족보상연금 자녀 나이의 상한을 19세에서 25세 미만(24세까지)으로 확대하고, 최저보상기준을 전체 노동자 평균임금의 50%가 아닌 최저임금액으로 변경하였다. 2018년 최저임금이 지난해보다 16.4% 인상되면서 하루 6만240원인 최저임금액이 5만7135원인 최저보상기준액을 넘어섰기 때문이다. 유족보상일시금은 평균임금의 1,300일분에 상당하는 금액으로 한다.
상병보상연금	• 요양급여를 받는 근로자가 요양개시 후 2년이 경과된 날 이후에 다음의 요건 모두 해당하는 상태가 계속되면 휴업급여 대신 상병보상연금을 그 근로자에게 지급한다. 1. 해당 부상이나 질병이 치유되지 아니한 상태일 것 2. 그 부상이나 질병에 따른 폐질(廢疾)의 정도가 대통령령으로 정하는 폐질등급 기준에 해당할 것 3. 요양으로 인하여 취업하지 못하였을 것

(계속)

급여의 종류	내 용
상병보상연금	• 상병보상연금은 폐질등급에 따라 지급한다. • 재요양을 시작한 지 2년이 지난 후에 상병상태가 위의 요건을 모두 해당하는 자에게는 휴업급여 대신 폐질등급에 따라 상병보상연금을 지급한다(휴업급여 대신 상병보상연금 지급). ☆ 요양급여로 휴업하여 휴업기간이 2년 경과한 후에는 휴업급여 대신 상병보상연금 급여를 지급한다. 상병보상연금을 받는 경우에도 휴업급여를 지급하지 아니한다.
장의비	• 근로자가 업무상의 사유로 사망한 경우에 장제에 필요한 비용을 지급하되, 평균임금의 120일분에 상당하는 금액을 그 장제(葬祭)를 지낸 유족에게 지급한다(업무상 재해로 사망한 경우 장제에 필요한 비용 지급). • 다만, 장제를 지낼 유족이 없거나 그밖에 부득이한 사유로 유족이 아닌 자가 장제를 지낸 경우에는 평균임금의 120일분에 상당하는 금액의 범위에서 실제 드는 비용을 그 장제를 지낸 자에게 지급한다(평균임금액의 120일분).
간병급여	• 업무상 부상 또는 질병의 치유 후 의학적으로 상시 또는 수시로 간병이 필요하여 실제로 간병을 받은 자에게 지급한다. 지급대상은 상시간병급여 대상, 수시간 간병급여를 대상으로 한다.
직업재활급여	• 장해급여 또는 진폐보상연금을 받은 자나 장해급여를 받을 것이 명백한 자로서 장해급여자 중 취업을 위하여 직업훈련이 필요한 자(훈련대상자)에 대하여 실시하는 직업훈련에 드는 비용 및 직업훈련수당을 말한다. • 업무상의 재해가 발생할 당시의 사업에 복귀한 장해급여자에 대하여 사업자가 고용을 유지하거나 직장적응훈련 또는 재활운동을 실시하는 경우에 각각 지급하는 직장복귀지원금, 직장적응훈련비 및 재활운동비
특별급여	• 사업자의 고의 또는 과실로 인한 재해발생 시 근로자가 장해를 입은 경우와 사망한 경우에 사업자에게 「민법」상 손해배상청구를 할 수 있는데, 이에 갈음하여 산재보험에서 유족 및 장해특별급여를 대불해 주고 그 지급상당액을 사업자가 납부하는 제도이다. • 장해특별급여와 유족특별급여가 있다.

- 산업재해보상보험의 요양급여에 포함되는 것은 진료비, 약제비, 간병비, 수술비, 퇴원비 등이다. 개호수발비는 포함되지 않는다.

① 진찰 및 검사
② 약제 또는 진료재료와 의지(義肢), 그 밖의 보조기의 지급
③ 처치, 수술, 그 밖의 치료
④ 재활치료
⑤ 입원
⑥ 간호 및 간병
⑦ 이송
⑧ 그밖에 고용노동부령으로 정하는 사항

4) 산재보험 급여의 지급(14일 이내 지급)

산재보험 급여의 일시금은 요양종결 후 수급권자의 신청에 따라 해당 등급에 요양종결 당시의 평균임금을 곱하여 계산한 금액을 지급한다. 그리고 연금은 아래 등급별 연금에 해당하는 일수에 평균임금을 곱하여 산정한 금액을 12로 나누어 매월 1회 지급한다.

종 류	지급조건	지급수준
요양급여	업무상 재해로 부상, 질병	요양비 전액
휴업급여	요양으로 취업 못 할 때	평균임금 70% 지급
장해급여	부상, 질병의 치료 이후에 장해	장해등급에 따라 지급
간병급여	요양급여 치유 후 간병 필요시	간병료 지급
유족급여	업무상의 사유로 사망	근로자의 평균임금을 고려하여 지급
상병보상연금	요양 이후에도 치료가 안 될 때	폐질등급에 따라 지급
장의비	업무상 재해로 사망	평균임금의 120일분 지급
직업재활급여	직업재활이 필요한 장해급여자	장해 정도 및 연령을 고려하여 지급

- 산업재해 근로자가 요양으로 취업 못 할 때 휴업급여는 평균임금 70%를 지급한다.

5) 제3자에 대한 구상권 및 지급 제한

- 공단은 제3자의 행위에 따른 재해로 보험급여를 지급한 경우에는 그 급여액의 한도 안에서 급여를 받은 자의 제3자에 대한 손해배상청구권을 대위(代位)한다. 제3자에 대한 구상권은 재해의 책임이 있는 제3자의 책임면탈 방지 및 보험재정 건전성 확보를 위한 것이다.
- 보험급여 지급의 제한 : 공단은 근로자가 다음의 어느 하나에 해당되면 보험급여의 전부 또는 일부를 지급하지 아니할 수 있다.

① 요양 중인 근로자가 정당한 사유 없이 요양에 관한 지시를 위반하여 부상·질병 또는 장해 상태를 악화시키거나 치유를 방해한 경우
② 장해보상연금 또는 진폐보상연금 수급권자가 장해등급 또는 진폐장해등급 재판정 전에 자해(自害) 등 고의로 장해 상태를 악화시킨 경우

※ 장애보상 또는 유족보상을 받는 경우 국민연금의 장애연금 또는 유족연금 급여액이 조정되거나 일정기간 지급이 정지된다.

- 시효 : 보험급여를 받을 권리 등은 3년간 행사하지 아니하면 시효로 말미암아 소멸한다. 보험급여의 청구는 기간제한 없이 언제라도 할 수 있는 것이 아니다.

4 산재보험의 보험료(재정)

1) 산재보험의 보험료

산업재해보상보험의 보험료를 부담하는 자는 사업자이다. 산재보험료는 업종별 요율에 따라 산정한다. 업종별 요율은 매년 6월 30일 지난 3년간의 임금총액에 대한 보험급여 총액의 비율을 기초로 재해 발생의 위험성에 따라 분류되어 매년 12월 31일경 고시된다.

또한 산재보험은 산재보험료율 결정특례로서 개별실적요율에 따라 사업장별로 달리 산정한다. 개별실적요율은 동종사업의 보험료율을 적용함에 있어서 재해방지를 위해 노력한 사업자와 그렇지 못한 사업자 간의 형평성 원칙을 실현하기 위한 것이다.

- 사업자가 부담하여야 하는 산재보험료는 그 사업자가 경영하는 사업에 종사하는 근로자의 개인별 보수총액에 같은 종류의 사업에 적용되는 산재보험료율(업종별 요율[38])을 곱한 금액을 합한 금액으로 한다. 보험료는 근로자의 개인별 보수총액에 근거하여 산정된다(통상임금 ×).
- 산재보험은 특정 직업마다 보험료율이 상이하다. 각 업종의 개별 사업자별로 재해발생이 많고 적음에 따라 일정한 범위 내에서 보험료율을 증가하거나 경감시켜 적용한다.
- 보험사업에 드는 비용에 충당하기 위하여 징수하는 보험료나 그 밖의 징수금에 관하여는 「보험료징수법」에서 정하는 바에 따른다. 산재보험의 보험료는 2003년부터 보험사업에 소요되는 비용에 충당하기 위하여 징수하는 보험료, 그 밖의 징수금에 대하여는 「고용보험 및 산업재해보상보험의 보험료징수 등에 관한 법률」(보험료징수법)이 정하는 바에 따르고 있다.

38 업종의 평균적 재해 발생률을 기초로 선정하고 사업자는 자기가 속한 업종의 보험료율을 적용한다.

> ① 산재보험의 보험료부담 : 가입자인 사업자가 전액 부담(월평균보수의 합계액×보험료율)
> ② 산재보험의 보험료율 : 업종별 차등요율체계와 개별실적요율체계를 함께 적용한다.
> ③ 보험료율이 높은 업종 : 어업, 채석업, 석탄광업, 금속 및 비금속 광업 등
> ④ 보험료율이 낮은 업종 : 금융보험업, 컴퓨터 운용 및 법무회계 등
> ⑤ 월별 보험료 정산 : 선납에 의한 개산보험료를 부과하고 회계연도 이후에 확정보험료와 차액을 정산하여 재조정한다. 확정보험료는 이미 납부한 개산보험료와 정산한다.

- 보험료율 산정 : 업종별 보험료율+산재발생 실적을 감안한 개별실적요율을 더하여 보험료율을 결정함

2) 산재보험료 산정

- 기존 산재보험료는 자진·신고·납부하고 건강보험·국민연금보험료는 부과·고지하는 등 납부방식이 서로 달라 5대 사회보험 징수·통합을 위해 납부방식을 통일하였다. 2011년부터 근로복지공단은 매월 보험료를 산정·부과하고, 건강보험공단이 이를 징수한다(보험료체납 관리업무는 건강보험공단이 수행).
- 확정보험료는 이미 납부한 개산보험료와 정산한다.

개산보험료(「고용산재보험료징수법」 제17조)는 보험연도마다 그 1년 동안(보험연도 중에 보험관계가 성립한 경우에는 그 성립일부터 그 보험연도 말일까지의 기간)에 사용할 근로자에게 지급할 임금총액의 추정액에 산재보험료율을 각각 곱하여 산정한 금액을 말한다. 대통령령이 정하는 바에 따라 그 보험연도의 3월 31일(보험연도 중에 보험관계가 성립한 경우에는 그 보험관계의 성립일부터 70일, 건설공사 등 기간이 정하여져 있는 사업으로서 70일 이내에 종료되는 사업에 있어서는 그 사업의 종료일 전날)까지 공단에 신고·납부하여야 한다.

확정보험료(「고용산재보험료징수법」 제19조)는 매 보험연도의 말일(보험연도 중에 보험관계가 소멸한 경우에는 그 소멸한 날의 전날)까지 사용한 근로자에게 지급한 임금총액(지급하기로 결정된 금액을 포함한다)에 산재보험료율을 각각 곱하여 산정한 금액(확정보험료)을 의미한다. 대통령령이 정하는 바에 따라 다음 보험연도의 3월 31일(보험연도 중에 보험관계가 소멸한 사업에 있어서는 그 소멸한 날부터 30일)까지 공단에 신고하여야 한다. 다만, 사업자가 국가 또는 지방자치단체인 경우에는 그 보험연도의 말일까지 신고할 수 있다.

- 다만 고용상황 및 보수총액 등의 파악이 어려워 월별 부과·고지의 적용이 곤란한 업종, 즉 건설업·벌목업 등은 계속하여 자진·신고·납부방식을 적용하여 공단에서 업무 수행한다(보험료 산정·고지·수납). 우리나라 산재보험 보험료율 부과체계는 업종별 차등요율체계를 기본으로 부분적으로 개별실적요율체계를 적용하고 있다.

3) 서류 보존기간

「산업재해보상보험법」의 보험급여 서류 보존기간은 5년이다.

5 산재보험의 전달체계

산재보험업무는 1995년 7월 1일부터 근로복지공단을 이관하여 현재 근로복지공단에서 위탁·관리 운영하고 있다.

- 고용노동부 : 산재보험의 관장자로서 보험료율의 결정, 고시, 보험급여 기준의 결정, 보험기금의 관리 운용 등 중요정책 업무만 관장한다.
- 근로복지공단 : 산재보험업무는 고용노동부 산재보험과에서 직접 관리 운영한다. 1995년 7월 1일부터 근로복지공단(공법인)에서 위탁·관리 운영한다.

> 근로복지공단
> 고용노동부가 관리하는 산재보험과 고용보험은 각각의 공단을 별도로 두지 않고 근로복지공단과 고용노동부의 지방전달체계를 이용하여 운영한다. 가령 근로복지공단은 근로자가 산업재해를 당했을 경우 산업재해보상보험을 관장하는 기구이다.

6 문제점 및 향후과제

- 적용범위와 장해등급 판정의 한계
- 급여내용의 편협성
- 산재보험료율 체계 상의 적용문제

- 산재보험 급여 중 장해급여의 연금화에 따른 재정문제 : 단기급여에 대해서는 부과방식을, 장기 급여에 대해서는 적립방식을 적용하는 혼합재정방식 체계로 변환할 필요하다.

2 고용보험 정책의 이해

고용보험제도는 실업예방, 고용촉진, 근로자의 직업능력의 개발·향상은 물론 생활에 필요한 급여를 지급하여 실직근로자의 생활안정 및 재취업을 지원하는 사회보장제도이다. 근로복지공단은 1999년 10월 1일부터 고용보험 적용·징수업무를 통합 운영하고 있다.

고용보험의 목적과 특징 및 도입, 고용보험의 적용대상, 고용보험의 주요 사업내용[구직급여(구직급여의 소정급여일수 등), 육아휴직급여(육아휴직대상자 등), 실업급여(실업의 인정 등), 모성보호급여 등]에 대해 서술한다. 또한 고용보험의 재원(보험료 : 고용안정, 직업능력개발사업의 보험료 등) 및 관리운영에 관한 설명을 한다.

1 고용보험의 개요

1) 고용보험의 개념과 목적

- 고용보험은 전통적 의미의 실업급여 보험사업(사후·소극적 의미)을 비롯하여 현대적 의미의 재취업촉진(고용안정사업과 직업능력사업 : 사전적·적극적 의미) 등의 노동시장 정책을 적극적으로 연계하여 통합적으로 실시함으로써 실직자에게 생계지원과 재취업을 촉진하고 더 나아가 실업을 예방하는 사회보험정책이다.
- 고용보험정책은 고용보험의 시행을 통하여 실업의 예방, 고용의 촉진 및 근로자의 직업능력의 개발과 향상을 꾀하고, 국가의 직업지도와 직업소개 기능을 강화하며, 근로자가 실업한 경우에 생활에 필요한 급여를 실시하여 근로자의 생활안정과 구직활동을 촉진함으로써 경제·사회 발전에 이바지하는 것을 목적으로 한다.

일반적으로 고용보험제도의 목표는 다음과 같다.(177)

첫째, 산업구조 조정에 따른 잉여인력이 새로운 산업으로 신속히 이동할 수 있도록 지원함으로써 산업구조조정을 촉진한다.

둘째, 국가의 직업안정 기능이 체계화되고 고용정보가 정확히 파악됨으로써 구조적인 인력수급의 불균형에 대응한다.

셋째, 기업의 필요에 따른 자율적인 훈련실시를 유도하여 산업수요에 부응하는 근로자의 직업능력을 개발·지원함으로써 기업경쟁력을 강화한다.

마지막으로 실직근로자의 생계를 제도적으로 보장함으로써 생활안정을 도모하고 각종 고용정보 제공 및 직업상담 등을 통해 재취업을 촉진한다.

고용보험정책의 필요성
① 경기변동 등에 따른 사업자의 고용조정을 지원
② 직업능력개발의 활성화로 기업경쟁력 강화
③ 실직근로자의 생활안정과 재취업의 촉진

2) 고용보험의 특징

- 고용보험은 실직한 근로자에게 보험기술을 통해 실업급여를 지급함으로써 실직근로자의 생활안정을 추구하는 전통적 의미의 실업보험(소극적 노동시장정책－실직 근로자의 생활안정)이다.
- 고용보험 구직급여는 대기기간(7일) 중에는 지급되지 않는다. 실업의 인정에도 불구하고 실업의 신고일부터 7일간은 대기기간으로 간주하여 구직급여를 지급하지 아니한다(「고용보험법」 제49조).
- 경제활동인구는 만 15세 이상 인구 중 조사대상 기간에 상품이나 서비스를 생산하기 위해 노동을 제공한 사람과 제공할 의사와 능력이 있는 사람을 말한다.
- 현행 경제활동인구조사에서 조사대상 기간 1주일 동안 수입을 목적으로 1시간 이상 일한 사람은 취업자이다.
- 노동시장 신규진입 또는 전직(轉職)으로 인한 일시적 무직상태를 마찰적 실업이라 한다. 마찰적 실업은 정보를 수집하고 탐색하는 과정에 있는 실업이라는 의미에서 '탐색적 실업'이라고도 한다. 즉, 신규 또는 전직자가 노동시장에 진입하는 과정에서 직업정보의 부족으로 인해 일시적으로 발생하는 실업의 유형에 해당한다.

- 적극적인 직업소개 또는 직업훈련지원의 활성화를 통하여 경쟁력 강화, 재취업을 촉진하고 실직근로자의 실업의 예방·취업기회의 확대, 근로자의 직업능력 향상(고용조정의 원활화), 경기조절기능의 수행(적극적 노동시장정책－실업자의 고용안정과 직업능력개발 등), 직업안정기능의 활성화와 인력수급의 원활화, 그밖에 근로자의 복지증진을 목적으로 하는 적극적 노동시장정책을 결합한 형태로 운영되고 있다.

> 고용보험정책
> 실업보험(사후적/소극적 노동정책/사회보장)＋고용안정사업/직업능력개발사업(사전적/적극적 노동정책)

2 고용보험정책의 역사

- 1993년 12월 제정 : 「고용보험법」 제정
- 1998년 10월 : 근로자 1인 이상을 고용하는 사업장으로 적용범위 확대(상시 근로자 4인 이하의 농업, 임업, 수렵 업 등 일부 업종 제외)

3 고용보험정책의 적용대상 및 가입

고용보험정책은 적용대상에 따라 일반적인 당연적용사업과 임의가입사업으로 구분한다. 고용보험의 적용대상에는 당연적용대상과 임의적용대상이 있다.

1) 당연적용 대상

고용보험은 1998년 10월 1일부터 근로자가 1인 이상 고용하는 있는 사업자는 의무적으로 고용보험에 가입하여야 한다(강제가입). 다만 상시근로자 4인 이하를 고용하는 농업, 임업, 어업 및 수렵업과 가사서비스업, 공사금액이 매년 노동부장관이 고시하는 금액(2천만 원) 미만인 건설공사를 행하는 사업자는 근로자 과반수의 동의를 얻어 고용보험에 임의가입을 할 수 있다.

따라서 적용단위는 사업 또는 사업장 단위로 한다. 즉, 「고용보험법」을 적용받는 사업의 사업자와 근로자는 당연히 고용보험의 보험가입자가 된다. 또한 자영업자도 가입자와 피보험자가 된다.

① 「고용보험 및 산업재해보상보험의 보험료징수 등에 관한 법률」(보험료징수법) 고용보험에 가입되거나 가입된 것으로 보는 근로자
② 「보험료징수법」에 따라 고용보험에 가입하거나 가입된 것으로 보는 자영업자(자영업자인 피보험자)

사업(추상적 개념)과 사업장(물리적 개념)

사 업(추상적 개념)	하나의 업을 반복하여 계속할 의사를 가지고 지속적으로 행하는 행위
사업장(물리적 개념)	사업이 행하여지고 있는 인적, 물적 시설이 존재하는 장소적 범위

- 보험관계의 성립 및 소멸에 대하여는 「보험료징수법」으로 정하는 바에 따른다(보험관계의 성립·소멸).

2) 임의적용 대상

- 임의적용사업은 고용보험법의 당연적용대상 사업이 아니거나 의무적용을 받지 아니하는 사업(적용제외 사업)으로서 고용보험가입 여부가 사업자의 자유의사에 일임되어 있는 사업을 말한다.
- 이 경우 사업자는 근로자(적용제외 근로자 제외) 과반수 이상의 동의를 얻어 고용보험 가입신청서를 관할 근로복지공단에 제출하여 승인을 받아야 가입할 수 있다(실업 급여에 한하여 가입할 수 없음).
- 고용안정, 직업능력 개발사업 및 실업급여의 전부에 가입하거나 별도로 실업급여에 한하여 가입할 수 있다(실업급여에는 가입하지 않고 고용안정사업 및 직업능력개발사업에만 가입하는 것은 안 됨).

3) 적용제외 대상

사업의 규모 및 산업별 특성을 고려하여 사업장 및 피보험자 관리가 매우 어렵다고 판단되는 다음의 일부 사업에 대하여는 대통령령으로 정하는 바에 따라 적용을 제외한다.

(1) 적용제외 사업장

① 다음의 하나에 해당하는 공사

가. 「고용보험 및 산업재해보상보험의 보험료징수 등에 관한 법률 시행령」에 따른 총공사 금액이 2천만 원 미만인 건설공사－총 공사금액이 매년 고용노동부장관이 고시하는 금액(2천만 원) 미만인 공사

나. 연면적이 100제곱미터 이하인 건축물의 건축 또는 연면적이 200제곱미터 이하인 건축물의 대수선에 관한 공사

② 가구 내 고용활동 및 달리 분류되지 아니한 자가소비 생산활동 : 가사 서비스업

- 벌목업은 산재보험에 적용대상자이다. 다만, 고용보험은 적용대상이 아니다.

(2) 적용제외 근로자

고용보험은 모든 근로자에게 적용되나 다음의 근로자에 대해서는 적용을 제외하고 있다.

① 해당 사업에서 소정(所定)근로시간이 대통령령으로 정하는 시간 미만인 근로자(1개월간 소정근로시간이 60시간 미만인 자 : 1주간의 소정근로시간이 15시간 미만인 자 포함)
② 공무원. 다만, 대통령령으로 정하는 바에 따라 별정직공무원, 임기제공무원의 경우는 본인의 의사에 따라 고용보험(실업급여 한함)에 가입할 수 있다－공무원(별정직, 계약직 공무원은 2008.9.22일부터 임의가입 가능).
③ 「사립학교교직원 연금법」의 적용을 받는 자
④ 그밖에 대통령령으로 정하는 자(외국인 근로자, 별정우체국 직원)

다만, 65세 이후에 고용된 근로자 또는 자영업을 개시한 자영업자에 대한 고용안정·직업능력개발 사업에 관하여는 적용한다.

[사례] 65세 이후에 고용되거나 자영업을 개시한 자

농업에 종사한 67세 할아버지가 농업을 그만두고 할머니와 살고 있는 경우 실업급여 사업에 따라 구직급여, 취업촉진수당을 받지 못하지만, 고용안정·직업능력개발 사업에 따라 지원은 받을 수 있다. → 「고용보험법」상 실업급여사업과 모성보호사업의 적용대상에서 65세 이상의 노인은 제외된다.

4) 고용보험 가입 혜택

고용보험에 가입하면 실업급여, 취업알선, 직업훈련 등 여러 가지 혜택을 받을 수 있다.

고용보험의 급여는 근로자의 실업 여부에 따른 지원으로서 ① 재직하는 경우에는 학자금 대부, 수강장려금, 산전후 휴가급여, 육아휴직급여와 ② 실직한 경우에는 실업급여, 실업자 재취직 훈련, 실업자 취업훈련 등이 있다.

- 실업급여 : 이직일 이전 18개월간 피보험 단위기간이 통산 180일 이상이어야 한다. 수급자격 신청일 이전 1개월 간 일한 날 수가 10일이 안 될 경우 실업급여를 받을 수 있다(수급자격 인정).
- 취업알선 : 재취업을 위하여 취업알선을 받을 수 있다.
- 직업훈련 : 실업자 재취직 훈련을 받을 경우 훈련비와 훈련수당을 지원 받을 수 있다.

4 고용보험의 주요사업과 급여

고용보험의 사업은 고용안정사업과 직업능력개발 사업이 있고, 고용보험에서 제공하는 급여는 실업급여사업, 모성보호급여(육아휴직 급여 및 출산전후휴가 급여), 상병급여, 연장급여 등을 실시한다. 보험사업의 보험연도는 국가의 회계연도에 따른다(1년 회계연도, 단기보험).

1) 고용안정사업과 직업능력개발 사업(사전적 또는 적극적 노동시장정책)

고용노동부장관은 피보험자 및 피보험자였던 자, 그밖에 취업할 의사를 가진 자(피보험자등)에 대한 실업의 예방, 취업의 촉진, 고용기회의 확대, 직업능력개발·향상의 기회 제공 및 지원, 그밖에 고용안정과 사업자에 대한 인력 확보를 지원하기 위하여 고용안정·직업능력개발 사업을 실시한다.

(1) 고용안정사업의 실시

고용안정사업에는 근로자 등의 고용창출, 고용조정, 고용유지, 고용촉진 등이 있다.

❶ 고용창출 지원사업-전문인력 채용 : 기업혜택

고용창출의 지원[39]은 고용노동부장관이 고용환경 개선, 근무형태 변경 등으로 고용의 기회를 확대한 사업자에게 대통령령으로 정하는 바에 따라 필요한 지원을 할 수 있다. 이는 중소기업 등의 인력 확보를 지원하고 기업의 일자리 창출을 유도함으로써 근로자의 고용안정에 기여하기 위하여 시행한다.

❷ 고용조정 지원사업-근로자의 실직예방과 기업의 경영부담 완화

고용노동부장관은 경기의 변동, 산업구조의 변화 등에 따른 사업 규모의 축소, 사업의 폐업 또는 전환으로 고용조정이 불가피하게 된 사업자를 지원함으로써 근로자에 대한 휴업, 휴직, 직업전환에 필요한 직업능력개발 훈련, 인력의 재배치 등을 실시하거나 그밖에 근로자의 고용안정을 위한 조치를 하면 그 사업자에게 필요한 지원을 할 수 있다. 이 경우 휴업이나 휴직 등 고용안정을 위한 조치로 근로자의 임금이 대통령령으로 정하는 수준으로 감소할 때는 그 근로자에게도 필요한 지원을 할 수 있다. 예컨대 생산량 감소, 재고량 증가 등으로 고용조정이 불가피하게 된 사업자를 지원함으로써 근로자의 실직을 예방하고 기업의 경영부담을 완화하기 위하여 시행한다.

❸ 고용유지 지원사업-실업예방

고용유지 지원사업은 생산량 감소·재고량 증가 등으로 고용조정이 불가피하게 된 사업자가 근로자를 감원하지 않고 일시휴업, 훈련, 휴직, 인력재배치 등 고용유지조치를 실시하여 고용을 유지하는 경우 임금(수당) 및 훈련비를 지원한다.

고용유지조치 실시

구 분	내 용	지원수준
휴업	1개월의 단위기간동안 당해 사업장의 전체 피보험자의 총근로 시간이 20/100이 초과되도록 근로시간을 단축하는 근로시간 조정, 교대제 개편, 휴업을 실시하는 경우	사업자가 지급한 휴업수당의 2/3(대규모기업 1/2) 지원
훈련	고용유지조치 대상자에게 1일 4시간, 총 16시간 이상의 적합한 직업훈련을 실시하는 경우	사업자가 지급한 임금의 3/4(대규모기업 2/3)와 훈련비 지원

(계속)

39 교대제 도입·확대 등 근무체계 개편, 고용환경개선, 유망창업 기업지원, 전문인력채용 지원 등을 통해 일자리를 늘려 실업자를 신규 채용한 사업자에게 인건비 또는 시설비의 일부, 그리고 설비투자비에 대한 융자를 지원하는 사업이다.

구 분	내 용	지원수준
휴직	고용유지조치 대상자에게 계속하여 1개월 이상의 유, 무급 휴직을 실시하는 경우(2014년 이후 무급휴직은 지원 제외)	유급휴직의 경우 사업자가 지급한 휴직수당의 2/3(대규모기업 1/2) 지원 무급휴직의 경우 1인당 월 20만 원, 무급휴직 중 훈련 참여 시에는 훈련수당(최저임금의 70%, 교통비 3만 원)과 훈련비 지원
인력 재배치	시설·설비를 새로이 설치하거나 정비하고 새로운 업종으로 사업을 전환하여 기존 사업에 종사하던 근로자의 50% 이상을 전환업종에 재배치하는 경우	사업자가 지급한 임금의 3/4(대규모기업 2/3) 지원

- 계속고용 의무 준수 : 계속고용이란 고용조정이 불가피하게 된 사업자가 당해 사업에서 고용하는 근로자(피보험자)에 대하여 고용유지조치를 취하여 당해 사업장 소속 전체 피보험자를 계속고용하는 경우 지원금을 지원한다.

❹ 고용촉진 지원사업

지역고용의 촉진, 고령자 등에 대한 고용촉진, 건설 근로자 등의 고용안정, 고용안정 및 취업촉진, 고용촉진 시설에 대한 지원, 직업능력개발의 촉진 등이 있다. 고용노동부 워크넷(취업희망풀)에 등록되어 있는 구직자를 채용하는 사업자에게 지원금을 지급한다. 노동시장의 통상적인 조건하에서는 취직이 특히 곤란한 고령자, 장기실업자, 여성, 청년실업자, 장애인 등의 고용을 촉진하기 위하여 시행한다. 고용촉진시설 지원사업은 직장보육시설을 설치·운영하는 경우에 지원하는 제도로서 여성의 육아부담을 완화하기 위하여 시행한다.

(2) 직업능력 개발사업의 실시

고용노동부장관은 피보험자 등에게 직업생활의 전 기간을 통하여 자신의 직업능력을 개발·향상시킬 수 있는 기회를 제공하고, 직업능력의 개발·향상을 지원하기 위한 직업능력 개발사업을 실시한다. 이는 직업능력 개발을 위한 사업자 지원(직업능력개발=사업자, 피보험자), 직업능력 개발을 위한 근로자 지원이 있다.

직업능력 개발사업의 구체적 사업을 살펴보면 다음과 같다.

사업주에 대한 직업능력개발훈련의 지원	재직근로자훈련 지원, 유급휴가훈련 지원, 직업능력개발 훈련·장비자금 대부, 사업 내 자격검정 지원
재직근로자에 대한 지원	근로자수강지원금 지원, 근로학자금 대부, 직업능력개발훈련비용 대부, 검정수수료 지원
실업자훈련지원	실업자재취직훈련지원, 정부위탁(우선선종직종)훈련지원

❶ 내일배움 카드제

내일배움 카드제란 구직자에게 일정한 금액을 지원, 그 범위 이내에서 자기주도적으로 직업능력개발훈련에 참여할 수 있도록 하고, 훈련이력 등을 개인별로 통합 관리하는 제도이다. 이를 통해 실업자는 300만 원, 재직자는 200만 원 한도 내에서 취업에 필요한 훈련비용을 지원을 받을 수가 있다.

❷ 직업능력 개발지원 대상

근로자 직업능력 개발카드 발급 신청일 당시 다음 중 한 가지 요건이라도 해당하는 근로자는 근로자 직업능력 개발카드를 발급받아 훈련비를 지원받을 수 있다.

2) 실업급여(사후적·소극적 사회보장) : 실업급여=구직급여, 취업촉진수당

실업급여는 근로자가 실직했을 경우 일정기간 급여를 지급함으로써 실업으로 인한 생계불안을 극복하고 생활의 안정을 도와주며 적극적인 재취업활동의 기회를 지원해 주는 제도이다.

고용보험의 실업급여에는 구직급여와 취업촉진 수당이 있다. 고용보험 가입 근로자가 실직하여 재취업활동을 하는 기간에 소정의 급여를 지급함으로써 실업으로 인한 생계불안을 극복하고 생활의 안정을 도와주며 재취업의 기회를 지원해 주는 사업을 말한다.

- 실업급여는 실업에 대한 위로금의 대가로 지급되는 것이 아니다.
- 실업급여는 실업이라는 보험사고가 발생했을 때 취업하지 못한 기간에 대하여 적극적인 재취업활동을 한 사실을 확인(실업인정)하고 지급한다.
  ※ '실업의 인정'이란 근로의 의사와 능력을 가지고 적극적으로 구직노력을 했음을 인정받는 것이다.
- 실업급여 중 구직급여는 퇴직 다음날로부터 12개월이 경과하면 소정급여일수가 남아 있다고 하더라도 더 이상 지급받을 수 없다(실업급여 신청없이 재취업

하면 지급받을 수 없으므로 퇴직 즉시 신청해야 한다).

- 우리나라의 「고용보험법」상 실업급여 대기기간은 7일이며, 대기기간 동안에는 실업급여를 지급하지 않는다.

실업급여의 수급요건

① 자영업자는 최소 1년간 고용보험에 가입하여 보험료를 납부해야 실업급여를 수급할 수 있다. 그리고 매출액 감소, 적자지속, 자연재해 등 불가피한 사유로 폐업한 경우 실업급여를 지급한다.
② 적극적인 재취업 노력이 필요하다.
③ 실업급여 지급일수(소정급여일수)는 자영업자 고용보험에 가입한 기간(피보험기간)에 따라 90~180일 동안 구직급여를 지급한다.

- 자발적 이직자에 대한 실업급여 지급 제한

실업급여는 실업의 의미를 충족하는 비자발적 이직자에게 수급자격을 인정하는 것이지만, 자발적 이직자의 경우에도 이직하기 전에 이직회피노력을 다하였으나 사업자측의 사정으로 더 이상 근로하는 것이 곤란하여 이직한 경우 이직의 불가피성을 인정하여 수급자격을 부여한다.

자영업자는 법령 위반으로 인한 허가취소·영업정지, 본인의 중대한 귀책사유로 인한 폐업하는 경우 수급자격을 제한한다.

실업급여 지급액 - 구직급여 지급액 = 퇴직 전 평균임금의 60% × 소정급여일수
예를 들어 40세, 고용보험가입기간 15년으로 일 평균임금 100,000원인 경우 지급받을 수 있는 금액은 [100,000원 × 0.6] = 60,000원으로 하한액(64,192원/일)에 미치지 못하므로 하한액 64,192원을 적용하여 [64,192원 × 240일 = 15,406,080원]으로 계산함

① 상한액 : 이직일이 2019년 1월 이후는 1일 66,000원 : 66,000원
② 하한액 : 퇴직 당시 최저임금법상 시급 최저임금의 80% × 1일 소정근로시간(8시간) : 64,192원
(2025년 최저임금액 : 10,030원)
(ex) 64,192원 × 0.8 × 30일 = 1,540,608원

(1) 구직급여

피보험자가 이직한 경우 지급한다. 근로자의 보험가입기간과 연령에 따라 최저 120일에서 최고 270일까지 받을 수 있다. 특별한 경우에는 3~8개월 연장급여를 신청·지급받을 수 있다. 퇴직 전 평균임금의 60%를 지급한다(구직급여 지급액= 퇴직전 평균임금의 60%×소정급여일수).

요건

구직급여 고용보험 적용사업장에서 실직 전 18개월 중 피보험단위기간이 통산하여 180일 이상 근무하고 근로의 의사 및 능력이 있고(비자발적으로 이직), 적극적인 재취업활동(재취업활동을 하지 않는 경우 미지급)에도 불구하고 취업하지 못한 상태이다.

(2) 취업촉진 수당

현재 구직급여를 받고 있는 사람이 가급적 빠른 시일 안에 취업을 하는 데 도움을 주기 위해 지급되는 급여(조기재취업 수당, 직업능력개발 수당, 광역구직활동비, 이주비)를 말한다.

취업촉진 수당의 종류

① 조기(早期)재취업 수당
② 직업능력개발 수당
③ 광역 구직활동비
④ 이주비

❶ 조기재취업수당

조기재취업수당은 수급자격자가 안정된 직업에 재취직하거나 스스로 영리를 목적으로 하는 사업을 영위하는 경우로서 대통령령이 정하는 기준에 해당하는 경우(대기기간 7일이 지난 후 재취업한 날의 전날을 기준으로 소정 급여일수를 2분의 1 이상 남기고 재취업한 경우)에 지급한다.

❷ 직업능력개발수당

직업능력개발수당은 수급자격자가 직업안정기관의 장이 지시한 직업능력개발훈련 등을 받는 경우에 그 직업능력개발훈련 등을 받는 기간에 대하여 지급한다.

❸ 광역구직활동비

광역구직활동비는 수급자격자가 직업안정기관의 소개에 따라 광범위한 지역에 걸쳐 구직활동을 하는 경우로서 대통령령이 정하는 기준(50km 이상)에 따라 직업안정기관의 장이 필요하다고 인정하는 경우에 지급할 수 있다.

❹ 이주비

이주비는 수급자격자가 취업하거나 직업안정기관의 장이 지시한 직업능력개발훈련 등을 받기 위하여 그 주거를 이전하는 경우로서 대통령령이 정하는 기준(왕복 4시간 이상 소요)에 따라 직업안정기관의 장이 필요하다고 인정하는 경우에 지급할 수 있다.

(3) 기타 연장급여

연장급여는 본인의 부득이한 사유가 있거나 근로자의 재취업 또는 사회적 안정을 위해서 예외규정을 두어 급여를 연장할 수 있다.

① 훈련연장 급여 : 최대 2년 기간으로 구직급여의 100%를 연장급여를 지급한다. 대상자는 취직이 특히 곤란하고 생활이 어려운 수급자로서 임금수준, 재산상황, 부양가족 여부 등을 고려하여 생계지원 등이 필요한 자이다.
② 개별연장 급여 : 지급일수는 최대 60일 범위에서 구직급여의 70%를 지급한다. 취업이 곤란하고 생활이 어려운 수급자격자에게 구직급여를 연장하는 제도, 취직이 특히 곤란하고 생활이 어려운 수급자로서 임금수준, 재산상황, 부양가족 여부 등을 고려하여 생계지원 등이 필요한 자이다.
③ 특별연장 급여 : 지급일수는 최대 60일 범위에서 구직급여의 70%를 지급한다. 실업급증 등으로 재취업이 특히 어렵다고 인정되는 경우 고용노동부장관이 일정한 기간을 정하고 동기간 내에 실업급여의 수급이 종료된 자이다. 지급액 : 구직급여액의 70%로 최저구직급여일액보다 낮은 경우 최저구직급여일액으로 지급한다.

(4) 상병급여

고용보험의 상병급여는 수급권자가 실업신고를 한 이후 질병·부상·출산으로 취업이 불가능하여 실업의 인정을 받지 못한 경우, 7일 이상의 질병·부상으로 취업할 수 없는 경우에 구직급여를 지급할 수 없거나 출산으로 인해 구직활동을 할 수 없게 되는 경우 지급하는 실업급여를 말한다. 출산의 경우는 출산일로부터 45일간 지급한다.

3) 모성보호급여

여성의 노동력 보호라는 차원에서 고용보험료를 재원으로 하는 것은 모성보호급여이다. 모성보호급여에는 출산전후휴가급여 및 육아휴직급여가 있다.

(1) 출산전후휴가급여

❶ 출산전후(유산·사산 포함)휴가급여는 임신/출산 등으로 인하여 소모된 체력

을 회복시키기 위하여 여성에만 부여하는 제도를 말한다.

❷ 출산전후휴가급여는 임신 중의 여성에 대하여는 출산 전과 출산 후를 통하여 90일(다태아일 경우 120일)의 출산전후휴가를 주되, 휴가기간의 배정은 출산 후에 45일(다태아일 경우 60일) 이상이 확보되도록 부여하여야 한다(「근로기준법」 제74조).

❸ 출산한 여성근로자의 근로의무를 면제하고 임금상실 없이 휴식을 보장받도록 하는 제도이다.

❹ 출산이 예정보다 늦어져 출산전휴가가 45일을 초과한 경우에도 출산 후 45일 이상이 되도록 휴가기간을 연장하여야 한다.

- 휴가기간 중의 임금지급 : 우선지원 대상기업의 경우 90일(다태아 120일)의 급여가 고용보험에서 지급되고, 대규모 기업의 경우 최초 60일(다태아 75일)은 사업자가 그 이후 30일(다태아 45일)은 고용보험에서 지급된다.

우선지원대상기업

- 광 업 : 300인 이하
- 건설업 : 300인 이하
- 제1호 내지 제4호 이외의 산업 : 100인 이하
- 제조업 : 500인 이하
- 운수 및 통신업 : 300인 이하

제1호 내지 제5호에 해당하지 아니하는 기업으로서 중소기업기본법 제2조 제1항 및 제3항의 기준에 적합한 기업

- 지급대상 : 임신 중인 여성근로자가 사업자로부터 출산전후휴가(또는 유산 또는 사산휴가)를 부여받아 사용하고 출산전후휴가가 끝난 날 이전에 고용보험 피보험단위기간이 통산하여 180일 이상이어야 하며, 출산전후휴가를 시작한 날 이후 1개월부터 휴가가 끝난 날 이후 12개월 이내 신청하여야 한다.

(2) 육아휴직급여

육아휴직급여는 만으로 8세, 즉 초등학교 2학년 이하의 아이를 둔 근로자가 일과 육아를 동시에 병행하기가 힘들 경우 잠시 회사를 쉬면서 자녀를 키우는 것에 집중할 수 있도록 여건을 마련하는 제도이다.

❶ 육아휴직급여란 근로자가 만 8세 이하 또는 초등학교 2학년 이하의 자녀를 양육하기 위하여 남녀근로자 모두가 신청하여 사용하는 휴직을 말한다.

❷ 육아휴직은 근로자의 육아부담을 해소하고 계속 근로를 지원함으로써 근로자의 생활안정 및 고용안정을 도모하는 한편, 기업의 숙련인력 확보를 지원하는 제도이다.

❸ 육아휴직급여는 다음 각 호의 구분에 따라 산정한 금액을 월별 지급액으로 한다.

1. 육아휴직 시작일부터 3개월까지: 육아휴직 시작일을 기준으로 한 월 통상임금에 해당하는 금액. 다만, 해당 금액이 250만 원을 넘는 경우에는 250만 원으로 하고, 해당 금액이 70만 원보다 적은 경우에는 70만 원으로 한다.
2. 육아휴직 4개월째부터 6개월째까지: 육아휴직 시작일을 기준으로 한 월 통상임금에 해당하는 금액. 다만, 해당 금액이 200만원을 넘는 경우에는 200만원으로 하고, 해당 금액이 70만원보다 적은 경우에는 70만원으로 한다.
3. 육아휴직 7개월째부터 종료일까지: 육아휴직 시작일을 기준으로 한 월 통상임금의 100분의 80에 해당하는 금액. 다만, 해당 금액이 160만원을 넘는 경우에는 160만원으로 하고, 해당 금액이 70만원보다 적은 경우에는 70만원으로 한다.

❹ 육아휴직의 기간은 1년 이내로써 자녀 1명당 1년 사용 가능하므로 자녀가 2명이면 각각 1년씩 2년 사용 가능하다.

❺ 육아휴직급여의 육아휴직대상자는 남녀근로자 모두 해당된다. 근로자의 권리이므로 부모가 모두 근로자이면 한 자녀에 대하여 아빠도 1년, 엄마도 1년 사용 가능하다.

① 지급대상

- 사업자로부터 30일 이상 육아휴직을 부여받아야 한다. 다만, 근로한 기간이 1년 미만인 근로자와 같은 자녀에 대하여 배우자가 육아휴직을 하고 있는 근로자에 대하여는 사업자가 육아휴직을 거부할 수 있다.

※ 다만, 과거에 실업급여를 받았을 경우 인정받았던 피보험기간은 제외

- 같은 자녀에 대해서 피보험자인 배우자가 동시에 육아휴직(30일 미만은 제외) 중인 경우에는 중복된 기간에 대하여는 1명만 지급한다.

② 신청시기

- 육아휴직을 시작한 날 이후 1개월부터 매월 단위로 신청하되, 당월 중에 실시한 육아휴직에 대한 급여의 지급 신청은 다음 달 말일까지 해야 한다. 매월 신청하지 않고 기간을 적치하여 신청할 수 있다. 다만, 육아휴직이 끝난 날 이후 12개월 이내에 신청하지 않을 경우 동 급여를 지급하지 않는다.

(3) 육아기 근로시간 단축

육아기 근로시간 단축 제도란 육아휴직을 신청할 수 있는 근로자는 육아휴직을 대신해서 육아기 근로시간의 단축을 신청할 수 있는데, 이를 육아기 근로시간 단축이라 한다.

- 육아기 근로시간 단축기간 및 근로시간

근로자는 육아기 근로시간 단축을 신청하는 경우에 1년 이내의 기간으로 이를 사용할 수 있다.

사업자가 해당 근로자에게 육아기 근로시간 단축을 허용하는 경우, 단축 후 근로시간은 주당 15시간 이상이어야 하고 35시간을 넘어서는 아니 된다.

※ 자녀 1명당 육아휴직과 육아기 근로시간 단축을 합산하여 최대 1년까지 사용할 수 있다.

① 지급대상
- 사업자로부터 육아기 근로시간 단축을 30일 이상 부여받아야 한다.
- 육아기 근로시간 단축을 시작한 날 이전에 피보험단위기간이 180일 이상이 되어야 한다.

※ 단, 과거에 실업급여를 받았을 경우 인정받았던 피보험기간은 제외
- 같은 자녀에 대해서 피보험자인 배우자가 30일 이상의 육아휴직을 부여받지 않거나 육아기 근로시간 단축을 30일 이상 실시하지 않아야 한다.

② 지급액
- 통상임금의 60%(하한액 50만 원, 상한액 150만 원)×(단축 전 소정근로시간 − 단축 후 소정근로시간) / 단축 전 소정근로시간

사업명		사업 내용
실업 급여	구직급여	• 실직 전 18개월 동안 고용보험이 적용되는 사업장에서 근무한 기간이 180일 이상일 것 • 근로의 의사와 능력을 가지고 적극적으로 구직 활동을 할 것 • 개인사정(전직, 가사, 자영업)으로 이직하거나 본인의 중대한 잘못으로 해고되지 않았을 것 • 급여수준 : 이전 직장에서 지급받던 평균임금의 50% 지급 • 급여기간 : 보험 가입한 기간(피보험기간)과 연령에 따라 최소 120일부터 최대 270일까지이며 필요시 연장 가능 ☆ 구직급여의 소정급여일수는 보험가입기간과 연령에 따라 120일에서 270일까지이다. 구직급여의 급여일수는 보험가입기간과 연령에 따라 달라진다.

(계속)

사업명		사업 내용
실업급여	취업촉진수당	• 구직급여와는 별도로 실업자들이 좀 더 빨리 재취업할 수 있도록 유인하기 위한 추가 급여 성격임 • 조기 재취직 수당 : 구직급여 수급자격자가 대기기간(7일 이내)이 지난 후 재취업한 날의 전날을 기준으로 잔여소정급여일수 2분의 1 이상 남기고 재취업(자영업을 영위할 것)한 경우 미지급일수의 2분의 1을 일시에 지급하는 제도 • 직업능력 개발수당 : 실업기간 중 직업안정기관장이 지시한 직업능력개발훈련을 받는 경우 필요한 교통비, 식대 등의 비용을 구직급여 외에 지급하는 일정액의 수당 • 광역구직활동비 : 직업안정기관장의 소개로 수급자격자가 자신의 거주지로부터 25km 이상 떨어진 곳에 있는 회사에 구직활동을 할 때 지급(숙박비와 교통비). 수급자격자가 직업안정기관의 소개에 의하여 광범위한 지역에 걸쳐 구직활동을 하는 경우에 활동비를 청구할 수 있는 서비스이다. 광역구직활동비는 수급자격자가 다음 모두에 해당되는 경우에 지급한다(지급요건). • 이주비 : 수급자격자가 취업 또는 직업안정기관의 장이 지시한 직업능력개발훈련을 받기 위해 그 주거를 이전하는 경우 이사비용 지급
	연장급여	• 훈련연장급여, 개별연장급여, 특별연장급여
	상병급여	• 실업을 신고한 이후에 질병, 부상 또는 출산으로 취업이 불가능하여 구직활동을 할 수 없는 경우에 지급함 • 급여액은 구직급여와 동일
모성보호사업	육아휴직급여	• 육아휴직 시작일부터 3개월까지: 육아휴직 시작일을 기준으로 한 월 통상임금에 해당하는 금액. 다만, 해당 금액이 250만원을 넘는 경우에는 250만원으로 하고, 해당 금액이 70만원보다 적은 경우에는 70만원으로 함 • 육아휴직 4개월째부터 6개월째까지: 육아휴직 시작일을 기준으로 한 월 통상임금에 해당하는 금액. 다만, 해당 금액이 200만원을 넘는 경우에는 200만원으로 하고, 해당 금액이 70만원보다 적은 경우에는 70만원으로 함 • 육아휴직 7개월째부터 종료일까지: 육아휴직 시작일을 기준으로 한 월 통상임금의 100분의 80에 해당하는 금액. 다만, 해당 금액이 160만원을 넘는 경우에는 160만원으로 하고, 해당 금액이 70만원보다 적은 경우에는 70만원으로 함
	출산산전후 휴가급여	• 출산 산전후 휴가에 대해 지급
고용안전사업	고용창출지원	• 중소기업 근로시간 단축지원금 • 교대제 전환지원금 • 중소기업 고용환경 개선지원금 • 중소기업 전문인력 활용지원금 • 중소기업 신규업종 진출지원금
	고용조정지원	• 고용유지지원금 • 재고용장려금 • 전직지원장려금
	고용촉진지원	• 지역 고용촉진 지원금 • 고령자 고용촉진 장려금 • 신규 고용촉진 장려금 • 중장년훈련 수료자 채용장려금 • 직장보육시설지원금 및 시설설치 비용 융자

(계속)

<table>
<tr><th colspan="2">사업명</th><th colspan="2">사업 내용</th></tr>
<tr><td rowspan="2">직업
능력
개발
사업</td><td>사업자에
대한 지원</td><td>• 직업능력 개발훈련 지원
• 훈련시설 장비 설비 대부 및 지원</td><td>• 유급휴가지원</td></tr>
<tr><td>근로자에
대한 지원</td><td>• 수강장려금 지원
• 실업자 재취직 훈련</td><td>• 근로자 학자금 대부</td></tr>
</table>

5 고용보험의 보험료(재원)

고용보험의 재원조달은 사업에 종류에 따라 다르다. 고용안정사업과 직업능력개발사업은 사업자만 부담한다. 그리고 실업급여사업은 사업자와 근로자가 각각 반씩 부담한다.

- 보험료 산정 : 선택한 기준보수 × 보험료율

<table>
<tr><th colspan="2">구 분</th><th>사업자</th><th>근로자</th><th>부담금</th></tr>
<tr><td rowspan="4">고용안정
및
직업능력
개발사업</td><td>상시 150인 미만 기업</td><td>0.25%</td><td>–</td><td>사업자 전액부담</td></tr>
<tr><td>상시 150인 이상
우선 지원 대상 기업</td><td>0.45%</td><td>–</td><td>사업자 전액부담</td></tr>
<tr><td>상시 150인 이상
~1,000인 미만 기업
(우선지원 대상기업 제외)</td><td>0.65%</td><td>–</td><td>사업자 전액부담</td></tr>
<tr><td>상시 1,000인 이상
기업 또는 국가 및
지자체가 직접 행하는 사업</td><td>0.85%</td><td>–</td><td>사업자 또는 국가 및
지방자치단체</td></tr>
<tr><td colspan="2">실업급여사업</td><td>0.9%</td><td>0.9%</td><td>사업자, 근로자
각각 0.9% 부담</td></tr>
</table>

- 보험료율 : 중장기적인 보험수지 균형을 고려하여 설정(실업급여 2%, 고용안정 · 직업능력개발사업 0.25% 예정), 실업급여 : 선택한 기준보수 × 50%

> **고용/산재 보험료 징수특례제도란?**
> 5인 미만 사업자에 대한 보험료 납부 편의 및 보험관리의 효율성을 제고하기 위하여 기준 임금을 사용하여 보험료를 2005년부터 부과, 고지하는 제도를 말한다.

6 고용보험기금의 용도

고용노동부장관은 보험사업에 필요한 재원에 충당하기 위하여 고용보험기금(이하 "기금"이라 한다)을 설치한다. 기금은 보험료와 이 법에 의한 징수금·적립금·기금운용수익금 기타의 수입으로 조성한다.

> 기금의 용도
> 보험료 반환, 육아휴직급여, 실업급여 지급, 산전후휴가 급여의 지급, 일시차입금의 상환과 이자, 고용안정·직업능력개발 사업에 필요한 경비, 보험료징수법에 따른 업무대행 또는 위탁받은 자의 출연금
> (주의) 직업재활 급여의 지급은 해당하지 아니한다.

7 고용보험의 관리운영

1) 관리운영체계

- 고용보험의 관리운영은 고용노동부가 직접 관장하지만 보험가입자의 관리업무는 근로복지공단에 위임하고 있다.
- 고용보험과 산재보험은 둘 다 사업장을 대상으로 한 사회보험이므로 산재보험을 운영하는 것을 주목적으로 설립되었던 근로복지공단이 고용노동부의 고용안정센터 및 지방노동사무소와 함께 고용보험의 관리, 운영을 맡고 있다.

2) 고용보험의 전달체계

주요 결정 및 기획에 관한 업무는 고용노동부(고용정책실)에서 이루어졌다. 집행업무는 지방노동관서 및 근로복지공단에서 이루어진다. 근로복지공단의 경우 1999년 10월 1일부터 고용보험의 가입·징수·적용 업무를 수행하고 있다.

- 고용노동부 본부(고용정책실) : 고용보험제도 및 운영에 관한 주요 사항의 결정이나 기획에 관한 업무
- 지방노동관서(지방노동사무소 및 고용지원센터) 및 근로복지공단(고용보험가입, 징수, 적용업무) : 집행업무

8 고용보험정책의 문제점 및 향후과제

- 실업자에 대한 사회안전망으로서의 역할 한계성
- 고용보험사업장 규모별 역진성의 문제
- 노동시장 인프라 미흡
- 공급자 중심의 서비스전달체계

예 상 문 제

01 우리나라 고용보험제도에 관한 설명으로 옳지 않은 것은?

① 고용안정, 직업능력개발사업의 보험료는 근로자와 사업자가 절반씩 부담한다.
② 구직급여의 소정급여일수는 보험가입기간과 연령에 따라 90일에서 240일까지 이다.
③ '실업의 인정'이란 근로의 의사와 능력을 가지고 적극적으로 구직노력을 했음을 인정받는 것이다.
④ 구직급여를 받기 위해서는 이직일 이전 18개월 동안 180일 이상 근무하여야 한다.
⑤ 육아휴직급여의 육아휴직대상자는 남녀근로자 모두 해당된다.

정답 ①

02 노동시장 및 관련 사회복지정책에 관한 설명으로 옳지 않은 것은?

① 계약기간이 1년 미만인 근로자는 비정규직 근로자이다.
② 고용보험 구직급여는 대기기간 중에는 지급되지 않는다.
③ 경제활동인구는 만 14세 이상의 취업자와 실업자를 모두 포함한다.
④ 현행 경제활동인구조사에서 조사대상 기간 1주일 동안 수입을 목적으로 1시간 이상 일한 사람은 취업자이다.
⑤ 노동시장 신규진입 또는 전직(轉職)으로 인한 일시적 무직상태를 마찰적 실업이라 한다.

정답 ③

03 산업재해보상보험제도에 관한 설명으로 옳은 것은?

① 보험료 부담은 사용자와 근로자가 각각 절반씩 부담한다.
② 5인 이상 근로자를 사용하는 모든 사업장을 대상으로 한다.
③ 급여의 종류로는 요양급여, 구직급여 및 간병급여 등이 있다.
④ 근로자의 고의·과실에 의해 발생한 부상·질병·장애도 업무상의 재해에 포함된다.
⑤ 60세 이상인 부모 또는 조부모는 유족보상연금의 수급자격자가 될 수 있다.

정답 ⑤

04 국민연금 가입자의 종류는?

ㄱ. 사업장가입자　　ㄴ. 지역가입자　　ㄷ. 임의가입자　　ㄹ. 임의계속가입자

① ㄱ, ㄴ, ㄷ　　② ㄱ, ㄷ　　③ ㄴ, ㄹ
④ ㄹ　　⑤ ㄱ, ㄴ, ㄷ, ㄹ

정답 ⑤

05 국민연금 급여의 종류가 아닌 것은?

① 노령연금　　② 장애연금　　③ 유족연금
④ 퇴직연금　　⑤ 반환일시금

정답 ④

06 현재 우리나라에서 규정하고 있는 국민연금이 최소 가입기간은?

① 5년　　② 10년　　③ 15년
④ 20년　　⑤ 30년

정답 ②

07 산업재해보상보험의 특징을 맞게 묶은 것을 고르시오.

ㄱ. 5대 사회보험법 가운데 최초로 제정되었다.
ㄴ. 무과실책임주의를 택하고 있다.
ㄷ. 강제가입방식을 택하고 있다.
ㄹ. 보험가입자는 사용자와 근로자이다.

① ㄱ, ㄴ, ㄷ　　② ㄱ, ㄷ　　③ ㄴ, ㄹ
④ ㄹ　　⑤ ㄱ, ㄴ, ㄷ, ㄹ

정답 ①

08 산업재해보상보험에 대한 설명으로 옳은 것은?

ㄱ. 자진신고, 자진납부를 원칙으로 한다.
ㄴ. 무과실책임주의에 기반하고 있다.
ㄷ. 확정보험료는 이미 납부한 개산보험료와 정산한다.
ㄹ. 직업재활급여도 산재보험급여에 포함된다.

① ㄱ, ㄴ, ㄷ　　② ㄱ, ㄷ　　③ ㄴ, ㄹ
④ ㄹ　　⑤ ㄱ, ㄴ, ㄷ, ㄹ

정답 ⑤

09 우리나라 사회보험과 관장부처를 잘못 연결한 것은?

① 국민연금－보건복지부
② 고용보험－고용노동부
③ 군인연금－국방부
④ 산재보상보험－보건복지부
⑤ 사립학교교직원연금－교육부

정답 ④

10 우리나라 산업재해보상보험제도의 요양급여를 받는 근로자가 요양개시 후 2년이 경과된 날 이후에도 부상 또는 질병이 치유되지 아니한 상태가 지속되는 경우 휴업급여 대신 받게 되는 급여는?

① 특별급여 ② 요양급여 ③ 유족급여
④ 상병보상연금 ⑤ 간병급여

정답 ④

11 우리나라의 고용보험법상 실업급여 대기기간은 며칠인가?

① 3일 ② 5일 ③ 7일
④ 9일 ⑤ 11일

정답 ③

Chapter

10 빈곤과 공공부조정책의 이해

Key word 절대빈곤, 상대빈곤, 빈곤측정, 공공부조, 빈곤 함정, 국민기초생활보장, 생계급여, 자활급여, 의료급여

1 빈곤과 불평등 이론

1 빈곤의 일반 이론

빈곤 개념을 엄격하게 정의하는 것은 쉽지 않다. 빈곤 개념은 시대마다 변하며, 각 국가의 경제 발전 수준, 사회·문화적 환경 등의 요인에 따라 달라질 수 있다.

빈곤은 악순환으로 진행되고 있다. 여기에는 절대적 빈곤과 상대적 빈곤으로 구분할 수 있다. 절대적 빈곤 개념은 주로 사회복지발달 초기에 나타난 것으로 많은 국가에서는 사회복지정책 발달과 함께 상대적 빈곤 개념으로 점차 빈곤의 관점이 전환되고 있다. 절대빈곤과 상대빈곤의 개념 및 특성, 빈곤측정방식 등에 대해 서술한다.

1) 빈곤의 개념

빈곤의 개념은 인간이 인간다운 생활을 하는 데 있어 필요한 요소 혹은 자원(기본적인 필수품이나 능력, 기회 등)이 결핍되거나 부족한 상태라고 규정할 수 있다.

빈곤 개념에 대한 설명은 다음과 같이 요약할 수 있다.

- 시대에 따라 변한다.
- 사회에 따라 다르다.
- 우리나라는 절대적·상대적 빈곤선을 동시에 취하고 있다.
- 다른 사람들에 비해서 소득/자산액이 적다.

2) 절대빈곤과 상대빈곤

빈곤의 개념에는 전통적 빈곤 개념인 절대빈곤과 현대적 빈곤 개념인 상대빈곤이 있다. 절대적 빈곤과 상대적 빈곤은 둘 다 소득수준이 낮다.

빈곤을 이해하는 데 있어서 가장 많이 언급되는 것이 절대빈곤(absolute poverty)과 상대빈곤(relative poverty)의 개념이다.

(1) 절대빈곤

❶ 절대빈곤의 개념

고전적 빈곤 개념인 절대적 빈곤은 최소한의 생존수준(생계욕구 : minimum needs of life)에도 미치지 못하는 상태로서 먹을 것과 안전한 물과 집, 신체적 건강과 같은 기본적인 욕구를 충족하지 못하여 최저생활을 유지할 수 없는 수준(생계 필요한 소비지출 수준)을 나타내는 빈곤선을 정한 후 소득수준이 빈곤선 이하인 가구를 말한다. 이는 최소한의 하루 칼로리 섭취량, 식품비가 가계지출에서 차지하는 비율(엥겔지수),[40] 최소한의 생필품을 구입하는 데 필요한 소득 등으로 정해진다.

절대적 빈곤의 개념은 최저한의 생활수준이라는 개념이 상당히 가변적이며, 사회의 통념과 관습에 따라 달라질 수밖에 없다는 점 등이 문제점으로 지적된다.

---

40 엥겔계수(Engel's coefficient) : 가계총소비지출에서 식료품비가 차지하는 비중을 나타낸 지표로 주로 생활수준을 재는 척도로 이용된다. 가계지출 총액 중 저소득 가계일수록 식료품비의 비율이 높고 고소득 가계일수록 이 비율이 낮게 나타난다. 이는 1857년 독일의 통계학자 엥겔이 벨기에의 153개 근로자 가구를 대상으로 한 가계지출 조사결과 밝혀진 것으로 엥겔의 법칙이라고 불린다.
일반적으로 식료품은 생활필수품이어서 소득이 많든 적든 반드시 일정량을 소비하게 된다. 동시에 어느 수준 이상은 소비할 필요가 없는 상품이기도 하다. 따라서 보통 엥겔계수가 20% 이하면 상류, 25~30%는 중류, 30~50%는 하류, 50% 이상은 극빈생활 등으로 분류되고 있다(한경 경제용어사전, 한국경제신문/한경닷컴).

절대적 빈곤은 한 사회의 평균적인 생활수준과 비교하여 빈곤을 규정하는 것으로 그 사회의 불평등 정도와 관계가 있다.

> 최저생계비
> 생존을 위한 최소한의 비용, 우리나라는 3년마다 9월에 최저생계비를 전물량 방식(basket)으로 환산해서 발표함(기준이 되는 표준가구 : 30대 중후반 부부+2명의 자녀). 최저생계비를 받는다고 해서 가난하지 않은 것이 아니다. 여전히 빈곤이 존재한다.

❷ 절대적 빈곤방식

절대빈곤은 빈곤에 대해 세계 최초로 대규모 과학적 사회조사를 한 찰스 부스(Charles Booth, 1889)로부터 시작되었다. 그는 가난한 사람을 빈민과 극빈층으로 구분하였다. 여기에서 빈민이란 규칙적인 수입은 있지만 그 수준이 겨우 먹고살만한 정도에 그치는 경우다. 부스가 말한 '먹고 살만한 수준'이 세계 최초의 빈곤선(poverty line)이다. 극빈층은 불규칙한 노동, 질병, 많은 부양자녀 등으로 인해 빈민보다 더 가난한 경우를 말한다. 절대적 빈곤은 최소한의 기본적 욕구를 충족시키기 위한 생활필수품을 구입하는 데 필요한 일정한 소득수준을 설정하여 소득이 이 기준에 미달하면 빈곤으로 규정한다.

찰스 부스를 뒤이어 빈곤조사를 실시한 씨봄 라운트리(Seebohm Rowntree, 1901년)의 두 조사는 사회복지의 역사에서 상당한 의의를 갖고 있다.

부스의 빈곤선 개념을 발전시켜 빈곤을 1차 빈곤(primary poverty)과 2차 빈곤(secondary poverty)으로 구분하였다. 1차 빈곤이란 가족의 소득이 생물학적 효율성을 유지하기에도 부족한 수준, 즉 네 가지 기초생필품(음식, 연료, 주거, 의복 등)을 구입할 능력도 안 되는 수준을 뜻하며, 2차 빈곤이란 네 가지 기초생필품을 구입할 능력은 있지만, 소득의 일부를 다른 용도로 사용하는 경우를 말한다.

라운트리는 최저생계비를 측정하기 위해 지방정부청의 식품목록에 입각하여 식품 소매가격을 조사하였다. 또 임대료, 가재도구(피복과 연료 등)의 가격도 조사하였으며, 가족의 크기와 자녀의 연령도 조사하였다.

우리나라는 최저생계비의 측정기준으로 절대적 빈곤측정방식을 사용하고 있다. 여기에는 라운트리방식(전물량 방식), 예산기준방식, 마켓바스킷방식, 엥겔방식, 격차축소방식 등이 사용되고 있다. 절대적 빈곤 개념을 측정하는 방식으로는 라운트리방식과 오샨스키방식이 있다.

전물량 방식으로 3년마다 한 번 계측조사를 한다. 즉, 계측은 3년마다 실시하며 비계측년도는 물가상승률을 감안하여 계측한다. 최저생계비를 받는다고 해서 가난하지 않은 것은 아니다. 여전히 빈곤이 존재한다. 사회복지정책의 욕구기준으로 가장 많이 사용되는 것은 절대적 빈곤선이다.

(2) 상대빈곤

❶ 상대적 빈곤 개념

인간은 사회적 존재이므로 빈곤상태는 전문가의 지출계산에 따른 절대적 기준으로 정의될 수 없으며, 사회문화적 차이에 따라 다르게 정의되는 주관적이며 심리적·상대적인 개념이라고 보는 것이다. 즉 평균 소득이 일정한 비율(기준중위소득 계층) 이하의 기준중위소득으로 보는 것을 의미한다. 인간은 사회적 존재이므로 빈곤상태는 전문가의 지출계산에 따른 절대적 기준으로 정의될 수 없다.

상대적 빈곤(relative poverty)[41]은 한 사회의 평균적인 생활수준과 비교하여 빈곤을 규정하는 것으로 그 사회의 불평등 정도와 관계가 깊다. 즉 상대빈곤이란 한 사회의 평균적인 생활수준에 비교하여 빈곤을 규정하는 것이다. 따라서 중요한 것은 사회의 평균적인 생활수준을 정확히 파악하는 일이다.

상대적 빈곤은 경제적 풍요와 함께 절대적 빈곤선 이하의 사람들이 줄었음에도 불구하고 여전히 빈곤으로 인하여 사회적 주요활동에 참여하지 못하는 사람들이 다수 존재하는데 주목하고, 빈곤을 상대적 의미로 파악하였다.

요컨대 상대적 빈곤은 사회의 평균소득수준과 비교하여 상대적으로 소득이 낮은 계층 정의하는 것으로 보통 가구 총소득이 중위층 평균소득의 40~50% 이하에 속하는 계층을 상대적 빈곤층이라고 한다.

❷ 상대적 빈곤방식

어떤 사회의 평균적인 소득수준, 생활수준과 밀접한 관련이 있다. 이러한 개념에 따르면 사람은 다른 사람의 생활수준과 비교하여 느끼는 상대적 박탈감에 따라 빈곤할 수도 있고 빈곤하지 않을 수도 있다. 상대적 빈곤방식은 사회의 불평등 수준에 큰 영향을 받는다. 즉, 상대빈곤선은 소득 불평등의 영향을 직접적으로 받는다. 상대적 빈곤의 문제는 불평등과 상대적 박탈감과 밀접한 관련을 가지고 있다.

상대적 빈곤 개념을 측정하는 것은 매우 어려운 일이다. 상대적 빈곤방식은 평

41 상대적 빈곤이란 그 사회의 평균소득수준과 대비하여 상대적으로 소득이 낮은 계층을 정의하는 것으로, 보통 가구총소득이 중위층 평균소득의 40~50% 이하에 속하는 계층을 '상대적 빈곤층'이라 한다. 상대적 빈곤율=중위소득 기준에 미치지 못하게 소득을 버는 계층이 전체 인구에서 차지하는 비율

균소득이나 중위소득을 기준으로 한다. 보통 사회의 평균소득, 중위소득의 일정 비율로 정하기도 한다(중위소득 : 전체 가구를 소득순으로 순위를 매겼을 때 정확히 가운데를 차지한 가구의 소득 수준).

상대적 빈곤의 개념에 따라 빈곤선을 정하는 방법으로 전체 인구의 가계지출 평균치에 의거하여 빈곤선을 결정한다(가계지출방식). 우리나라는 상대적 빈곤선을 취하고 있지 않으나, 서구 유럽국가들은 상대적 방식으로 빈곤선을 측정한다. OECD는 중위가구소득의 40, 60%인 상대적 빈곤 개념을 주로 사용하고 있다.

상대적 빈곤은 이상과 같은 객관적인 지표를 이용하여 빈곤을 규정하는데, 타운젠트(Townsend)는 상대적 빈곤선을 빈곤층은 평균가구소득의 80% 이하, 극빈층은 50% 이하로 제시하였다.

상대적 빈곤의 개념 논의

① 평균소득이나 중위소득 기준
② 타운젠트(Townsend)는 상대적 빈곤은 일상의 식품을 획득하고 사회활동에 참여하여 그들이 속한 사회에서는 관례적인 생활조건과 편의시설을 갖기에 자원을 결여하고 있는 사람으로서 절대적 빈곤은 소득과 소비에 기준을 두나 상대적 빈곤은 자원과 생활양식에 준거한다.
③ 국제기구에서는 사회 전체의 중위소득 혹은 평균소득과의 비교를 통하여 상대적 빈곤선을 설정하고 있다. 가령, 중위가구소득 혹은 평균가구소득의 50% 미만을 상대적 빈곤선으로 설정하는 방식 등이 이에 해당한다.

3) 사회적 배제

(1) 개념

1950년대 프랑스에서 정책 담론의 장에서 사용되기 시작하여 유럽을 중심으로 확산되어 많이 사용되고, 1980년대 이후 발전하고 있다. 유럽을 중심으로 확산된 개념이며, 새로운 종류의 불평등을 지칭하기 위하여 사용된 용어로 사람이 그들이 속한 사회에 충분히 포함되지 못하고 배제되는 방식을 지칭한다.

사회적 배제[42]는 개인이 사회에 참여하는 길이 막혀 있는 상황을 의미한다. 사

42 사회적 배제는 주류사회적 관계로부터 소외되거나 편입되지 못하여 사회적 · 경제적 · 문화적 측면을 포함한 다차원적 생활요소에 효과적으로 참여할 수 없는 상황이 전개되는 것이다. 1980년대에 젊은이의 장기실업 등 종래의 사회보장 제도에서는 대응할 수 없는 집단의 존재에 직면한 프랑스에 기원을 두고 있다(Madanipour et al., 2000). 岩田 正美 · 西澤 晃彦 編著 2005.02.10 『講座 · 福祉社会第9巻 貧困と社会的排除 – 福祉社会を蝕むもの』 ミネルヴァ書房

회적 배제는 빈곤을 포함하는 더욱 포괄적인 개념이다. 즉, 주류 사회적 관계로부터 벗어나거나 편입되지 못하여 경제적·사회적·문화적 생활 등에 효과적으로 참여할 수 없는 상황을 의미한다. 개인과 사회와의 관계에 초점을 두고 경제적·금전적 측면을 포함한 다차원적 요소에서 이루어지는 배제를 의미한다.

사회적 배제는 새로운 종류의 불평등을 지칭하기 위하여 사용된 용어로, 사람이 사회에 충분히 포함되지 못하고 배제되는 방식을 지칭하는 것으로 소득의 문제에 국한되지 않는 다차원적인 불리함을 의미한다. 또한 교육의 배제도 빈곤으로 이루어진다.

(2) 특징

사회학자는 사회적 배제를 네 가지 차원으로 설명한다. ① 빈곤 또는 적절한 소득과 자원에서의 배제, ② 노동시장에서의 배제, ③ 기초적인 서비스에서의 배제, ④ 사회적 관계에서의 배제이다.

사회적 배제는 빈곤이라는 개념을 포함하는 더욱 포괄적인 개념이다. 기존의 빈곤에 대한 확대개념으로 볼 수 있다. 이것은 어떤 개인이나 집단이 인구의 대다수에게 열려 있는 기회에서 배제되는 원인을 폭넓게 조망한다.

사회적 배제는 기존의 빈곤 개념과 비교했을 때, 빈곤의 역동성과 동태적인 과정에 초점을 맞춘다. 소득의 문제에 국한되지 않는 다차원적인 불리함을 의미하며, 사회적 관계에서의 배제에도 관심을 기울이고 있다. 복지에 관한 권리, 고용에 대한 접근성, 교육, 차별문제, 사회적 관계망, 사회참여능력, 정치생활통합 정도 등의 다양한 영역에서의 박탈감과 결핍, 불이익을 당해 사회적(문화, 경제, 정치 등) 활동에 제대로 참여할 수 없게 되어 최소한의 사회적 기본권마저 침해당하는 문제에 초점을 맞추고 있다. 특히 교육의 배제는 빈곤으로 이루어진다.

새로운 종류의 불평등을 지칭하기 위하여 사용된 용어로 사람들이 그들이 속한 사회에 충분히 포함되지 못하고 배제되는 방식을 일컫는다.

① 소득의 문제에 국한되지 않는 다차원적인 불리함을 의미하며 빈곤에 이르는 동태적인 과정에 초점을 맞춤
② 배제의 관점 : 경제적·정치적·사회적 관점이 있음
③ 배제의 형태 : 주거와 이웃이라는 형태의 사회적 배제, 젊은이의 사회적 배제, 시골이란 조건에 의한 사회적 배제 등이 있음

(계속)

④ 무주택자 : 가장 극단적 사회적 배제의 형태 → 장기적 실업상태와 가정과 인간관계의 파탄이라는 양상으로 배제를 겪음 → 주거 공간과 사회적 재생기회의 제공 등 복합적인 처방이 필요함
⑤ 범죄와 사회적 배제 : 범죄는 사회적 배제를 낳음 → 양자 간에 강한 상관관계가 있음

(3) 소결

경제가 성장하면 빈곤이 줄어든다고 확실하게 말할 수 없다. 우리나라의 국민 GDP는 늘어나고 있는데 빈곤문제는 해결되지 않고 있다. 소득분배의 문제와 경제구조의 문제가 상존하고 있다.

빈곤은 단순히 사회보장제도로 해결될 수 있는 것이 아니며, 피할 수 없는 문제이다. 절대적 빈곤과 상대적 빈곤은 둘 다 소득수준이 낮은 경우이다.

사회적 배제와 빈곤은 밀접한 관련이 있다. 사회적 배제영역이 상호작용을 하면서 빈곤하게 만들거나 빈곤을 더욱 악화시킬 수도 있다. 또한 빈곤이 다시 사회적 배제를 시키는 등의 악순환을 낳을 수 있다.

2 빈곤의 측정

빈곤의 측정 방식에는 오샨스키 척도, 예산기준 방식, 여론·합의 방식, 가계지출방식 등이 있다. 오샨스키 척도과 예산기준 방식은 절대적 빈곤 측정방식이며, 여론·합의 방식과 가계지출방식은 상대적 빈곤 측정방식이다.

1 오샨스키 척도(반물량방식 : 엥겔방식)

오샨스키 척도(the Orshansky scale)는 최저생계비 개념에 입각하여 빈곤을 측정하는 방법으로서 1960년대 초 미국 사회보장청의 오샨스키(Molly Orshansky)라는 학자가 개발한 방식인데, 이것을 엥겔방식 혹은 반물량방식(=최저식료품비×엥겔계수의 역수; 엥겔계수=식료품비÷총소비액, 식료품의 마켓바스킷)이라고 한다.

미국의 3인 이상 가구의 엥겔계수(엥겔지수, 가구소득 또는 가구지출 중 식료품비가 차지하는 비중, 국가, 시대, 소득수준에 따라 달라 짐)가 대개 3분의 1이라는 점에 착안해서 최저한의 식료품비를 계산한 후 여기에 3(엥겔계수의 역)을 곱해 빈곤선을 계산하는 방식이다. 즉, 가장 합의가 쉬운 기본적인 적정한 표준영양량을 조사하는 방식으로 미국의 사회보장청에 의해 채택되어 지금까지도 미국의 공식 빈곤선 계산에 활용되고 있다.

실제로 오샨스키는 최소한의 식품 마켓바스킷을 구성하여 산출한 저소득층의 최저식품비의 세 배로 빈곤선을 정하였다.

오샨스키 빈곤선의 장점은 식료품비만 계산하면 되기 때문에 명확하고, 계산하기 쉬우며, 수정하기도 쉽다. 단점은 빈곤의 측정방법이 너무 단순하여 빈민이 경험하는 다양한 생활상의 압박을 제대로 반영하지 못한다는 데 있다. 식료품 이외의 다른 품목들은 제외되었다는 점, 엥겔계수의 크기에 따라 빈곤선에 큰 차이가 생길 수 있다는 점 등의 한계가 있다.

참고 엥겔법칙

가구소득이 높을수록 식료품비에 대한 지출 비중, 즉 엥겔계수(엥겔지수)는 낮아진다는 법칙이다. 엥겔방식은 반물량방식이다.

오샨스키 척도(반물량 방식)

① 객관적 식료품비(이론적 식료품비) 계산 → 가구의 실질적 생활비 분석을 통해 엥겔계수 구함 → 엥겔계수를 이론적 식료품비에 적용하여 전체 생계비 계산
② 모든 항목의 생활비를 조사하지 않고 엥겔계수로 추정한다는 점에서 반물량방식이라고도 한다.
③ 저소득층 최저 식료품비의 3배를 빈곤선으로 규정하고 있다.
④ 미국은 영양학적 기준과 소득기준을 절충한 이 척도를 1963년부터 채택 매년 인플레이션을 감안하여 인상하였으나 생활수준, 소비 및 지출의 패턴 변화를 반영하지 못하고 있다.
⑤ 장점 : 연구자의 임의성이 낮다. 또한 명확하고 계산하기 쉬우며 수정하기도 쉽다.
⑥ 단점 : 빈곤의 측정방법이 너무 단순하여 빈민이 경험하는 다양한 생활상의 압박이 반영을 못하고 있다.

2 예산기준방식(전물량방식, 라운트리방식, 마켓바스킷방식)

예산기준방식(budget standards)이란 빈민의 소비지출 바스킷을 구성한 다음 이를 합산하여 빈곤선을 정하는 방법을 말한다. 이를 위해서는 먼저 다양한 소비지출 유형을 위한 가계기준을 정해야 한다. 예산기준방식은 전술한 라운트리(Rowntree)의 신체적 효율성에 입각한 최저생계비 개념에서 나왔다. 빈민의 전체 소비지출을 감안한다는 점에서 이를 전물량방식이라고도 한다.

영국의 라운트리는 1899년 요크시의 빈곤을 조사한 결과를 바탕으로 빈곤을 1차적 빈곤과 2차적 빈곤으로 구분하고 있다. 라운트리 방식은 마켓바스킷 방식을 사용하고 있다.

라운트리의 방식을 기본으로 하여 생활에 필수적인 품목의 최저 수준을 정하고 이를 화폐가치로 환산해 빈곤선을 구하는 방식을 전물량방식이라고 한다. 모든 생활필수품목 시장가격×최저소비량의 총합으로서 생활필수품을 모두 조사하는 방식이다. 우리나라의 최저생계비 측정 방식이다. 즉, 우리나라의 최저생계비 측정 방식은 라운트리방식(전물량방식)으로 측정하고 있다. 전물량 방식에서는 어떤 품목을 필수적인 품목으로 인정하느냐에 따라 빈곤선의 수준이 달라질 수 있다.

그런데 사회가 수용할 만한 생계비 마켓바스킷을 발전시키고 비용을 산출하기는 상당히 어렵다. 식품비, 의료비, 주거비 등은 몰라도 사회활동에 필요한 교통비, 여가활동비, 문화비, 경조사비 등을 포함시키는 데 대해 사회구성원이 선뜻 동의하기는 어렵다. 나아가 소득과 소비보다는 저축과 투자가 빈곤 탈피에 열쇠가 되기 때문에 빈민이 주식을 보유하는 것을 권장해야 한다고 주장하는 사람들도 있다. 이런 주장에 따르면 바스킷 속에 주식구입비도 포함시켜야 할 것이다.

> **예산기준방식(전물량방식, 라운트리방식) – 전체 생필품의 마켓바스킷**
>
> 예산기준방식이란 빈민의 소비지출 마켓바스킷을 구성하여 이를 합산하여 빈곤선을 정하는 방법을 말한다.
>
> ① 빈민의 소비지출 마켓바스킷(식료품, 의료, 교통, 주택, 난방 등)을 구성한 다음 이를 합산하여 표준적인 소비를 위해 얼마가 지출되어야 하는지를 전문가 집단이 엄밀하게 조사를 수행하고 빈곤선 결정한다.
>   - 라운트리방식은 마켓바스킷방식을 사용하고 있다.
>
> ② 빈민의 전체 소비지출을 감안한다는 점에서 전물량방식이라고도 한다.
>
> ③ 사회가 수용할 만한 생계비 마켓바스킷을 발전시키고 비용을 산출하기 어렵다.
>
> ④ 우리나라에서 최저생계비를 계측하는 추정방식은 전물량방식(마켓바스킷)을 사용하고 있다.
>   - 우리나라는 최저생계비 계측하는 추정방식은 라운트리방식을 사용한다.

3 여론 · 합의 방식

여론·합의방식(public opinion and social consensus measures)은 빈곤을 정의하고 측정하는 일을 전문가에게 맡길 경우 빈곤선에 포함시킨 항목에 대해 시민들의 이의를 제기할 수 있다. 이를 피하기 위한 가장 좋은 방법이 여론에 따라 빈곤선을 정하는 것이다. 가령, 여론조사를 통해 "빈곤에서 벗어나기 위해서는 어느 정도의 소득이 있어야 하는가?" 또는 "표준생계를 위해서 꼭 필요한 생필품 항목은 무엇인가?"를 질의하여 빈곤선을 계산해 내는 것이다. 이때, 중요한 것은 일반인이 생각하는 사회 전체의 견해이다.

합의방식의 장점은 자의적이고 독단적인 전문가 집단의 판단을 배제하고, 일반 사람들이 빈곤의 기준을 결정하게 만드는 것이다. 그러나 바로 이런 점이 이 방식의 약점이 된다. 이런 문제의 극복을 위해 조사대상자에게 어떤 소득을 제시한 다음 그것이 충분한지 불충분한지에 관해 직접 질문을 던지는 방법이 있다. 이를 주관적 빈곤선(subjective poverty line)이라 한다.

여론·합의방식의 단점은 빈곤수준에 대한 일반인의 생각이라는 게 그들의 주관적 경험에 기초해 있기 때문에 빈곤실태를 얼마나 사실적으로 반영하는지 알 수 없다. 그리고 표준생계에 포함시킬 항목이 어느 정도 정확하게 생활양식을 반영하는지에 대해서도 의문이 제기될 수 있다.

4 가계지출방식

가계지출방식(household expenditure measures)은 상대빈곤의 개념에 입각하여 빈곤선을 정하는 방법으로서 전체 인구의 가계지출 평균치에 의거하여 빈곤선을 정한다. 이 방식은 가계지출에 관한 자세하고도 신뢰할 만한 자료가 있어야 하고, 또 자료가 정기적으로 새로워져야만 가능하다. 영국이 1988년부터 이런 방식을 채택하고 있다. 영국은 매년 가계지출조사를 실시하고 있으며, 평균가계소득의 40% 이하를 빈곤선으로 정하고 있다. 그러나 엄격히 말해서, 이런 방식은 상대빈곤을 측정하는 것이라기보다는 사회보장의 최저급여수준을 정하는 방법이라고 보는 것이 더 정확할 것이다.

가계지출방식의 문제점은 대상에 모든 가구가 포함되는 게 아니다. 예컨대, 노숙자는 제외된다. 그리고 수입도 정확하게 조사된다고 보기 어렵다. 비현금(현물)

수입, 조세감면, 국가제공 급여(보건의료와 교육) 등 가족의 복지에 기여하는 각종 수입은 조사대상에서 제외되어 있다.

가계지출방식(상대적 빈곤방식 : 모든 인구의 가계지출 평균치, 평균소득이나 중위소득을 기준으로 함)

① 상대적 빈곤의 개념에 따라 빈곤선을 정하는 방법으로 전체 인구의 가계지출 평균치에 의거하여 빈곤선을 결정한다.
② 가계지출에 관한 자세하고 신뢰할 만한 자료가 있어야 하고 자료가 정기적으로 경신되어야 한다.
③ 영국은 매년 가계지출조사 실시, 평균가계소득의 40% 이하를 빈곤선으로 결정하고 서구 유럽 국가들은 상대적 빈곤방식으로 빈곤선 측정하고 있다.

참고 주관적 빈곤방식 – 라이덴 방식

주관적 빈곤방식은 개인의 주관적 판단에 의해 결정되는 것이다. 적절한 생활수준을 유지하기 위해 필요한 소득수준에 대한 개인의 평가를 근거로 판단하는 빈곤을 말한다. 네덜란드 라이덴 대학의 학자에 의해 개발된 라이덴(Leyden) 방식[43]이 이러한 주관적 빈곤 개념에 바탕을 두고 있다. 사람들에게 자신의 상황을 고려할 때 그럭저럭 살아가는 데 필요한 최소 소득을 묻고, 이를 바탕으로 그들이 판단한 최소 소득과 그들의 실제 소득과의 관계를 분석하여 결정한다. 실제 정책에서는 사용하기 어려운 한계를 가지고 있다.

정리 빈곤측정 방식

구 분	내 용		
절대적 빈곤 방식(한국)	이론생계비 방식	근로자의 생활을 유지하는 데 필요한 물량을 정해 이것에 가격을 곱해 구한 것	
	실태생계비 방식	전물량방식(마켓바스킷방식, 라운트리방식, 예산기준방식)	=품목×최저수량×시장가격

(계속)

43 라이덴의 방식은 자신이 생각하는 최소소득과 실제소득을 확인하고 비교분석을 통해 빈곤선을 결정하는 것이다. 실제소득곡선과 최저소득곡선의 교차점이 최저생계비이다.

구 분	내 용		
절대적 빈곤 방식(한국)	실태생계비 방식	반물량방식(엥겔방식, 오샨스키 방식)	=음식비×엥겔계수의 역수(엥겔계수=음식비÷총소비액)
상대적 빈곤 방식(OECD)	가계지출방식=평균소득의 일정비율 이하를 최저생계비 의미		
객관적 방식	여론합의방식		
주관적 방식	라이덴방식=실제소득곡선과 최저소득곡선의 교차점이 최저생계비임		

참고 최저생계비 측정방식

절대적 빈곤측정 방식	전물량방식(예산기준방식, 라운트리방식, 마켓바스킷방식) 반물량방식(엥겔방식, 오샨스키방식)
상대적 빈곤측정 방식	가계지출방식
주관적 빈곤측정 방식	라이덴(Leyden)방식
객관적 빈곤측정 방식	여론합의방식

- 최저생계비 측정방법이 아닌 것은 전물량방식, 오샨스키방식, 라이덴방식, 가계지출방식, 반물량방식, 여론합의방식, 라운트리방식, 예산기준방식, 마켓바스킷방식 등이 있다. 다만, 지니계수는 아니다.

1) 빈곤율 측정

빈곤율(poverty rate)은 빈곤선의 기준을 정하고 소득이 이에 미치는 여부에 따라 빈곤가구와 비빈곤가구를 구분하고 빈곤가구에 사는 개인의 수를 구하여 전체 인구에서 차지하는 비율을 통해 측정하는 방법이다.

- 빈곤의 정도를 측정하는 가장 전통적인 방법으로 빈곤한 사람의 수를 세어(head count) 전체 인구에서 차지하는 비율, 즉 빈곤율을 측정하는 방법이다.
- 먼저 빈곤선을 정하고, 소득이 이에 미치지 못하는 가구를 빈곤가구로 정의한 후, 전체 가구 중 몇 퍼센트가 빈곤가구인가를 밝히는 것이다.
- 빈곤의 정도를 측정하는 가장 간단한 방법이지만 한 사회의 빈곤의 정도를 정확히 반영하지 못하는 한계가 있다. 가령, 빈곤율이 10%로 동일한 A국가와 B국가가 있을 때, A국가의 빈곤가구는 빈곤선 근처의 소득을 갖고 있으며 B국가의 빈곤가구는 소득이 거의 없는 경우, 동일한 빈곤율에도 불구하고 B국가의 빈곤 정도가 더욱 심한 것으로 볼 수 있다.

2) 빈곤갭

빈곤갭(Poverty Gap)은 빈곤층의 소득을 빈곤선까지 상향시키는 데 필요한 총 비용을 말하는 것으로서, 빈곤선에서 전체 인구의 평균 적자를 나타낸다. 빈곤의 심도를 나타낸다. 개인의 소득차이를 반영하지 않고 단순히 빈곤선 소득 이하에 살고 있는 사람의 숫자가 얼마인가를 통해 빈곤한 사람의 규모를 나타내는 것은 '빈곤율(Poverty Rate)'에 해당한다.

- 빈곤갭 측정
  - 빈곤율 측정보다 정교한 측정방법으로, 빈곤선 이하에 있는 사람의 소득을 모두 빈곤선 수준까지 끌어올리기 위해서 어느 정도의 소득이 필요한가를 보여주는 지표이다.
  - 먼저 빈곤선을 정하고, 소득이 이에 미치지 못하는 가구를 빈곤가구로 정의한 후, 모든 빈곤가구에 대해 "빈곤선－가구소득"을 계산하여 이를 모두 합한 것을 빈곤갭이라고 한다. 국가 간 또는 시점 간 비교를 위해 빈곤갭을 GDP대비 비율로 나타내는 것이 일반적이다.
  - 앞의 예에서 A국가는 빈곤가구가 빈곤선 근처의 소득을 갖고 있으므로 이를 빈곤선 수준까지 끌어올리기 위해 B국가보다 더 적은 비용이 들 것이다. 따라서 빈곤율이 동일한 두 국가라고 하더라도 A국가보다 B국가의 빈곤갭이 더욱 크게 나타난다.
  - 일반적으로 중위소득 50% 기준 빈곤선은 평균 소득 50% 기준 빈곤선보다 낮다.

  A국가와 B국가가 동일한 빈곤율을 보인다고 하더라도 빈곤갭은 차이가 있을 수 있다. 가령, A국가에서는 대다수의 빈곤층이 빈곤선에 가까운 소득을 나타내고, B국가에서는 대다수의 빈곤층이 빈곤선에 비해 훨씬 낮은 수준의 소득을 나타낸다면 B국가에서 빈곤갭이 훨씬 크게 나타날 것이다.

  빈곤갭은 빈곤율처럼 빈곤층의 규모를 보여주지는 못한다. 또한 빈곤율과 빈곤갭 모두 빈곤층 내부에서의 소득의 이전이나 분배 상태를 보여주지 못한다.

참고 빈곤율은 빈곤층의 규모를 나타내고 빈곤갭은 빈곤의 심도를 나타낸다. 빈곤갭과 빈곤율이 동일한 두 사회는 빈곤층의 소득분포가 동일하지 않다.

3) 센(Sen)의 빈곤지표

빈곤율, 빈곤갭, 상대적 불평등의 세 가지 측면을 모두 고려하여 빈곤정도를 측정하기 위해 센(Sen)이 개발한 빈곤지표이다. 이는 빈곤지표가 갖추어야 할 여러 조건을 다른 방법보다 만족스럽게 충족시킨다는 평가를 받고 있다.

5 소득불평등의 이론

1) 로렌츠 곡선(대각선=완전평등): 불평등지수=소득÷인구

로렌츠 곡선(Lorenz Curve)은 소득금액의 누적백분율과 소득자의 누적백분율을 대비시킨 것으로서, 완전평등선(균등분포선)과 멀수록, 즉 아래쪽으로 볼록할수록 소득은 불균등하게 분배되었음을 나타낸다.

로렌츠 곡선은 미국의 통계학자 로렌츠(M. Lorenz)가 창안한 소득분포의 불평등도(不平等度)를 측정하는 방법이다(=소득분포의 불평등도를 나타내는 곡선).

가로축에는 인구(사람)의 누적백분율이, 세로축에는 소득금액의 누적백분율이 표시된다. 대각선(45° 직선)은 누적인구와 누적소득이 같은 비율로 증가하기 때문에 완전한 평등을 나타낸다.[44] 반면 소득격차가 심해지면 아래로 늘어지는 형태가 된다.

따라서 완전평등선과 로렌츠 곡선 사이의 면적이 클수록 불평등도가 커지며, 이를 불평등면적이라고 한다. 로렌츠 곡선의 면적이 커질수록 불평등해진다. 로렌츠 곡선이 아래로 볼록할수록 불평등하다. 균등선과 가로축, 세로축이 이루는 삼각형(△ABC)과 불평등면적 간의 비율이 지니계수이다. 로렌츠 곡선에서 지니계수를 나타낼 수 있다.

지니계수는 한 사회의 불평등을 나타내는 척도가 된다.

44 로렌츠 곡선 [—曲線, Lorenz Curve] (시사상식사전, 박문각)

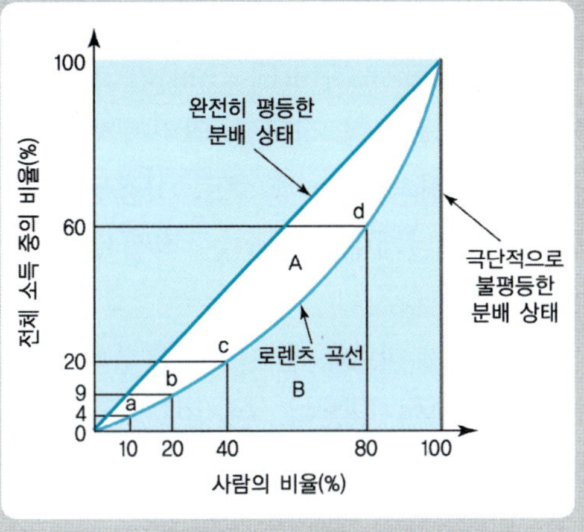

지니계수 = $\frac{A}{A+B}$

- 완전 평등 = 0
- 완전 불평등 = 1

로렌츠 곡선은 소득 분배 상태를 그림으로 보여준다. 그러나 이 곡선은 국가 간 소득 분배 상태를 비교할 때 상대적인 불균등을 알려주지만 정확한 불균등 정도는 알려주지 못한다.

※ 지니계수 = 불균등면적 OA ÷ 삼각형 OAB

① 로렌츠 곡선 : 각 소득계층의 소득비율을 누적한 것(A, 회색 반달모양의 면적이 불평등 면적), A의 면적이 클수록 분배가 불평등함

② 지니계수 : 불평등 면적(A의 면적) ÷ 직각 삼각형 면적(A+B) → 0과 1의 값을 가지며, 값이 클수록 분배가 불평등함

- 작도가 간단하기 때문에 소득분포뿐만 아니라, 그 밖의 경제량 분포의 집중도 또는 불평등 정도를 측정하는 방법으로 사용되고 있다.
- 로렌츠 곡선을 쓰면 여러 나라를 동시에 비교할 때 불편하다.
- 이런 경우에는 삼각형(B) 면적에 대한 반달 부분의 면적 비율인 지니계수를 이용하여 하나의 수치로 표시할 수 있다.
- 지니계수는 로렌츠 곡선에서 도출된다. 로렌츠 곡선에서 지니계수를 나타낼 수 있다. 소득분배의 완전균등을 나타내는 대각선과 로렌츠 곡선 사이의 면적(A)을 직각삼각형(B)의 면적으로 나눈 값이 지니계수다.

소득분포의 불평등 정도를 나타내는 로렌츠 곡선에 대한 설명

① 로렌츠 곡선이 아래로 볼록할수록 불평등하다.
② 로렌츠 곡선의 면적이 커질수록 불평등해진다.
③ 로렌츠 곡선에서 지니계수를 나타낼 수 있다.
④ 로렌측 곡선은 완전평등선에서 아래쪽으로 볼록할수록 불평등하다.
⑤ 소득의 분포가 완전히 균등하면 곡선은 대각선(45° 직선)과 일치한다.

2) 지니계수 : 0이면 완전평등, 1이면 완전불평등

지니계수(Gini's coefficient)는 이탈리아의 통계학자 지니(C. Gini)가 제시한 지니의 법칙에 따라 나온 계수다. 소득분배 분포의 불균형 정도를 의미하지만, 특히 소득이 어느 정도 균등하게 분배되어 있는가를 평가하는 데 주로 이용된다.

시장소득 기준 지니계수와 가처분소득 기준 지니계수의 차이는 직접세, 공적이전소득, 사회보장세 등 정부정책의 효과를 의미한다.

가로축에 저소득층부터 인원의 분포도를 그리고 세로축에 저소득층부터 소득액 누적 백분율을 구하면 소득분배곡선(로렌츠 곡선)이 나온다. 여기에 가상적인 소득분배균등선(45° 선)을 긋는다. 이때 소득분배균등선과 가로·세로축이 이루는 삼각형의 면적과 균등선과 로렌츠 곡선 간의 면적비율이 지니계수가 된다. 지니계수는 1에 가까울수록 불평등하고, 0에 가까울수록 평등하다. 따라서 지니계수는 지니가 로렌츠 곡선이 나타내고자 한 것을 숫자로 표현한 것으로 0과 1 사이의 값을 가지며, 값이 작을수록 소득분배는 균등한 것을 뜻한다. 즉, 지니계수는 1에 가까울수록 불평등하고, 0에 가까울수록 평등하다. 지니계수가 작을수록 평등하고 지니계수가 클수록 불평등한 상태이다. 일반적으로 지니계수가 0.4를 넘으면 소득분배가 상당히 불평등한 것으로 볼 수 있다. 반대로 지니계수가 0.40 미만이면 소득분배가 균등한 상태인 것으로 본다(한경 경제용어사전, 한국경제신문/한경닷컴).

① 지니계수는 절대적 빈곤선을 기초로 만들어진다. 소득분배의 불평등 정도를 나타내는 수치이다. 로렌츠 곡선과 관련이 있다.
② 0~1의 값을 가지는데, 0이 되면 모든 사람들의 소득이 평등하다는 의미가 된다(0=완전 평등).
③ 한 개인이 모든 소득을 독점하고 나머지는 소득이 없는 상태의 지니계수는 '1'이다. 즉 값 1이 되면 1명을 제외한 모든 사람은 소득이 한 푼도 없지만 나머지 1명은 나라의 전체 소득을 모두 가지고 있다는 의미가 된다. 즉 값이 1에 가까울수록 불평등 정도가 높다고 본다.
④ 일반적으로 지니계수가 0.4를 넘으면 상당히 불평등한 소득분배의 상태에 있다고 본다.
⑤ 시장소득 지니계수 : 시장에서 벌어들인 소득의 불평등 정도를 나타낸다.
⑥ 가처분소득 지니계수 : 시장에서 벌어들인 소득에서 국가에 내는 세금을 빼고 국가로부터 받은 복지비를 더한 상태에서의 소득의 불평등 정도를 나타낸다(재분배정책에 의한 지니계수의 개선 효과가 나타남).

3) 10분위 분배지수

10분위 분배지수는 하위 40% 가구의 하위소득이 전체소득에서 차지하는 비중을 상위 20% 가구의 상위소득이 전체 소득에서 차지하는 비중으로 나눈 값이다. 10분위 분배지수가 높아질수록 하위 계층의 몫이 커지므로 소득분배는 평등해진다. 10분위 분배율이 클수록 소득분배가 평등하다(불평등 ×). 즉 10분위 분배지수가 2일 경우 완전평등을 의미하며, 0일 경우 완전불평등을 나타낸다. 대부분의 나라에서는 0과 2 사이의 분배지수에 있다.

10분위 분배율

최하위 40% 계층의 소득점유율 ÷ 최상위 20% 소득계층의 소득점유율 → 2에 가까울수록 평등한 분배, 0에 가까울수록 불평등한 분배

※ 10분위 분배율 = $\frac{\text{하위 계층 40\%의 소득}}{\text{상위 계층 20\%의 소득}}$

Q 10분위 소득총액 분포를 나타낸 것이다. 소득 5분위 분배율은?

소득분위	1분위	2분위	3분위	4분위	5분위	6분위	7분위	8분위	9분위	10분위
분위별 소득총액(억)	20	40	50	60	90	105	115	135	175	194

① 0.16 ② 2.16 ③ 3.25
④ 6.15 ⑤ 9.70

해설 5분위 분배율은 소득이 높은 상위 20% 가구와 소득이 낮은 하위 20% 가구의 소득을 나누어 산정한다.
A 상위 20% = 175 + 194 (369), B 하위 40% = 20 + 40 (60) → C = A/B C = 6
5분위 분배율이 클수록 소득분배가 불평등하다. 5분위 분배율이 작을수록 소득분배가 평등하다.
[참조] 5분위 분배율 = 최상위 20% 계층의 소득점유율 ÷ 최하위 20% 소득계층의 소득점유율

정답 ④

3 공공부조정책의 일반

빈곤 함정 및 공공부조의 원칙, 공공부조의 특징, 공공부조와 사회보험의 차이, 공공부조와 근로조건부 기초수급자 등에 대해 서술한다.

1 공공부조의 일반론

공공부조란 1891년 덴마크에서 최초로 등장한 것으로서 저소득층을 대상으로 하는 복지제도로서 생활이 어렵거나, 유지할 능력을 상실한 사람에게 국가가 최저생활을 할 수 있게 경제적으로 지원하고 자립을 유도할 수 있도록 기회를 제공하는 것이다.

공공부조는 사회보험과 더불어 사회보장의 양대 축으로 불릴 정도로 중요한 위치를 점하고 있다.

국가에 따라서는 사회보장제도가 오늘날 공공부조제도로 불리는 프로그램, 즉 재원이 개인 기여금이 아닌 일반조세에서 충당되는 제도로부터 시작한 나라들이 있는데 스칸디나비아국가들이 대표적인 경우이다.

이 제도하에서 가장 먼저 보호받게 되는 인구집단은 노인, 환자, 장애인, 유족 그리고 실업자 등의 빈곤층이다. 그 후 이 제도들은 점차적으로 기여형 사회보험제도로 대체되었지만 호주나 뉴질랜드와 같은 나라들은 일련의 공공부조제도를 혼합시킴으로써 완전한 사회보장제도를 구축하기도 하였다.

사회보험에 주로 의존하는 나라들에서도 공공부조제도는 유용한 제도로 남아있다. 공공부조는 여러 가지 이유로 사회보험의 범위에서 벗어나거나 보험급여가 욕구를 충족시키기에는 불충분한 사람에게 "안전망(safety net)"으로서의 역할을 할 수 있기 때문이다.

우리나라는 「국민기초생활 보장법」에 의해 수급자로 지정이 되면 각종 급여들이 지급되고 있다.

2 빈곤 함정

1) 빈곤의 함정

빈곤의 함정이란 사회복지에 의존하여 근로의욕을 상실함으로써 빈곤에 머무르는 현상을 의미한다. 즉, 높은 수준의 사회보장급여가 존재할 경우 자력으로 일을 해서 가난으로부터 벗어나려 하기보다는 사회보장급여에 의존하여 생계를 해결하려는 의존심이 생겨 결국 가난에 정체되어 버리는 현상을 말한다. 이는 사회복지가 근로유인을 저하시킨다는 논리와 동일하다. 빈곤의 함정은 실업자에 대한 재정적 급여보다 근로에 의한 소득이 적을 경우 금전적 이유로 근로를 회피하는 것을 말한다. 이 경우 아무리 노력해도 가난을 이겨낼 수 없으며, 차라리 실업자로 국가의 재정적 지원을 받는 게 낫다는 근로에 대한 의욕상실이 생긴다.

최근 국가는 「국민기초생활 보장법」 내에 특례제도를 활성화하여 “All or Nothing” 이라는 그동안의 가장 큰 문제를 해결하고자 하였는데, 이는 빈곤의 함정과 관련된 현상이다.

빈곤 함정(poverty trap), 즉 ‘가난의 덫’이란 높은 수준의 사회보장급여가 존재할 경우 자력으로 일을 해서 가난으로부터 벗어나려 하기보다는 사회보장급여에 의존하여 생계를 해결하려는 의존심이 생겨 결국 가난에 정체되어 버리는 현상을 말한다. 이는 사회복지가 근로유인(work incentive)을 저하시킨다는 논리와 동일하다.

> 빈곤 함정과 열등처우의 원칙
> 기초생활보장제도에 근로소득공제를 도입할 경우 공제율과 폭을 얼마로 하는 게 바람직한가 하는 문제가 제기된다. 공제율을 높이면 근로유인이 증가하지만 수급자의 소득이 비수급자의 소득보다 공제액만큼 높아지게 되어 열등처우의 원칙을 위배하게 된다. 반면에 공제율이 낮으면 근로유인의 효과가 없을 뿐만 아니라 국가의 도움에 안주하는 빈곤 함정이 나타날 수도 있다.

참고 제도적 사회복지정책 내용

- 개인의 욕구는 우선적으로 국가나 사회가 해결한다.
- 국민생활 수준의 평등화를 기한다.
- 소득재분배적인 복지정책을 실시한다.
- 보편주의에 입각하고 있다.

3 공공부조의 특징

공공부조의 특징으로는 국가의 재원조달 책임, 선별적 대상조사, 자산조사 실시, 신청주의 원칙, 대상자 분류, 자활 조성이다.

1) 국가의 재원조달 책임

공공부조는 프로그램의 주체 및 재원(일반조세)을 국가와 지자체가 부담한다.

즉, 재원 조달은 일반조세를 통하여 마련한다. 공공부조(국민기초생활보장 제도)는 일반재원, 조세로 운영된다. 하지만 사회보험은 보험료(사회보장성 조세)를 주요 재원으로 한다.

2) 선별적 대상조사

공공부조는 법적으로는 모든 국민이 보호의 대상이지만 실제로는 일정한 요건(빈곤선 이하)에 해당하는 생활이 어려운 사람이 주 대상이다. 선택주의(selectivity) 제도이다. 또한 낙인 효과를 유발할 수 있다.

3) 자산조사 실시

공공부조 지급을 위해서 자산조사가 필요하다. 공공부조는 자산조사를 통해 선별하며 제한적이고 규제적인 성격도 있다. 자산조사를 통해 대상자를 선정하여 급여를 지원하는 제도이다. 따라서 조사비용, 시간 등 행정비용이 많이 소모된다.

4) 신청주의 원칙

공공부조의 수급은 본인의 의사에 반하여 강제적으로 제공될 수 없다(다만, 사회복지전담공무원이 본인의 동의를 얻어 직권으로 신청할 수 있음－직권신청주의).

5) 대상자 분류

공공부조는 대상자별로 처우를 행하고 있으며, 대상자의 욕구나 근로능력 조건, 가족 상황 등에 따라 처우가 달라질 수 있다.

6) 자활 조성

공공부조는 적극적 측면을 가지고 있어 근로능력이 있는 경우 자활을 위한 프로그램을 운영함으로써 자활을 조성한다. 근로능력이 있는 사람은 근로 동기를 강조하여 근로를 통한 자립 자활을 강조하는 근로조건부 복지의 개념이 확산되고 있다. 공공부조 대상자의 근로의욕을 저하시키는 경우도 있다.

7) 소득재분배 효과

공공부조는 소득재분배 효과가 크다. 일방적 소득 이전을 통해 소득의 재분배적 기능을 도모할 수 있는 제도다. 행정비용이 많이 소모되고 낙인을 유발할 수 있다.

> 공공부조의 기능
> 사회적 안전망, 소득재분배, 사회적 안정화 및 탈진급화, 시장경제를 지원하는 경제안정화(최소한의 생계유지를 도와줌으로 인해 경제생활을 하게 됨으로써 경제순환)의 기능이 있다.

4 공공부조의 장점과 단점

1) 공공부조로 인한 장점

조세를 재원으로 하고 있으며, 다른 제도들에 비해 상대적으로 수직적 소득재분배의 효과가 크다. 또한 제한된 예산으로 저소득층을 위해 집중적으로 활용할 수 있어서 목표효율성도 높다(소득과 부양의무자 기준 : 자산조사와 부양의무자 조사). 사회보험과 비교할 때 공공부조가 갖는 장점은 높은 비용의 효과성이다.

2) 공공부조로 인한 단점

일단 수급자는 낙인감과 수치심에 고통을 받을 수 있다. 수급자의 근로의욕을 감소시키고 그 자격을 결정하기 위해서 실시되는 자산조사를 비롯한 각종 요소에 많은 행정비용이 든다. 그리고 적용되는 대상이 저소득층이라는 제한적인 범위가 있어서 대중의 지지가 줄어드는 요소도 있다.

하나의 제도에 따르는 장·단점을 모두 수용하고 보완하기 위해서는 많은 노력이 필요하다. 어떤 것이든 하나가 충족되면 하나는 충족되지 않기 마련이다. 양쪽 다 놓치기보다는 서로 보완해가며 상호의존하는 것이 나을 것이다.

5 공공부조와 사회보험

1) 공공부조와 사회보험와의 비교

공공부조는 가난한 개인이나 가족에게 제공되는 현금급여, 의료보조, 사회서비스(가족문제에 대한 카운슬링, 직업알선, 주거지원, 지역사회보호, 가정봉사 등)를 말한다. 그리고 공공부조가 빈민만을 대상으로 하기 때문에 공공부조의 적용대상이 되기 위해서는 정부가 정한 소득 및 재산의 기준을 충족시켜야 하며, 이를 위해 자산조사를 받아야 한다. 차별적인 자산조사와 자격조사는 빈민에게 낙인을 준다.

공공부조는 절대왕정 시대에 부랑자를 다스리기 위해 제정한 빈민법(복지제도라기보다는 공안제도에 가까웠던)에 기원을 두고 있는 반면에, 사회보험은 노동자들의 상호부조 조직이었던 공제조합(friendly society)에 기원을 두고 있다. 사회보험과 공공부조는 법정 이전소득(mandated transfers of money)이라는 점에서 같지만, 공공부조가 빈곤을 완화(ameliorate)하는 데 목적이 있다면, 사회보험은 빈곤을 예방(prevention)하고 모든 계층의 경제적 비보장(insecurity)을 경감(lessen)시키는 데 목적을 둔다.

사회보험과 공공부조의 차이점은 다음과 같다.

- 재정 예측성 : 사회보험의 수입과 지출 총액은 비교적 예측이 용이하다. 반면에 빈민의 수와 생계비 수준에 따라 지출 규모가 결정되는 공공부조는 그 재정을 예측하기가 쉽지 않다.
- 자산조사 : 공공부조는 그 수급자가 빈민임을 증명해야 급여를 받을 수 있으므로 자산조사가 불가피하다. 사회보험은 그렇지 않다. 공공부조가 수급자의 현재 드러난 욕구(demonstrated need)에 기초해 있다면, 사회보험은 앞으로 예상되는 욕구(presumed need)에 기초해 있기 때문이다.
- 재정충당방식 : 사회보험은 임금에 부과되는 보험료(earmarked taxes)로 재정을 충당하나 공공부조는 정부의 일반세입(general revenues)에서 충당한다. 다시 말해서, 사회보험의 수급자는 보험료를 부담함으로써 재정을 스스로 조달하지만 공공부조 수급자는 재정에의 직접적인 기여가 없다.
- 대상자 수 : 사회보험 대상자는 수가 매우 많지만, 공공부조 대상자는 그 수가 적다.
- 낙인효과 : 공공부조 대상자는 수급 자격을 획득하는 과정에서 자신이 빈민임을 사회적으로 증명해야 하기 때문에 낙인을 피할 수 없다.

공공부조와 사회보험은 기원, 목적, 재정 예측성, 자산조사, 재정충당, 대상자 수, 낙인, 사회보장에서의 위치에서 차이점이 있다.

정리 공공부조와 사회보험의 차이점

구 분	공공부조	사회보험
기원	빈민법	공제조합
목적	빈곤의 완화	빈곤의 예방과 경제적 비보장의 경감
재정예측성	곤란	용이
자산 조사	반드시 필요	불필요
재정 충당	국가 일반세입	가입자의 보험료
대상자 수	소수	다수
낙인효과	발생	미발생
사회보장에서의 위치	사회보험의 보완장치	사회보장의 핵심

- 공공부조는 수직적 재분배(부자 → 빈자), 국민건강보험은 수평적(소가족 → 대가족) 소득재분배를 도모한다.

2) 공공부조와 근로조건부(workfare)의 수급자

(1) 미국의 복지정책(WtW : welfare to work 정책)

신자유주의는 사회복지정책 전반에 지대한 영향을 미쳤으며, 공공부조도 예외가 아니었다. 신자유주의가 공공부조에 미친 가장 큰 영향은 공공부조 대상자에게 복지급여의 조건으로 근로를 요구한 근로조건부 복지(workfare)이다. 대표적인 예가 미국 클린턴 정부의 복지정책이다. 클린턴 정부의 이른바 일하게 만드는 복지(welfare to work : WtW) 정책에 잘 나타나 있다. WtW정책은 1996년 8월에 제정된 복지개혁법의 기조를 이루었는데, 핵심은 사회복지정책에 있어서 노동동기를 강조하고, 사회복지정책 대상자들에 대한 수혜보다는 노동을 통해 자립·자활시키는 데 있었다.

일하게 만드는 복지(welfare to work)의 정책
① 1996년 제정된 복지개혁법의 기조
② 노동의 동기 강조, 노동을 통한 자립 자활 강조
③ 사회복지급여 수급을 위해서 반드시 일정기간 노동의무
④ 일정기간 이상 수급 제한
⑤ 복지 수급자를 노동하게 만드는 프로그램에 국가 보조금 지급
⑥ 구직자와 구인기업을 연결시켜 주는 전국적인 조직망 존재
⑦ 장기간 사회복지수급자를 고용하는 기업에 세금공제 혜택 부여

(2) 영국의 근로조건부 수급자

근로조건부 수급자는 영국에서도 관철되었다. 제3의 길을 내세운 블레어(Blair)는 비버리지식의 소극적 복지(passive welfare)를 지양하고, 적극적 복지(active welfare)로 나아갈 것, 즉 궁핍을 자율성으로, 질병을 건강으로, 무지를 교육으로, 불결을 안녕으로, 나태를 진취성으로 대치할 것을 주장했는데(Giddens, 1998: 189), 이는 노동당마저 기존의 복지국가의 이념을 포기하고 근로조건부 복지를 수용했다는 것을 의미하였다.

- 대처 수상은 실업급여의 요건을 강화하였다.
- 블레어는 비버리지 방식의 소극적 복지를 지양하고 적극적 복지 주장(궁핍을 자율성으로 질병을 건강으로, 무지를 교육으로, 불결을 안녕으로, 나태를 진취성으로 대치)한다.

(3) 김대중 정부의 생산적 복지

우리나라 김대중 정부가 표방한 '생산적 복지'의 이념도 근로조건부 복지와 친화력이 높다.

최근 들어 각국의 빈곤정책에서 근로조건부 복지의 관념은 지배적인 위치를 점하고 있다.

- 빈민에 대한 사회적 구호보다 빈민의 자립과 자율을 우선 실시하였다.
- 근로능력과 의욕이 있는 노인, 장애인, 독신 여성에 대해서는 기술훈련, 직장시설 개선, 고용 인센티브 제공 등을 통해 경제성장과 연결되는 생산적 복지를 추구하였다.

우리나라의 근로연계복지정책 경향은 복지급여에 대해 국가보다 개인책임

을 강조한다. 수급자의 근로유인을 강화하는 것이 목적이다. 취업 우선전략과 인적자원 투자전략이 활용된다. 자활지원사업이 근로연계복지정책에 해당한다. 취업을 위한 직업훈련을 강조한다.

4 공공부조정책

우리나라 공공부조제도의 역사(발전과정), 국민기초생활보장제도(의의, 적용대상, 급여 및 자활사업), 기초연금제도, 긴급복지지원제도, 근로장려세제 등의 내용에 대해서 서술한다.

1 국민기초생활보장의 제도

국민기초생활보장제도는 우리나라의 대표적인 공공부조제도이다. 「국민기초생활 보장법」은 생활보호법을 대체하는 법으로서 정부의 생산적 복지 이념과 시민단체, 정당, 정부 등 전국민적 합의를 바탕으로 1999. 9. 7 제정하고, 1년여의 준비를 거쳐 2000년 10월 1일부터 시행되었다.

1) 입법 배경

IMF 경제위기로 인하여 생계유지가 어려운 저소득층의 생활안정을 위하여 생활보호, 실업급여, 공공근로, 노숙자보호, 한시생활보호, 생업자금융자 등 사회안전망사업 실시하였으나 많은 저소득층이 사회보장의 혜택을 전혀 받지 못하는 사각지대가 존재하여 국가가 모든 국민의 기본적인 생활을 제도적으로 보장해야할 필요성이 대두되었다.

단순생계지원이 아닌 수급자의 자립자활을 촉진하는 생산적 복지지향의 종합적 빈곤대책이 필요하였다.

2) 공공부조정책의 역사

우리나라의 공공부조는 1961년부터 시행되었던 생활보호제도(생활보호법)를 폐지하고, 1999년 9월 「국민기초생활 보장법」이 제정되었고, 2000년 10월부터 시행됨으로써 일반적 공공부조제도가 실시되었다.

① 1944년 : 조선구호령 실시
② 1961년 : 생활보호법, 군사원호보상법 제정 → 생활보호법은 일제 시대 조선구호령의 기본틀(영세민 취로사업 실시)을 답습한 것으로 전체 저소득층을 대상으로 하지 않고 연령의 제한까지 두는 등 범주적 공공부조
③ 1962년 : 재해구호법 제정
④ 1968년 : 자활지도에 관한 임시 조치법 제정 – 근로능력이 있는 영세민 취로사업 추진
⑤ 1977년 : 의료보호법 제정
⑥ 1999년 : 국민기초생활 보장법 제정(생활보호법을 완전히 대체한 것임)
⑦ 2000년 : 국민기초생활 보장법 실시 – 연령에 관계없이 소득이 최저생계비에 미달하는 모든 저소득계층은 국가로부터 생계비와 의료비를 지원받을 수 있는 일반적 공공부조로 전환됨
⑧ 2001년 : 의료급여법 제정(의료보호법 대체입법 – 법명 변경)
⑨ 2005년 : 긴급복지지원법 제정
⑩ 2007년 : 기초노령연금법 제정
⑪ 2014년 : 장애인연금법 제정
⑫ 2014년 : 기초연금법 제정(기초노령연금법 폐지 – 대체입법)

공공부조는 국가의 보호를 필요로 하는 절대빈곤가구의 기초생활보장을 목적으로 한다. 수급권자 범위의 확대 및 선정기준의 합리화를 위해 종전의 거택·자활보호의 구분을 없애고 근로능력 여부·연령 등에 관계없이 국가의 보호를 필요로 하는 최저보장수준 이하의 모든 가구에 대하여 생계급여를 지급하고 있다.

정리 수급권자 범위의 확대

생활보호법	국민기초생활 보장법
• 부양의무자 조건 • 근로능력 여부, 연령, 장애 등 • 소득과 재산이 기준 이하인 자	• 부양의무자 조건 • – • 소득인정액이 최저보장수준 이하인 자

3) 기초생활보장제도의 도입

국민기초생활보장제도 도입은 가난의 책임은 개인뿐만 아니라 사회에도 있다는

빈곤관의 전환, 국가에 의한 절대빈곤의 해소이고, 자활을 통한 생산적 복지의 실현하는 데 그 의의가 있다. 국가로부터 생계 지원을 받더라도 일할 능력이 있으면 자활 관련 사업에 참여한다는 조건아래 매달 생계비를 지급받도록 하고 있다. 이 제도는 일할 수 있는 사람에게는 일자리를 제공하고 생활이 어려운 사람에게는 최저생활을 보장하는 '생산적 복지' 철학을 담고 있다.

공공부조의 대표적인 정책인 국민기초생활보장제도를 비롯한 국가의 보조정책이 소득분배의 불평등을 완화하는 긍정적인 면도 있다. 그러나 국가의 보조가 그들의 근로의욕 상실을 가져와 스스로 빈곤에서 벗어나려는 의지를 저하시키는 부작용을 낳는다는 비판도 제기되고 있다.

근로능력에 관계없이 빈곤선 이하의 모든 저소득층에게 최저생계비 수준 이상의 생활을 국가가 보장하는 것이며, 근로능력자에 대한 체계적인 자활지원서비스를 제공하고 생산적 복지를 실현하는 것이다.

① 근로능력에 관계없이 빈곤선 이하의 모든 저소득층에게 최저생계비 이상 수준의 생활을 국가가 보장(가난의 책임은 개인뿐만 아니라 사회에도 있다는 빈곤관의 전환, 국가에 의한 절대 빈곤의 해소)
② 근로능력자에 대해서는 빈곤에서 스스로 탈출하도록 체계적인 자활서비스를 제공하여 생산적 복지 실현
③ IMF 경제위기로 인하여 생계유지가 어려운 저소득층의 생활안정을 위하여 생활보호, 실업급여, 공공근로, 노숙자보호, 한시생활보호, 생업자금융자 등 사회안전망사업 실시
④ 많은 저소득층이 사회보장의 혜택을 전혀 받지 못하는 사각지대가 존재하여 국가가 모든 국민의 기본적인 생활을 제도적으로 보장해야 할 필요성 대두
⑤ 단순생계지원이 아닌 수급자의 자립 자활을 촉진하는 생산적 복지 지향의 종합적 빈곤 대책 필요

4) 기초생활보장제도의 특성

우리나라의 국민기초생활보장제도 특성에 대한 설명을 다음과 같이 할 수 있다.

- 현재의 빈곤에 대한 직접적인 생활보장제도이다. 최저보장수준이 국민의 기본권으로 인정된다. 즉, 수급자의 권리성을 인정한다. 대상자를 선정하는 데 있어 외국인도 특례로 포함된다. 인도주의에 입각하고 있다.
- 근로능력의 유무에 관계없이 수급권이 주어진다. 저소득층에 대한 국가책임을 강화하고 자활을 강조하는 제도이다. 수급자(대상자) 선정을 합리화하여 근로능력과 연령에 상관없이 최저보장수준 기준으로 수급권자를 선정한다.

근로무능력자만을 대상으로 하는 것은 아니라 근로능력자도 대상이 된다. Workfare 규정을 두고 있다. 즉 근로능력자를 위한 자활지원계획 수립 및 다양한 자활지원프로그램 제공 근로능력자에 대해서는 스스로 일자리를 찾거나 직업훈련, 공공근로, 자활공동체 등의 근로에 참가 조건부로 하여 생계급여를 지급한다.

- 개별가구를 단위로 급여를 제공한다. 급여의 합리화를 통해 최저보장수준과 가구소득의 차액으로 급여를 결정(보충급여 방식 채택)한다.
- 대상자의 자산조사(소득, 재산조사)를 실시한다. 비기여와 자산조사(소득과 자산에 대한 조사)방식의 사회보장이다. 공공부조 행정의 체계화를 통해 전산자료와 가정방문을 통해 자산조사의 실시한다(사회복지 전담공무원 확충). 따라서 사회복지제도 가운데 운영효율성이 상대적으로 가장 낮은 제도는 국민기초생활보장제도이다. 이 제도는 사회복지 급여의 수급대상자를 결정하는 주된 기준으로 자산조사를 사용하는 제도이다.
- 수급기한은 제한이 없다. 현금급여를 원칙으로 한다(생계급여, 주거급여 등). 예외적으로 현물급여를 지급한다.
- 국가의 일반 재원(조세)에 의해 이루어진다. 사회복지제도 가운데 운영을 위해 필요한 주된 재원으로 일반 재원을 사용하는 제도이다.
- 부양의무자(부모와 자식 동일)에게 우선 부양의무가 있다.
- 국민기초생활보장제도는 공공부조를 위해 인구학적 조건의 자산조사를 실시하는 것은 아니다. 인구학적 기준은 폐지되었으며, 소득인정액과 부양의무자 기준에 의해 수급 여부를 결정한다.

※ 자산조사방식을 실시하는 사회보장제도는 공공부조(근로장려세제, 긴급복지지원, 국민기초생활보장 등)가 있고, 자산조사방식을 실시하지 않는 것은 5대 사회보험(국민연금, 노인장기요양보험 등)이다.

5) 국민기초생활보장제도의 내용

(1) 목적

❶ 헌법적 근거

생활능력이 없는 국민은 법률이 정하는 바에 의하여 국가의 보호를 받는다(「헌법」 제34조 제5항).

❷ 법의 목적

생활이 어려운 자에게 필요한 급여를 행하여 이들의 최저생활을 보장하고 자활을 조성하는 것을 목적으로 한다(「국민기초생활 보장법」 제1조).

기초생활보장제도는 최저생활을 보장하고 자활을 돕는 것을 목적으로 가구의 소득과 재산, 근로능력 여부, 부양의무자를 종합적으로 조사하여 소득인정액이 가구별 최저보장수준과 기준 중위소득 이하의 경우 선정하여 필요한 급여를 지원하고 있다.

(2) 기초생활보장제도의 기본원칙

❶ 최저생활(생존권보장)보장의 원칙

최저한의 경제적 생활을 보장하는 수준으로 급여액을 결정한다. 생활이 어려운 자에게 생계·주거·의료·교육·자활 등 필요한 급여를 행하여 이들의 최저생활을 보장한다.

열등처우의 원칙에 관련된 내용
① 현재 공평의 원리에 부합된다.
② 일하는 최하급 독립노동자의 임금수준보다 낮아야 한다.
③ 공공부조에 적용되어 왔다.
④ 절대빈곤에 있는 사람이 대상이다.

❷ 보충급여의 원칙

모든 국민은 개인의 자립과 자활을 위해 자신의 능력을 최대한 발휘한 다음에 그 부족한 부분이 있을 경우 국가가 채워준다(보충)는 원칙이다. 소득인정액의 차이만큼 급여로 보충해 준다(최저생계비에서 가구 소득액+재산 소득환산액을 뺀 차액만 지급). 급여의 수준은 생계급여, 주거급여, 의료급여, 교육급여 및 자활급여와 수급자의 소득인정액을 포함하여 최저보장수준 이상이 되도록 하여야 한다.

❸ 자립·자활지원의 원칙

급여수준을 정함에 있어서 수급권자의 개별적 특수 상황을 최대한 반영한다. 이를 위해 수급권자 및 부양의무자의 소득·재산, 수급권자의 근로능력·취업상태·자활욕구 등 자활지원계획수립에 필요한 사항, 기타 수급권자의 건강상태·가구특성 등 생활실태에 관한 사항 등을 조사한다. 근로능력이 있는 수급자에게는 자활사업에 참여하는 조건으로 급여를 지급한다(자활사업 참여자 → 매달 자활이행 보고).

❹ 개별성의 원칙

급여수준을 정할 때 수급권자의 개별적 특수상황을 반영한다. 이를 위해 수급권자 및 부양의무자의 소득·재산, 수급권자의 근로능력·취업상태·자활욕구 등 자활지원계획수립에 필요한 사항, 기타 수급권자의 건강상태·가구특성 등 생활실태에 관한 사항 등을 조사한다.

❺ 가족부양우선의 원칙

부양의무자인 가족에게 우선 부양받아야 한다. 부양의무자의 부양이 기초생활보장 급여에 우선하여 행해지는 것이다. 급여신청자가 부양의무자에 의하여 부양될 수 있는 경우에는 기초생활보장급여에 우선하여 부양의무자에 의한 보호가 먼저 행해져야 한다.

수급자에게 부양능력을 가진 부양의무자가 있음이 확인된 경우에는 부양의무자로부터 보장비용을 징수할 수 있다.

❻ 타급여우선의 원칙

타법에 의한 보호 우선 원칙으로서 급여신청자가 다른 법령으로 보호받을 수 있는 경우는 기초생활보장급여보다 우선해서 다른 법령의 보호가 행해지는 것이다. 다른 법령에 의한 보호는 기초생활보장 급여에 우선하여 행해진다.

❼ 보편성의 원칙

평등보장의 원칙으로 「국민기초생활 보장법」이 규정한 요건을 충족하는 모든 국민은 누구나 수급권을 인정한다. 「국민기초생활 보장법」에 규정된 요건을 충족시키는 국민에 대하여는 성별·직업·연령·교육수준·소득원 기타의 이유로 수급권을 박탈하지 않는다. 하지만, 실제는 법적 요건에 따라 선별주의를 적용한다.

❽ 급여의 가구단위

개별가구를 기본으로 하고, 필요한 경우에는 개인을 단위로 할 수 있다.

> 세대와 가구의 구별
> ① 가구 : 혈연관계와는 상관없이 주거와 생계를 같이하는 공동으로 하는 생활단위
> 즉, 각 살림을 하는 생계 단위. 한 집에서 기거하는 사람들로 구성된 사회 경제적 단위
> ② 세대 : 주거와 생계를 함께한 소비생활을 하고 있는 사람의 모임

(3) 적용대상

적용대상은 수급권자와 수급자이다. 소득과 재산 그리고 부양의무자 기준을 동시에 충족해야 한다(수급대상자 : 소득인정액, 부양의무자).

① 수급자 : 사회보장의 급여를 받고 있는 사람
② 수급권자 : 사회보장의 급여를 받을 수 있는 자격을 가진 사람

근로능력이 있는 수급권자의 경우, 자활에 필요한 사업에 참가할 것을 조건으로 하여 생계급여를 지급할 수 있다. → 조건부 수급자=근로능력 판정자(16~60세 근로 가능 연령층). 근로능력자는 수급대상에서 제외되지 않는다. 근로조건부 수급자는 자활사업에 참가할 것을 조건으로 생계급여를 지급받는 사람으로서 근로능력이 있는 수급자 중 대통령령으로 정한 사람으로 한다. 참고로 근로능력이 있는 수급자는 18세 이상 64세 이하의 수급자로서 중증장애인, 희귀·난치성 질환자, 질병·부상 또는 그 후유증으로 치료나 요양이 필요한 자, 20세 미만의 중·고등학교 재학생 등 근로능력판정에 의해 근로능력이 없는 것으로 간주되는 자를 제외한다.

(4) 수급자 선정기준

수급자 선정기준은 국민기초생활보장정책을 시행 후 공공부조를 위해 인구학적 조건을 폐지하고 소득인정액 기준과 부양의무자 기준의 심사를 실시한다.

국민기초생활보장제도는 자산조사(소득과 자산에 대한 조사)를 통해 수급대상자를 결정한다. 자산조사는 공공부조 수급대상자의 결정기준이 된다. 여기서 소득과 재산은 국민기초생활보장제도에서 사회적 할당(social allocation)의 핵심기준이 된다.

❶ 보건복지부장관 또는 소관 중앙행정기관의 장은 급여의 종류별 수급자 선정기준 및 최저보장수준을 결정해야 한다.
❷ 보건복지부장관 또는 소관 중앙행정기관의 장은 매년 8월 1일까지 중앙생활보장위원회의 심의·의결을 거쳐 다음 연도의 급여의 종류별 수급자 선정기준 및 최저보장수준을 공표하여야 한다(최저보장수준의 결정 등).

① 소득인정액의 기준

- 소득인정액 기준을 충족한다는 것은 수급권자 가구의 소득인정액이 가구별 최저보장수준 기준 이하가 되는 것(소득인정액이 최저보장수준 기준보다 낮은 가구)
- 소득인정액 : 개별 가구의 소득평가액과 재산의 소득환산액을 합산한 금액

> • 소득인정액 산정방식
> 소득인정액 = 개별가구의 소득평가액 + 재산의 소득환산액
> ※ 소득평가액 = (실제소득 − 가구특성별 지출비용 − 근로소득공제)
> ※ 재산의 소득환산액 = [(재산 − 기본재산액 − 부채) × 소득환산율]

② 부양의무자의 기준 : 의료급여만 적용, 생계급여는 완화적용

- 수급자 선정 요건에 부양의무자 유·무가 고려된다.
- 부양의무자 : 수급권자의 1촌 이내 직계혈족(부모, 아들, 딸) 및 그 배우자(며느리, 사위) 여기서, 직계혈족의 배우자가 사망하는 경우는 제외한다.
- 부양의무자 기준을 충족한다는 것은 부양의무자가 없는 경우, 부양의무자가 있어도 부양능력이 없는 경우, 부양능력이 있는 부양의무자가 있어도 부양을 받을 수 없는 경우에 해당하는 것이다.

(5) 급여의 종류

국민기초생활보장제도상 급여의 종류에는 생계급여, 주거급여, 의료급여, 교육급여, 해산급여, 장제급여, 자활급여가 있다. 기초생활수급자에게 지급되는 급여는 의료비·교육비 및 타법 지원액(주민세, TV수신료 등)의 현물로 지원되는 급여와 생계·주거급여의 현금으로 지원되는 급여로 구분된다.

대상자

의료·교육·자활급여의 특례자, 에이즈쉼터거주자, 이행급여특례자(희망키움통장 가입자), 노숙인자활시설 및 청소년쉼터 또는 한국법무부보호공단시설(한국갱생보호공단시설) 거주자 등 국가나 지방자치단체로부터 생계를 제공받는 자를 제외한 모든 수급자

소득인정액이 최저보장수준 이하인 가구 중 부양의무자가 없거나 부양의무자가 있어도 부양능력이 없거나 부양받을 수 없는 경우, 수급자로 선정되면 생계급여, 주거급여, 의료급여, 교육급여, 해산급여, 장제급여, 자활급여 등을 제공받을 수 있다.

과거에는 선정 시 생계급여, 의료급여, 주거급여, 교육급여, 해산급여, 장제급여, 자활급여 지원 등이 있었으나, 수급자 탈락하는 경우 지원이 전혀 없다는 점이라는 커다란 문제가 있었다.

따라서 2015년 7월 1일 이후에는 기초생활보장제도 맞춤형 급여의 선정기준에 따라 다양하게 나누어 지급한다. 즉 급여별 선정기준은 기준 중위소득 대비 비율을 적용하며, 기준 중위소득 대비 생계는 32%, 의료는 40%, 주거는 48%, 교육은 50% 이하 가구이다. 기초생활보장제도의 대상은 확대되고, 혜택은 더 두터워졌다.

정리 기초생활보장제도 맞춤형 급여 내용

<table>
<tr><th colspan="2">급여의 종류</th><th>내 용</th></tr>
<tr><td>생계
급여</td><td>일반
생계
급여</td><td>• 대상자 : 의료·교육·자활급여의 특례자, 에이즈쉼터거주자, 이행급여특례자(희망키움통장 가입자), 노숙인자활시설 및 청소년쉼터 또는 한국법무부보호공단시설(한국갱생보호공단시설) 거주자 등 국가나 지방자치단체로부터 생계를 제공받는 자를 제외한 모든 수급자
• 보장시설 수급자는 별도의 급여기준에 의해 지급
• 급여액 : 가구별 소득인정액과 최저생계비의 차액을 각종 급여로 지급하는 보충급여지급 실시 현금급여기준에서 가구 소득인정액과 주거급여를 제외한 금액을 생계급여로 지급
[가구별 생계급여액+주거급여액=현금급여기준액－가구 소득인정액]</td></tr>
<tr><td colspan="2">주거급여</td><td>• 대상자 : 주거급여가 불필요하거나 다른 법령에 의해 주거를 제공받고 있는 수급자를 제외한 모든 수급자
• 급여내용 : 주거유형에 따른 구분없이 동일 금액을 현금으로 지급. 단, 집수리도우미 사업단이 구성된 시·군·구부터 점검, 수선서비스 등 현물급여 형태로 실시
• 주거급여는 가구별 0원~최저주거비까지 정률급여로 지급
"자가가구 등"에 해당하는 수급자에게 가구별 현금급여액에 해당하는 금액을 차감한 나머지를 주거 현금급여로 지급
• 가구별 소득 평가액과 가구원 수를 고려하여 차등지급</td></tr>
<tr><td colspan="2">교육, 해산,
장제급여</td><td>• 교육급여는 수급자의 중·고등학생 자녀의 입학금 및 수업료와 학용품비 등
• 해산급여는 수급자가구의 출산여성이 출산 시 1인당 70만 원 지급
• 장제급여는 수급자 가구원이 사망한 경우 사망자 1인당 80만 원 지급</td></tr>
<tr><td colspan="2">의료급여</td><td>• 의료급여법 별도 규정
• 의료급여는 제1종과 제2종 수급권자로 구분
－1종 : 국민기초생활수급자 중 근로능력이 없는 자로만 구성된 세대, 국가유공자, 북한이탈자, 의사상자 및 유족, 5.18관련자 등
－2종 : 국민기초생활수급자 중 1종에 속하지 않는 세대
• 의료급여 제1종 수급권자의 외래진료 시 본인부담금제 시행
• 의료급여 비용지원
－1종 : 입원 시 무료 －2종 : 입원 시 본인부담 10%</td></tr>
<tr><td colspan="2">자활급여</td><td>자활급여는 수급자의 자활을 돕기 위하여 급여를 실시하는 것
지역자활센터, 광역자활센터, 자활기금 등의 지원체계가 있다.</td></tr>
</table>

❶ 생계급여

생계급여는 수급자에게 의복, 음식물 및 연료비와 그밖에 일상생활에 기본적으로 필요한 금품을 지급하여 그 생계를 유지하게 하는 것이다. 생계급여 수급권자는 부양의무자가 없거나, 부양의무자가 있어도 부양능력이 없거나 부양을 받을 수 없는 사람으로서 그 소득인정액이 중앙생활보장위원회의 심의·의결을 거쳐 결정하는 금액(생계급여 선정기준) 이하인 사람으로 한다. 이 경우 생계급여 선정기준은 기준 중위소득의 100분의 32 이상으로 한다. 생계급여 최저보장수준은 생계급여와 소득인정액을 포함하여 생계급여 선정기준 이상이 되도록 하여야 한다. 기초생활보장제도의 생계급여방식은 보충급여방식이다.

정리 2025년 중위소득 기준 (단위 : 원/월)

가구원수	1인 가구	2인 가구	3인 가구	4인 가구	5인가 구	6인 가구
기준중위소득	2,392,013	3,932,658	5,025,353	6,097,773	7,108,192	8,064,805

※ 2025년도 기준 중위소득을 4인 가구 기준 609.7만 원으로, 기준 중위소득 ⇨ 보건복지부장관이 급여의 기준 등에 활용하기 위하여 중앙생활보장위원회의 심의·의결을 거쳐 고시하는 국민 가구소득의 중위값(기존 최저생계비를 대체하여 급여별 선정기준 및 생계급여 최저보장수준에 활용되는 값)

정리 2025년 생계급여의 최저보장수준 (단위 : 원/월)

가구원수	1인 가구	2인 가구	3인 가구	4인 가구	5인 가구	6인 가구
생계급여 (중위소득 32%)	765,444	1,258,451	1,608,113	1,951,287	2,274,621	2,580,738

사례 기초생활보장수급자 A씨는 4인 가족의 세대주로 소득평가액은 25만 원, 재산의 소득환산액은 10만 원, 주거급여액은 20만 원, 타 지원액은 25만 원이다. 4인 가구 최저보장수준이 195만 원이라고 가정하면, 그가 받을 생계급여액은 얼마인가? 195만 원－(25만＋10만＋20만＋25만)＝115만 원

기초생활보장제도의 생계급여 원칙

① 현금지급을 원칙으로 한다.
② 생계급여는 수급자의 주거에서 실시한다.
③ 수급자에게 직접 지급한다.
④ 빈곤의 정도에 따라 차등적으로 실시한다.
⑤ 수급품은 수급자에게 직접 지급한다.

- 생계급여는 「국민기초생활 보장법」에 의한 급여로서 수직적 재분배 기능이 강한 급여이다.

한편 생계급여의 지급방법은 금전을 지급하는 것으로 한다(원칙 : 현금지급－예외 : 물품도 지급 가능). 다만, 세대주의 알코올중독 등으로 자녀를 포함한 가구구성원의 기본적인 생계유지를 위하여 필요하다고 인정되는 경우에는 식품권, 식당이용권 등 물품으로 지급할 수 있다.

수급품은 대통령령으로 정하는 바에 따라 매월 정기적으로 지급(매월 20일, 토요일이거나 공휴일인 경우에는 그 전날로 함)하여야 한다(분기별로 지급하지 않는다). 다만, 특별한 사정이 있는 경우에는 그 지급방법을 다르게 정하여 지급할 수 있다.

수급품은 수급자에게 직접 지급한다(원칙). 다만, 보장시설이나 타인의 가정에 위탁하여 생계급여를 실시하는 경우에는 그 위탁받은 사람에게 이를 지급할 수 있다. 생계급여를 타인의 가정에 위탁하여 실시하는 것은 허용된다. → 이 경우 보장기관은 정기적으로 수급자의 수급 여부를 확인해야 한다. 생계급여는 보건복지부장관이 정하는 바에 따라 수급자의 소득인정액 등을 고려하여 차등지급할 수 있다(급여의 차등지급).

❷ 주거급여

주거급여는 생활보호제도가 국민기초생활제도로 변경될 때 신설된 급여이다. 「생활보호법」에서는 주거비를 생계급여에 포함하여 지급하여 왔으나, 「국민기초생활보장법」에서는 수급자의 주거실태에 따른 적정한 급여를 지급함으로써 수급자가 보다 나은 주거환경에서 거주할 수 있도록 유도하기 위하여 주거급여를 분리·신설하였다.

주거급여는 국토교통부장관 소관으로 한다. 주거급여는 저렴한 비용으로 자가가구 등의 주거환경을 개선하고, 수급자가 참여하는 '집수리도우미사업'을 활성화하기 위한 것이다. 이는 수급자에게 주거안정에 필요한 임차료, 유지수선비 등을 주거급여로 지급한다. 주거급여는 수급자에게 주거 안정에 필요한 임차료, 수선유지비, 수급품을 지급하는 것으로 한다. 주거급여에 관하여 필요한 사항은 따로 법률에서 정한다(「주거급여법」 제정 : 국토교통부장관). 즉, 임차가구는 전월세 비용을 지원하고, 자가가구는 주택의 수선유지비용을 지원한다.

급여대상으로는 "자가가구 등"에 해당하는 수급자에게 지급하는 것이 원칙이다. 다만, "자가가구 등"에 해당하지 않는 가구이지만 수선 서비스 및 점검 서비스가 필요한 가구에 대해서도 지급이 가능하다.

주거급여 제외 대상자

주거급여가 불필요하거나 다른 법령 등에 의하여 주거를 제공받고 있는 수급자로서, 의료·교육자활급여 특례 수급자 및 보장시설에 거주하는 수급자(시설생계비를 받는 수급자), 국가, 지자체 및 공공기관이 주거를 제공하는 공동생활가정, 노숙인 자활시설, 청소년쉼터, 한국법무부보호공단시설 및 에이즈쉼터 등에 거주하는 수급자, 의료기관에 3개월 이상 입원한 1인 가구로서 무료임차자 및 주거가 없는 자

주거급여액

주거급여 제외 대상자를 제외한 모든 수급자에 대하여 다음의 기준에 의한 현금급여를 제공한다.

① 임차가구 : 지역 및 가족 수에 따라 산정한 기준 임대료를 상환으로 실제 전월세 비용(월임차료와 보증금 환산액)을 지원한다.

• 2025년 임차가구의 기준임대료(단위 : 만 원/월)

구 분	1급지(서울)	2급지(경기 · 인천)	3급지(광역시/세종시)	4급지(그 외 지역)
1인	35.2	28.1	22.8	19.1
2인	39.5	31.4	25.4	21.6
3인	47	37.5	30.2	25.6
4인	54.5	43.3	35.1	29.7
5인	56.4	44.8	36.3	30.7
6인	66.7	53.1	42.8	36.3

* 가구원수가 7인 이상인 경우 가구원 2인 증가할 때마다 기준임대료 10% 증가

② 자가가구 : 주택의 노후도에 따라 도배, 난방, 지붕 등 종합적인 수리를 지원한다.

• 2025년 자가가구 보수한도액

구 분	경보수	중보수	대보수
수선비용	590만 원	1,095만 원	1,601만 원
수선주기	3년	5년	7년
수선예시	도배, 장판 등	오 · 급수, 난방 등	지붕, 욕실 등

❸ 교육급여

기초생활보장 수급자에게 적정한 교육기회를 제공함으로써 자립능력을 향상시키고 빈곤의 세대되물림(전승)을 차단을 위해 교육급여를 지급하는 것이다. 초·중·고등학생에게 입학금, 수업료, 교과서대, 부교재비, 학용품비 등을 지급하고 있다.

- 교육급여는 수급자에게 입학금, 수업료, 학용품비, 그 밖의 수급품을 지급하는 것으로 하되(입학금 및 수업료, 교과서대, 학용품비, 중학생 부교재비 지급), 학교의 종류·범위 등에 관하여 필요한 사항은 대통령령으로 정한다.[45] 교육급여는 대학교까지 지급하는 것이 아니다(대학교 제외). 교육급여는 고등학교까지 지급한다.
- 교육급여는 교육부장관의 소관으로 한다.
- 교육급여 수급권자는 부양의무자가 없거나, 부양의무자가 있어도 부양능력이 없거나 부양을 받을 수 없는 사람으로서 그 소득인정액이 중앙생활보장위원회의 심의·의결을 거쳐 결정하는 금액(교육급여 선정기준) 이하인 사람으로 한다. 이 경우 교육급여 선정기준은 기준 중위소득의 100분의 50 이상으로 한다.

2025년 교육급여의 지원내용

수급자 학생들이 공부할 수 있도록 입학금, 수업료, 학용품비 등을 지원한다.

교육활동 지원비	초 - 487,000원, 중 - 679,000원, 고 - 768,000원
교과서 대금	고 - 해당 학년 정규 교육과정에 편성된 교과목 교과서 대금 전액 지원
입학금 및 수업료	고 - 연도별, 급지별 학교장이 고지한 금액 전부 지원

저소득층 학생의 교육기회 확대를 위하여 저소득 수급 자격자(교육급여, 한부모, 법정 차상위) 및 가구의 소득·재산이 시·도교육감이 정하는 기준에 해당하는 학생에게 각종 교육비를 지원한다(초·중·고 교육비 지원사업).

45 학교의 종류 · 범위 : 「초 · 중등교육법」에 따른 초등학교 · 공민학교, 중학교 · 고등공민학교, 고등학교 · 고등기술학교, 특수학교, 각종학교와 유사한 학교, 「평생교육법」에 따른 학교형태의 평생교육시설(「평생교육법」 제31조 제2항에 따라 교육감이 고등학교 졸업 이하의 학력이 인정되는 시설로 지정한 시설만 해당)

정리 교육급여 및 초·중·고 학생 교육비 지원사업 비교

구 분	교육급여	초·중·고 학생 교육비 지원사업
법적성격	권리성 급여(국민기초생활 보장법)	교육청 재량적 예산 사업(초·중등교육법)
지원기준	가구의 소득인정액이 중위소득 50% 이하	교육청 자율(통상 가구의 소득인정액이 중위소득 50~80% 이하)
지원항목	(고) 교육활동지원비, 교과서, 입학금, 수업료	(초·중·고) 방과후자유수강권, 급식비, PC, 인터넷 (고) 입학금, 수업료, 학교운영지원비 * 교육급여 수급자는 학교운영지원비만 지원

❹ 해산급여

해산급여 제도란 수급자 가구의 조산 및 분만 전과 분만 후의 출산에 필요한 조치와 보호를 하고자 하는 제도이다. 조산(助産) 및 분만 전과 분만 후의 필요한 조치와 보호를 위한 것으로 수급자가 출산한 경우 급여대상이다. 수급자는 의료, 교육, 자활급여 특례자 등을 포함한 모든 수급자를 말한다. 급여액은 출산 여성에게 1인당 1인아 700천 원과 쌍아 1400천 원을 바우처를 통해 지급한다.

- 해산급여는 생계급여, 주거급여, 의료급여 중 하나 이상의 급여를 받는 수급자에게 [1. 조산(助産) 2. 분만 전과 분만 후에 필요한 조치와 보호]의 급여를 실시하는 것으로 한다.
- 해산급여는 보건복지부령으로 정하는 바에 따라 보장기관이 지정하는 의료기관에 위탁하여 실시할 수 있다(「의료급여법」에 따른 의료급여기관에 위탁하여 실시).
- 해산급여에 필요한 수급품은 수급자나 그 세대주 또는 세대주에 준하는 사람에게 지급한다. 다만, 그 급여를 의료기관에 위탁하는 경우에는 수급품을 그 의료기관에 지급할 수 있다.

❺ 장제급여

수급자가 사망한 경우에는 사체의 검안, 운반, 화장 및 매장 그 밖의 장제조치를 행하는 데 필요한 금품을 지급하고자 한다. 사망자 1구당 80만 원을 지급한다. 다만, 금전지급이 적당하지 않다고 인정되는 경우 물품지급이 가능하다. 장제급여는 보건복지부령으로 정하는 바에 따라 실제로 장제를 실시하는 사람에게 장제에 필요한 비용을 지급하는 것으로 한다(사망자 1구당 80만 원, 물품 지급 가능).

⑥ 의료급여

「국민기초생활 보장법」에 따른 의료급여 수급자로서 「의료급여법」상 1종·2종의 수급권자의 규정을 적용받는다. 의료급여는 수급권자의 질병·부상·출산 등에 대한 의료급여를 실시하는 것이다. 생활유지능력이 없거나 생활이 어려운 자 중 의료를 필요로 하는 자에게 진찰·검사, 약제·치료재료의 지급, 처치·수술과 치료, 예방·재활, 입원, 간호, 이송과 그 밖의 의료목적의 달성을 위한 조치 등에 해당하는 급여를 행하는 것이다.

- 의료급여는 수급자에게 건강한 생활을 유지하는 데 필요한 각종 검사 및 치료 등을 지급하는 것으로 한다.
- 의료급여 수급권자는 부양의무자가 없거나, 부양의무자가 있어도 부양능력이 없거나 부양을 받을 수 없는 사람으로서 그 소득인정액이 중앙생활보장위원회의 심의·의결을 거쳐 결정하는 금액(의료급여 선정기준) 이하인 사람으로 한다. 이 경우 의료급여 선정기준은 기준 중위소득의 100분의 40 이상으로 한다.
- 의료급여에 필요한 사항은 따로 법률에서 정한다(「의료급여법」상 의료급여 대상자는 기초생활보장수급자를 근로무능력세대 : 1종, 근로능력세대 : 2종으로 구분한다).

정리 수급권자

1종 수급권자	• 국민기초생활보장 수급자 : 근로무능력가구, 107개 희귀·난치성질환자가 속한 가구, 시설수급자 등 • 행려환자 • 타법 적용자 : 이재민, 의사상자, 국내에 입양된 18세 미만의 아동, 독립유공자·국가유공자 및 보훈보상대상자 그 가족, 중요무형문화재의 보유자와 그 가족, 북한이탈주민과 그 가족, 5·18민주화운동 관련자와 그 가족, 노숙인 중에서 보건복지부장관이 의료급여가 필요하다고 인정한 사람
2종 수급권자	• 국민기초생활보장 대상자 중 1종 수급대상이 아닌 가구

의료급여는 종전과 동일하게 급여대상 항목에 대한 의료비 중 수급권자 본인 부담 금액을 제외한 전액을 지원한다.

⑦ 자활급여

자활사업은 우리나라의 대표적인 근로연계복지 프로그램이다. 기초생활보장 수급자에게 취업 또는 자활 프로그램에 참여할 수 있는 기회를 제공함으로써 실질적으로 자립 자활할 수 있도록 돕는 데 목적을 둔 '근로조건부 복지 프로그램(workfare)'으로 근로유인을 제공하고 빈곤 함정에 빠지지 않도록 유도한다.

「국민기초생활 보장법」상 자활사업을 통해 근로능력 있는 저소득층이 스스로 자활할 수 있도록 자활능력배양, 기술습득 지원 및 근로기회를 제공한다.

조건부 생계급여제도는 자활사업 참여를 조건으로 생계비를 지급받도록 하여 국가의 보호에 안주하는 도덕적 해이를 방지하는 제도적 장치이다. 자활급여 수급자는 생계급여 대상에서 제외되지 않는다.

자활급여는 자활사업에 참가할 것을 조건으로 생계급여를 지급받는 조건부수급자에게 자활에 필요한 금품의 지급 또는 대여, 자활에 필요한 근로능력의 향상 및 기능 습득의 지원, 취업알선 등 정보 제공, 자활을 위한 근로기회의 제공, 자활에 필요한 시설 및 장비의 대여, 창업교육·기능훈련 및 기술·경영지도 등 창업지원, 자활에 필요한 자산형성 지원, 그밖에 대통령령으로 정하는 자활조성을 위한 각종 지원 등의 급여를 행하는 것으로 한다.

원칙적으로 자활사업대상자는 조건부수급자와 일반수급자, 자활특례자 및 차상위계층을 포함한다. 조건부수급자란 자활사업에 참가할 것을 조건으로 생계급여를 받는 사람을, 자활특례자란 공공근로 등 자활사업에만 참가할 수 있는 자격을 가진 사람을, 차상위계층이란 실제 소득이 기준중위소득의 150% 미만인 가구를 말한다.(178)

자활의 대상자는 조건부 수급자, 일반수급자, 자활급여특례자, 차상위계층이다.

① 자활사업 참여 자격

참여대상자 : 조건부 수급자+일반 수급자+자활특례자+차상위계층

- 조건부수급자 : 자활사업참여를 조건으로 생계급여를 지급 받는 수급자
- 자활급여특례자 : 수급자가 자활사업에 참가하여 발생한 소득으로 소득인정액이 선정기준을 초과한 자
- 일반수급자 : 참여희망자(만 65세 이상 등 근로무능력자도 희망시 참여 가능) 조건부 수급자가 아닌 기초생활보장수급자
- 차상위자 : 기초생활보장수급자가 아닌 자로서 실제소득이 기준중위소득의 50% 미만인 자
  - 만 65세 이상 등 근로능력이 없는 차상위자가 자활사업 참여를 원할 경우

② 의무참여 : 조건부수급자, 자활급여 특례자

③ 수급자 : 조건부수급자, 자활급여 특례자, 일반수급자

- 자활사업의 생산품은 시장영역 혹은 공공영역에서 소비된다.
- 자활공동체는 사회적 기업 창업을 전제로 하는 것은 아니다.
- 자활공동체에는 차상위계층이 참여할 수 있다.
- 지역자활센터는 자활사업 참여자들에 대한 관리, 교육, 사업의 운영주체이다.

- 차상위계층이란 기준중위소득의 대비 100분의 50(50%) 미만의 소득이 있는 잠재 빈곤층으로서 기초생활보장 대상자에서 제외된 '비수급 빈곤층'을 말한다.

(6) 급여의 전달체계

보장기관은 국민기초생활보장제도에 의하여 급여를 수행하는 국가(보건복지부장관)와 지방자치단체(특별시장·광역시장·도지사, 시장·군수·구청장)를 말한다.

① 주무부서 : 보건복지부 사회복지정책실 내 기초생활보장 심의관이 중심이 되어 복지정책과, 생활보장과, 의료급여과, 자활지원과, 복지지원과를 총괄함
② 시행주체 : 지방자치단체(시·도 및 시·군·구)
③ 생활보장위원회 : 국민생활보장사업의 기획, 조사, 실시 등에 관한 사항을 심의·의결하기 위하여 중앙생활보장위원회(보건복지부)와 지방생활보장위원회(특별시·광역시·도, 시·군·구)를 둔다. 중앙생활보장위원회는 위원장을 포함하여 16명 이내의 위원으로 구성하고 위원은 보건복지부장관이 위촉·지명하며 위원장은 보건복지부장관으로 한다.
- 실제적인 생활보장업무 수행주체
- 시·군·구–읍·면·동

> –시·군·구의 통합조사관리팀 : 자산조사, 자격관리
> –시·군·구의 기초생활보장담당 : 급여지급 및 환수 업무
> –읍·면·동 주민자치센터의 사회복지전담공무원 : 주민 서비스 창구

※ 수급자의 생활보장은 시·군·구에서 행한다.

(7) 재원

국가와 지자체가 전액 국고 조달, 즉 일반조세에서 재원으로 하여 충당한다.

재정분담 비율
① 특별시의 경우 : 국가/특별시/자치구가 50%/25%/25%
② 광역시의 경우 : 국가/광역시가 80%/20%
③ 기초 시·군의 경우 : 국가/도/시·군이 80%/10%/10%

6) 문제점

(1) 수급자 선정의 문제

❶ 자산조사 시의 소득 및 재산 파악의 문제

❷ 부양의무자 제도의 문제
❸ 예산의 부족으로 수급자 규모를 제한하는 문제

(2) 급여상의 문제

❶ 최저 생계비 산정 및 적용의 문제
❷ All or nothing의 문제 → 각 급여 종류별로 개별급여지급 방식의 채택 필요성
❸ 자활급여의 질과 양의 문제

(3) 전달체계상의 문제

❶ 인력 부족의 문제
❷ 서비스의 통합성, 전문성 및 접근용이성을 제고하는 문제

2 근로장려세제(EITC)

1) 근로장려세제의 개념

근로장려세제(EITC : Earned Income Tax Credit)[46]란 근로빈곤 계층의 빈곤감소와 근로동기 유인을 목적으로 하는 제도이다. 저소득 근로자 또는 사업자(방문판매원, 보험설계사) 가구에 대하여 가구원 구성과 총급여액 등에 따라 산정된 근로장려금을 지급함으로써, 근로빈곤층의 근로를 장려하고 실질소득을 지원하는 근로연계형 소득지원제도를 말한다. 즉, 국가가 빈곤층 근로자 가구에 대해 현금을 지원해 주는 근로연계형 소득지원제도를 말한다.

2009년 처음으로 실시된 근로장려세제는 근로소득의 규모에 따라 근로장려금을 차등지급함으로써 제도 자체에 근로를 유인하는 기능을 부여한다. 또 대부분의 복지제도가 갖고 있는 한계인 근로의욕을 저해하는 문제점을 해소하고, 수급요건에 소득 이외에도 부양자녀, 연령요건, 주택 및 재산 보유상태를 반영하여 형평성 있는 근로장려금 지급이 가능하도록 설계되어 있다.

근로장려금은 전년도 부부합산 연간 총소득, 부양자녀수 등의 요건에 따라 산정

46 빈곤감소와 근로동기 유인을 위해 미국에서 실시되고 있는 EITC(Earned Income Tax Credit)와 유사한 개념의 근로장려세제

하여 연간 최대 150만 원부터 최대 300만 원까지 지급한다. 2025년 근로장려금 신청 대상은 지난 2024년 총소득이 [단독가구는 2,200만 원, 홑벌이 가구는 3,200만 원, 맞벌이 가구는 3,800만 원 미만] 근로자나 자영업자가 배우자나 부양자녀 또는 동거하는 부양부모가 있거나 30세 이상일 때 신청 가능하다. 신청방식은 신청주의를 채택하고 있다. 재산요건은 2억 원 미만이 기준이며, 부채는 차감하지 않는다.

가구원 구성	단독가구	홑벌이 가족가구	맞벌이 가족가구
총소득기준금액	2,200만 원	3,200만 원	3,800만 원

※ 총소득 = 사업소득 + 근로소득 + 기타소득 + 이자·배당·연금소득

2) 근로장려금제도의 특징

- 근로장려금제도는 국세청이 주무 부처이다. 따라서 급여신청 접수는 국세청에서 담당한다. 저소득 근로자 또는 자영업자 가구에 근로장려금을 지급하여 실질소득을 증가시킴으로써 조세제도를 통한 근로의욕을 높이고 소득재분배 효과를 기대할 수 있다. 즉, 저소득 근로자 가구에게 근로장려금을 세금 환급의 형태로 지급하는 제도가 근로장려세제이다. 조세환급제도의 일종에 해당한다.
- 자녀수별로 급여액, 급여의 증가율, 급여의 감소율 등을 차등화하였다.
- 1975년 미국에서 처음 실시한 근로장려세제제도를 모델로 하였다. 이후에 프랑스, 영국, 캐나다 등의 선진 7개국에서 운영하고 있다. 우리나라에서는 2009년부터 아시아 최초로 시행되었다. 「조세특례제한법」의 '근로장려를 위한 조세특례'에 따라 2008년부터 시행하여 2009년에 첫 근로장려금을 지급하였다.
- 일반 국민을 대상으로 하는 사회보험제도와 극빈층을 대상으로 하는 국민기초생활보장제도로서 이원화된 사회복지제도의 혜택을 받지 못하는 근로빈곤층을 실질소득을 증가시킴으로써 조세제도를 통한 근로의욕 고취와 소득재분배의 효과를 기대할 수 있다.

신청 제외대상

① 국민기초생활보장 수급자 : 국민기초생활보장급여(생계, 주거, 교육)를 3월 이상 수급한 자는 근로장려금 신청대상에서 제외된다.

② 외국인 : 외국인의 경우에는 원칙적으로 근로장려금을 신청할 수 없으며, 내국인과 혼인한 외국인만 신청대상이 된다. 국민기초생활보장제도에서도 내국인과 혼인한 외국인에 대해서만 급여를 실시하고 있다.

③ 다른 거주자의 부양자녀 : 다른 거주자의 부양자녀는 근로장려금의 이중수령을 방지하기 위하여 근로장려금 신청대상에서 제외된다.

- 우리나라 근로장려세제의 유형은 점증구간, 평탄구간, 점감구간으로 되어 있다. 근로빈곤층을 위한 사회안전망 구축역할을 한다.
- 가구원 구성에 따른 지급액

가구원 구성	연간 총소득 기준 금액	지급 산정액
단독가구	2,200만 원 미만	~150만 원
홑벌이가구	3,200만 원 미만	~260만 원
맞벌이가구	3,800만 원 미만	~300만 원

사회안전망의 보호가 취약했던 차상위 근로빈곤층을 근로장려세제를 통해 지원함으로써 대상자 특성별로 특화된 사회안전망 체계를 구축하여 현재 2중의 사회안전망이 3중의 사회안전망으로 확충될 것이다. 근로장려금제도의 도입으로 사회안전망이 2중(사회보험 → 국민기초생활보장제도)에서 3중(사회보험 → 근로장려세제 → 국민기초생활보장제도)으로 확충되어 저소득 계층의 사회적 보호를 한 층 강화하는 효과가 있다.

	일반국민	저소득근로자·자영업자계층	빈곤층
근로장려세제 도입 전 2중 사회안전망	사회보험 (1차 안전망)	–	국민기초생활보장제도 (2차 안전망)

➡

	일반국민	저소득근로자·자영업자계층	빈곤층
근로장려세제 도입 전 3중 사회안전망	사회보험 (1차 안전망)	근로장려세제 (2차 안전망)	국민기초생활보장제도 (3차 안전망)

- 근로 저소득층의 소득증대와 근로유인을 목표로 한다. 근로빈곤층의 빈곤완화 및 근로유인을 제고한다. 근로장려세제는 주로 소득세 면세점 이하의 근로빈곤층에게 실질적인 혜택을 제공함으로써 빈곤탈출을 지원하여 극빈층으로의 추락을 예방하고, 근로활동을 유인하는 효과가 있다.
- 2015년부터는 근로자뿐만 아니라 자영업자도 근로장려금을 최대 300만 원까지 받을 수 있다.

3) 소결

해당 연도 부부합산 총소득이 3,800만 원 미만인 근로자 가구이고, 18세 미만 자녀를 1인 이상 부양하는 가구, 무주택이거나 소형 1가구 주택소유자, 일반재산 합계액이 1억 4천만 원 미만인 가구이어야 한다.

우리나라의 근로장려세제에 관해 정리하면 다음과 같다.

- 조세환급제도의 일종에 해당한다.
- 급여신청 접수는 국세청에서 담당한다.
- 자격기준은 가구요건, 총소득요건, 주택요건, 재산요건이다.
- 근로기준법 개정을 근거로 2009년부터 시행되었다.
- 신청방식은 신청주의를 채택하고 있다.

3 기초연금제도

기초연금제도의 도입 배경과 목적, 기초연금제도의 지급대상, 기초 연금제도의 급여내용 및 재원에 대하여 서술한다.

1) 도입 배경 및 목적

(1) 도입 배경

기초연금이란 사회·경제발전에 이바지해 온 65세 이상 전체 노인의 70%에 해당하는 노인에게 매월 일정의 연금을 지급하여 국가발전과 자녀 양육에 헌신해 온 노고에 보답하려는 제도이다.

기초연금은 어려운 노후를 보내는 노인들을 돕는 제도이다. 노인들은 격동의 현대사를 모두 거치면서 국가발전을 위해 노력하여 선진국이 되는 토대를 마련하였고, 자녀들이 잘 살 수 있도록 헌신해왔지만 정작 자신의 노후를 제대로 준비하지 못하였다.

2008년부터 1월 1일부터 65세 이상 국민기초생활수급자 및 저소득층 노인을 대상으로 매월 지급되던 경로연금제도가 폐지되고 기초연금제도가 실시되었다.

현재의 심각한 노인빈곤문제를 해결하면서, 미래세대의 부담을 덜고 노후에 안정된 혜택을 누릴 수 있도록 2014년 7월부터 기초노령연금제도가 폐지되고 기초연금제도가 시행되고 있다. 실제로 소득이나 재산이 전혀 없이 생활하는 등 경제사정이 어려운 노인이 많고 노인을 부양하는 자녀의 경제적 부담도 큰 편이다. 국가는 무기여 연금을 운용하는 것이며 재원은 국가의 일반재정으로 충당하고 있다.

(2) 목적

기초연금정책은 노인에게 기초연금을 지급하여 안정적인 소득기반을 제공함으로써 노인의 생활안정을 지원하고 복지를 증진함을 목적으로 한다(기초연금법 제1조). 노인이 후손의 양육과 국가 및 사회의 발전에 이바지하여 온 점을 고려하여 생활이 어려운 노인에게 기초연금을 지급하여 노후 소득보장의 사각지대를 해결하려는 것이다.

2) 지급 대상

(1) 수급 대상자 선정방법

❶ 기초연금의 대상자는 자산과 소득을 모두 고려하여 선정한다. 만 65세 이상의 노인 중 소득·재산 수준(소득인정액＝월 소득평가액＋재산의 월소득환산액)이 선정기준액 이하인 한국 국적을 가지고 주민등록이 되어 있는 노인을 대상으로 한다. 신청서 접수 시 신고된 사항과 금융재산 등에 대한 가구단위의 조사가 이루어지며, 이때 신청자(수급자)와 그 배우자(사실혼 포함) 명의의 소득·재산이 주요 조사대상이 된다. 조사와 관련하여 배우자의 연령은 고려되지 않으며, 자녀 등 부양의무자의 소득·재산 또한 조사대상에 포함되지 않는다.

기초연금제도는 자녀의 소득이나 재산 유무에 관계없이 노인 단독 또는 부부의 소득인정액이 선정기준액 이하이면 누구나 받을 수 있다. 기초연금은 비기여연금이며, 소득인정액과 관련이 있다.

❷ 기초연금지급 대상자는 65세 이상 전체 노인 중 소득과 재산이 적은 하위 70%를 선정하기 위한 선정기준액은 혼자 사는 노인은 228만 원 이하, 배우자가 있는 노인은 364.8만 원 이하이다(2025년 기준).

기초연금 연도별 선정기준액(2025. 1. 기준) (단위 : 원)

연 도	2021년	2022년	2023년	2024년	2025년
단독가구	169만 원	180만 원	202만 원	213만 원	228만 원
부부가구	270.4만 원	288.0만 원	323.2만 원	340.8만 원	364.8만 원

❸ 보건복지부장관은 선정기준액을 정하는 경우 65세 이상인 사람 중 기초연금 수급자가 100분의 70 수준이 되도록 한다.

❹ 공무원연금, 사립학교교직원연금, 군인연금, 별정우체국연금 수급권자 및 그 배우자는 원칙적으로 기초연금 수급대상에서 제외된다. 다만, 다음에 해당하는 사람의 소득인정액이 기초연금 선정기준액 이하인 경우에는 기초연금을 받을 수 있다.

> 기초연금 수급대상자
> ① 직역(공무원·사립학교교직원·군인·별정우체국직원) 재직기간이 10년 미만인 국민연금과 연계한 연계퇴직연금 또는 연계퇴직유족연금 수급권자 및 그 배우자
> ② 장해보상금, 유족연금일시금, 유족일시금(유족연금 대신 받은 경우)을 받은 이후 5년이 경과한 수급권자 및 그 배우자
> ③ 2014. 6. 30. 당시 기초노령연금을 받고 있는 경우
> ④ 「기초연금법」 시행 당시 장애인연금 특례수급자였던 자가 나중에 만 65세에 도달하여 기초연금 특례대상자로 전환된 경우
> ※ ③과 ④의 경우 기초연금액은 10만 원으로 산정된다(소득수준이 상대적으로 높거나 부부 모두가 기초연금을 받을 경우에는 감액될 수 있음).

❺ 기초연금 수급자가 사망하면 수급권은 상실한다.

(2) 결정내용 통지

신청인은 특별자치시장·특별자치도지사·시장·군수·구청장이 연금지급신청서를 접수한 날부터 30일 이내에 결정 결과를 통지받는다. 다만, 소득·재산 등의 조사에 시일을 필요로 하는 특별한 사유가 있는 경우에는 그 사유를 명시하여 접수한 날부터 60일 이내에 통지할 수 있다.

3) 급여 내용

(1) 기초연금액

❶ 기초연금 수급권자에 대한 기초연금의 금액(기초연금액)은 기준연금액과 국민연금 급여액 등을 고려하여 산정한다.

❷ 기준연금액은 보건복지부장관이 그 전년도의 기준연금액에 대통령령으로 정하는 바에 따라 전국소비자물가변동률을 반영하여 매년 고시한다.

기초연금액 산정

노인의 기초연금액은 * 기준연금액(2025.4~2026.3월 342,514원)으로 산정된다.

- 국민연금을 받지 않는 노인(무연금자)
- 국민연금 월 급여액이 기준연금액의 150% 이하인 노인
- 국민연금의 유족연금이나 장애연금을 받고 있는 노인
- 장애인연금을 받고 있는 노인 등

다만, 소득수준이 상대적으로 높거나 부부 모두 기초연금을 받는 경우에는 감액될 수 있다.

- 선정기준액은 매년 4월 1일에서 다음 해 3월 31일까지를 적용한다.

❸ 금액은 국민연금가입자의 평균소득월액에 따라 달라지므로 국민연금가입자의 소득이(국민연금소득) 오르면 그만큼 기초연금액도 올라간다.

(2) 기초연금액 감액

단독가구와 부부가구 간의 생활비 차이를 감안하여, 부부가 모두 기초연금을 받는 경우에는 각각에 대하여 산정된 기초연금액의 20%를 감액한다. 노인부부가 받는 경우는 각각의 연금액에 대하여 100의 20을 감한다. 또한 기초연금 수급으로 인해 발생할 수 있는 불평등문제를 해결하기 위해 소득인정액과 기초연금산정액을 합한 금액이 선정기준액 이상인 경우 기초연금액의 일부를 감액한다(1인 수급가구 : 2만 원, 부부 2인 수급가구 : 4만 원).

4) 기초연금의 재원

기초연금은 무기여연금이며 그 재원은 국가와 지방자치단체가 분담한다. 즉, 기초지방자치단체별 노인인구비율과 재정자립도를 기준으로 총 소요예산의 40~90% 범위 내에서 국고에서 차등 지원한다. 재원은 보험료로 충당하는 것이 아니다.

5) 기초연금 수급권의 상실

기초연금 수급권자는 다음의 어느 하나에 해당하게 된 때 기초연금 수급권을 상실한다. 가령 수급권자가 국외로 이주한 경우에는 수급권을 상실한다. 시장·군수·구청장은 수급자가 법령에 따라 사망한 것으로 추정되는 경우 그 사유가 발생한

날이 속하는 달의 다음 달부터 그 사유가 소멸한 날이 속하는 달까지는 기초연금의 지급을 정지한다.

> ① 사망한 때
> ② 국적을 상실하거나 국외로 이주한 때
> ③ 연금 지급대상의 수급요건에 해당하지 아니하게 된 때

기초연금 수급권자가 사망 또는 국외로 이주하면 수급권은 상실한다. 수급자가 사망하면 유족급여를 지급하는 것은 아니다.

4 긴급복지지원제도

우리나라 긴급복지지원제도의 역사, 긴급복지지원 적용대상, 긴급복지의 재정, 긴급복지 지원 급여의 종류에 대해 서술한다.

1) 긴급복지지원제도의 도입 배경

- 저소득층의 급속한 증가와 사회적 양극화 문제에 대한 한시적 대책으로 2005년 12월 「긴급복지지원법」을 제정하여 가장의 사망 등으로 갑자기 생계를 유지하기 어려운 가구에 대한 긴급복지지원제도를 2006년 3월부터 시행한다. 한시법으로 2010년 12월 22일까지 유효하였지만 2009년 법 개정을 통해 영속법으로 변경하였다.
- 긴급생계급여는 기초생활보장 결정 전에 긴급한 필요가 인정되는 경우에 한하여 실시하게 되어 제한적으로 운영되고 있다.
- 따라서 저소득층에게 갑작스럽게 위기상황이 발생할 경우 이들이 도움을 요청할 수 있고 일선 현장에서 대상자 중심으로 신속하고 탄력적으로 지원할 수 있는 제도적 장치로 마련되었다.

2) 긴급복지지원의 개념

갑작스러운 위기상황으로 생계유지가 곤란하여 도움이 필요한 사람에게 생계·의료·주거지원 등 필요한 복지서비스를 신속하게 지원함으로써 위기상황에서 벗

어날 수 있도록 돕는 제도를 말한다.

3) 긴급복지지원 대상 : 위기상황과 재산기준 충족하는 사람

긴급복지지원 대상은 갑작스러운 위기상황으로 생계유지 등이 곤란한 저소득 가구, 즉 '위기상황'으로 인해 생계유지 등이 어렵게 된 가구를 말한다.

- 지원대상자는 위기상황에 처한 사람으로서 이 법에 따른 지원이 긴급하게 필요한 사람(긴급지원 대상자)으로 한다. 갑작스러운 사고로 인한 위기상황에 처한 사람에게 지원된다.
- 국내에 체류하고 있는 외국인 중 대통령령으로 정하는 사람이 긴급지원대상자가 된다.
- 선지원, 사후조사의 절차로 신청 후 30일 이내에 급여를 지급한다.

외국인에 대한 특례 – 외국인 적용 가능한 예

① 대한민국 국민과 혼인 중인 사람
② 난민(難民)의 인정을 받은 사람
③ 대한민국 국민인 배우자와 이혼하거나 그 배우자가 사망한 사람으로서 대한민국 국적을 가진 직계존비속(直系尊卑屬)을 돌보고 있는 사람
④ 본인의 귀책사유 없이 화재, 범죄, 천재지변으로 피해를 입은 사람
⑤ 그밖에 보건복지부장관이 긴급한 지원이 필요하다고 인정하는 사람

현재 모든 국민기초생활보장 수급자에게 적용되고 있는 것은 아니다. 「긴급복지지원법」은 긴급지원이 필요한 사람을 새로 발굴하려는 것으로 현재 국민기초생활보장수급자에게는 적용되고 있는 것은 아니다. 물론 긴급급여 대상자에 국기법의 대상이 되면 수급자 선정을 할 수는 있다.

(1) 위기상황의 유형

긴급지원대상은 중대질병, 부상, 가족으로부터 유기, 방임, 학대, 화재나 방화로 생활 불가능, 주소득자의 사망, 가출, 행방불명, 구금시설 수용된 경우에 해당한다.

① 주소득자의 사망, 가출, 행방불명, 구금시설 수용 등 사유로 소득을 상실하고 가구구성원에게 다른 소득원이 없는 때
② 중한 질병 또는 부상을 당한 경우
③ 가구원으로부터 방임·유기되거나 학대 등을 당한 경우
④ 가정폭력 또는 가구원으로부터 성폭력을 당한 경우
⑤ 화재 등으로 거주하는 주택·건물에서 생활하기 곤란하게 된 경우
⑥ 지역상황을 고려하여 지방자치단체의 조례로 인정하는 경우
⑦ 주소득자와 이혼으로 인한 소득상실(이혼한 때)
⑧ 단전 1개월 경과 시
⑨ 주소득자의 휴·폐업 : 간이과세자(또는 간이과세자가 아닌 사업자로서 공급가액 4,800만 원 이하) 1년 이상 영업지속
⑩ 주소득자와 주소득자의 실직으로 생계유지 곤란 : 3개월 이상 근로, 고용보험 실업급여를 수령 못 하거나 실업급여 수령 후에도 실직 장기화
⑪ 출소 후(기초생활보장사업 연계) 생계 곤란
⑫ 가족으로부터 방임, 생계곤란 등으로 노숙 위기에 처한 경우(노숙인시설 및 노숙인종합지원센터의 상담을 통해 지원 결정)

※ 성폭력을 당해 가족과 원만한 가정생활이 불가능한 경우 긴급지원대상에 해당한다. 국내에 체류하고 있는 외국인 중 대통령령으로 정하는 사람 중 긴급히 지원이 필요한 경우에는 긴급지원대상자가 된다.

(2) 긴급복지 생계지원의 소득·재산 기준

❶ 가구 소득: 기준 중위소득 75% 이하
❷ 가구 재산: 대도시(2억원 이하), 중소도시(1억5천만원 이하), 농어촌(1억원 이하)
❸ 가구 금융재산: 가구 규모별로 차등 적용(4인 가구: 1,172.9만 원)

4) 긴급복지지원의 기간

- 1개월간의 생계유지 등에 필요한 지원을 기본으로 하고 시장·군수·구청장이 긴급지원대상자의 위기상황이 계속된다고 판단하는 경우 1월의 범위 안에서 기간을 연장할 수 있다.
- 2개월의 연장에도 생활이 어려운 경우 긴급지원심의위원회의 결정으로 최장 2월간을 추가로 연장할 수 있다.
- 생계·주거지원은 최장 6개월, 의료지원은 300만 원 이내에서 2회까지 가능하다.

5) 긴급복지지원의 내용

긴급복지지원의 내용은 생계지원, 의료지원, 주거지원, 교육지원, 사회복지시설 이용지원 등이 있다. 「긴급복지지원법」상 긴급지원 중 금전 또는 현물(現物) 등의 직접지원에 해당하는 종류는 다음과 같다. 가령 주거·생계·사회복지시설 이용권 등의 서비스를 제공한다.

정리 지원종류별 지원내용과 금액

	지원의 종류	지원 내용
위기상황 주급여	생계지원	식료품비·의복비 등 1개월 생계유지에 필요한 비용 또는 현물 지원(기준 중위소득의 100분의 40 한도) - 가구원 수에 따라 차등 지원
	의료지원	각종 검사 및 치료 등 의료서비스 300만 원 이내 지원
	주거지원	임시거소(臨時居所) 제공 또는 이에 해당하는 비용 지원(기준 중위소득의 100분의 40 한도) - 가구원 수에 따라 차등 지원
	사회복지시설 이용지원	사회복지시설 입소(入所) 또는 이용서비스 제공이나 이에 필요한 비용 지원 • 「사회복지사업법」에 따른 사회복지시설 입소(시설 운영자에게 입소 또는 이용비용 지급)
부가 급여	교육지원	초·중·고등학생의 수업료, 입학금, 학교운영지원비 및 학용품비 등 필요한 비용 지원－초·중·고등학생의 수업료 등 필요한 비용 지원
	그 밖의 지원	연료비나 해산비, 장제비, 전기요금 등 위기상황의 극복에 필요한 비용 또는 현물 지원

참고 사회복지시설의 이용 지원

> 시장·군수·구청장은 사회복지시설 이용 지원을 하는 경우 관할 사회복지시설의 장에게 지원을 요청할 수 있다. 이 경우 지원요청을 받은 사회복지시설의 장은 긴급지원대상자가 기간(1개월간)에 그 시설을 이용할 수 있도록 조치하여야 한다(1개월씩 두 번의 범위에서 기간을 연장할 수 있다 : 6개월을 초과 불가능).

- 직접지원 : 금전 또는 현물 등의 지원
- 간접지원 : 민간기관, 단체와의 연계 등의 지원－사회복지공동모금회, 대한적십자사 등의 사회복지기관과 단체와의 긴급지원프로그램으로 연계하고 상담과 정보제공 등을 지원

6) 긴급지원의 절차

지원요청 및 신고	보건복지콜센터(129) → 시 · 군 · 구청장 → 대상자 등
현장확인후 선지원	시 · 군 · 구청장(긴급지원 담당공무원)
사후조사	소득, 재산조사 실시
적정성 심사	긴급 지원, 심의위원회(민/관합동) 부적정판단 시 지원 중단/비용 반환
사후연계	기초생활보장 등 기존제도와 관련 민간 프로그램 연계

예 상 문 제

01 소득불평등 정도의 측정에 관한 설명으로 옳은 것은?

① 지니계수는 상대적 빈곤선을 기초로 만들어진다.
② 한 개인이 모든 소득을 독점하고 나머지는 소득이 없는 상태의 지니계수는 '0'이다.
③ 10분위 분배율이 클수록 소득분배가 불평등하다.
④ 모든 개인이 동일한 수준의 소득을 가지고 있다면 로렌츠 곡선은 대각선의 형태가 된다.
⑤ 5분위 분배율이 클수록 소득분배가 평등하다.

정답 ④

02 불평등지수에 관한 내용 중 옳지 않은 것은?

① 지니계수가 0에 가까울수록 평등하다.
② 10분위 분배지수는 하위소득 2등급과 상위소득 2등급과의 비율이다.
③ 로렌츠 곡선의 면적이 커질수록 불평등해진다.
④ 로렌츠 곡선이 아래로 볼록할수록 불평등하다.
⑤ 로렌츠곡선에서 지니계수를 나타낼 수 있다.

정답 ②

03 빈곤 및 불평등에 관한 설명으로 옳은 것을 모두 고른 것은?

ㄱ. 로렌츠(Lorenz) 곡선은 완전평등선에서 아래쪽으로 볼록할수록 평등함을 나타낸다.
ㄴ. 시장소득 기준 지니계수와 가처분소득 기준 지니계수의 차이는 간접세의 재분배효과를 의미한다.
ㄷ. 빈곤갭(Poverty Gap)이란 빈곤층의 소득을 빈곤선까지 상향시키는 데 필요한 총비용을 말하는 것으로 빈곤한 사람의 규모를 나타낸다.
ㄹ. 상대적 빈곤은 한 사회의 평균적인 생활수준과 비교하여 빈곤을 규정하는 것으로 그 사회의 불평등 정도와 관계가 깊다.

① ㄱ, ㄴ, ㄷ ② ㄱ, ㄷ ③ ㄴ, ㄹ
④ ㄹ ⑤ ㄱ, ㄴ, ㄷ, ㄹ

정답 ④

04 우리나라의 근로장려세제에 관한 설명으로 옳지 않은 것은?

① 자녀수별로 급여액, 급여의 증가율, 급여의 감소율 등을 차등화하였다.
② 고용노동부가 주무 부처이다.
③ 저소득층의 소득증대와 근로유인을 목표로 한다.
④ 미국의 EITC제도를 모델로 하였다.
⑤ 우리나라 근로장려세제의 유형은 점증구간, 평탄구간, 점감구간으로 되어 있다.

정답 ②

05 우리나라의 자활사업에 관한 설명으로 옳지 않은 것은?

① 우리나라의 대표적인 노동연계복지 프로그램이다.
② 자활공동체는 사회적 기업 창업을 전제로 한다.
③ 자활공동체에는 차상위계층이 참여할 수 있다.
④ 지역자활센터는 자활사업 참여자들에 대한 관리, 교육, 사업의 운영주체이다.
⑤ 자활사업의 생산품은 시장영역 혹은 공공영역에서 소비된다.

정답 ②

06 공공부조의 특성으로 옳지 않은 것은?

① 자산조사를 통해 대상자를 선정하여 원조를 제공하는 제도이다.
② 재원 조달은 일반조세를 통하여 마련한다.
③ 쌍방적 소득이전을 통해 소득의 재분배적 기능을 도모할 수 있는 제도이다.
④ '선택주의'(slectivity) 제도이다.
⑤ 급여의 제공은 보충적 성격이 있다.

정답 ③

07 국민기초생활보장제도의 설명으로 옳지 않은 것은?

① 인구학적 기준은 폐지되었으며 소득인정액과 부양의무자기준에 의해 수급 여부를 결정한다.
② 저소득층에 대한 국가책임을 강화하고 자활을 강조하는 제도이다.
③ 종합적인 자활서비스 제공으로 생산적 복지구현을 목표로 하는 제도로서 사회복지전담공무원은 자활지원계획을 수립한다.
④ 대상자를 선정하는 데 있어 외국인도 특례로 포함된다.
⑤ 대상자는 선별적으로 하며, 낙인효과가 발생한다.

정답 ③

08 국민기초생활보장제도에서 사회적 할당(social allocation)의 핵심 기준은?

① 귀속적 욕구 ② 진단적 차등 ③ 경제적 기여
④ 소득과 재산 ⑤ 보상적 욕구

정답 ④

09 다음의 복지제도 가운데 운영효율성이 상대적으로 가장 낮은 제도는?

① 국민연금제도 ② 국민기초생활보장제도
③ 국민건강보험제도 ④ 고용보험제도
⑤ 노인장기요양보험제도

정답 ②

10 우리나라의 사회보장제도 중 프로그램의 형태가 다른 하나는 무엇인가?

① 국민기초생활보장제도 ② 장기요양보험
③ 국민연금 ④ 고용보험
⑤ 산업재해보상보험

정답 ①

11 기초생활보장제도의 생계급여원칙으로 적합하지 않은 것은?

① 현금지급을 원칙으로 한다.
② 보장시설에서 급여를 행한다.
③ 수급자에게 직접 지급한다.
④ 빈곤의 정도에 따라 차등적으로 행한다.
⑤ 수급품은 수급자에게 직접 지급한다.

정답 ②

12 국민기초생활보장제도의 급여유형에 포함되지 않는 것은?

① 생계급여 ② 주거급여 ③ 자활급여
④ 장애급여 ⑤ 의료급여

정답 ④

13 빈곤 함정에 관한 설명으로 옳은 것은?

① 복지에 의존하여 근로의욕을 상실함으로써 빈곤에 머무르는 현상
② 기술부족으로 인해 빈곤에 빠지는 현상
③ 빈곤이 세대 간에 전승되는 현상
④ IMF 등과 같은 사회적 혼란으로 다수가 빈곤해지는 현상
⑤ 실직으로 인해 빈곤에 빠지는 현상

정답 ①

14 공공부조제도에 대한 설명으로 적절하지 못한 것은?

① 소득재분배 효과가 크다.
② 공공부조 대상자의 근로의욕을 저하시킨다.
③ 비례적 평등을 추구한다.
④ 행정비용이 많이 소모되고 낙인을 유발할 수 있다.
⑤ 보충적으로 급여를 제공한다.

정답 ③

15 빈곤의 측정 방법 중 예산기준 방식인 것은?

① 최저생계비 개념에 입각하여 빈곤을 측정하는 방법이다.
② 영양학적 기준을 충족시키는 데 필요한 최저한의 비용, 즉 객관적인 식품비(이론적 식품비)를 계산한다.
③ 빈민의 소비지출 바스킷을 구성한 다음 이를 합산하여 빈곤선을 정하는 방법을 말한다.
④ 빈곤을 정의하고 측정하는 일을 전문가에게 맡길 경우 빈곤선에 포함시킨 항목에 대해 시민들의 이의를 제기할 수 있다.
⑤ 상대빈곤의 개념에 입각하여 빈곤선을 정하는 방법으로서 전체 인구의 가계지출 평균치에 의거하여 빈곤선을 정한다.

정답 ③

16 다음의 설명과 부합되는 것은?

- 신자유주의는 사회복지정책 전반에 지대한 영향을 미쳤으며, 공공부조도 예외가 아니었다. 신자유주의가 공공부조에 미친 가장 큰 영향은 공공부조대상자에게 복지급여의 조건으로 근로를 요구한 (   )이다.
- 대표적인 예가 미국 클린턴 정부의 복지정책이다. 클린턴 정부의 이른바 WtW 정책, 즉 "일하게 만드는 복지(welfare to work)" 정책에 잘 나타나 있다.

① 사회보험정책 ② 공공부조 ③ 근로복지
④ 국민연금정책 ⑤ 근로조건부 복지

정답 ⑤

17 공공부조와 사회보험의 차이에 대해 잘못 설명한 것은?

① 공공부조의 기원은 빈민법이다.
② 사회보험의 기원은 공제조합에 있다.
③ 공공부조의 목적은 빈곤의 완화이다.
④ 사회보험의 목적은 빈곤 예방에 있다.
⑤ 공공부조는 자산조사가 불필요 하지만 사회보험은 반드시 필요하다.

정답 ⑤

Chapter

11 사회서비스정책

Key word 사회복지서비스, 아동복지, 가정보호사업, 노인복지, 장애인복지, 지역사회중심 재활(CRB)

1 사회서비스정책의 일반

1 사회서비스정책의 개관

1) 사회서비스의 의의 47

사회서비스는 「사회복지사업법」이 기본법 역할을 하고 있다. 사회서비스라는 법령은 별도로 없다. 인간다운 생활보장과 삶의 질 향상을 지원하는 제도를 포괄하는 개념으로 사회복지서비스를 사회서비스로 대체하였다.

사회서비스란 국가·지방자치단체 및 민간부문의 도움이 필요한 모든 국민에게 복지, 보건의료, 교육, 고용, 주거, 문화, 환경 등의 분야에서 인간다운 생활을 보장하고 상담, 재활, 돌봄, 정보의 제공, 관련 시설의 이용, 역량 개발, 사회참여 지

47 우리 사회는 저출산 · 고령화의 가속화 등 인구구조의 변화, 핵가족화 등 가족구조의 변화, 여성의 경제활동참여 증가, 가족과 지역사회에서 비공식적으로 담당하던 아동 · 노인 · 장애인 등에 대한 돌봄기능을 사회적으로 지원하는 돌봄의 사회화가 요구되었다(사회서비스법 추진 배경).

원 등을 통하여 국민의 삶의 질이 향상되도록 지원하는 것이다(「사회보장기본법」 제3조). 즉 복지, 보건의료, 교육, 고용, 주거, 문화, 환경 분야에서 새로운 복지수요인 돌봄, 정보의 제공, 역량 개발, 사회참여 지원을 사회서비스에 포함하고 있다.

- 사회서비스 : 사람-사람 대인서비스(민간전문가 : 사회복지사, 의사, 간호사, 요양보호사, 활동보조인, 돌보미 등)를 통해 제공된다.
- 영역 : 사회서비스는 개인적 기능과 적용성의 문제가 있는 가족과 개인에게 원조를 제공하는 등 사후적 성격에 초점을 둔다.
- 특성 : 경제적 보상에 덧붙여 비경제적 보상을 내용으로 하며, 특수적·개별적으로 개인이나 가족문제에 대응하는 특성을 지닌다.
- 목적 : 사회적 약자에 대한 서비스제공을 통하여 이들이 정상적인 사회인으로 복귀할 수 있도록 돕는다. 따라서 사회복지전문가에 의한 서비스가 필요하다.

정리 우리나라 사회서비스의 확대에 따른 정책변화를 분석한 내용

구 분	사회복지서비스	사회서비스
대상	수급자 등 빈곤계층(선별주의)	서민·중산층까지 확대(보편주의)
서비스 내용	기본적 생활보장의 제한적 서비스	국민의 일상생활 지원, 인적자본 확충을 위한 다양한 서비스
서비스전달체계	공공기관 중심	공·사 혼합
재정지원 방식	서비스제공자(공급자 : 기관) 지원	서비스수요자 지원방식 병행
비용 부담	국가지원 중심	본인 일부 부담 도입
서비스제공 방식	시설보호 중심	재가서비스까지 확대

우리나라 사회서비스의 확대에 따른 정책변화를 분석한 내용

① 서비스 할당의 기반 : 선별주의에서 보편주의로 정책변화
② 서비스의 성격 : 제한적 서비스에서 다양한 서비스로 정책변화
③ 서비스전달체계 : 공공기관 중심에서 공·사 혼합으로 정책변화
④ 재정지원방식 : 서비스제공자 지원에서 서비스수요자 지원으로 정책변화

2) 사회서비스정책의 배경

- 저출산·고령화 등 인구구조의 변화, 핵가족화 등 가족구조의 변화, 여성의 경제활동참여가 증가하고 있다.

가족과 지역사회에서 비공식적으로 담당하던 아동·노인·장애인 등에 대한 돌봄기능을 사회적으로 지원하는 돌봄의 사회화를 요구하고 있다.

- '고용없는 성장' 추세 속에 사회서비스 분야가 일자리 창출의 블루오션(대안시장 : 경쟁 없는 새로운 시장을 새로 개척함으로써 경쟁력을 키우는 일을 가리키는 것)으로 등장하고 있다.

사회서비스는 고용비율[48]이 낮고 고용비중[49]도 낮아 일자리 창출의 잠재력이 큰 분야로 이에 대한 투자 필요성을 제기하고 있다.

- 단순한 소득보장을 넘어 인적자본 형성을 통한 예방적 복지가 필요하다. 저출산·고령화의 가속화로 노동력 감소가 예상되는 가운데 노동공급의 양과 질을 높이기 위해 인적자원 개발을 위한 지속적 투자가 필요하다. 특히 취약계층 아동에 대한 예방적 투자로 기회의 평등을 실현하고, 실업과 가난의 대물림을 방지할 필요가 있다.
- 높아진 수요자의 요구에 부응하고, 복지재정의 효율적 활용을 위해 사회서비스전달체계를 개선할 필요가 있다.

종래의 사회복지서비스는 공급자 지원방식으로 소비자의 선택권이 제약되고, 전달 과정에서 행정·재정 관리비용 수반 등 비효율 발생하였으나 소비자의 선택권을 보장하고, 관리·운영비용의 효율성과 투명성을 높이기 위해 사회서비스 전자바우처의 제공방식을 도입하고 있다.

사회서비스 투자의 효과

① 복지서비스 확대, 경제활동참가율 제고 등의 효과가 발생하고 있다.
② 이용자에게 복지서비스를 확대하고, 종사자에게 일자리를 창출한다.
③ 일·가정 양립 지원으로 여성 경제활동참가율의 제고에 기여하고 있다.
④ 사회서비스업은 고용창출에 효과적이라고 할 수 있다.

3) 사회서비스의 특징

- 사회서비스의 유형은 개인과 가정의 돌봄지원, 활동의 보조, 가사 또는 간병서비스, 신체적·정신적 건강의 향상을 목적으로 하는 이용권 등이 있다(최근 경향은

48 고용비율 : 보건 및 사회복지사업 고용 비율(1인당 국민소득 26천 달러 시기) – 한국 3.18, 일본 7.14, 미국 9.23, 스웨덴 16.44

49 고용비중 : 사회서비스업 고용비중(2014) – 우리나라 6.8%, 일본 11.8%, 호주 12.0%, 미국 13.0%

수요자 중심의 서비스 체계 확보–바우처 제도 : 노인돌보미사업, 중증장애인 활동보조, 산모/신생아 도우미, 지역사회혁신서비스–아동에 대한 투자 지원)

- 상담·재활·지도·보호 등과 같은 비물질적·사회심리적·정신적 서비스 형태로 급여가 주로 제공된다(사회보험법과 공공부조법은 현금급여나 현물급여를 주로 제공).
- 사회서비스를 제공하는 과정에 있어서 전달자의 전문적인 지식과 실천기술, 윤리가 중요한 역할을 한다.
- 사회서비스의 특성상 대상자의 개별욕구가 중심이 되어서 서비스 제공하는 개별적 처우를 필요로 한다. 서비스의 욕구가 매우 다양하고, 대상자에 따라 그 정도가 차이가 나며, 환경에 의해 영향을 받고, 또 시간에 따라 변화하기 때문에 획일적으로 처우하기 어렵고, 수급권자 개개인에 대하여 개별적으로 처우해야 할 필요가 있다(공공부조법과 사회보험법은 가입기간, 소득, 재산 등에 따라서 법에서 미리 정해진 획일적 급여 제공).

2 사회서비스정책의 목표와 추진과제

1) 사회서비스정책의 기본방향

사회서비스정책의 추진방향은 양질의 사회서비스 제공으로 국민행복의 증진을 목적으로 한다(기본방향).

① 서비스 대상 보편화에 따른 시장화 전략 강화
② 재정투자 효율화 및 정책 추진기반 강화

2) 사회서비스정책의 기반 강화

- 사회서비스 인력양성 체계 구축 등 서비스 질을 제고한다.
- 사회서비스 관련 법령·통계의 기반 구축을 한다.

구분	내용
기본방향(목적)	양질의 사회서비스 제공으로 국민행복의 증진을 목적 • 서비스 대상 보편화에 따른 시장화 전략 강화 • 재정투자의 효율화 및 정책 추진기반 강화
목표	좋은 일자리 창출, 개인의 능력 함양 및 기회보장, 국민 삶의 질 향상 등 사회투자국가로의 전환을 통해 더 나은 미래를 구현할 수 있다(4대 정책의 목표). • 사회서비스 전자바우처(ONE CARD SERVICE), 최대 15개 통합 • 이용자 확대 • 민간자원(기부금) 확충 • 직접 일자리, 시간제 일자리 창출
추진 과제	**양질의 사회서비스 확대** • 맞춤형 사회서비스 발굴체계 마련 • 대상 확대 및 신규 • 서비스 도입 • 고용창출 **사회서비스 민간자원 확충** • 기부금 : 기부금은행(복지은행) 도입 • 민간협력 시범사업 추진 **사회서비스의 품질관리** • 사회서비스사업 수행방식 및 평가 개편 • 시설 및 자원의 안전관리 • 사회서비스 근로여건 개선 **전달체계의 개선** • 사회서비스 전자바우처(ONE CARD SERVICE) 통합서비스 실현 • 사회서비스 공공민간 전달체계의 효율화를 위한 인프라 구축

2 아동복지정책의 이해

아동복지정책의 원칙, 아동복지정책의 도입 및 발전 과정, 아동복지정책의 내용에 대해 살펴본다.

1 아동복지정책의 개관

21세기에는 아동을 둘러싼 사회환경이 복합적이고 다양한 형태로 변화하고 있다. 아동복지의 필요성이 대두되고 있는 배경은 ① 가족 구조 및 기능의 변화, ② 이혼 등 가족해체의 증가 및 대안가족 출현, ③ 아동양육의 가치관 변화, ④ 저출산 고령사회의 도래, ⑤ 아동학대와 방임 등 아동문제의 증가 등의 요인이 있다. 아동복지에 관한 정책은 18세 미만에 이르는 모든 아동이 가족 및 사회의 일원으로서 신체·지적·정서적으로 건전하게 성장·발달할 수 있도록 공공기관(공공단체)이나 민간기관에서 실시하는 조직적인 활동과 관련된 법 규범이라고 할 수 있다.

1) 의의

아동복지정책의 관장부서는 보건복지부(아동복지정책과)이며, 모든 아동이 가정으로부터 건전하게 보호받고, 아동복지서비스의 안정적 추진을 위한 근거와 아동정책을 효과적으로 수행하기 위한 정책적 기반을 마련함으로써, 아동의 복지증진을 통해 아동이 건강하고 행복하게 자랄 수 있도록 하려는 것이다(건전하게 육성되도록 복지 보장).

2) 연혁

- 아동복리법 1961년 제정(1962.1.1 시행) : 요보호아동(한정적·소극 복지정책)
- 아동복지법 1981년 제정(1981.4.13 시행) : 요보호아동+모든 아동(적극 복지정책)

2 아동복지정책의 원칙

아동복지정책의 원칙으로 권리와 책임의 원칙, 보편성과 선별성의 원칙, 개발적 기능의 원칙, 포괄성의 원칙, 전문성의 원칙이 있다.

1) 권리와 책임의 원칙

① 아동의 권리와 책임
- 아동이 복지권리의 주체일 뿐만 아니라 이들에게도 책임이 있다는 원칙이다.
- 아동이 단순히 성인의 보호를 필요로 하는 의존적이고 수동적인 존재가 아니라 독립된 개체로서 자신의 생을 능동적으로 받아들이고 행동하여야 한다.

(계속)

② 부모의 책임
- 자녀 양육에 대한 1차적인 책임은 부모에게 있다.
- 부모의 양육책임의 범위는 기본적인 사회생활을 유지할 수 있는 범위 내에서의 모든 양육책임을 의미한다.

③ 사회 및 국가의 책임
- 모든 국민은 아동을 보호 양육하고 사회생활에 적응하도록 육성할 책임을 진다.
- 국가는 이들이 건전한 민주시민으로 자랄 수 있도록 이들에 대한 책임을 진다.

2) 보편성의 원칙

어떠한 조건이나 제한을 두지 않고 모든 아동에게 같은 종류의 사업을 동일한 수준에서 제공한다는 것을 의미한다. 평등의 이념으로 자녀 양육을 위한 최저소득의 보장, 기본적 의료조치, 최소한도의 사회생활을 영위할 수 있도록 하기 위한 생활훈련과 기초교육서비스 등을 제공한다.

3) 선별성의 원칙

- 여러 가지 조건이나 기준에 의해 아동, 청소년 복지사업의 대상을 제한하는 것을 말하며, 대부분의 경우 부모의 양육능력의 정도가 기준이 된다.
- 부모가 양육책임을 다하기 어렵거나 거의 불가능한 경우에 있는 요보호아동을 그 대상으로 한다.

4) 개발적 기능의 원칙

- 아동, 청소년이 가진 능력을 최대한 발휘할 수 있도록 하는 것이 목적이다.
- 발달의 편차가 심한 장애아동과 우수아동, 결손된 양육환경에서 자라는 고아나 빈곤가정 아동이 주 대상이 되며, 이들의 상태를 변화시킬 수 있도록 능력을 개발하는 것이 중요하다.

5) 포괄성의 원칙

- 아동의 복지를 계획할 때 여러 가지 유형의 아동문제(욕구)를 고려해야 그 효과를 거둘 수 있다는 원칙이다.

- 아동의 발달영역이 서로 유기적인 관련을 가지고 있기 때문에 한 영역의 발달 손상은 다른 영역에 파급되어 복합적인 양상을 띠고 있다.

6) 전문성의 원칙

- 아동복지 문제는 복잡하고 다양하므로 전문적인 지식과 기술이 있는 전문가와 전문기관에서 이루어져야 한다는 원칙이다.
- 이 원칙은 전문적 접근에서 중요하게 고려되는 것으로 최근에는 정책적 접근에서도 강조되고 있는 것으로 정책과정에 전문가가 참여하는 이유가 된다.

3 아동복지정책의 주요내용

1) 목적과 기본이념

이 법은 아동이 건강하게 출생하여 행복하고 안전하게 자라나도록 그 복지를 보장함을 목적으로 한다(아동의 건강한 출생, 안전·행복하게 성장). 기본이념은 무차별 평등이념, 안정된 가정환경의 중요성 강조, 아동 최우선 이익 제공 등이 있다.

- 아동은 자신 또는 부모의 성별, 연령, 종교, 사회적 신분, 재산, 장애유무, 출생지역, 인종 등에 따른 어떠한 종류의 차별도 받지 아니하고 자라나야 한다.
- 아동은 완전하고 조화로운 인격발달을 위하여 안정된 가정환경에서 행복하게 자라나야 한다.
- 아동에 관한 모든 활동에 있어서 아동의 이익이 최우선적으로 고려되어야 한다.

2) 아동 관련 행정기관

(1) 아동정책조정위원회 – 위원장 : 국무총리

아동의 권리증진과 건강한 출생 및 성장을 위하여 종합적인 아동정책을 수립하고 관계부처의 의견을 조정하며, 그 정책의 이행을 감독하고 평가하기 위하여 국무총리소속하에 아동정책조정위원회(위원회)를 둔다. 위원회는 위원장을 포함한 25명 이내의 위원으로 구성하되, 위원장은 국무총리가 되고 임기는 2년이며, 연임할 수 있다.

위원회의 심의·조정 사항
① 기본계획의 수립에 관한 사항
② 아동의 권익 및 복지 증진을 위한 기본방향에 관한 사항
③ 아동정책의 개선과 예산지원에 관한 사항
④ 아동 관련 국제조약의 이행 및 평가 · 조정에 관한 사항
⑤ 아동정책에 관한 관련 부처 간 협조에 관한 사항
⑥ 그 밖에 위원장이 부의하는 사항

(2) 아동복지심의위원회

시·도지사, 시장·군수·구청장은 다음의 사항을 심의하기 위하여 그 소속으로 아동복지심의위원회(심의위원회)를 각각 둔다.

① 연도별 시행계획의 수립 · 시행에 따른 시행계획 수립 및 시행에 관한 사항
② 보호조치에 관한 사항
③ 퇴소조치에 관한 사항
④ 보호기간의 연장 및 보호조치의 종료에 관한 사항
⑤ 재보호조치 및 보호조치의 종료에 관한 사항
⑥ 친권행사의 제한이나 친권상실 선고 청구에 관한 사항
⑦ 아동의 후견인의 선임이나 변경 청구에 관한 사항
⑧ 지원대상아동의 선정과 그 지원에 관한 사항
⑨ 그 밖에 아동의 보호 및 지원서비스를 위하여 시 · 도지사 또는 시장 · 군수 · 구청장이 필요하다고 인정하는 사항

(3) 아동위원

❶ 시·군·구(자치구)에 아동위원을 둔다.
❷ 아동위원은 그 관할 구역의 아동에 대하여 항상 그 생활상태 및 가정환경을 상세히 파악하고 아동복지에 필요한 원조와 지도를 행하며 전담공무원, 민간 전문인력 및 관계 행정기관과 협력하여야 한다.
❸ 아동위원은 그 업무의 원활한 수행을 위하여 적절한 교육을 받을 수 있다.
❹ 아동위원은 명예직으로 하되, 아동위원에 대하여는 수당을 지급할 수 있다.
❺ 그밖에 아동위원에 관한 사항은 해당 시·군·구의 조례로 정한다(의무규정, 조례 필수 제정 사항).

(4) 아동복지전담공무원 – 사회복지전담공무원

❶ 아동복지에 관한 업무를 담당하기 위하여 특별시·광역시·도·특별자치도(시·도) 및 시·군·구(자치구)에 각각 아동복지전담공무원(전담공무원)을 둘 수 있다.

❷ 전담공무원은 「사회복지사업법」에 따른 사회복지사의 자격을 가진 사람으로 하고 그 임용 등에 필요한 사항은 해당 시·도 및 시·군·구의 조례로 정한다.

❸ 전담공무원은 아동에 대한 상담 및 보호조치, 가정환경에 대한 조사, 아동복지시설에 대한 지도·감독, 아동범죄예방을 위한 현장확인 및 지도·감독 등 지역 단위에서 아동의 복지증진을 위한 업무를 수행한다.

3) 아동복지정책의 수립

(1) 아동보호조치

❶ 시·도지사 또는 시장·군수·구청장은 그 관할 구역에서 보호대상아동을 발견하거나 보호자의 의뢰를 받은 때는 아동의 최상의 이익을 위하여 대통령령으로 정하는 바에 따라 보호조치를 하여야 한다(수급권자 : 요보호아동).

❷ 시·도지사 또는 시장·군수·구청장은 보호조치를 함에 있어서 해당 보호대상아동의 의사를 존중하여야 하며, 보호자가 있을 때는 그 의견을 들어야 한다.

❸ 누구든지 보호조치와 관련하여 그 대상이 되는 아동복지시설, 아동복지전담기관의 종사자를 신체적·정신적으로 위협하는 행위를 하여서는 안 된다.

- 시설보호아동에 대한 퇴소조치 : 아동복지시설에 입소한 보호를 필요로 하는 아동의 연령이 18세에 달하였거나, 보호의 목적을 달성하였다고 인정될 때는 해당 시설의 장은 그 보호 중인 아동을 퇴소시켜야 한다(퇴소조치 : 18세 이상, 보호목적 달성).

(2) 아동에 대한 금지행위

누구든지 다음의 어느 하나에 해당하는 행위를 하여서는 아니 된다.

① 아동을 매매하는 행위
② 아동에게 음란한 행위를 시키거나 이를 매개하는 행위 또는 아동을 대상으로 하는 성희롱 등의 성적 학대행위

③ 아동의 신체에 손상을 주거나 신체의 건강 및 발달을 해치는 신체적 학대행위
④ 아동의 정신건강 및 발달에 해를 끼치는 정서적 학대행위
⑤ 자신의 보호·감독을 받는 아동을 유기하거나 의식주를 포함한 기본적 보호·양육·치료 및 교육을 소홀히 하는 방임행위
⑥ 장애를 가진 아동을 공중에 관람시키는 행위
⑦ 아동에게 구걸을 시키거나 아동을 이용하여 구걸하는 행위
⑧ 공중의 오락 또는 흥행을 목적으로 아동의 건강 또는 안전에 유해한 곡예를 시키는 행위 또는 이를 위하여 아동을 제3자에게 인도하는 행위
⑨ 정당한 권한을 가진 알선기관 외의 자가 아동의 양육을 알선하고 금품을 취득하거나 금품을 요구 또는 약속하는 행위
⑩ 아동을 위하여 증여 또는 급여된 금품을 그 목적 외의 용도로 사용하는 행위

(3) 친권상실의 선고 청구

시·도지사, 시장·군수·구청장 또는 검사는 아동의 친권자가 그 친권을 남용하거나 현저한 비행이나 아동학대, 그밖에 친권을 행사할 수 없는 중대한 사유가 있는 것을 발견한 경우 아동의 복지를 위하여 필요하다고 인정할 때는 법원에 친권행사의 제한 또는 친권상실의 선고를 청구하여야 한다. 이 경우 해당 아동의 의견을 존중하여야 한다.

아동복지전담기관의 장, 아동복지시설의 장 및 초·중등교육법에 따른 학교의 장은 시·도지사, 시장·군수·구청장 또는 검사에게 법원에 친권행사의 제한 또는 친권상실의 선고를 청구하도록 요청할 수 있다.

시·도지사, 시장·군수·구청장 또는 검사는 친권행사의 제한 또는 친권상실의 선고 청구를 할 경우 해당 아동의 의견을 존중하여야 한다.

(4) 아동의 후견인의 선임 청구

시·도지사, 시장·군수·구청장, 아동복지전담기관의 장, 아동복지시설의 장 및 학교의 장은 친권자 또는 후견인이 없는 아동을 발견한 경우 그 복지를 위하여 필요하다고 인정할 때에는 법원에 후견인의 선임을 청구하여야 한다.

시·도지사, 시장·군수·구청장, 아동복지전담기관의 장, 아동복지시설의 장, 학교의 장 또는 검사는 후견인이 해당 아동을 학대하는 등 현저한 비행을 저지른 경우에는 후견인 변경을 법원에 청구하여야 한다.

후견인의 선임 및 후견인의 변경 청구를 할 때는 해당 아동의 의견을 존중하여

야 한다.

아동복지시설에 입소 중인 보호를 필요로 하는 아동은 미성년자의 후견직무에 관한 법률을 적용한다(보호시설에 있는 미성년자 : 후견직무에 관한 법률 적용).

보호자
① 친권자 : 부모가 미성년자인 자녀에 대하여 가지는 권리나 의무, 부모가 공동으로 행사
② 후견인 : 미성년자에게 친권자가 없거나 친권자가 친권을 행사할 수 없을 때 미성년자를 보호하는 자
③ 아동의 후견인 선임(제20조) → 후견인이 될 수 있는 경우
- 지정(유언)
- 법 규정
- 법원의 선정
- 아동학대 방지 조치

4) 아동학대의 예방 및 방지

(1) 아동학대의 예방과 방지 의무

❶ 국가와 지자체는 아동학대[50]의 예방과 방지를 위하여 다음의 조치를 취하여야 한다.

① 아동학대의 예방과 방지를 위한 각종 정책의 수립 및 시행
② 아동학대의 예방과 방지를 위한 연구·교육·홍보 및 아동학대 실태조사
③ 아동학대에 관한 신고체제의 구축·운영
④ 피해아동의 보호와 치료 및 피해아동의 가정에 대한 지원
⑤ 그밖에 대통령령으로 정하는 아동학대의 예방과 방지를 위한 사항

❷ 지자체는 아동학대를 예방하고 수시로 신고를 받을 수 있도록 긴급전화(번호 1391)를 설치하여야 한다.[51]

(2) 아동학대 예방의 날－11월 19일

아동의 건강한 성장을 도모하고, 범국민적으로 아동학대의 예방과 방지에 관한

50 아동학대는 보호자를 포함한 성인에 의하여 아동의 건강 · 복지를 해치거나 정상적 발달을 저해할 수 있는 신체적 · 정신적 · 성적 폭력 또는 가혹행위 및 아동의 보호자에 의하여 이루어지는 유기와 방임(◆정서적 학대, 경제적 착취 없음)

51 아동학대 긴급전화(1391)의 설치 : 매일 24시간 운영(노인학대신고전화 : 1389번)

관심을 높이기 위하여 매년 11월 19일을 아동학대 예방의 날로 지정하고, 아동학대예방의 날부터 1주일을 아동학대 예방주간으로 한다.

(3) 아동학대 신고의무와 절차

「아동학대 범죄의 처벌 등에 관한 특례법」 제정

(4) 피해아동 및 그 가족 등에 대한 지원

❶ 아동보호전문기관의 장은 아동의 안전 확보와 재학대 방지, 건전한 가정기능의 유지 등을 위하여 피해아동 및 보호자를 포함한 피해아동의 가족에게 상담, 교육 및 의료적·심리적 치료 등의 필요한 지원을 제공하여야 한다.

❷ 아동보호전문기관의 장은 지원 여부의 결정 및 지원의 제공 등 모든 과정에서 피해아동의 이익을 최우선으로 고려하여야 한다.

5) 아동보호전문기관

(1) 아동보호전문기관의 설치

❶ 지방자치단체는 학대받은 아동의 치료, 아동학대의 재발 방지 등 사례관리 및 아동학대예방을 담당하는 아동보호전문기관을 시·도 및 시·군·구에 1개소 이상 두어야 한다. 다만, 시·도지사는 관할 구역의 아동 수 및 지리적 요건을 고려하여 조례로 정하는 바에 따라 둘 이상의 시군·구를 통합하여 하나의 아동보호전문기관을 설치·운영할 수 있다.

❷ 아동보호전문기관을 통합하여 설치·운영하는 경우 시·도지사는 아동보호전문기관의 설치·운영에 필요한 비용을 관할 구역의 아동의 수 등을 고려하여 시장·군수·구청장에게 공동으로 부담하게 할 수 있다.

❸ 시·도지사 및 시장·군수·구청장은 아동학대예방사업을 목적으로 하는 비영리법인을 지정하여 아동보호전문기관의 운영을 위탁할 수 있다.

(2) 아동보호전문기관의 의무

❶ 지방자치단체는 학대받은 아동의 치료, 아동학대의 재발 방지 등 사례관리 및 아동학대예방을 담당하는 아동보호전문기관을 시·도 및 시·군·구에 1개소 이상 두어야 한다. 다만, 시·도지사는 관할 구역의 아동 수 및 지리적 요

건을 고려하여 조례로 정하는 바에 따라 둘 이상의 시·군·구를 통합하여 하나의 아동보호전문기관을 설치·운영할 수 있다.

❷ 아동보호전문기관의 업무

아동복지서비스 가운데 지지적 서비스에 해당하는 서비스는 아동상담서비스이다.

① 피해아동, 피해아동의 가족 및 아동학대행위자를 위한 상담·치료 및 교육
② 아동학대예방 교육 및 홍보
③ 피해아동 가정의 사후관리
④ 그밖에 대통령령으로 정하는 아동학대예방사업과 관련된 업무

6) 아동에 대한 지원서비스

① 안전기준의 설정
② 아동의 안전에 대한 교육 실시
③ 아동보호구역의 고정형 영상정보처리기기[52] 설치
④ 아동안전 보호인력의 배치
⑤ 건강한 심신의 보존
⑥ 아동긴급보호소 지정 및 운영
⑦ 취약계층 아동에 대한 통합서비스지원
⑧ 자립지원전담기관의 설치 · 운영
⑨ 자립지원
⑩ 자산형성지원사업

- 아동수당은 연령만으로 실시하는 보편적 사회수당 형태이다. 일부 지방자치단체에서 실시하는 둘째, 셋째 아동에 대한 보조금이나 출산축하금은 보편적 성격의 급여가 아니다.

7) 가정위탁지원센터의 설치

- 지방자치단체는 보호대상아동에 대한 가정위탁사업을 활성화하기 위하여 시·도 및 시·군·구에 가정위탁지원센터를 둔다. 다만, 시·도지사는 조례로 정하는 바에 따라 둘 이상의 시·군·구를 통합하여 하나의 가정위탁지원센터를 설치·운영할 수 있다.
- 가정위탁지원센터를 통합하여 설치·운영하는 경우 시·도지사는 가정위탁지원

52 아동보호구역에서의 고정형 영상정보처리기기는 1. 「도시공원 및 녹지 등에 관한 법률」에 따른 도시공원, 2. 「영유아보육법」에 따른 어린이집, 3. 「초 · 중등교육법」에 따른 초등학교 및 특수학교, 4. 「유아교육법」에 따른 유치원에 설치한다.

센터의 설치·운영에 필요한 비용을 관할 구역의 아동의 수 등을 고려하여 시장·군수·구청장에게 공동으로 부담하게 할 수 있다.

가정위탁지원센터의 업무 수행-시·도 및 시·군·구
① 가정위탁사업의 홍보 및 가정위탁을 하고자 하는 가정의 발굴
② 가정위탁을 하고자 하는 가정에 대한 조사 및 가정위탁 대상 아동에 대한 상담
③ 가정위탁을 하고자 하는 사람과 위탁가정 부모에 대한 교육
④ 위탁가정의 사례관리
⑤ 친부모 가정으로의 복귀 지원
⑥ 가정위탁 아동의 자립계획 및 사례 관리
⑦ 관할 구역 내 가정위탁 관련 정보 제공
⑧ 그밖에 대통령령으로 정하는 가정위탁과 관련된 업무

8) 아동복지시설

(1) 아동복지시설의 설치

❶ 국가 또는 지자체는 아동복지시설을 설치할 수 있다.
❷ 국가 또는 지자체 외의 자는 관할 시장·군수·구청장에게 신고하고 아동복지시설을 설치할 수 있다(신고주의).
❸ 아동복지시설은 통합하여 설치할 수 있다(종합시설).

(2) 아동복지시설의 종류(고유 업무)

종 류	내 용
아동양육시설	보호대상아동을 입소시켜 보호, 양육 및 취업훈련, 자립지원서비스 등을 제공하는 것을 목적으로 하는 시설
아동일시 보호시설	보호대상아동을 일시보호하고 아동에 대한 향후의 양육대책수립 및 보호조치를 행하는 것을 목적으로 하는 시설
아동보호 치료시설	아동에게 보호 및 치료 서비스를 제공하는 다음 각 목의 시설 • 불량행위를 하거나 불량행위를 할 우려가 있는 아동으로서 보호자가 없거나 친권자나 후견인이 입소를 신청한 아동 또는 가정법원, 지방법원소년부지원에서 보호위탁된 19세 미만인 사람을 입소시켜 치료와 선도를 통하여 건전한 사회인으로 육성하는 것을 목적으로 하는 시설 • 정서적·행동적 장애로 인하여 어려움을 겪고 있는 아동 또는 학대로 인하여 부모로부터 일시 격리되어 치료받을 필요가 있는 아동을 보호·치료하는 시설

(계속)

종 류	내 용
공동생활가정	보호대상아동에게 가정과 같은 주거여건과 보호, 양육, 자립지원서비스를 제공하는 것을 목적으로 하는 시설
자립지원시설[53]	아동복지시설에서 퇴소한 사람에게 취업준비기간 또는 취업 후 일정 기간 동안 보호함으로써 자립을 지원하는 것을 목적으로 하는 시설
아동상담소	아동과 그 가족의 문제에 관한 상담, 치료, 예방 및 연구 등을 목적으로 하는 시설
아동전용시설	어린이공원, 어린이놀이터, 아동회관, 체육·연극·영화·과학실험전시 시설, 아동휴게숙박시설, 야영장 등 아동에게 건전한 놀이·오락, 그 밖의 각종 편의를 제공하여 심신의 건강유지와 복지증진에 필요한 서비스를 제공하는 것을 목적으로 하는 시설
지역아동센터	지역사회 아동의 보호·교육, 건전한 놀이와 오락의 제공, 보호자와 지역사회의 연계 등 아동의 건전육성을 위하여 종합적인 아동복지서비스를 제공하는 시설

(3) 아동복지시설의 공통사업

아동가정지원사업	지역사회아동의 건전한 발달을 위하여 아동, 가정, 지역주민에게 상담, 조언 및 정보를 제공하여 주는 사업
아동주간보호사업	부득이한 사유로 가정에서 낮 동안 보호를 받을 수 없는 아동을 대상으로 개별적인 보호와 교육을 통하여 아동의 건전한 성장을 도모하는 사업
아동전문상담사업	학교부적응아동 등을 대상으로 올바른 인격형성을 위한 상담, 치료 및 학교폭력예방을 실시하는 사업
학대아동보호사업	학대아동의 발견, 보호, 치료 및 아동학대의 예방 등을 전문적으로 실시하는 사업
공동생활가정사업	보호대상아동에게 가정과 같은 주거여건과 보호를 제공하는 것을 목적으로 하는 사업
방과후 아동지도사업	저소득층 아동을 대상으로 방과 후 개별적인 보호와 교육을 통하여 건전한 인격형성을 목적으로 하는 사업

9) 아동복지의 재원

우리나라 민간아동복지기관 및 시설의 재원은 자체수입, 정부의 지원, 수혜자부담원칙에 따른 사용자부담금(user charges)으로 구분할 수 있다. 아동복지시설의 경우 정부지원에 의존하고 있다.

정부의 지원은 「국민기초생활 보장법」과 「아동복지법」에 근거하여 전국적으로 동일하게 지원하고 있다.

53 자립지원시설은 아동복지시설에서 퇴소한 자에게 취업준비기간 동안 보호함으로써 자립을 지원하는 것을 목적으로 하는 시설을 말한다.

지방자치단체의 재정상황 및 의지에 따라 지원 폭이 결정된다.

4 문제점 및 향후과제

아동복지정책이 일반아동을 대상으로 그들의 건전한 성장발달과 건전한 가정의 유지를 도모하는 데 목표를 두어야 할 것이다. 현재 아동을 위한 소득보장이 빈곤계층으로 제한되어 사후보완적 서비스이므로 이들의 문제에 전문적으로 개입할 수 있는 상담의 활성화가 필요하다. 보육교사의 전문교육실시 및 시설보호를 일시적 보호의 수단으로 전문성을 확보해야 한다. 그룹홈 활성화 및 국내 입양 활성화를 위한 대국민 홍보를 해야 한다. 공공전달체계와 민간전달체계의 역할분담 분명히, 정보화, 예산 증액이 필요하다.

3 노인복지정책의 이해

우리나라는 이미 고령화 사회로 접어들었다. 세계에서 가장 빠르게 늙어가는 나라로 분류되고 있다. 점점 증가하고 있는 노인인구만큼 노인 빈곤·건강·일자리, 독거노인, 노인학대 등 노인문제는 심각한 사회문제로 대두되고 있다. 우리나라 노인복지정책의 필요성과 발전과정 및 내용에 대해 서술한다.

1 노인복지정책

1) 노인복지정책의 목적 및 기본 방향

(1) 노인복지정책의 목적

노인복지란 노인(만 65세 이상)이 인간다운 생활을 유지하면서 자기가 속한 가족과 사회에 적응하고 통합될 수 있도록 공적 및 사적 차원에서 필요한 자원과 서비스를 제공하는 조직적인 제반활동을 말한다.

「노인복지법」 제1조에서 노인의 질환을 사전예방 또는 조기발견하고 질환상태에 따른 적절한 치료·요양으로 심신의 건강을 유지하고, 노후의 생활안정을 위하여 필요한 조치를 강구함으로써 노인의 보건복지증진에 이바지함을 목적으로 규정하고 있다.

(2) 노인복지정책의 기본 방향

노인은 후손의 양육과 국가 및 사회의 발전에 기여하여 온 사람으로서 존경받으며 건전하고 안정된 생활을 보장받고, 그 능력에 따라 적당한 일에 종사하고 사회적 활동에 참여할 기회를 보장 받는다.

또한, 보건복지부장관은 노인의 보건 및 복지에 관한 실태조사를 3년마다 실시하고 그 결과를 공표해야 한다. 노인에 대한 사회적 관심과 공경의식을 높이기 위해 매년 10월 2일을 노인의 날, 매년 10월을 경로의 달로 한다. 부모에 대한 경로효친 사상을 높이기 위해 매년 5월 8일을 어버이날로 한다.

국가와 지방자치단체는 노인복지에 관해 주거·보건·소득·여가 및 안전·권익보호 등의 분야로 나누어 매년 노인보건복지 사업, 기초연금 사업 등을 실시하고 있다.

2) 노인복지정책의 연혁과 배경

(1) 노인복지정책의 연혁

1981년 「노인복지법」 제정 이후 노인문제에 대한 제도적 대책이 마련되기 시작하였고, 1991년 「고령자 고용촉진법」이 제정되었으며, 2008년 기초노령연금제도와 노인장기요양보호제도가 실시되었다.

① 1981년 노인복지법 제정
② 1991년 고령자 고용촉진법 제정
③ 2007년 기초노령연금법 제정
④ 2007년 노인장기요양보험법 제정
⑤ 2014년 기초연금법 제정

(2) 노인복지정책의 배경

노인복지정책의 배경으로는 노인인구의 증가, 도시화, 산업화, 핵가족화 등으로 볼 수 있다.

특히 노인인구의 증가는 가족계획사업과 보건분야의 개선으로 인구증가율의 둔화와 연령구조의 개선을 가져왔으며, 산업화에 따른 인구재분배 현상으로 도시지역에 많은 인구가 집중되는 반면에 농어촌지역에는 인구의 절대수가 감소되고 있다. 2025년 노인인구는 전체 인구의 20.3%로 초고령사회가 되었다.

이러한 인구의 변동은 노년인구의 실수 및 구성비의 증가, 사망률의 저하에 따른 평균수명의 증가, 노년인구지수의 증대 등으로 노인문제를 초래하는 기본적인 요인이 되고 있다.

❶ 평균수명의 증가

- 1920년대 후반의 우리나라의 평균수명은 남성은 32.4세, 여성은 35.1세
- 2009년 우리나라의 평균수명은 79.1세로 남성은 76.2세, 여성은 82.6세
- 2000년 65세 이상 노인인구는 전체 인구의 7%를 넘어서 고령화 사회(Aging Society)에 진입하였고, 2018년 14.3%로 고령사회(Aged Society)에 진입하고, 2025년에는 20.3%로 초고령 사회(Ultra Aged Society)에 도달함

❷ 노인문제의 발생

고령화에 따른 빈곤, 질병, 역할상실, 고독과 같은 노인문제가 심각한 사회문제로 대두되고 있다.

- 노인부양지수가 증가한다. 노인 부양지수=노인 인구 ÷ 생산인구 × 100
- 고령화에 따른 빈곤, 질병, 역할상실, 고독과 같은 노인문제가 심각한 사회문제로 대두된다.
- 노인문제는 전체노인에게서 다양하게 발생한다. → 노인복지정책의 대상은 전체노인이다.

3) 적용대상

노인복지의 대상이 되는 노인은 일반적으로 65세 이상(지원사업에 따라 60세 이상)이 되는 사람을 말한다.[54] 이에 따라 우리나라는 고령화 사회에 대비한 다양

54 장기요양급여를 받을 수 있는 노인은 고령이나 노인성 질병 등의 사유로 일상생활을 혼자서 하기 어려운 사람, 즉 65세 이상의 노인 또는 65세 미만의 사람으로서 치매 · 뇌혈관성 질환 등 노인성 질병을 가진 사람을 말한다(「노인장기요양보험법」 제1조 및 제2조 제1호).

한 노인복지 관련 법령과 정책을 마련하여 노인이 인간다운 삶을 살 수 있도록 많은 노력을 기울이고 있다.

① 저소득층 노인문제의 원인

- 개인적 요인 : 가족의 부양기능 약화, 과다출산, 자녀양육비 과다지출, 수명연장에 따른 퇴직 이후 무소득 기간의 장기화 등
- 사회적 요인 : 사회변동으로 빈곤계층의 형성, 취업기회의 단절(실직) 및 불평등으로 인한 소득의 단절, 사회보장제도의 미비 등으로 볼 수 있음

② 저소득층 노인문제

- 경제적 어려움 문제 : 노년기에 있어 경제적 어려움을 느끼게 되는 주요한 요인은 퇴직으로 인한 수입상실임
- 건강보호 및 의료에 관한 문제 : 노인질환의 특징은 노인이 빈번하고 장기적인 의료적 보호를 요하는 동시에 다른 인구 집단에 비해 고액의 진료비를 소요하게 만듦. 이에 치료에 소요되는 비용은 노인의 경제적 상황을 악화시킬 수 있으므로 저소득층 노인에게 있어 건강보호 및 의료문제는 더욱 심각함
- 역할상실과 관련된 문제 : 사회적응력의 상실
- 부양 및 보호문제 : 저소득층의 경우 자녀가족과 같이 살지 않는 노인 단독세대의 비율이 높고 노인이 자녀와 동거할 경우라도 경제적 생활의 어려움으로 가족 내 여성이 경제활동을 해야 하는 상황으로 노인부양 및 보호문제는 더욱 위기를 맞고 있음
- 사회적 및 심리적 고립과 소외 : 교육수준에 따른 세대 간의 지식수준 또는 사고방식의 차이로 인한 세대 간의 갈등과 고립 및 세대 간의 공간적 고립

2 노인복지정책의 내용

구체적으로 보면 대부분의 노인은 정년퇴직을 한 후 또 다른 시작을 준비하거나 고령·노인성 질병 등으로 몸이 불편하여 편안한 노후를 보내기 위한 준비가 필요하며, 이에 따라 국가 또는 지방자치단체는 노인의 복지를 위해 다양한 사업을 시행·지원하고 있다. 노인은 부족한 소득을 기초연금이나 기초생활보장급여를 받아 보충할 수 있고, 노인장기요양급여를 통해 방문목욕 등과 같은 요양서비스를 받을 수 있다.

새로운 일자리를 구하는 노인은 일자리를 구해 사회활동을 시작할 수 있고, 노인복지시설을 통해 편안한 주거지를 마련하거나 전문적인 간호 서비스 등을 받을 수 있다. 또한, 노인건강검진이나 치매조기검진을 받아 건강을 지킬 수 있고, 홀로 사는 노인은 외로운 노년 생활을 안전하게 지켜주는 노인돌봄서비스를 받을 수 있다.

따라서 노인복지에 관한 내용을 크게 ① 경제적 도움 받기, ② 일자리 구하기, ③ 복지서비스 이용하기, ④ 건강지키기, ⑤ 안전한 노후보내기로 나누어 노인이 지원받을 수 있는 복지서비스에는 무엇이 있는지 살펴보려고 한다.

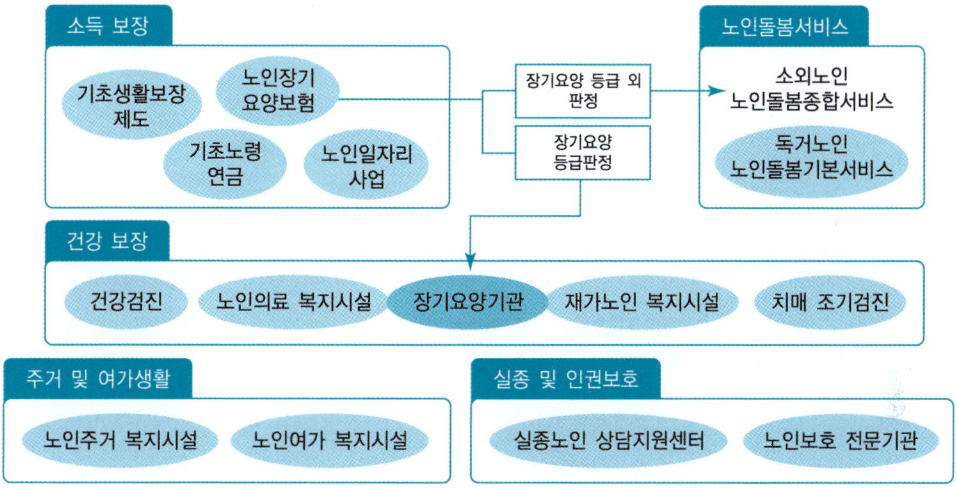

노인복지정책의 체계

1) 노인소득보장 소득보장

(1) 직접적 소득보장

❶ 연금보험

국민연금, 공무원연금, 군인연금, 사립학교교직원연금, 별정직우체국직원연금 등

❷ 국민기초생활보장

생계급여 등

❸ 기초연금

(2) 간접적 소득보장

❶ 경로우대

철도요금, 고궁 등 입장료의 면제 혹은 할인

경로우대 시설 종류와 할인율

노인은 이용요금을 다양하게 할인받을 수 있다. 65세 이상의 노인은 국가 또는 지방자치단체의 수송시설(기차 요금의 30% 할인, 전철이나 도시철도는 무료 이용 가능) 및 고궁·능원·박물관·공원 등의 공공시설을 무료로 또는 그 이용요금을 할인하여 이용할 수 있다.

❷ 고용촉진

고령자 인재은행, 노인 취업알선센터, 노인 공동작업장 등

고용촉진(일자리 구하기)

① 65세 이상의 노인은 국가에서 시행하고 있는 노인일자리사업[55]에 참여하여 소득창출 및 사회참여의 기회를 제공받을 수 있다.
② 노인일자리사업 중에서 공익형 및 복지형 사업은 기초연금 수급권자만 참여할 수 있고, 교육형·시장형 및 인력파견형 사업은 참여자 선발기준에 따라 선발된다.
③ 일자리를 구하는 노인들은 한국노인력개발원, 시니어클럽, 대한노인회 취업지원센터 등을 통해 일자리 상담 및 취업알선, 취업 전 노인 교육 및 훈련 등의 도움을 받을 수 있다.

❸ 각종 세제혜택

노부모 부양수당, 주택상속세 공제, 상속세 인적 공제, 부양가족 공제, 경로우대 공제, 양도소득세 면제 및 주택자금 할증지원 등이 있다.

노인 일자리 지원

① 노인사회참여 지원 : 국가 또는 지방자치단체는 노인의 사회참여 확대를 위해 노인에게 적합한 직종의 개발과 그 보급을 위한 시책을 강구하며, 근로능력이 있는 노인에게 일할 기회를 우선적으로 제공하도록 노력해야 한다. 국가 또는 지방자치단체는 노인의 취업의 활성화를 기하기 위해 노인취업알선기관 등 노인복지관계기관에 대해 필요한 지원을 할 수 있다.
② 생업지원 : 국가 또는 지방자치단체, 그 밖의 공공단체가 설치·운영하는 공공시설 안에 식료품·사무용품·신문 등 일상생활용품의 판매를 위한 매점이나 자동판매기의 설치를 허가 또는 위탁할 때는 65세 이상의 사람의 신청이 있는 경우 이를 우선적으로 반영해야 한다.

55 노인일자리사업이란 일하기를 희망하는 노인에게 맞춤형 일자리를 공급하여 노인에게 소득창출 및 사회참여의 기회를 제공하고 있는 사업을 말한다.

2) 자원봉사활동 하기

(1) 봉사활동으로 사회참여하기

봉사를 하고 싶은 노인은 전국의 노인복지관 또는 경로당을 기반으로 하는 노인자원봉사클럽을 통해 봉사활동을 할 수 있다. 또한, 지역 내 노인복지관에서 주관하는 각종 노인자원봉사 프로그램에 참여하여 봉사활동을 할 수 있다.

(2) 노인자원봉사활동 지원

국가 또는 지방자치단체는 노인의 지역봉사활동 활성화를 위해 노인지역봉사기관 등 노인복지관계기관에 대해 필요한 지원을 할 수 있다.

① 노인자원봉사클럽 지원 : 대한노인회 노인자원봉사지원센터 지역운영본부의 승인을 받은 노인자원봉사클럽은 클럽운영에 필요한 활동 운영비 등을 지원받는다.
② 전문노인 자원봉사 프로그램 지원 : 노인의 지식, 경험, 기술을 활용하여 지역사회 문제를 해결하기 위한 전문노인 자원봉사 프로그램 운영에 필요한 비용 등을 지원받는다.

(3) 지역봉사지도원 위촉

❶ 사회적 신망과 경험이 있는 노인으로서 지역봉사를 희망하는 경우에는 국가 또는 지방자치단체로부터 지역봉사지도원으로 위촉될 수 있다.
❷ 지역 내 노인복지관에서 주관하는 각종 노인자원봉사 프로그램에 참여하여 봉사활동을 할 수 있다.

참여 방법
대한노인회, 노인자원봉사지원센터 지역본부에 신청하여 자원봉사자 교육 및 상담을 받은 후, 기존의 노인자원봉사클럽에 가입하거나 새로운 클럽을 만들어 이를 통해 봉사활동을 할 수 있다.

3) 노인복지서비스

노인이 이용할 수 있는 노인복지서비스의 종류에는 재가 및 시설 노인복지서비스, 노인의료보장 서비스, 노인돌봄서비스 등이 있다.

(1) 재가노인복지서비스

❶ 가정봉사원 파견 및 교육사업 : 신체적 수발, 일상생활 지원, 상담 및 교육, 지역사회 복지자원 발굴 및 네트워크 구축

❷ 주간보호 및 단기보호사업

❸ 상담사업 : 시 군 구에 노인복지상담원을 두게 되어 있음

❹ 노인여가복지시설·운영사업 : 노인복지회관, 경로당, 노인교실

(2) 노인복지시설서비스

① 노인주거복지시설 : 양로시설, 노인공동생활가정, 노인복지주택
② 노인의료복지시설 : 노인요양시설, 노인요양공동생활가정
③ 노인여가복지시설 : 노인복지관, 경로당, 노인교실
④ 재가노인복지시설 : 방문요양서비스, 주·야간보호서비스, 단기보호서비스, 방문 목욕서비스, 재가노인지원서비스 등을 제공하는 시설
⑤ 노인보호전문기관 : 중앙노인보호전문기관, 지역노인보호전문기관

❶ 노인주거복지시설서비스

- 보건복지부장관, 시·도지사 또는 시장·군수·구청장은 65세 미만의 자에 대하여도 그 노쇠현상이 현저하여 특별히 보호할 필요가 있다고 인정할 때는 조치를 할 수 있다.
- 보건복지부장관, 시·도지사 또는 시장·군수·구청장은 입소한 노인이 사망한 경우에 그 자에 대한 장례를 할 자가 없을 때는 그 장례를 하거나 해당 시설의 장으로 하여금 그 장례를 하게 할 수 있다.

① 노인주거복지시설

- 노인주거복지시설은 65세 또는 60세 이상의 일상생활에 지장이 없는 노인이 가정과 같은 주거공간에서 일상생활에 필요한 편의를 제공받을 수 있는 시설이다.
- 노인주거복지시설에는 양로시설, 노인공동생활가정 및 노인복지주택이 있다.
- 양로시설 및 노인공동생활가정에 들어갈 수 있는 노인은 기초생활보장 수급자로서 60세 이상인 사람, 65세 이상으로 부양의무자로부터 부양을 받지 못하는 사람, 본인과 부양의무자의 월소득이 일정기준 이하인 65에 이상인 사람, 입소비용의 전부를 내고 들어갈 수 있는 경우에는 60세 이상인 사람 등이며, 노인복지주택에 들어갈 수 있는 사람은 독립적인 주거생활을 하는 데 지장이 없는 60세 이상의 사람이다.

(계속)

• 양로시설 및 노인공동생활가정에 들어가기 위해서는 입소신청을 하거나 당사자 간의 계약을 해야 하고, 노인복지주택에 들어가기 위해서는 임대 및 분양계약을 해야 한다.

② 노인주거복지시설의 종류

양로시설	노인을 입소시켜 급식과 그밖에 일상생활에 필요한 편의를 제공함을 목적으로 하는 시설
노인공동 생활가정	노인들에게 가정과 같은 주거여건과 급식, 그 밖의 일상생활에 필요한 편의를 제공함을 목적으로 하는 시설
노인복지 주택	노인에게 주거시설을 분양 또는 임대하여 주거의 편의·생활지도·상담 및 안전관리 등 일상생활에 필요한 편의를 제공함을 목적으로 하는 시설

③ 입소대상자 및 입소비용

양로시설 및 노인공동생활가정의 입소대상자와 입소비용은 다음과 같다.

입소대상자	입소비용
1. 국민기초수급권자로서 65세 이상의 사람	국가 및 지방자치단체 전액 부담
2. 부양의무자로부터 적절한 부양을 받지 못하는 65세 이상의 사람	국가 및 지방자치단체 전액 부담
3. 본인 및 본인과 생계를 같이 하고 있는 부양의무자의 월소득을 합산한 금액을 가구원수로 나누어 얻은 1인당 월평균 소득액이 통계청장이 고시하는 전년도(본인 등에 대한 소득조사일이 속하는 해의 전년도를 말함)의 도시근로자가구 월평균 소득을 전년도의 평균 가구원수로 나누어 얻은 1인당 월평균 소득액 이하인 자로서 65세 이상의 사람	입소자 본인 일부 부담
4. 입소자로부터 입소비용의 전부를 수납하여 운영하는 양로시설 또는 노인공동생활가정의 경우는 60세 이상의 사람	입소자 본인 전부 부담

※ 입소대상자의 배우자는 65세 미만(위 4.의 경우에는 60세 미만)인 경우에도 입소대상자와 함께 입소할 수 있다.

❷ 노인의료보장 서비스(요양사업 : 요양시설 입소)

① 국민건강보험제도
- 65세 이상 노인단독가구 중 보험료 부담이 어려운 가구는 보험료를 반으로 감액
- 65세 이상 노인들의 치료비 본인 부담금 감면 혜택

② 의료급여 및 건강진단 : 기초생활보장 대상 노인

③ 치매관리 : 전국보건소에 치매 상담신고센터 설치, 치매상담요원 배치

④ 노인의료복지시설 이용(요양사업 : 요양시설 입소)

• 노인의료복지시설은 노인성질환 등으로 요양을 필요로 하는 65세 이상의 노인이 입소하여 급식·요양 그 밖의 일상생활에 필요한 편의를 제공받을 수 있는 시설이다.

- 노인의료복지시설에는 노인요양시설, 노인요양공동생활가정이 있다.
- 노인의료복지시설에 들어갈 수 있는 노인은 장기요양급여 수급자, 기초생활보장 수급자로서 65세 이상인 사람, 부양의무자로부터 부양을 받지 못하는 65세 이상인 사람, 입소비용을 전부 내고 들어갈 수 있는 경우에는 60세 이상인 사람이다.
- 노인의료복지시설에 들어가기 위해서는 입소신청을 하거나 당사자 간의 계약을 해야 한다.

① 노인의료복지시설의 종류

노인요양시설	치매 · 중풍 등 노인성 질환 등으로 심신에 상당한 장애가 발생하여 도움을 필요로 하는 노인을 입소시켜 급식 · 요양과 그 밖의 일상생활에 필요한 편의를 제공함을 목적으로 하는 시설
노인요양공동생활가정	치매 · 중풍 등 노인성 질환 등으로 심신에 상당한 장애가 발생하여 도움을 필요로 하는 노인에게 가정과 같은 주거여건과 급식 · 요양, 그 밖의 일상생활에 필요한 편의를 제공함을 목적으로 하는 시설

② 노인의료복지시설 입소 : 노인의료복지시설의 입소대상자와 입소비용은 다음과 같다.

입소대상자	입소비용
1. 「노인장기요양보험법」에 따른 수급자	노인장기요양보험법령이 정하는 바에 따름
2. 「국민기초생활 보장법」에 따른 수급권자 (기초수급권자)로서 65세 이상의 사람	국가 및 지방자치단체 전액 부담
3. 부양의무자로부터 적절한 부양을 받지 못하는 65세 이상의 사람	국가 및 지방자치단체 전액 부담
4. 입소자로부터 입소비용의 전부를 수납하여 운영하는 노인요양시설 또는 노인요양공동생활가정의 경우는 60세 이상의 사람	입소자 본인 전액 부담

❸ 노인여가복지시설

- 노인여가복지시설은 65세 또는 60세 이상의 노인들이 여가를 즐기고 친목도모 · 취미생활 등을 할 수 있는 시설로 노인복지관, 경로당 및 노인교실이 있다.
- 노인복지관 및 노인교실을 이용하려면 60세 이상, 경로당은 65세 이상이어야 한다.

① 노인여가복지시설의 종류

노인복지관	노인의 교양 · 취미생활 및 사회참여활동 등에 대한 각종 정보와 서비스를 제공하고, 건강증진 및 질병예방과 소득보장·재가복지, 그 밖의 노인 복지증진에 필요한 서비스를 제공함을 목적으로 하는 시설
경로당	지역노인들이 자율적으로 친목도모 · 취미활동 · 공동작업장 운영 및 각종 정보교환과 기타 여가활동을 할 수 있도록 하는 장소를 제공함을 목적으로 하는 시설
노인교실	노인들에 대하여 사회활동 참여욕구를 충족시키기 위해 건전한 취미생활·노인건강유지·소득보장, 그 밖의 일상생활과 관련한 학습프로그램을 제공함을 목적으로 하는 시설

② 이용대상자 : 노인여가복지시설의 이용대상자는 다음과 같다.

노인복지관 및 노인교실	60세 이상의 사람
경로당	65세 이상의 사람

위의 규정에도 불구하고 노인복지관 및 노인교실 이용대상자의 배우자는 60세 미만일 때도 이용대상자와 함께 이용할 수 있다.

③ 이용비용 및 이용절차 : 노인여가복지시설의 이용은 시설별 운영규정이 정하는 바에 따른다.

❹ 재가노인복지시설

- 재가노인복지시설은 정신적·신체적인 이유로 독립적인 일상생활을 수행하기 곤란한 65세 또는 60세 이상의 노인과 노인 부양가정에 필요한 각종 서비스를 제공하는 시설이다.
- 재가노인복지시설이 제공하는 서비스에는 방문요양서비스, 주·야간보호서비스, 단기보호서비스, 방문 목욕서비스 등이 있다.

① 재가노인복지시설의 서비스 종류

방문요양 서비스	가정에서 일상생활을 영위하고 있는 노인(재가노인)으로서 신체적·정신적 장애로 어려움을 겪고 있는 노인에게 필요한 각종 편의를 제공하여 지역사회 안에서 건전하고 안정된 노후를 영위하도록 하는 서비스
주·야간보호 서비스	부득이한 사유로 가족의 보호를 받을 수 없는 심신이 허약한 노인과 장애노인을 주간 또는 야간 동안 보호시설에 입소시켜 필요한 각종 편의를 제공하여 이들의 생활안정과 심신기능의 유지·향상을 도모하고, 그 가족의 신체적·정신적 부담을 덜어주기 위한 서비스
단기보호 서비스	부득이한 사유로 가족의 보호를 받을 수 없어 일시적으로 보호가 필요한 심신이 허약한 노인과 장애노인을 보호시설에 단기간(월 1일 이상 9일 이하, 1회 9일 이내 범위에서 년4회 연장) 입소시켜 보호함으로써 노인 및 노인가정의 복지증진을 도모하기 위한 서비스
방문목욕 서비스	목욕장비를 갖추고 재가노인을 방문하여 목욕을 제공하는 서비스
그 밖의 서비스	그밖에 재가노인에게 제공하는 서비스로서 재가노인에게 노인생활 및 신상에 관한 상담을 제공하고, 재가노인 및 가족 등 보호자를 교육하며 각종 편의를 제공하여 지역사회 안에서 건전하고 안정된 노후생활을 영위하도록 하는 서비스

(계속)

② 이용대상자 및 이용비용 : 재가노인복지시설의 이용대상자와 입소비용은 다음과 같다.

입소대상자	입소비용
1. 「노인장기요양보험법」 제15조에 따른 수급자(장기요양급여수급자)	노인장기요양보험법령이 정하는 바에 따름
2. 심신이 허약하거나 장애가 있는 65세 이상의 자(이용자로부터 이용비용의 전부를 수납받아 운영하는 시설의 경우에는 60세 이상의 사람으로 함)로서 다음에 해당하는 사람 가. 방문요양서비스 : 1일 중 일정시간 동안 가정에서의 보호가 필요한 사람 나. 주·야간보호서비스 : 주간 또는 야간 동안의 보호가 필요한 사람 다. 단기보호서비스 : 월 1일 이상 9일 이하 단기간의 보호가 필요한 사람 라. 방문 목욕서비스 : 가정에서의 목욕이 필요한 사람 마. 재가노인지원서비스 : 위 가.부터 라.까지의 서비스 이외의 서비스로서 상담·교육 및 각종 지원 서비스가 필요한 사람 바. 방문간호서비스: 간호사 등이 의사, 한의사 또는 치과의사의 지시서에 따라 재가노인의 가정 등을 방문하여 간호, 진료의 보조, 요양에 관한 상담 또는 구강위생 등을 제공하는 서비스 사. 복지용구지원서비스: 「노인장기요양보험법 시행규칙」에 따른 복지용구를 제공하거나 대여하는 서비스	1. 기초수급권자 : 국가 및 지방자치단체 전액 부담 2. 부양의무자로부터 적절한 부양을 받지 못하는 사람 : 국가 및 지방자치단체 전액 부담 3. 위에 해당하지 않는 사람 : 이용자 본인 전액 부담

③ 이용절차 : 재가노인복지시설의 이용은 당사자 간 계약에 따른다.

❺ 노인돌봄서비스 이용

노인돌봄기본서비스란 홀로 살고 있는 65세 이상의 노인에게 정기적인 안전확인, 보건·복지서비스 연계 및 조정, 생활교육 등을 제공하여 독거노인에 대한 종합적인 사회안전망을 구축하기 위한 서비스를 말한다. 홀로 사는 노인은 노인돌봄기본서비스를 받을 수 있고, 장기요양등급 외 A, B판정자로 다른 복지서비스 혜택을 받지 못하는 사람은 노인돌봄종합서비스를 받을 수 있다.

① 노인돌봄서비스 이용
- 홀로 사는 노인은 특별히 관리하고 있다. 노인돌봄기본서비스 대상자로 선정된 독거노인은 무료로 서비스를 이용할 수 있다.
- 노인돌봄기본서비스는 독거노인 현황 조사, 서비스 대상자 선정 및 서비스 신청, 대상자 승인 및 노인돌보미 배정, 서비스 제공의 절차에 따라 제공된다.

② 노인돌봄기본서비스에 관한 내용
- 홀로 사는 노인에 대한 지원
  - 국가 또는 지방자치단체는 홀로 사는 노인에 대해 방문요양서비스 등의 서비스와 안전확인 등의 보호조치를 취해야 한다.

(계속)

–주민등록상 동거자 유무에 상관없이 실제 혼자 살고 있는 65세 이상의 노인으로 일상적 위험에 매우 취약하여 정기적인 안전 확인이 필요한 경우에 해당하는 사람은 노인돌봄기본서비스를 받을 수 있다(서비스 대상자).
–장기요양급여와 노인돌봄기본서비스를 함께 받을 수 없다. 노인돌봄기본서비스는 다른 보건복지서비스의 혜택을 받지 못하는 사람들에게 최소한의 사회복지서비스를 제공해 주기 위해 마련된 복지서비스 중의 하나인데 그렇기 때문에 다음과 같은 서비스를 받고 있는 사람들은 노인돌봄기본서비스 대상자에서 제외된다.

- 자활근로에 의한 간병서비스
- 노인돌봄종합서비스–노인장기요양보험
- 국가보훈처 복지도우미
- 그 밖의 국가부처·지방자치단체에서 시행하는 사회서비스
- 일자리사업의 가사 간병서비스 등 이에 준하는 재가 서비스

③ 노인돌봄기본서비스의 내용 : 노인돌봄기본서비스에서 제공하고 있는 서비스의 종류는 다음과 같다.
- 안전확인 서비스 : 주 1회 이상 직접 방문과 주 2회 이상 안부전화를 통해 안전확인 실시
- 서비스 연계 및 조정 : 독거노인의 보건복지욕구에 따른 필요한 서비스 연계 및 조정, 제공된 서비스에 대한 사후점검 등 실시
- 생활교육 : 독거노인을 대상으로 보건·복지·교육·문화 등에 관한 다양한 프로그램 교육 및 정보 제공 등 실시
- 단기 가사·활동지원 서비스 : 가사·일상생활 지원–취사, 생활필수품 구매, 청소, 세탁 등
- 무연고 독거노인 장례지원서비스 : 수행기관의 서비스관리자 및 노인돌보미가 사망한 무연고 독거노인의 상주 또는 연고자가 되어 최소한의 의례 지원

④ 노인돌봄기본서비스의 제공

독거노인 현황조사 ➡ 서비스 대상자 선정 및 서비스 신청 ➡ 대상자 승인 및 노인돌보미 배정 ➡ 서비스 제공

⑤ 바우처로 이용하는 노인돌봄종합서비스
- 바우처는 이용 가능한 서비스의 금액이나 수량이 기재된 이용권을 말한다. 국가가 지불을 보증하는 이용권으로서, 보건복지서비스를 구입할 수 있도록 제공된 소득지원의 한 형태이다. 바우처 카드에 서비스 대상자명, 본인부담금 납부계좌, 바우처 카드번호 등이 표기되어 있다.
- 서비스 대상자가 되면 대상자가 사용할 수 있는 바우처 카드가 제작되어 집으로 직접 배달되어 서비스 대상자는 서비스를 이용할 때 이 카드를 이용하여 이용대금을 결제하면 된다.

❻ 건강검진받기

65세 이상의 노인은 건강검진을 통해 자신의 건강을 지키고 조기치료를 통해 건강한 노후생활을 보낼 수 있다.

❼ 치매 56 예방

노인성 질병 중에 하나인 치매를 조기에 발견하고 관리할 수 있도록 치매검진을

56 치매란 퇴행성 뇌질환 또는 뇌혈관계 질환 등으로 인하여 기억력, 언어능력, 지남력(指南力), 판단력 및 수행능력 등의 기능이 저하됨으로써 일상생활에서 지장을 초래하는 후천적인 다발성 장애를 말한다.

받을 수 있으며, 치매로 치료를 받는 노인은 의료비를 지원받을 수 있다.

① 치매 예방
- 치매의 위험이 높은 60세 이상 노인은 치매조기검진을 통해 치매를 조기에 발견하고 관리할 수 있으며, 의료급여 수급자나 건강보험가입자는 치매검진 비용을 지원받을 수 있다.
- 치매치료제를 복용 중이며 재산·소득이 일정 수준 이하인 60세 이상의 치매환자는 치매치료 관리비 보험급여분 중 본인부담금을 지원받아 치매를 지속적으로 치료하고 관리할 수 있다.

② 치매검진사업
- 국가에서는 치매관리종합계획을 수립하여 이 계획에 따라 치매를 조기에 발견하기 위한 검진사업을 6개월을 주기로 시행하고 있다.
- 이에 따라 치매의 위험이 높은 60세 이상의 노인은 치매검진을 받고 치매를 조기에 발견하고 관리할 수 있다.

③ 치매상담센터 : 치매상담센터는 치매예방 및 치매환자 관리를 위해 시·군·구의 관할 보건소에 설치되어 다음과 같은 업무를 담당하고 있다(「치매관리법」 제17조 제1항 및 제2항).

- 치매환자의 등록·관리
- 치매의 예방·교육 및 홍보
- 치매조기검진
- 시장·군수·구청장이 치매관리에 필요하다고 인정하는 업무
- 치매등록통계사업의 지원
- 치매환자 및 가족 방문·관리

※ 치매환자란 치매로 인한 임상적 특징이 나타나는 사람으로서 의사 또는 한의사로부터 치매로 진단받은 사람을 말한다(「치매관리법」 제2조 제2호).

4) 노인학대 예방

노인학대란 노인에 대하여 신체적·정신적·정서적·성적 폭력 및 경제적 착취 또는 가혹행위를 하거나 유기(遺棄) 또는 방임(放任)하는 것을 말한다.

① 위험으로부터 보호받기

노인학대는 인구 고령화에 따라 가중되는 부양책임, 노인의 경제력 약화, 노인성 질환 등으로 매년 꾸준히 늘어나고 있는 추세이다.

노인보호전문기관[57]에서는 학대로 고통받는 노인을 위한 신고전화[중앙노인보호전문기관(☎ 1577-1389)이나 보건복지콜센터(☎129)]를 운영하여 사례접수를 받고 있고, 피해 노인 및 노인학대자에 대한 상담, 노인학대 예방 교육 등을 담당하여 학대 노인의 발견·보호·치료 등을 신속히 처리하고 있다.

(계속)

57 노인보호전문기관이란 노인학대를 예방하고 학대받는 노인의 발견·보호·치료 등을 신속히 처리하기 위한 업무를 담당하는 시설을 말하며, 중앙노인보호전문기관과 지역노인보호전문기관이 설치·운영되고 있다.

60세 이상의 학대피해노인 중에서 일시적으로 보호가 필요한 사람은 약 3개월 동안 학대피해노인쉼터에 들어가 숙식 및 생활 지원, 심시 치유 등의 도움을 받을 수 있다.
노인학대는 가족 간의 일이라고 생각하여 방치하였다가 그 피해가 더 커지는 특징이 있기 때문에 누구든지 노인학대를 알게 된 때에는 신고할 수 있다.

② 노인학대의 유형

• 누구든지 노인에게 다음의 어느 하나에 해당하는 행위를 해서는 안 된다.

1. 노인의 신체에 폭행을 가하거나 상해를 입히는 행위
2. 노인에게 성적 수치심을 주는 성폭행·성희롱 등의 행위
3. 자신의 보호·감독을 받는 노인을 유기하거나 의식주를 포함한 기본적 보호 및 치료를 소홀히 하는 방임행위
4. 노인에게 구걸을 하게 하거나 노인을 이용하여 구걸하는 행위
5. 노인을 위해 증여 또는 급여된 금품을 그 목적 외의 용도에 사용하는 행위

• 위의 노인학대 행위를 한 사람은 다음과 같은 처벌을 받는다.

노인의 신체에 상해를 입히는 행위를 한 사람은 7년 이하의 징역 또는 7천만 원 이하의 벌금에 처한다.
위 1호(폭행에 한함)부터 4호까지에 해당하는 노인학대 행위를 한 사람은 5년 이하의 징역 또는 5천만 원 이하의 벌금에 처해진다.
위 5호에 해당하는 노인학대 행위를 한 사람은 3년 이하의 징역 또는 3천만 원 이하의 벌금에 처해진다.

③ 노인학대 신고의무

누구든지 노인학대를 알게 된 때는 노인보호전문기관 또는 수사기관에 신고할 수 있다.

• 신고의무자 : 다음의 어느 하나에 해당하는 사람은 그 직무상 노인학대를 알게 된 때는 즉시 노인보호전문기관 또는 수사기관에 신고해야 한다.

– 의료법의 의료기관에서 의료업을 행하는 의료인 및 의료기관의 장
– 방문요양과 돌봄이나 안전확인 등의 서비스 종사자, 노인복지시설의 장과 그 종사자 및 노인복지상담원
– 「장애인복지법」의 규정에 의한 장애인복지시설에서 장애노인에 대한 상담 · 치료 · 훈련 또는 요양업무를 수행하는 사람
– 「가정폭력방지 및 피해자보호 등에 관한 법률」에 따른 가정폭력 관련 상담소 및 가정폭력피해자 보호시설의 장과 그 종사자
– 「사회보장급여의 이용 · 제공 및 수급권자 발굴에 관한 법률」에 따른 사회복지전담공무원 및 「사회복지사업법」에 따른 사회복지시설의 장과 그 종사자
– 「노인장기요양보험법」에 따른 장기요양기관의 장과 그 종사자
– 「119구조 · 구급에 관한 법률」에 따른 119구급대의 구급대원

(계속)

- 「건강가정기본법」에 따른 건강가정지원센터의 장과 그 종사자
- 「다문화가족지원법」에 따른 다문화가족지원센터의 장과 그 종사자
- 「성폭력방지 및 피해자보호 등에 관한 법률」에 따른 성폭력피해상담소 및 성폭력피해자보호시설의 장과 그 종사자
- 「응급의료에 관한 법률」에 따른 응급구조사
- 「의료기사 등에 관한 법률」에 따른 의료기사
- 「국민건강보험법」에 따른 국민건강보험공단 소속 요양직 직원
- 「지역보건법」에 따른 지역보건의료기관의 장과 종사자
- 노인복지시설 설치 및 관리 업무 담당 공무원
- 「병역법에 따른 사회복지시설에서 복무하는 사회복무요원(노인을 직접 대면하는 업무에 복무하는 사람으로 한정)

• 학대노인에 대한 응급조치의무

④ 노인보호전문기관에서 하는 일

• 중앙노인보호전문기관은 지역 간의 연계체계를 구축하고 노인학대를 예방하기 위해 다음의 업무를 담당하고 있다.

- 노인인권보호 관련 정책제안
- 노인인권보호를 위한 연구 및 프로그램의 개발
- 노인학대 예방의 홍보, 교육자료의 제작 및 보급
- 노인보호전문사업 관련 실적 취합, 관리 및 대외자료 제공
- 지역노인보호전문기관의 관리 및 업무지원
- 지역노인보호전문기관 상담원의 심화교육
- 관련 기관 협력체계의 구축 및 교류
- 노인학대 분쟁사례 조정을 위한 중앙노인학대사례판정위원회 운영
- 그 밖에 노인의 보호를 위하여 대통령령으로 정하는 사항

• 지역노인보호전문기관은 학대받는 노인의 발견·보호·치료 등을 신속히 처리하고 노인학대를 예방하기 위해 다음의 업무를 담당하고 있다.

- 노인학대 신고전화의 운영 및 사례접수
- 노인학대 의심사례에 대한 현장조사
- 피해노인 및 노인학대자에 대한 상담
- 피해노인에 대한 법률 지원의 요청
- 피해노인가족 관련자와 관련 기관에 대한 상담
- 상담 및 서비스제공에 따른 기록과 보관
- 일반인을 대상으로 한 노인학대 예방교육

(계속)

-노인학대행위자를 대상으로 한 재발방지 교육
-노인학대사례 판정을 위한 지역노인학대사례판정위원회 운영 및 자체사례회의 운영
-그 밖에 노인의 보호를 위하여 보건복지부령으로 정하는 사항

⑤ 학대피해노인 전용쉼터

학대피해노인쉼터란 2011년 학대피해노인에 대한 일정기간 보호조치 및 학대행위자와 그 가족들에 대해 전문상담서비스를 제공함으로써 재학대 발생 예방 및 원가정 회복 지원을 목적으로 학대피해노인 전용쉼터가 만들어졌다.

- 학대피해노인 전용쉼터는 노인학대로 피해를 입은 노인을 일시적으로 보호하고 심신 치유 프로그램을 제공하는 시설로서, 각 지역의 노인보호전문기관에서 운영하고 있다.
- 치매노인 또는 부랑·노숙노인은 학대피해노인 전용쉼터에 들어갈 수 없다.
- 학대피해노인 전용쉼터에 들어가서 머무를 수 있는 기간은 3개월 이내로 하고 부득이한 경우 1개월 연장이 가능하다(보호기간).

5) 실종노인 신고의무

누구든지 실종노인을 발견했을 때는 경찰관서 또는 지방자치단체의 장에게 신고해야 한다.

① 실종된 노인

- 누구든지 사고 등의 사유로 인해 실종된 노인을 발견하면 바로 신고해야 한다.
- 치매 등으로 인해 실종이 염려되는 노인이 있는 경우 '배회가능 어르신 인식표'를 무료로 발급받아 옷에 부착해야 한다.

② 실종노인에 관한 신고의무

- 누구든지 정당한 사유 없이 사고 등의 사유로 인하여 보호자로부터 이탈된 노인(실종노인)을 경찰관서 또는 지방자치단체의 장에게 신고하지 않고 보호해서는 안 된다.

※ 이를 위반하여 정당한 사유 없이 신고하지 않고 실종노인을 보호한 사람은 3년 이하의 징역 또는 3천만 원 이하의 벌금에 처해진다.

※ 노인복지시설의 장 또는 종사자가 직무를 수행하면서 실종노인임을 알고 신상카드를 제출하지 않은 경우에는 200만 원 이하의 과태료를 부과한다.

- 경찰청장은 실종노인의 조속한 발견과 복귀를 위해 다음의 사항을 시행해야 한다.

1. 실종노인에 대한 신고체계의 구축 및 운영
2. 실종노인의 발견을 위한 노인과 그 가족의 유전자검사의 실시
3. 그 밖의 실종노인의 발견과 복귀를 위해 필요한 사항

3 노인복지정책의 전달체계

- 관장부처는 보건복지부이며 보건복지부가 정책을 수립하면 행정안전부 산하의 시·도와 시·군·구를 통해서 읍·면 동사무소로 전달된다. 고령자 고용촉진 등 일부 정책업무는 고용노동부에서 담당한다.
- 민간전달체계로는 사회복지법인, 재단법인, 사단법인, 종교단체, 각종 사회단체, 민간기업 또는 개인(자원봉사자)이 운영 주체가 되어 노인복지서비스를 전달하여 대부분 국가로부터 보조금을 받아 운영한다.

4 문제점 및 향후 과제

- 선 가족보호 후 국가보장이라는 보충적 유형에서 크게 벗어나지 못하고 있으며 저소득층 노인에 초점을 둔 소극적인 정책임 → 노인복지정책대상 확대 및 유료서비스 활성화가 필요하다.
- 빈곤노인들에 대한 소득보장 및 취업프로그램 미흡 → 소득보장의 확대와 취업기회의 활성화가 필요하다.
- 의료비 경감과 노인전문요양시설의 확대, 입소시설 및 서비스질을 확충해야 한다.
- 시·군·구에서의 노인복지 상담업무의 효율화, 공공 및 민간 전달체계 상호 간의 유기적인 협조관계 유지, 재가 및 입소시설의 확충과 시설직원들의 대우가 향상되어야 한다.

4 장애인복지의 정책이해

1 장애인복지정책의 개관

장애인복지정책의 관장부서는 보건복지부(장애인정책과)이며, 장애인들이 자립자활을 할 수 있도록 필요한 지원하는 정책이다. 산업화·도시화 추세에 따른 생활환경의 변화로 장애인의 수가 증가하고 있다. 이들의 복지욕구도 크게 증대되고 있음에 대처하여 장애의 발생 예방과 장애인의 의료·직업재활 및 생활보호 등 복지시책을 효과적으로 추진함으로써 장애인의 재활·자립과 그 가족의 정상적인 경제·사회활동을 도와주며, 나아가 사회복지의 증진에 이바지하려는 것이다.

1) 목적

「장애인복지법」은 장애인의 인간다운 삶과 권리보장을 위한 국가와 지자체 등의 책임을 명백히 하고, 장애발생 예방과 장애인의 의료·교육·직업재활·생활환경 개선 등에 관한 사업을 정하여 장애인복지대책을 종합적으로 추진하며, 장애인의 자립생활·보호 및 수당지급 등에 관하여 필요한 사항을 정하여 장애인의 생활안정에 기여하는 등 장애인의 복지와 사회활동 참여증진을 통하여 사회통합에 이바지함을 목적으로 한다.

2) 기본이념과 권리

(1) 기본이념

장애인복지의 기본이념은 장애인의 완전한 사회참여와 평등을 통하여 사회통합을 이루는 데 있다(완전한 사회참여와 평등을 통한 사회통합).

(2) 장애인의 권리

❶ 장애인은 인간으로서 존엄과 가치를 존중받으며, 그에 걸맞은 대우를 받는다.
❷ 장애인은 국가·사회의 구성원으로서 정치·경제·사회·문화, 그 밖의 모든 분야의 활동에 참여할 권리를 가진다.
❸ 장애인은 장애인 관련 정책결정과정에 우선적으로 참여할 권리가 있다.

3) 국가 및 지방자치단체의 복지의무

- 국가와 지자체는 장애 발생을 예방하고, 장애의 조기 발견에 대한 국민의 관심을 높이며, 장애인의 자립을 지원하고, 보호가 필요한 장애인을 보호하여 장애인의 복지를 향상시킬 책임을 진다.
- 국가와 지자체는 여성 장애인의 권익을 보호하기 위하여 정책을 마련해야 한

다(정책과 시책의 차이).

① 장애인 및 보호자 등에 대한 의견수렴과 참여 ② 중증장애인의 보호
③ 여성장애인의 권익보호 ④ 차별금지

4) 장애인의 개념(수급권자)

- 장애인이란 신체적·정신적 장애로 오랫동안 일상생활이나 사회생활에서 상당한 제약을 받는 자를 말한다(장애는 신체적 장애, 정신적 장애로 구분－사회적 장애는 포함하지 않음).

장애의 개념
① "신체적 장애"란 주요 외부 신체 기능의 장애, 내부기관의 장애 등을 말한다.
② "정신적 장애"란 발달장애 또는 정신 질환으로 발생하는 장애를 말한다.
※ WTO 기준 : 기능장애(1차적 장애 : 신체적 장애), 능력장애(2차적 장애 : 개인적 장애), 사회적 장애(3차적 장애 : 사회적 불리 수준)

- 「장애인복지법」을 적용받는 장애인은 다음의 어느 하나에 해당하는 장애가 있는 자로서 대통령령으로 정하는 장애의 종류 및 기준에 해당하는 자를 말한다.

장애인의 종류(15개) 및 기준 ⇒ 장애의 종류(15개)에 따라 장애정도 구분
① 지체장애인(肢體障碍人) : 팔, 다리, 몸통, 손가락, 발가락, 키, 척추 등의 기능장애
② 뇌병변장애인(腦病變障碍人) : 뇌성마비, 외상성 뇌손상, 뇌졸중(腦卒中) 등 뇌의 기질적 병변
③ 시각장애인(視覺障碍人) : 나쁜 눈의 시력
④ 청각장애인(聽覺障碍人) : 귀의 청력 손실 등
⑤ 언어장애인(言語障碍人) : 음성 기능이나 언어 기능에 영속적으로 상당한 장애가 있는 사람
⑥ 지적장애인(知的障碍人) : 정신지체인-지적장애인(변경) 개정, 정신 발육이 항구적으로 지체
⑦ 자폐성장애인(自閉性障碍人) : 발달장애인 → 자폐성장애인(변경) 개정, 언어·신체표현·자기조절·사회적응 기능 및 능력의 장애
⑧ 정신장애인(精神障碍人) : 지속적인 정신분열병, 분열형 정동장애(情動障碍)
⑨ 신장장애인(腎臟障碍人) : 신장의 기능부전(機能不全)으로 인하여 신장기능의 영속적인 장애
⑩ 심장장애인(心臟障碍人) : 심장의 기능부전 등의 장애로 일상생활에 상당한 제약을 받는 사람
⑪ 호흡기장애인(呼吸器障碍人) : 폐나 기관지 등 호흡기관의 만성적 기능부전
⑫ 간장애인(肝障碍人) : 간의 만성적 기능부전 등으로 인한 간기능의 장애

(계속)

⑬ 안면장애인(顔面障碍人) : 안면 부위의 변형·기형으로 사회생활에 상당한 제약을 받는 사람
⑭ 장루·요루장애인(腸瘻·尿瘻障碍人) : 배변이나 배뇨기능의 장애
⑮ 뇌전증장애인(癎疾障碍人) : 간질에 의한 뇌신경세포의 장애

- 장애인학대란 장애인에 대하여 신체적·정신적·정서적·언어적 폭력이나 가혹 행위, 경제적 착취, 유기 또는 방임을 하는 것을 말한다.

5) 장애인정책종합계획－5년마다 수립·시행

보건복지부장관은 장애인의 권익과 복지증진을 위하여 관계 중앙행정기관의 장과 협의하여 5년마다 장애인정책종합계획(종합계획)을 수립·시행해야 한다. → 보건복지부장관은 종합계획을 수립·변경하는 경우에 장애인정책조정위원회의 심의를 미리 거쳐야 한다.

종합계획의 사항
① 장애인의 복지에 관한 사항 ② 장애인의 교육문화에 관한 사항
③ 장애인의 경제활동에 관한 사항 ④ 장애인의 사회참여에 관한 사항
⑤ 장애인의 안전관리에 관한 사항 ⑥ 그 밖의 장애인의 권익과 복지증진을 위하여 필요한 사항

6) 장애인정책조정위원회－정책기구

장애인종합정책을 수립하고 관계 부처 간의 의견을 조정하며 그 정책의 이행을 감독·평가하기 위하여 국무총리 소속하에 장애인정책조정위원회를 둔다.

위원회의 구성·운영
① 장애인정책조정위원회는 위원장 및 부위원장 각 1명을 포함한 30명 이내의 위원으로 구성한다.
② 위원장은 국무총리가 되고, 부위원장은 보건복지부장관이 되며, 위원은 당연직 위원과 위촉위원으로 한다.
③ 위촉위원은 장애인 관련 단체의 장이나 장애인 문제에 관한 학식과 경험이 풍부한 자 중에서 위원장이 위촉하되, 위촉위원 중 2분의 1 이상은 장애인으로 한다(임기 : 3년).

위원회의 심의·조정사항

① 장애인복지정책의 기본방향에 관한 사항
② 장애인복지 향상을 위한 제도개선과 예산지원에 관한 사항
③ 중요한 특수교육정책의 조정에 관한 사항
④ 장애인 고용촉진정책의 중요한 조정에 관한 사항
⑤ 장애인 이동보장 정책조정에 관한 사항
⑥ 장애인복지정책 추진과 관련한 재원조달에 관한 사항
⑦ 장애인복지에 관한 관련 부처의 협조에 관한 사항
⑧ 다른 법령에서 위원회의 심의를 거치도록 한 사항
⑨ 그 밖의 장애인복지와 관련하여 대통령령으로 정하는 사항

7) 장애인의 날-매년 4월 20일

장애인에 대한 국민의 이해를 깊게 하고 장애인의 재활의욕을 높이기 위하여 매년 4월 20일을 장애인의 날로 하며, 장애인의 날부터 1주간을 장애인 주간으로 하며, 국가와 지자체는 장애인의 날의 취지에 맞는 행사 등 사업을 하도록 노력하여야 한다.

2 기본정책의 실시

① 장애발생 예방	② 의료와 재활치료	③ 사회적응 훈련
④ 교육 실시	⑤ 직업재활훈련	⑥ 정보에의 접근
⑦ 편의시설 제공	⑧ 안전대책 강구	⑨ 사회적 인식개선
⑩ 선거권 행사를 위한 편의 제공	⑪ 주택 보급	⑫ 문화환경 정비
⑬ 복지 연구 등의 진흥	⑭ 경제적 부담의 경감	⑮ 장애인가족 지원

3 장애인의 복지조치

장애인복지의 급여에는 소득보장, 의료보장, 장애인복지서비스, 장애인직업재활, 장애인고용, 장애인 교육 및 상담, 장애인 사회활동 참여기반조성, 장애예방프로그램 등이 있다.

1) 장애인의 실태조사–3년마다 실시

보건복지부장관은 장애인 복지정책의 수립에 필요한 기초 자료로 활용하기 위하여 3년마다 장애실태조사를 실시해야 한다(장애인의 실태조사·전수조사 또는 표본조사 실시).

정리 장애인 실태조사의 방법

전수 조사	특별시장·광역시장·도지사·특별자치도지사가 실시
표본 조사	보건복지부장관이 전문연구기관에 의뢰 실시

2) 장애인 등록

- 장애인, 그 법정대리인 또는 대통령령으로 정하는 보호자(법정대리인등)는 장애 상태와 그 밖에 보건복지부령이 정하는 사항을 특별자치시장·특별자치도지사·시장·군수 또는 구청장(자치구의 구청장)에게 등록하여야 하며, 특별자치시장·특별자치도지사·시장·군수·구청장은 등록을 신청한 장애인이 제2조에 따른 기준에 맞으면 장애인등록증을 내주어야 한다(장애인등록업무와 장애인 등록증 교부).
- 장애인 등록 신청할 수 있는 자가 장애인, 법정대리인, 보호자이다. 시·군·구청장에게 등록신청을 하고 장애판정위원회에 심의를 거쳐서 장애인으로 등록된다(장애인 등록). 시·군·구는 장애등록업무와 장애인등록증 교부의 업무를 수행한다.
- 특별자치시장·특별자치도지사·시장·군수·구청장은 등록증을 받은 장애인의 장애 상태의 변화에 따른 장애 정도 조정을 위하여 장애 진단을 받게 하는 등 장애인이나 법정대리인등에게 필요한 조치를 할 수 있다.
- 특별자치시장·특별자치도지사·시장·군수·구청장은 장애인 등록 및 장애 상태의 변화에 따른 장애 정도를 조정함에 있어 장애인의 장애 인정과 장애 정도 사정이 적정한지를 확인하기 위하여 필요한 경우 대통령령으로 정하는 「공공기관의 운영에 관한 법률」 제4조에 따른 공공기관(국민연금공단)에 장애 정도에 관한 정밀심사를 의뢰할 수 있다.

재외동포 및 외국인의 장애인 등록

① 재외동포 및 외국인 중 다음의 어느 하나에 해당하는 사람은 장애인 등록을 할 수 있다.

1. 「재외동포의 출입국과 법적 지위에 관한 법률」에 따라 국내거소신고를 한 사람
2. 「주민등록법」에 따라 재외국민으로 주민등록을 한 사람
3. 「출입국관리법」에 따라 외국인등록을 한 사람으로서 체류자격 중 대한민국에 영주할 수 있는 체류자격을 가진 사람
4. 「재한외국인 처우 기본법」에 따른 결혼이민자
5. 「난민법」에 따른 난민인정자

② 국가와 지자체는 등록한 장애인에 대하여는 예산 등을 고려하여 장애인복지사업의 지원을 제한할 수 있다.

3) 상담서비스

(1) 장애인복지상담원

- 장애인 복지향상을 위한 상담 및 지원 업무를 맡기기 위하여 시·군·구에 장애인복지상담원을 둔다.
- 장애인복지상담원은 그 업무를 할 때 개인의 인격을 존중하고, 업무상 알게 된 개인의 신상에 관한 비밀을 누설하여서는 안 된다.

장애인복지상담원의 임용

① 장애인복지상담원은 다음의 어느 하나에 해당하는 자 중에서 시장·군수·구청장이 지방공무원으로 임용한다(「지방공무원법」에 의한 임용).

- 「사회복지사업법」에 따른 사회복지사 자격증의 소지자
- 「초·중등교육법」에 따른 특수학교의 교사자격증 소지자
- 장애인복지 관련 직무 분야에서 근무한 경력이 3년 이상인 사람으로서 해당 지방자치단체의 규칙으로 정하는 임용예정 계급에 상당하는 경력기준에 상응하는 사람
- 임용예정 직급과 같은 직급에서 공무원으로 2년 이상 근무한 사람

② 특별자치시장 · 특별자치도지사 · 시장 · 군수 · 구청장은 해당 지방자치단체의 인력 운용상 부득이한 경우에는 소속 공무원 중 「사회보장급여의 이용 · 제공 및 수급권자 발굴에 관한 법률 시행령」에 따라 임용한 사회복지전담공무원에게 상담원의 직무를 수행하게 할 수 있다.

Q 사회복지전담공무원이 겸임할 수 있도록 규정되어 있는 것은?

① 아동위원 ② 장애인복지상담원
③ 노인복지명예지도원 ④ 정신보건전문요원
⑤ 복지위원

정답 ②

(2) 재활상담·지도의 조치

보건복지부장관, 특별시장·광역시장·도지사·특별자치도지사 또는 시장·군수·구청장(장애인복지실시기관)은 장애인에 대한 검진 및 재활상담을 하고, 필요하다고 인정되면서 비스를 받는 시설이나 의료기관을 방문하여 상담하게 하거나 필요한 지도를 하게 할 수 있다.

4) 장애 유형·장애정도별 재활 및 자립지원 서비스 제공

5) 산후조리 도우미 지원사업

6) 자녀교육비의 지급

7) 장애인이 사용하는 자동차 등에 대한 지원 : 조세감면 등

8) 장애인 보조견의 훈련·보급 지원

9) 자금의 대여

10) 생업 지원[58]

11) 자립훈련비 지급[59]

58 국가와 지자체, 그 밖의 공공단체는 소관 공공시설 안에 식료품 · 사무용품 · 신문 등 일상생활용품을 판매하는 매점이나 자동판매기의 설치를 허가하거나 위탁할 때는 장애인이 신청하면 우선적으로 반영하도록 노력해야 한다. → 담배소매인, 국내 우표류 판매업 등 장애인이 우선적으로 지정 · 계약 노력

59 장애인복지실시기관은 재활상담과 입소 등의 조치에 따라 장애인복지시설에서 훈련을 효과적으로 받는 데 필요하다고 인정되면 자립훈련비(물건)를 지급할 수 있다.

12) 생산품 구매

13) 고용 촉진: 장애인 의무고용제–할당고용 형태의 고용

14) 공공시설의 우선 이용

15) 장애수당

- 국가와 지자체는 장애인의 장애정도와 경제적 수준을 고려하여 장애로 인한 추가적 비용을 보전(補塡)하게 하기 위하여 장애수당을 지급할 수 있다. 다만, 「국민기초생활 보장법」에 따른 생계급여를 받는 장애인에게는 장애수당을 반드시 지급하여야 한다.
- 위에도 불구하고 「장애인연금법」에 따른 중증장애인에게는 장애수당을 지급하지 않는다.

참고 중증장애인

> 등록한 장애인 중 근로능력이 상실되거나 현저하게 감소된 사람으로서 같은 제1급 및 제2급의 장애등급을 받은 사람과 제3급의 장애등급을 받은 사람 중 대통령령으로 정하는 사람을 말한다.

> 장애수당 등의 지급대상자
> 장애수당을 지급받을 수 있는 자는 18세 이상으로서 장애인으로 등록한 자 중 국민기초생활수급자 또는 차상위계층(150% 이하)으로서 장애로 인한 추가적 비용 보전(補塡)이 필요한 자로 한다. 다만, 장애아동수당을 지급받는 자는 제외한다(장애수당 등의 지급대상자). 여기서 보장시설 장애인은 연령에 상관없이 장애수당만 지급한다.

16) 장애아동수당 및 보호수당

- 국가와 지자체는 장애아동(18세 미만)에게 보호자의 경제적 생활수준 및 장애아동의 장애정도를 고려하여 장애로 인한 추가적 비용을 보전(補塡)하게 하기 위하여 장애아동수당을 지급할 수 있다.

장애아동수당이란 장애로 생활에 어려움이 있는 장애아동을 대상으로 한 제도로서 신청 월 기준 만 18세 미만의 국가에 등록한 장애인을 대상자(지원아동 – 장애정도 : 중증, 경증)로 하고 있다. 이중에서도 생계나 의료, 주거 및 교육급여를 받고 있는 기초생활수급자나 차상위계층을 지원하고 있다. 우선 소득인정액이 기준 중위소득 50% 이하인 경우 지원하고 있다.

- 국가와 지자체는 장애인(18세 이상)을 보호하는 보호자에게 그의 경제적 수준과 장애인의 장애정도를 고려하여 장애로 인한 추가적 비용을 보전하기 위해 보호수당을 지급할 수 있다.

Q 「장애인복지법」상 국가나 지자체가 지급할 수 있는 급여에 해당하지 않는 것은?

㉠ 장애수당	㉡ 장애아동수당
㉢ 보호수당	㉣ 장애인연금

① ㉠, ㉡, ㉢　② ㉠, ㉢　③ ㉡, ㉣
④ ㉣　⑤ ㉠, ㉡, ㉢, ㉣

정답 ④

17) 장애동료 간 상담

국가와 지자체는 장애인이 장애를 극복하는 데 도움이 되도록 장애동료 간 상호 대화나 상담의 기회를 제공하도록 노력해야 한다.

장애동료 간 상담의 제공기관 및 내용
1. 장애인의 심리적인 고충
2. 가족 및 사회적인 관계에서 발생하는 문제
3. 지역사회 자원의 활용방법
4. 기타 장애인이 처한 곤란한 문제 등의 대처방법

4 자립생활의 지원

국가와 지방자치단체는 장애인의 자기결정에 의한 자립생활을 위하여 활동지원사의 파견 등 활동보조서비스 또는 장애인보조기구의 제공, 그 밖의 각종 편의 및 정보제공 등 필요한 시책을 강구하여야 한다.

예를 들어, 임신 등으로 인하여 이동이 불편한 여성장애인에게 임신 및 출산과 관련한 진료 등을 위하여 경제적 부담능력 등을 감안하여 활동보조인의 파견 등 활동보조서비스를 지원할 수 있다.

활동보조서비스
① 일상생활을 위한 활동지원
② 가사생활을 위한 지원
③ 이동수단의 제공 또는 이동의 보조
④ 그 밖의 중증장애인의 일상생활과 사회생활을 위하여 필요한 지원이나 보조 활동

5 복지시설과 단체

1) 장애인복지시설의 이용

- 국가와 지자체는 장애인이 장애인복지시설의 이용을 통하여 기능회복과 사회적 향상을 도모할 수 있도록 필요한 정책을 강구해야 한다(보호조치 등).
- 국가와 지자체는 장애인복지시설을 이용하는 장애인의 인권을 보호하기 위하여 필요한 정책을 마련하고 관련 프로그램을 실시할 수 있는 기반을 조성해야 한다.
- 장애인복지실시기관은 장애인복지시설에 대한 장애인의 선택권을 최대한 보장해야 한다.

2) 장애인복지시설의 종류

시설의 종류	내 용
장애인 거주시설	거주공간을 활용하여 일반가정에서 생활하기 어려운 장애인에게 일정 기간 동안 거주·요양·지원 등의 서비스를 제공하는 동시에 지역사회 생활을 지원하는 시설
장애인 지역사회재활시설	장애인을 전문적으로 상담·치료·훈련하거나 장애인의 일상생활, 여가활동 및 사회참여활동 등을 지원하는 시설
장애인 자립생활지원시설	장애인의 자립생활 역량을 강화하기 위하여 동료상담, 지역사회의 물리적 · 사회적 환경개선 사업, 장애인의 권익 옹호 · 증진, 장애인 적합 서비스 등을 제공하는 시설
장애인 직업재활시설	일반 작업환경에서는 일하기 어려운 장애인이 특별히 준비된 작업환경에서 직업훈련을 받거나 직업생활을 할 수 있도록 하는 시설
장애인 의료재활시설	장애인을 입원 또는 통원하게 하여 상담, 진단·판정, 치료 등 의료재활서비스를 제공하는 시설 –「의료법」에 따른다.
대통령령으로 정하는 시설	장애인 쉼터, 피해장애아동 쉼터, 장애인생산품 판매시설

3) 장애인복지시설 설치

- 국가와 지자체는 장애인복지시설을 설치할 수 있다.
- 국가와 지자체 외의 자가 장애인복지시설을 설치·운영하려면 해당 시설 소재지 관할 시장·군수·구청장에게 신고해야 하며, 신고한 사항 중 보건복지부령으로 정하는 중요한 사항을 변경할 때도 신고해야 한다. 다만, 폐쇄 명령을 받고 1년이 지나지 않은 자는 시설의 설치·운영 신고를 할 수 없다.

4) 장애인 대상 성범죄의 신고의무

누구든지 장애인 대상 성범죄(성폭력범죄 또는 아동·청소년대상 성범죄를 말함)의 발생 사실을 알게 된 때는 수사기관에 신고할 수 있다.

성범죄자의 취업제한

① 성범죄(「성폭력범죄의 처벌 등에 관한 특례법」에 따른 성폭력범죄 또는 「아동·청소년의 성보호에 관한 법률」에 따른 아동·청소년대상 성범죄)로 형 또는 치료감호를 선고받아 확정된 사람은 그 형 또는 치료감호의 전부 또는 일부의 집행을 종료하거나 집행이 유예·면제된 날부터 10년 동안 장애인복지시설을 운영하거나 장애인복지시설에 취업 또는 사실상 노무를 제공할 수 없다.
② 시장·군수·구청장과 장애인복지시설 운영자는 장애인복지시설을 운영하려는 자에 대하여 본인의 동의를 받아 관계 기관의 장에게 성범죄의 경력 조회를 요청하여야 한다.
③ 취업제한기간은 10년을 초과하지 못한다.

5) 장애인학대 신고의무와 절차

- 누구든지 장애인학대 및 장애인 대상 성범죄를 알게 된 때에는 제59조의11에 따른 중앙장애인권익옹호기관 또는 지역장애인권익옹호기관(장애인권익옹호기관)이나 수사기관에 신고할 수 있다.
- 장애인복지시설의 운영자와 해당 시설의 종사자는 그 직무상 장애인학대 및 장애인 대상 성범죄를 알게 된 경우에는 지체 없이 장애인권익옹호기관 또는 수사기관에 신고하여야 한다.

6) 단체의 보호·육성

국가와 지자체는 장애인의 복지를 향상하고 자립을 돕기 위하여 장애인복지단체를 보호·육성하도록 노력해야 한다.

6 장애인복지 전문인력

1) 장애인복지 전문인력 양성

- 국가와 지방자치단체 그 밖의 공공단체는 의지·보조기 기사, 언어재활사, 장애인재활상담사, 한국수어 통역사, 점역(點譯)·교정사 등 장애인복지 전문인력, 그 밖에 장애인복지에 관한 업무에 종사하는 자를 양성·훈련하는 데에 노력해

야 한다.

장애인복지전문인력의 범위
① 의지·보조기 기사 ② 언어재활사 ③ 한국수어 통역사
④ 점역사(點譯士)·교정사(矯正士) ⑤ 장애인재활상담사

- 국가와 지자체는 장애인복지전문인력의 양성업무를 관계 전문기관 등에 위탁할 수 있다.
- 국가와 지자체는 장애인복지전문인력의 양성에 소요되는 비용을 예산의 범위 안에서 보조할 수 있다.

7 비용 부담 및 조세감면

- 장애인복지시설의 설치·운영에 드는 비용은 예산의 범위 안에서 대통령령으로 정하는 바에 따라 장애인복지실시기관이 부담하게 할 수 있다.
- 국가와 지자체는 장애인이 장애인복지시설을 이용하는 데 드는 비용의 전부 또는 일부를 부담할 수 있다. 시설이용자의 자산과 소득을 고려하여 본인부담금을 부과할 수 있다.
- 조치에 필요한 비용을 부담한 장애인복지실시기관은 해당 장애인 또는 그 부양의무자로부터 장애인복지실시기관이 부담한 비용의 전부 또는 일부를 받을 수 있다(비용 수납).
- 국가와 지자체는 대통령령으로 정하는 바에 따라 장애인복지시설의 설치·운영에 필요한 비용의 전부 또는 일부를 보조할 수 있다(비용 보조).
- 지급되는 금품, 장애인복지시설 및 장애인복지단체에서 장애인이 제작한 물품에는 조세를 감면한다(조세감면).

예 상 문 제

01 우리나라 사회서비스의 확대에 따른 정책변화를 분석한 내용으로 옳은 것을 모두 고른 것은?

ㄱ. 서비스 할당의 기반 : 보편주의에서 선별주의로 정책변화
ㄴ. 서비스의 성격 : 제한적 서비스에서 다양한 서비스로 정책변화
ㄷ. 서비스전달체계 : 공·사 혼합에서 공공기관 중심으로 정책변화
ㄹ. 재정지원방식 : 서비스제공자 지원에서 서비스수요자 지원으로 정책변화

① ㄱ, ㄴ, ㄷ ② ㄱ, ㄷ ③ ㄴ, ㄹ
④ ㄹ ⑤ ㄱ, ㄴ, ㄷ, ㄹ

정답 ③

02 사회복지서비스 공급주체로서 지방정부에 대한 설명으로 적절하지 않은 것은?

① 지역주민의 욕구에 신속하게 대응할 수 있다.
② 지속성과 안정성을 보장할 수 있다.
③ 재정자립도에 따라 지역 간 격차가 심화될 수 있다.
④ 지역주민들의 정책결정과정 참여가 용이하다.
⑤ 대규모의 재정과 행정능력을 필요로 하는 사업을 진행하기는 어렵다.

정답 ⑤

03 장애인을 위한 대인적 사회서비스의 내용이 아닌 것은?

① 시설보호 ② 경로우대 ③ 생계급여
④ 장애수당 ⑤ 생업지원

정답 ②

04 장애인 의무고용제는 어느 형태의 고용에 속하는가?

① 경쟁고용 ② 할당고용 ③ 선택고용
④ 보호고용 ⑤ 자유고용

정답 ②

05 아동복지서비스 가운데 지지적 서비스에 해당하는 서비스는?

① 아동상담서비스 ② 시설보호사업 ③ 직업알선사업
④ 가정위탁보호사업 ⑤ 아동주간보호

정답 ①

06 일반적으로 사회복지서비스를 민간부문이 제공함으로써 갖는 장점은?

① 보편적 서비스 제공 ② 공공재적 서비스 제공
③ 서비스 제공의 융통성 확보 ④ 국민기초선 보장에 용이
⑤ 획일적인 서비스 제공

정답 ③

07 우리나라에서 시행되고 있는 제도는?

ㄱ. 실업급여 ㄴ. 아동수당 ㄷ. 노령연금 ㄹ. 산업재해보상 ㅁ. 근로장려세제

① ㄱ. ㄷ. ② ㄴ. ㄷ. ③ ㄴ. ㄹ. ㅁ. ④ ㅁ. ⑤ ㄱ. ㄴ. ㄷ. ㄹ. ㅁ.

정답 ⑤

Chapter

12 사회복지정책의 동향과 과제

Key word

1 사회복지정책의 동향

1 우리나라 사회복지정책의 기본노선

사회복지정책의 목적은 동서고금을 막론하고 '국민의 인간다운 생활보장'에 있다. 그 근거는 「헌법」 제34조 제1항에 "모든 국민은 인간다운 생활을 할 권리를 가진다"라고 규정하고 있다. 사회복지정책은 바로 이러한 인간의 생존권을 규정한 헌법 정신을 구체적으로 구현하는 정책이다. 이에 기초하여 역대 정부에서는 사회복지정책을 추진하여 왔다. 사회복지정책이란 서비스나 소득을 제공함으로써 사람들의 복지에 영향을 미치는 국가의 정책이다. 핵심 프로그램으로는 사회보험, 공공부조, 사회서비스 제도가 있다.

1) 김대중 정부와 생산적 복지

(1) 의의

김대중 정부는 민주주의와 시장경제를 국정이념으로 삼았다. 그러나 외환위기로 사회안전망이 너무 허술하다는 점을 인식하고 생산적 복지를 제3의 국정이념으로 제시하였다.

생산적 복지(productive welfare)
본래 스웨덴에서 적극적 노동시장정책을 지칭하였던 용어이다. 완전고용을 위하여 적극적으로 취업교육, 취업알선으로 언제든지 취직하여 생산에 종사할 수 있도록 연결하는 정책을 말한다(→ 신자유주의의 영향을 받음).
* 생산에 기여하는 복지란 개념은 국가가 시장경제의 활성화에 기여하는 방향으로 복지정책 추진. 개인은 능력이 닿는 대로 노동시장에 참여하여 자신과 가족의 복지를 향상시켜야 한다. 빈곤의 발생과 악순환을 사전에 방지하려는 적극적 복지 패러다임이라 할 수 있다.

(2) 생산적 복지정책의 주요내용

- 모든 국민이 빈곤선 이하에서 생활하지 않도록 기초생활을 보장한다.
- 사회보험제도를 확충·내실화하여 모든 국민을 질병, 노령, 재해 등 각종 사회적 위험으로부터 제도적으로 보장한다.
- 저소득층을 비롯한 사회취약계층의 자활을 돕기 위하여 다양한 취업방안을 마련한다.
- 국민은 능력이 닿는 대로 노동시장에 참여하여 자신과 가족의 복지를 향상시켜야 한다.

(3) 비판

제3의 길을 이념적 배경으로 하고 있으나 우리나라의 경우 제3의 길이 탄생된 정치적 배경과 차이가 있다. 사회민주주의, 신자유주의 같은 정책노선을 제대로 경험하지 못하고, 복지종속이 존재할 정도로 복지정책을 수행한 경험이 없다.

2) 노무현 정부와 참여복지

(1) 의의

노무현 정부는 '참여복지'를 국정이념으로 표현된다. 여기서 국민참여란 국민의 보건복지의식 수준과 범위를 확대시키고 국민 스스로의 보장능력을 향상시키며 국민이 보건복지 정책의 계획 수립, 집행, 평가의 모든 과정에 적극 참여함을 의미한다. 즉, 국민이 의식하는 것만큼 보장받는다는 말이다. 국민의 참여와 보편적인 복지, 국가의 적극적 책임을 의미한다. 소외 계층의 의식주 등 기초생활과 자녀교육, 의료 등을 보장하고, 이를 위해 국가·사회·개인이 연대해 부담하는 것이다.

(2) 기본노선

노무현 정부의 '참여복지'의 네 가지는 ① 사회·문화·여성 참여복지 삶의 질 향상, ② 국민통합과 양성평등의 구현, ③ 미래를 열어 가는 농어촌, ④ 사회 통합적 노사관계 구축이다.

오늘날 국민통합은 가장 중요한 과제이다. 지역 구도를 완화하기 위해 새 정부는 지역탕평 인사를 포함한 가능한 한 모든 조치를 취해야 한다. 소득격차를 비롯한 계층 간 격차를 좁히기 위해 교육과 세제 등의 개선을 마련한다. 노사화합과 협력의 문화를 이루도록 노사관계 정립을 해야 한다. 노약자를 비롯한 소외받는 사람에게 더 많은 관심을 기울이는 따뜻한 사회를 만들어야 한다.

이를 위해 복지정책을 내실이 있게 실시한다. 모든 종류의 불합리한 차별을 없애고, 양성평등사회를 지향한다. 개방화 시대를 맞아 농어업과 농어민을 위한 대책을 마련하고, 고령사회의 도래에 대한 준비에도 소홀함이 없도록 해야 한다.

① 자립과 사회연대가 조화를 이루는 복지체계 추구
② 성장과 분배의 조화를 통해 중산층과 서민이 잘 사는 시장경제 추구
③ 사회적 약자를 존중하는 복지사회의 건설
④ 빈부격차 해소, 분배구조 개선

3) 이명박 정부와 능동적 복지

(1) 의의

이명박 정부는 '능동적 복지'를 국정이념으로 삼았다. 이를 지향하는 사회복지 정책은 크게 두 가지 의미로 생각해 볼 수 있다. 능동적 복지는 시장기능에 복지 개념을 도입한 것으로 수혜자들이 기다리지 않도록 적극적으로 찾아가서 서비스를 제공하는 것을 의미한다. 모든 복지 시스템에 원 스톱 복지전달체계를 구축하여 태아에서 노후까지 맞춤형 복지를 제공한다는 뜻이다. 여기에는 시혜적이고 사후적인 복지투자를 벗어나 예방적으로 소외계층의 출현을 막겠다는 내용도 포함하고

있다. 또한 다른 의미에서 능동적 복지는 시장 친화적인 복지정책이다. 경제성장을 통해 일차적으로 복지수요를 채우고, 경제성장을 통해 확보된 재원으로 복지욕구를 충족시켜 나가겠다는 것이다.

(2) 능동적 복지의 개념

이명박 정부의 '능동적 복지'의 네 가지 전략목표는 ① 평생 복지기반 마련, ② 예방과 맞춤 통합형 복지, ③ 시장기능을 활용한 서민생활안정, ④ 사회적 위험으로부터 안전한 사회를 들 수 있다.

① 복지국가체제의 유지
② 능동적 국민(active people)
③ 능동적 공동체(active community)
④ 지적능력을 갖춘 능동적 국가(intelligently active state)

(3) 능동적 복지의 정책적 지향

❶ 위험에 미리 대비하는 예방형 복지
❷ 국민의 복지욕구에 폭넓게 대응하는 보편형 복지
❸ 생애주기별 맞춤형 복지

(4) 이명박 정부의 사회보장 장기발전

2009~2013년도까지의 사회보장 장기발전방향(5대 정책방향)을 수립하고 실시하였다.

- 영유아·아동·청소년 등 미래세대의 역량강화지원으로 영유아 보육비 지원의 단계적 확대, 저소득층·위기아동의 통합지원, 방과 후 활동지원, 취업 후 학자금 상환제 도입 등을 추진하였다.
- 장애인·노인·다문화가족·농어업인 등 사회적 약자 보호 강화로 중증장애인의 장애연금 도입, 치매예방 및 관리강화, 다문화가족의 경제·사회적 자립역량 제고, 농지연금시범도입 등을 추진하였다.
- 취업 취약계층, 근로빈곤층에 대한 일자리 및 자립지원 강화로 각종 일자리 지원확대, 무보증 소액신용 대출 확대시행, 저소득층 자립여건 조성 및 자립능력 강화, 근로자 능력개발 지원강화 등을 추진하였다.

- 소득·의료·주거 등 분야에서의 사회안전망 구축으로 소득보장 사각지대 축소, 의료보장성 강화, 보금자리 주택 지속공급, 저소득층에너지 비용부담완화, 취약계층문화·관광·체육지원 등을 추진하였다.
- 공공민간분야 복지 역량강화 등을 통한 복지 집행의 효율성·지속 가능성 제고로 공공·민간 사회복지서비스전달체계 개편 및 사회복지통합 관리망 구축, 부처 간 복지정보 연계, 유사중복사업 심사·조정 및 부정·부적정 급여 사후관리 강화, 기업의 복지참여 확대 등을 중점 추진하였다.

4) 박근혜 정부와 사회복지정책

박근혜 정부의 사회복지정책의 특성과 주요쟁점 및 향후과제와 전망에 대해 전반적으로 살펴본다.

(1) 의의

박근혜 정부는 '국민 행복, 희망의 새 시대'라는 국정이념을 제시하였다. 추진기반으로 '신뢰받는 정부'를 명시하였다.

박근혜 정부는 사회복지정책에 최우선을 두고 국정업무를 수행할 것으로 예상하였다. 민생을 챙기겠다는 말 속에 사회복지정책의 방점이 찍혀 있음은 두말할 나위도 없을 것이다.

박근혜 정부의 복지정책은 사회투자국가 개념과 같은 큰 틀의 이념지향이나 사회지향의 측면에서 형성된 것이 아니므로 그렇게 비교하는 것은 의미가 없다.

① 일자리 중심의 창조경제
② 맞춤형 고용·복지
③ 창의교육과 문화가 있는 삶
④ 안전과 통합의 사회
⑤ 행복한 통일 시대의 기반구축

(2) 박근혜 정부의 주요복지 정책

박근혜 정부의 복지정책은 한국형 복지, 생애주기별 맞춤형 복지라는 것으로 실시하였다. 또한, 기든스(Giddens)의 사회투자국가와 같은 방향으로 가기 위해서는 복지를 비용이 아닌 투자로 인식해야 하고, 투자라고 한다면 이런 복지지출의 증가가 투자의 증가이므로 거기에서 기대되는 사회성장의 성과를 기대해야 한다.

- 누구나 인간다운 생활을 누리고, 다 함께 건강하고 편안한 사회가 되어야 한다. 도움이 절실한 사람은 국가가 보호해야 한다. 시혜적·사후적 복지는 해결책이 아니다. 능동적·예방적 복지로 나아가야 한다. 그래야만 낙오자 없는 세상을 만들 수 있다. 꼭 필요한 사람에게 혜택이 돌아가게 된다.
- 여성은 시민사회와 국가발전의 당당한 주역이다. 여성의 사회참여는 사회를 성숙하게 만든다. 양성평등 정책을 추진해서 시민권과 사회권의 확장과 더불어 더 많은 여성이 의사결정의 지위에 오를 수 있도록 기회를 늘리고 관련 제도를 개선해야 한다. 생애주기와 생활형편에 따른 수요에 맞추어 맞춤형 보육 시스템을 구축하고자 한다. 국가가 보육의 짐을 덜어주면 저출산 문제가 개선될 뿐만 아니라 삶의 질과 인적 자원의 질을 높일 수 있다.

보육료지원제도

① 보육료 지원 대상 : 선정방식이 맞벌이 부부에 대한 지원을 보다 강화하는 방향으로 개선
② 맞벌이가구 보육료 : 보육료(차등보육료 또는 만 5세아 보육료) 지원대상에서 탈락하거나 지원단가의 100%를 받지 못하는 가구 중 맞벌이 가구를 대상으로 완화된 소득인정액 산정방식으로 지원여부 및 지원수준을 재선정하여 차등보육료 또는 만 5세아 보육료를 지원함
※ 맞벌이가구 소득산정방식 : 부모가 모두 근로소득이 있는 가구는 두 소득 중 부모가 모두 근로소득이 있는 가구는 두 소득 중 낮은 소득은 75%(25% 감액)만 반영하여 나머지(높은) 소득과 합산

- 청년세대의 고통을 외면하지 않아야 한다. 국내외에 일자리를 더 많이 만들어 젊은이들의 사회진출을 도와야 한다. 주거생활을 안정시킴으로써 개인생활은 물론 사회의 안정기반을 확보해야 한다.
- 고령화 사회를 맞아 노인복지대책도 시급하다. 노령연금을 현실화하고, 공공복지를 개선해야 한다. 고령자를 위한 의료혜택과 시설을 늘리고, 근로의욕이 있는 노인들을 위한 일자리를 창출해야 한다.
- 장애인들에게도 더 따뜻한 배려와 함께 더 많은 기회를 주고자 한다. 가령 장애아동을 위한 특별보호 연금제도의 도입을 검토한다.
- 일할 수 있는 사람에게는 일자리가 최고의 복지이다. 그렇게 할 수 없는 사람은 국가가 책임지고 보호해야 한다.

한국형 복지국가 구축

① 국가의 사회서비스 공급 확충 정책의 확대
② 사회서비스 제공을 위한 공급주체의 다양화
③ 지역복지의 동향 : 자활과 네트워킹 강조

① 국민행복카드 제도 실시
- 임산부에게 임신 출산 관련 진료비를 지원해 주는 고운맘카드와 임신한 미성년자를 대상으로 임신 출산진료비를 지원해 주는 맘편한카드의 혜택이 하나로 2015년 5월 1일부터 통합 출시하고 있다.
- 임산부들의 진료 부담을 덜어주기 위한 국민행복카드는 산부인과나 한의원 등의 지정요양기관에서 사용 시 50만 원까지(다태아는 70만 원) 사용할 수 있으며 미성년자 임산부의 경우 최대 120만 원까지 지원받을 수 있다.

② 국민행복카드 사용기한
- 국민행복카드는 발급일(카드수령일자)로부터 임신확인서상의 분만예정일로부터 60일까지 사용할 수 있다. 기존 고운맘카드 발급자분은 국민행복카드와 관계없이 동일하게 임신확인서상의 분만예정일로부터 60일까지 동일하게 사용이 가능하다.
- 국민행복카드는 임신초기 입덧과 출혈, 출산후 산후조리한약, 모유부족 등의 치료, 산후풍치료, 예기치 못한 자연유산, 계류유산 등의 유산후의 조리에 유산후한약 처방에도 사용할 수 있다.

❶ 드림스타트

취약지역에 거주하는 임산부 및 0~12세 아동가구를 대상으로 보건, 복지, 보육(교육)의 맞춤형 통합서비스를 제공하고, 지역사회 보건복지 협력 파트너십을 구축 활용함으로써 빈곤의 대물림을 차단하고 공평한 양육 여건을 보장하는 서비스[0세(임산부)~만 12세의 저소득 아동 및 가정 : 기초수급가정 및 차상위층 가정 우선 지원원칙]

❷ 서비스 내용

체계적인 사례관리를 통해 수요자 중심의 보건·복지·보육 등 맞춤형 통합서비스 제공, 지역사회자원 연계·개발 등을 통해 복지서비스 수혜확대

분야별	서비스 내용	사업수행기관
건강 서비스	• 가정방문 보건서비스 제공 • 임산부, 영·유아영양프로그램 지원 등 • 지역 내 보건의료 통합연계망	보건소, 정신보건센터 등 (간호사)
보육·교육 서비스	• 영·유아 교육중재 프로그램 • 가정방문·시설 내 부가적 서비스 제공 • 책 읽어주기, BOOK START 등 발달지원서비스	보육시설, 유치원 등 (보육교사, 유치원 교사)

(계속)

분야별	서비스 내용	사업수행기관
복지 서비스	• 아동권리 및 아동안전, 보호 프로그램 • 방과 후 프로그램 지원·관리 • 문화 및 전문상담, 치료 프로그램 등	초등학교, 지역아동센터 등 (사회복지사)
통합서비스 제공 및 가족지원사업	• 학대예방, 안전 등 통합서비스 • 부모 자녀양육능력 강화 • 문화체험, 부모참여 등 가족지원 • 지역 보건복지자원 발굴 및 연계	사회복지관 등 (사회복지사)

(3) 박근혜 정부의 복지정책 과제

- 사회복지 통합관리망 개통을 계기로 국민들의 복지 체감도가 더욱 높아질 수 있을 것으로 전망된다.
- 기초생활 수급자의 빈곤탈출 의지를 약화시키는 요인 중 하나로 지적되어 왔던 '의료비 부담'과 관련해서 부담을 완화시킬 수 있는 방안이 필요하다.
- "복지는 성장에 걸림돌 된다"의 인식은 성장 중심의 국정철학의 산물이라는 비판이 제기될 수 있다.
- 복지를 성장의 동반자관계로 설정하고, 복지를 통해 성장의 기반을 다지는 패러다임으로 전환이 필요하다(국민행복연금의 실시).
- 맞춤형 복지 공약 후퇴·재원 확보 문제가 있다. 증세를 피하려 술·담배·도로교통위반자 과잉단속·경범죄 벌금 부과 문제가 대두된다.

(4) 문재인 정부의 포용적 복지

2 한국 사회복지정책의 과제와 전망

1 한국 사회복지정책의 과제

사회복지정책 목표설정에서 해결해야 할 과제로서 다음과 같이 서술할 수 있다.

① 목표체계의 확립과 대상범위의 확대　② 사회복지정책 프로그램의 내실화
③ 전달체계의 개선　④ 재원의 안정적 확보

1) 목표체계의 확립과 대상범위의 확대

- 사회보험, 공공부조 및 사회서비스에 통용될 수 있는 공통의 목표와 기본원리의 정립문제이다.
- 21세기에 들어와 우리 사회는 사회의 양극화문제, 실업문제, 저출산·고령화의 문제가 가장 심각한 사회문제로 부각되고 있다. 이는 사회복지정책을 통해 가장 먼저 해결되어야 할 과제이다.

  특히 우리나라 사회복지정책의 적용대상에서 강조되어야 할 점은 비정규 근로자 집단을 포함한 근로자집단 전체를 사회보험 당연적용 대상으로 포함시키는 과업이 큰 과제이다.

2) 사회복지정책 프로그램의 내실화

- 사회안전망은 사후적 안전망보다는 예방위주의 사전적 안전망이 더 효율적이다.
- 지역가입자의 소득불성실 신고, 철저한 자산조사가 전제로 한다.
- 전문 인력의 부족과 자산조사 기술이 부족하다.
- 지속적인 복지를 위해 좋은 일자리 보장과 확충이 필요하다.

3) 전달체계의 개선

- 현재 국민기초생활보장제도의 전달체계가 가장 문제시된다.
- 주민자치센터의 프로그램들은 일반적인 문화와 교육프로그램 수준에 해당한다.
- 프로그램 운영비 부족으로 프로그램 운영이 제대로 되지 않고, 정치 세력화하는 모습을 보여 전문적 사회서비스 제공이 힘든 조직으로 변화하고 있다.
- 지출효율화를 위한다면 민간중심의 낭비적 공급구조부터 개선해야 한다.

공공사회복지 전달체계의 개선유형

① 시·도의 지방 일반 행정기관에서 사회복지업무나 보건복지업무를 분리시켜 보건복지부 직속 하부 집행기관인 사회복지청이나 보건복지지방청으로 만드는 중앙집권화·분리형(중앙집권화·사회복지분리형과 중앙집권화·보건복지분리형)

② 행정안전부 집행기관으로서 시·도의 지방 자치단체로부터 직접적인 지시감독을 받으며 보건복지부로부터는 간접적인 통제를 받는 지방분권화·분리형(지방분권화·사회복지분리형과 지방분권화·보건복지분리형)

4) 재원의 조달

우리나라의 복지 예산이 국가 일반 예산에서 차지하고 있는 비율 2025년 우리나라 일반 예산에서 차지하고 있는 비율은 국가 일반 예산 673.3조 원, 그중에서 복지노동예산은 248조 7,000억 원으로써 비율로 전체 정부예산 중 약 37%이다.

사회복지 관련 재원의 안정적인 확보를 위해 선결되어야 할 과제

① 재원의 규모는 국민경제의 부담능력을 감안하여 합리적인 수준에서 결정되어야 하고, 재원조달방안들 마련에 소득재분배 효과가 높은 방안들이 선택될 수 있도록 하여야 한다.

② 재원은 기본적으로 조세를 통해 조달한다. 따라서 이들의 정확한 소득파악으로 조세제도의 형평을 기해야 한다.

③ 사회보험은 공공부조와 함께 사회복지정책의 가장 근간이 되는 부분이므로 사회보험의 재원조달과 대상자 급여에서 효율성을 높이고 사회보험관리 운영체계의 개선을 통해 사회보험 재정의 안정화가 이루어져야 한다.

④ 우리나라의 사회복지정책 기본노선 중의 하나는 복지다원주의와 민관 파트너십이다.

⑤ 복지확대는 상수이고, 재정확충방안은 변수가 되어야 한다는 점이다.

2 한국 사회복지정책의 전망

- 3대 핵심 정책과제가 복지를 가늠하는 지표가 될 것이다.
- 복지확대는 상수, 재원확충방안은 변수가 되어야 한다.
- 지속적인 복지를 위해 좋은 일자리 보장과 확충이 필요하다.
- 공공부문의 지출효율화, 민간중심의 낭비적 공급구조 개선이 필요하다.

참고문헌

• 도서

감정기, 최원규, 진재문(2002). **사회복지의 역사**. 서울: 나남출판.

강욱모, 최경구 외(2010). **21세기 사회복지정책**. 서울: 청목출판사.

구광모(1984). 정책학의 본질과 점위, **한국행정학보**(제18권 제1호), 한국행정연구원.

구종회(1999). **한국의 사회복지발달사, 「선진국사회복지발달사」**. 서울: 홍익재.

국민경제자문회의(2006). **동반성장을 위한 비전과 전략**.

기획예산처(2006). 한국형 복지재정 모델 개발 연구.

김동국(1994). **서양사회복지사론**. 서울: 유풍출판사.

김승훈(2010). **사회복지발달사**. 서울: 나눔의 집.

김영모(1982). **현대사회정책론**. 서울: 한국복지정책연구소.

김영모(1986). **현대사회정책론**. 서울: 한국복지정책연구소출판부.

김영범(2003). **경제위기 이후 사회정책의 변화**. 김연명 편. **한국 복지국가성격논쟁**Ⅰ. 서울: 인간과복지.

김영순(1996). **복지국가의 위기와 재편**. 서울: 서울대학교출판부.

김중규(2004). **선행정학**. 서울: 성지각.

김태성, 성경륭(2001). **복지국가론**. 서울: 나남출판.

김태성 외(2003). **빈곤과 사회복지정책**. 서울: 청목출판사.

김태성(2012). **사회복지정책입문**. 서울: 청목출판사.

김홍식(2007). **세상의 모든 지식**. 서울: 서해문집.

남기민(2008). **사회복지정책론**. 서울: 학지사.

남기범(2009). **현대 정책학개론**. 서울: 조명문화사.

노기남(2016). **정석 사회복지법제론**. 서울: 동문사.

노시평 외(2002). **사회복지정책**. 서울: 대경.

노화준(2003). **정책학원론**. 서울: 박영사.

박경일 외(2000). **사회복지학 강의**. 경기: 양서원.

박경일(2013). **사회복지정책론**. 경기: 공동체.

박광준(2002). **사회복지 사상과 역사**. 경기: 양서원.

박병현(2003). **사회복지정책론**. 경기: 현학사.

박석돈 외(2008). **사회복지개론**. 경기: 양서원.

박정호(2001). **사회복지정책론**. 서울: 학지사.

변시민(1983). **사회정책론**. 서울: 박영사.

봉민근(1999). **사회복지정책론**. 서울: 학지사.
사회복지교육연구센터(2014). **사회복지정책론**. 서울: 나눔의집.
송근원(1994). **사회복지와 정책과정**. 서울: 대영문화사.
안상훈 외(2007). **지속가능한 한국의 복지국가 비전과 전략**. 보건복지부.
시오노야 유이치, 박영일 역(2006). **경제와 윤리: 복지국가의 철학**. 서울: 필맥.
신원식(2003). **사회복지정책 분석론**. 서울: 삼우사.
양재인(1990). **한국정치엘리트론**. 서울: 대왕사.
원석조(2004). **사회복지정책론**. 경기: 양서원.
원석조(2009). **사회복지역사의 이해**. 경기: 양서원.
이선우(1999). 미국의 사회복지: 1996년의 복지개혁-쟁점과 분석. **세계의 사회복지**. 서울: 인간과복지.
이승종(1993). Dennis J. Palumbo와 David Nachmias의 이상적 패러다임론. **정책학의 주요 이론**. 서울: 경세원.
이정우(2013). **사회복지정책**. 서울: 학지사.
이종수(2009). **행정학사전**. 서울: 대영문화사.
이태종, 이재호 외(2010). **사회복지정책의 이해와 활용**. 서울: 대영문화사.
임봉호, 김승훈 외(2013). **사회복지정책론**. 경기: 양서원.
장인협(1986). **사회복지학 개론**. 서울: 서울대학교출판부.
장인협, 이혜경, 오정수(1999). **사회복지학**. 서울: 서울대학교출판부.
전재일, 배일섭, 정영섭(2003). **사회복지정책론**. 서울: 형설출판사.
정정길(1997). **정책학원론**. 서울: 대명출판사.
최선화 외(2002). **사회문제와 사회복지**. 경기: 양서원.
최신융 외(2005). **행정기획론**. 서울: 박영사.
최일섭 외(1995). **사회문제와 사회복지**. 서울: 나남.
최일성, 최성재(2000). **사회문제의 접근 이론 및 분석의 틀, 사회문제와 사회복지**. 서울: 나남출판.
한국복지행정학회(2014). **사회복지정책론**. 경기: 양서원.
한승조(1999). **신록 한국의 대통령**. 서울: 말과 창조사.
황진수(1999). **현대사회복지행정론**. 서울: 대영문화사.
현외성 외(1993). **사회복지학의 이해**. 서울: 유풍출판사.
현외성(2001). **사회복지정책강론**. 경기: 양서원.

• 논문
김수미(2013). 세계일보, 박근혜정부의 과제 복지정책 주요 쟁점.
김신복(1978). 국가기획의 본질 및 접근방법의 변화 분석, 「행정논총」, 제16권.

김연명(2007. 2.21). 사회투자정책과 한국 사회정책의 미래, 한국사회의 미래와 사회투자정책, 한국사회복지학회·한국사회정책학회·한국행정학회·한국산업사회학회 공동심포지엄 자료집.

김흥종, 오형범, 신정완(2006). 사회경제정책의 조화와 합의의 도출: 주요 선진국의 경험과 정책적 시사점. 대외경제정책연구원 미발표 보고서.

문신용(1997). 전자정부 구현을 위한 행정정보 서비스 발전방안, 한국행정연구원.

서정명(2013). 서울경제, 복지재원 마련 연 27조 필요 직접 증세 카드 불가피.

송근원(1998). 정책평가기준들의 관계에 관한 연구, 경성대학교 논문집(19집 1권).

신광영(2007. 2). 복지레짐과 사회투자국가, 한국사회의 미래와 사회투자정책, 한국사회복지학회·한국사회정책학회·한국행정학회·한국산업사회학회 공동 심포지엄 자료집.

안상훈(2005). 생산과 복지의 제도적 상보성에 관한 연구: 선진자본주의 국가를 중심으로. 한국사회복지학 57(2).

양재진(2007. 2). 사회투자국가는 사민주의의 새로운 경제사회 패러다임인가? 영국, 스웨덴, 그리고 덴마크의 성과분석과 한국에의 함의, 사회투자국가의 이해와 한국적 적용가능성에 관한 토론회 자료집, 참여연대 사회복지위원회 · 참여사회연구소.

윤홍식(2007. 2). 사회투자국가와 한국복지국가의 과제, 사회투자국가의 이해와 한국적 적용가능성에 관한 토론회 자료집, 참여연대 사회복지위원회·참여사회연구소.

• 외국문헌

Amital Etzioni The Active Society(1968). *A Theory of Societal and Political Processes*. New York : The Free Press.

Charles S. Prigmore and Charles R. Atherton(1979). *Social Welfare Policy, Analysisand Formulation*. Lexington : D.C. Health and Company.

Commission on Social Justice, Social Justice: Strategies for national Renewal. Vintage, 1994.

D. DiNitto and T. Dye(1983). *Social Welfare : Politics & Public Policy*. Prentice-Hall Englewood Cliffs.

DiNitto, Diana M.,(1991). *Social Welfare Politics and Public Policy*. 3rd ed., New Jersey: Prentice Hall.

Esping-Andersen G.,(1992). 'The Making of a Social Democratic Welfare State' in K. Misgeld, K. Molin & K. Amark(eds). Creating social Democracy: A Century of the Social Democratic Labor Party in Sweden, Pennsylvania State Univ. Press..

Esping-Andersen, Gosta(2002). *Why We Need a New Welfare State*. Oxford Univ. Press.

Gabriel A. Almond and Powell. Jr.(1978). *Comparative Politics : System Process and Policy*. 2nd ed., Boston : Little Brown and Company.

Giddens, Anthony(1998). *The Third Way: The Renewal of Social Democracy*. Polity Press.

Giddens Anthony, Where Now for New Labor, 신광영 역(2002). **노동의 미래**. 서울: 을유문화사.

Gilbert, Neil & Terrell, Paul(1998). *Dimensions of Social Welfare Policy*. Englewood Cliffs, New Jersey: Prentice Hall.

Heikkilä M. A Brief Introduction to the topic. In Heikkila, M.(ed)(1999). Linking Welfare and Work. Dublin: European Foundation for the Improvement of Living and Working Conditions.

Kelman, S.(1983). *Making Public Policy: A Hopeful View of American Government*. New York: Basic Books.

Lister L.(2003). Investing in the Citizen-Workers of the Future: Transformations in Citizenship and the State under New Labour. *Social Policy and Administration, vol. 37*(5). pp. 427-433.

Midgley J. Growth(1999). Redistribution and Welfare: Toward Social Investment. Social Service Review. March.

Midgley J. & Sherraden M.(2000). *The Social Development Perspective in Social Policy* in J. Midgle, M., Tracy & M. Livermore(eds), The Handbook of social Policy. Sage Publications.

Nachmias, David(1979). *Policy Evaluation*. New York: St. Martins.

NASW(1999). *Encyclopedia of Social Word*(19th). NASW, 이문국 외 역. 서울: 나눔의 집출판사.

OECD(1998). Human Capital Investment: An International Comparison.

Palumbo, D. J., & Nachmias, D.(1983). *The Preconditions for Successful Evaluation: Is There and Ideal Paradigm?*. Policy Science.

Peck J.(2001). *Workfare States*. The Guilford Press.

Perkins D. Nelms L., & Smyth P.(2004). Beyond Neo-liberalism: the Social Investment State?. Social Policy Working Paper No. 3.

R. R. Mayer and E .Greenwood(1980). The Design of Social Policy Research.

R. M. Titmuss(1974). *Social Policy*. Allen and Unwin London.

Taylor-Gooby, Peter(ed.)(2004). *New Risks, New Welfare: The Transformation of the European Welfare State*. Oxford University Press.

Taylor-Gooby Peter(2007). European Welfare Reforms: The Social Investment Welfare State.

Wilensky and C. N. Lebeaux(1965). *Industrial Society and Social Welfare*. New York: The Free Press.

• 신문기사

양재진, 연세대 행정학과 교수, 박근혜 정부 복지정책의 진단과 제언, 뉴시스, 2013.

이은경, 박근혜 정부와 경제민주화의 방향, 새사연브리핑, 2013.

정명진, 정부조직·사회·외교분야, 선진국형 복지·교육 시대 예고, 파이낸셜뉴스, 2013.

제갈현숙, 박근혜식 복지국가의 성격분석 및 전망 맞춤복지의 본질과 문제점, 2013.

조흥식, 박근혜 시대에 바란다, 공공부문 통한 보편적 사회복지 추구해야, 뉴스핌, 2013.

• 기타

보건복지부, 2018년 노인복지사업 안내.

[네이버 지식백과] 사회보장[社會保障] (한국민족문화대백과, 한국학중앙연구원)

[네이버 지식백과] 정책[政策, policy, Politik]

• 사회복지 관련 웹사이트

한국사회복지사협회 http://kasw.or.kr/

한국사회복지협의회 http://kncsw.bokji.net/

보건복지부 http://www.mohw.go.kr

도움넷 http://www.doumnet.net

복지나눔터 http://www.bokji.co.kr

복지넷 http://www.bokji.net

복지만들기 http://www.maw.or.kr

사회복지정보원 http://www.welfare.or.kr/

사회복지공동모금회 http://chest.or.kr/

한국보건사회연구원 http://www.kihasa.re.kr

한국복지재단 http://www.kwf.or.kr

복지와 정보 http://members.iworld.net/jtjang

한국사회복지학연구회 http://assw.welfare.net/

한국심장재단 http://www.heart.or.kr

한국이웃사랑회 http://www.gni.or.kr/

한국장애인고용촉진공단 http://www.kepad.or.kr/

서울시사회복지공동모금회 http://www.seoul-chest.or.kr/

신림청소년쉼터 우리세상 http://www.shelter.or.kr
실버마을 http://www.silvermaul.co.kr
장애우천국 http://cafe.daum.net/kdhjh
전국사회복지대학정보화연합 http://univ.welfare.net
종교사회복지연구소 http://www.sswelfare.pe.kr/
지산종합사회복지정보센터 http://swic.or.kr/
참여연대 사회복지위원회 http://welfare.pspd.org/
품 청소년문화공동체 http://www.pumdongi.org
학교복지사신문 http://www.socialwelfare.co.kr/
한국가족사회복지학회 http://www.kfamily.pe.kr/
홀트아동복지회 http://www.holt.or.kr/
경기도사회복지공동모금회 http://www.kcchest.or.kr
글로벌케어 http://www.globalcare.or.kr
다일엔닷컴 http://www.dailn.com
대구광역시사회복지공동모금회 http://www.tchest.or.kr/
대한사회복지회 http://sws.oto.co.kr
대한의료사회사업가협회 http://www.kamsw.net
불우이웃결연사업 http://www.help.or.kr

미 주

(1) 전재일, 배일섭, 정영섭, 2003: 33-34.
(2) 노화준, 2003: 7.
(3) 노화준, 2003: 7-10.
(4) 노화준, 2003: 57-59.
(5) 전재일, 배일섭, 정영섭, 2003: 35.
(6) 원석조, 2004: 15.
(7) 전재일, 배일섭, 정영섭, 2003: 36-37.
(8) 원석조, 2004: 18.
(9) 원석조, 2004: 24.
(10) 원석조, 2004: 27.
(11) 남기민, 2004: 21.
(12) 남기민, 2004: 22-26.
(13) 최일성, 2000: 60.
(14) 최일성, 2000: 60.
(15) 최일성, 2000: 61.
(16) 최성재, 2000: 70-72.
(17) 최일섭, 2000: 458.
(18) 남기민, 2004: 25.
(19) Gilbert, Neil & Terrell, Paul, 1998: 17.
(20) Harold D. Lasswell & Abraham Kaplan, 1970: 71.
(21) David Easton, 1953: 129.
(22) Thomas R. Dye, 1981: 1.
(23) Charles E. Lindbloom, 1968: 4.
(24) Amital Etzioni, 1968: 252.
(25) Theodore J. Lowi, 1970: 314-325.
(26) T. H. Marshall, 1965: 1.
(27) 원석조, 2004: 29-30.
(28) 원석조, 2004: 30.
(29) 김태성, 2003: 19-29.
(30) 전재일, 배일섭, 정영섭, 2003: 41.
(31) 김태성, 2003: 37-57.
(32) 김중규, 2004:
(33) 남기민, 2004: 29.
(34) 남기민, 2004: 30-31.
(35) 박경일 외, 2000: 33-34.
(36) 박경일 외, 2000: 20.
(37) 김태성, 2003: 207.
(38) 김태성, 2003: 212.
(39) 남기민, 2004: 35-40.
(40) 김태성, 2003: 205.
(41) 남기민, 2004: 41.
(42) 남기민, 2004: 42.
(43) 남기민, 2004: 45.
(44) William Beveridge, 1942: 456.
(45) R. M. Titmuss, 1974: 19-20.
(46) David Watson, 1980: 9.
(47) Kenneth E. Boulding, 1967: 4.
(48) D. DiNitto and T. Dye, 1983: 2-4.
(49) 원석조, 2004: 79-80.
(50) 원석조, 2004: 81.
(51) 원석조, 2004: 84.
(52) 원석조, 2004: 88-89.
(53) 남기민, 2004: 49.
(54) 남기민, 2004: 50.
(55) 남기민, 2004: 52.
(56) 신원식, 2003: 58.
(57) 박병현, 2003: 53.
(58) 남기민, 2004: 53.
(59) 박병현, 2003: 56-57.
(60) 남기민, 2004: 56.
(61) 남기민, 2004: 57-58.
(62) 김영모, 1986: 1.
(63) 변시민, 1983: 9.
(64) 원석조, 2004: 91-92.
(65) 김태성, 성경륭, 2001: 75.
(66) 김태성, 성경륭, 2001: 76-77.
(67) 남기민, 2004: 77.
(68) 장인협, 1986: 88.
(69) 남기민, 2004: 78.
(70) 남기민, 2004: 78.
(71) 김동국, 1994: 44.
(72) 원석조, 2004: 94.
(73) 김태성, 성경륭, 2001: 78.
(74) 남기민, 2004: 79-81.
(75) 원석조, 2004: 95.
(76) 남기민, 2004: 83.
(77) 원석조, 2004: 113.
(78) 남기민, 2004: 85.
(79) 원석조, 2004: 114.
(80) 남기민, 2004: 86.
(81) 장인협, 이혜경, 오정수, 1999: 46.
(82) 남기민, 2004: 87-88.
(83) 김영모. 1989. 7.
(84) 남기민, 2004: 93.
(85) 남기민, 2004: 96.
(86) 남기민, 2004: 98.
(87) 남기민, 2004: 98.
(88) Zastrow, 1990: 18-19.
(89) 남기민, 2004: 103.
(90) Zastrow, 1990: 20.
(91) 남기민, 2004: 107.
(92) 이선우, 1999: 62.
(93) 이선우, 1999: 77.
(94) 남기민, 2004: 108.
(95) 남기민, 2004: 117.
(96) 남기민, 2004: 120.
(97) 구종회, 1999: 581.
(98) 구종회, 1999: 585-586.
(99) 남기민, 2004: 125.
(100) 전재일, 배일섭, 정영섭, 2003: 325.
(101) 전재일, 배일섭, 정영섭, 2003: 327.
(102) 황진수, 1999: 34-39.
(103) 남기민, 2004: 188.
(104) 전재일, 배일섭, 정영섭, 2003: 333.

(105) 남기민, 2004: 190.
(106) 원석조, 2004: 125-129.
(107) 원석조, 2004: 126.
(108) 원석조, 2004: 129.
(109) 남기민, 2004: 195.
(110) 남기민, 2004: 205.
(111) 김영범, 2003: 216.
(112) 감정기, 최원규, 진재문. 2002: 289.
(113) 김영범, 2003: 217.
(114) 남기민, 2004: 207.
(115) 남기민, 2004: 208.
(116) 남기민, 2004: 209.
(117) 원석조, 2004: 135.
(118) 원석조, 2004: 140.
(119) 원석조, 2004: 143.
(120) 원석조, 2004: 145.
(121) 원석조, 2004: 152.
(122) 원석조, 2004: 159.
(123) 원석조, 2004: 162.
(124) 노화준, 2003: 187.
(125) Mayer & Greenwood, 1980 : 41.
(126) Popple & Leighninger, 1998: 42.
(127) Popple & Leighninger, 1998 : 43-57.
(128) 남기민, 2004: 155-156.
(129) 남기민, 2004: 156-158.
(130) 남기민, 2004: 158.
(131) 남기민, 2004: 163.
(132) 남기민, 2004: 165.
(133) 박정호, 2001: 84.
(134) 남기민, 2004: 166.
(135) 남기민, 2004: 168-169.
(136) 송근원, 김태성, 1995: 317-318.
(137) 김태성, 2003: 271-273.
(138) 남기민, 2004: 177.
(139) 김태성, 2003: 258.
(140) 박정호, 2001: 139-140.
(141) 원석조, 2004: 76.
(142) 원석조, 2004: 77.
(143) 송근원, 김태성, 1995: 346.
(144) 김태성, 2003: 297-298.
(145) 김태성, 2003: 302.
(146) NASW, 1995 : 1851-1853; 나눔의 집, 1999 : 2092-2093.
(147) 구광모, 1984: 116-117.
(148) Richards J. Heurer, Jr., 1978: 1-10.
(149) 원석조, 2004: 51.
(150) Gilbert & Terrell, 2002 : 166.
(151) 남기민, 2004: 175.
(152) Gabriel A. Almond and Powell. Jr, 1978: 286-321.
(153) Theodore J. Lowi, 1964: 677-715.
(154) Randall B. Ripley and Grace A Frahklin, 1982: 69-76.
(155) 남기민, 2004: 131.
(156) 송근원, 김태성, 1995 : 39.
(157) 송근원, 김태성, 1995 : 98-99.
(158) 남기민, 2004: 136.
(159) Gerston, 1983: 29.
(160) 봉민근, 1999, p.85-143.
(161) 남기민, 2004: 138.
(162) 김중규, 2004: 261-267.
(163) 김중규, 2004: 267.
(164) 남기민, 2004: 143-144.
(165) 남기민, 2004: 145.
(166) 김중규, 2004: 312-313.
(167) 원석조, 2004: 209-210.
(168) 원석조, 2004: 213.
(169) 원석조, 2004: 216.
(170) 원석조, 2004: 214-215.
(171) 원석조, 2004: 221.
(172) 원석조, 2004: 222.
(173) Rejda, G. E., 1999:
(174) 원석조, 2004: 230.
(175) 원석조, 2004: 232.
(176) 원석조, 2004: 273.
(177) 남기민, 2004: 246.
(178) 원석조, 2004: 321.

찾아보기

ㄱ

가계지출방식 ········ 330
가치재 ········ 230, 232
갈등주의적 관점 ········ 17
개인주의 ········ 33
개인주의적 관점 ········ 19
개정구빈법 ········ 70
개호보험 ········ 147
건강보장정책 ········ 200
결과물 연구 ········ 142
경제적 기능 ········ 234
경제적 효율성 ········ 95
고전적 기술관료형 ········ 183
고전적 자본주의 ········ 96
공공복지 ········ 146
공공부조 ········ 338
공공부조정책 ········ 211
공제제 ········ 252
공제조합 ········ 342
공평 ········ 30
과정 ········ 128
과정분석 ········ 128, 129
과정지향적 모형 ········ 167, 179
관료적 기업가형 ········ 184
교육급여 ········ 357
교육정책 ········ 201
교환주의적 관점 ········ 18
국가개입주의 ········ 115
국민건강보험 ········ 248
국민기초생활보장제도 ········ 345
국민연금법 ········ 237
국민연금정책 ········ 233
국제노동기구 ········ 194
국책 ········ 12
규모의 경제 ········ 28
근로능력 유무 ········ 214
근로유인 ········ 339
근로장려세제 ········ 362
급여체계 ········ 133
긍정적 차별 ········ 30
기능주의적 관점 ········ 17
기본 욕구 접근법 ········ 62
기초연금제도 ········ 365
긴급복지지원제도 ········ 369
길버트법 ········ 69
길버트와 스펙트의 분석틀 ········ 131

ㄴ

내부접근형 ········ 163
노동정책 ········ 204
노인복지 ········ 395
노인복지법 ········ 396
노인복지정책 ········ 395
노인장기요양보험 ········ 264
노인학대 ········ 408

ㄷ

다이 ········ 15
당연가입자 ········ 288
대처리즘 ········ 75, 118
도덕적 해이 ········ 27, 231
동원모형 ········ 163
디니토 ········ 15, 160

ㄹ

라이덴 방식 ········ 331
로렌츠 곡선 ········ 334
로위의 분류 ········ 158
리플리와 프랭클린의 분류 ········ 159

ㅁ

마르크스 모형 ········ 39
마르크스주의 ········ 96, 121
만족 모형 ········ 169
메타분석 ········ 143
목표체계 ········ 132
무의사결정 ········ 12
무책임성 ········ 149
민간보험 ········ 226
민간복지 ········ 146
민주주의 ········ 32, 95

ㅂ

바람직성 ········ 166
바우처 ········ 135
반집합주의 ········ 116
반집합주의 모형 ········ 38
보수주의 ········ 106
보충적(잔여적) 개념 ········ 36
보편주의 ········ 34
보편주의 원칙 ········ 215
복지국가 ········ 65, 73, 93
복지국가유형론 ········ 100
복지국가주의 ········ 113
복지다원주의 ········ 120

복지사회 108
부과방식연금 22
부양의무자 유무 215
분열성 149
불연속성 149
불응 185
비대칭적인 정보 230
비례적 평등 30
비버리지 40
비버리지 보고서 74, 192
비용편익분석 141
비용효과분석 142
비접근성 149
빈곤 321
빈곤갭 333
빈곤율 332
빈곤의 함정 338
빈민법 65

ㅅ

사례 연구 143
사업자 부담 138
사용자부담금 394
사이버네틱스 모형 178
사회문제 17
사회민주주의 107
사회민주주의적 복지국가 101
사회보장 20, 189
사회보장국가 98
사회보험 65, 210, 221
사회보험제도 72, 221
사회복지 20
사회복지국가 99
사회복지사업법 379
사회복지정책 15
사회복지정책분석 126
사회사업 20
사회서비스 213
사회서비스정책 201
사회시장 96
사회안전망 211
사회양심 이론 55
사회적 다원주의 96
사회적 배제 325
사회적 연대의식 32
사회적 위험 198
사회적 자본 148
사회적 통합 209
사회적 할당 351
사회정의론 59
사회조사활동 72
사회투자국가 120
산업재해보험 285
산업화 63
산업화 이론 56
산업화의 논리 56
산출 128
산출분석 128
산출지향적 모형 167
삼자협동주의 103
상대빈곤 324
상호작용주의적 관점 17
생계급여 354
생산적 복지 344
생존권 32
서술적 분석 129
선별주의 34
센의 빈곤지표 334
소결 45, 64, 327
소극적 복지 344
소극적 자유 31
소극적 집합주의 115
소극적 집합주의 모형 38
소득 및 재산조사 216
소득대체율 232
소득보장기능 234
소득보장정책 198
소득이전 21
소득재분배 21, 206
소득재분배기능 234
수렴 이론 56
수직적 재분배 22
수평적 재분배 22
순응 185
스칸디나비아 102
스핀햄랜드법 69
시녀적 모형 37
시민권론 58
시민참여 150
시장실패 63, 231
신디칼리스트 사회주의 97
신마르크스주의 이론 61
신자유주의 116
실업의 덫 232
실현 가능성 166
심리적 비용 27
쓰레기통 모형 174

ㅇ

아동복지정책 384
아젠다 177
안전망 338
안정성 보장 95
알몬드와 파웰의 분류 157
앨리슨 모형 178
엘리자베스 구빈법 67

엥겔법칙 328
엥겔지수 322
여론-합의방식 330
역기능 43
역선택 26, 230
역할구성 151
역할연결 151
연금 233
연대의식 95
열등처우의 원칙 70
예산기준방식 329
오샨스키 척도 327
외부경제 26
외부불경제 26
외부주도형 163
외부효과 26
욕구분석 141
우발적 재분 22
원외구호 67
위험분산 226
유효수요 45
윤리적 평가 130
음모 이론 60
의도적인 중복 151
의료급여 359
의사결정망 13
의제설정 162
이슈유발장치 166
이웃효과 26, 117
이익집단 자유주의 97
이전소득 342
인보관운동 72
일반적 가치 30
일반적인 기능 42
임의적용사업 289

_ㅈ

자발적 기여 139
자산조사 133
자선조직협회사업 71
자유 31, 95
자유주의적 복지국가 100
자활급여 359
자활사업 214
작업장 테스트법 68
작업장제의 원칙 70
작은 정부 117
잔여적 개념 16
잔여적 모형 37
장애인복지정책 412
장제급여 358
재량적 실험형 184
재원체계 136
적극국가 모형 98
적극적 복지 120, 344
적극적 자유 31
전국균일처우의 원칙 70
전달체계 145
전문가의 철수 151
절대빈곤 322
점증 모형 170
접근구조의 전문화 151
정률제 252
정부간여 12
정부실패 28
정액제 252
정주법 68
정책 11
정책결정 166
정책결정단계 166
정책대안의 형성과정 164
정책분석 125
정책의 창 177
정책의제형성 162
제3의 길 76, 119
제도적 개념 16, 36
조세감면 138
조세비용 137
조세정책 203
조정 149
조직체계 146
조합주의적 복지국가 100
종속 이론 61
주거급여 355
주관적 빈곤방식 331
주택정책 202
증서 135
지니계수 336
지시적 위임자형 184
집단주의 34
집합주의적 관점 19

_ㅊ

참고 177
총액계약제 252
최저생활보장 32
최적모형 173

_ㅋ

케인즈 경제 이론 114
코포라티즘 103

_ㅌ

테크놀로지론 59
티트머스의 모형 37

_ㅍ

파급효과 26
파레토 효율 33
파레토 효율성 33
파레토 효율적 35
페이비언 사회주의 97, 112
페이비언 사회주의 모형 38
평가 129
평등 30, 94
포괄수가제 252
프리그머와 아서톤의 분석틀 130

_ㅎ

합리 모형 168
합리 이론 58
해산급여 358
행동경로 11
행위별 수가제 252
현금급여 134
현대화론 119
현물급여 134
협상자형 184
혼합 모형 172
효과 128
효과분석 128
효과성 평가 129
효율 33
효율성 평가 129

_기타

10분위 분배지수 336
1차 빈곤 323
2차 빈곤 323

저자소개

노기남

사회복지학 · 행정학 석사, 법학(사회법) 박사

전 현대그룹(현대리바트) 근무, 한국부동산학회 학술이사, 국가정책연구단 정책위원, 남서울 부동산경제연구소 연구위원, 한국케어매니지먼트학회 이사, 한국복지경영학회 이사, 서울여자대학교 외래교수, 상지대학교 법학부/특성화기초학부 교수

현 한국지식재단 연구위원, 삼육대학교 발전위원 교수, 삼육대학교 사회복지학부 겸임교수

저서 사회복지현장의 이해 개정판(공저, 동문사, 2024), 사회복지법제와 실천 개정판(공저, 동문사, 2021), 사회복지법제론 증보판(공저, 동문사, 2018), 노동관계법규(공동체, 2017), 정석 사회복지법제론(동문사, 2016), 사회복지법제론(동문사, 2012)

이승현

건국대학교 및 동 대학원 행정학 박사

전 서정대학교 산학협력단장 · 교무처장 역임

현 서정대학교 사회복지과 학부장, 지역아동센터 경기북부지원단 운영위원 및 컨설팅위원, 양주시 청년정책위원, 보건복지부 아동권리보장원 아동돌봄시설 전문평가위원, 경기도 사회복지협의회 정책위원

저서 사회복지현장실습(공저, 동문사, 2023), 사회복지사 1급 대비 지역사회복지론(공저, 동문사, 2022), 사회복지조사론(동문사, 2013), 사회복지행정론(2016, 공동체), 양주시 지역사회복지계획(2010), 동두천시 지역사회복지계획(2010) 외 다수

정종화

일본 사회사업대학 대학원 박사졸업(사회복지학 박사. Ph.D)

현 삼육대학교 사회복지학과 교수, 대학원 교육상담복지학과장, 한국사례관리사협회 회장, 장애인가족상담가협회 회장, 미래복지경영학회 수석부회장

한국통합사례관리학회 명예회장, 한국복지경영학회 명예회장
한국사회보장정책학회 회장 역임, 삼육대학교 평생교육원장 역임
한국사회복지교육협의회 교육위원장 및 수석부회장 역임
삼육대학교 보건복지대학 학장 역임

저서 사회복지현장의 이해 개정판(공저, 동문사, 2024), 특수교육학개론(공저, 양성원, 2018), 사회복지법제론 증보판(공저, 동문사, 2018), 장애인복지와 개발(공저, 공동체, 2014), 동료상담의 이론과 실제(공저, 공동체, 2014), 동료상담실습(공저, 공동체, 2014), 차별 넘어 평등(공저, 빛과소리, 2012), 장애인복지서비스 이용자 참여 매뉴얼(공저, 공동체, 2009), 자립생활과 활동보조서비스(공저, 양서원, 2008)

사회복지정책론 개정판

초 판 1쇄 발행 / 2018년 8월 15일
개정판 1쇄 발행 / 2021년 8월 20일
개정판 4쇄 발행 / 2026년 3월 15일

공저자 / 노기남 · 이승현 · 정종화
발행인 / 이 중 수
발행처 / **동 문 사**

서울특별시 서대문구 홍제원 1길 12
(홍제동 137-8)
Tel : 02)736-3718(대), 736-3710, 3720
Fax : 02)736-3719
등록번호 : 1974.04.27. 제9-17호
가격 : 22,000원

ISBN : 979-11-6328-341-6 (93330)
E-mail : dong736@naver.com
www.dongmunsa.com